WTC

世界交通运输大会推荐书籍

公路项目政府和社会资本合作(PPP)
政策解析与实务指南

朱友梁 编著

2024 最新版

结合**国家发改委PPP新机制**政策
聚焦**收费公路特许经营项目**实务

★行业律师　★工程咨询师　★招标师　三重视角
涵盖**155**个实务操作要点解析

人民交通出版社
北京

内 容 提 要

本书聚焦政府和社会资本合作新机制下收费公路特许经营项目的投融资模式、实施方案编制与审核阶段的前期工作组织与筹划、特许经营者的招投标组织、合同谈判与再谈判、执行阶段项目公司的治理、再融资、具体建设管理（监管）工作以及特许经营项目常见法律问题，紧密结合最新政策文件，依托大量实务中业主和咨询机构面临的重点疑难问题进行介绍，总结作者近年来数十个公路特许经营项目的咨询工作经验，也融合了作者对公路行业特许经营项目的思考。同时，本书从招标师、公路行业咨询师和律师等多个视角对项目具体问题进行剖析，为项目实施机构、行业部门和工程咨询行业从业人员提供解决常见争议问题和要点问题的思路指引。

本书适合公路行业项目从业人员及行业主管部门管理者阅读，也可供其他感兴趣的读者参考。

图书在版编目（CIP）数据

公路项目政府和社会资本合作（PPP）政策解析与实务指南 / 朱友梁编著 . — 北京 : 人民交通出版社股份有限公司 , 2023.2

ISBN 978-7-114-18390-4

Ⅰ . ①公… Ⅱ . ①朱… Ⅲ . ①政府投资—合作—社会资本—应用—道路工程—基本建设项目—研究—中国

Ⅳ . ①F832.48②U415.13

中国版本图书馆 CIP 数据核字 (2022) 第 252455 号

Gonglu Xiangmu Zhengfu he Shehui Ziben Hezuo (PPP) Zhengce Jiexi yu Shiwu Zhinan

书　　　名：	公路项目政府和社会资本合作（**PPP**）政策解析与实务指南
著 作 者：	朱友梁
责任编辑：	屈闻聪　杨丽改
责任校对：	赵媛媛　龙　雪
责任印制：	刘高彤
出版发行：	人民交通出版社
地　　址：	（100011）北京市朝阳区安定门外外馆斜街3号
网　　址：	http：//www.ccpcl.com.cn
销售电话：	（010）59757973
总 经 销：	人民交通出版社发行部
经　　销：	各地新华书店
印　　刷：	北京印匠彩色印刷有限公司
开　　本：	720×960　1/16
印　　张：	26.75
字　　数：	430千
版　　次：	2023年2月　第1版
印　　次：	2024年5月　第2次印刷
书　　号：	ISBN 978-7-114-18390-4
定　　价：	218.00元

（有印刷、装订质量问题的图书，由本社负责调换）

编写委员会

主　编

朱友梁

副 主 编

冯丹丹　周　琦

编写人员

王东妹	宋珍岚	葛波成	高志勇	陈帝江	杨　梅
竺石磊	韩志波	张瑞雄	罗士瑾	胡志辉	蔡雯娟
白　薇	崔鹰翔	吕媛媛	杨一帆	邵　斌	沈旭东
张雄胜	王　林	李智溢	倪　悦	刘　伦	贺建安

序

PREFACE

　　工程咨询工作要深入项目实际、解决项目具体问题。朱友梁编写的《公路项目政府和社会资本合作（PPP）政策解析与实务指南》这本著作，对公路特许经营项目的具体问题和常见争议进行了系统的分析与解读，并提供了建议性解决方案，对政府方、社会资本方及工程咨询企业从业人员规范开展公路特许经营项目及处理履约争议具有非常好的参考和借鉴意义。

　　我很高兴能将这本书推荐给大家。希望交通行业能够培养出更多优秀的专家，希望中国能有越来越多的世界级品牌咨询企业。

国际咨询工程师联合会 (FIDIC) 原中国执委

2022 年 11 月

前　言

FOREWORD

党的十八大以来，我国交通运输事业迎来了由交通大国向交通强国的历史性跨越。10 年来，我国建成了全球规模最大的高速铁路网、高速公路网、世界级港口群，通达全球。中国高速铁路、中国路、中国桥、中国港成为亮丽的"中国名片"。

近年来，随着国家对工程咨询业的政策推动，各地政府积极落实鼓励工程咨询企业发展的相关政策，并制定相关标准及规范，交通领域工程咨询行业也迎来了发展的春天。工程咨询在交通项目中日益普及，必然带来市场对专业化咨询公司、专业化人才日益明显的需求。

笔者认为，每一个行业的兴起、发展、昌盛、没落直到消亡都在告诉我们"关键少数法则"（即"二八定律"）是正确的。在咨询行业内，仅有少数咨询企业能在面对面的市场交锋中脱颖而出，也只有少数咨询从业人员能够成长为咨询行业专家。

PPP 模式在我国经历了引入、推广探索、政策规范、暂停纠偏、建立新机制几个时期，潮水退去方知谁在裸泳。"时代抛弃你时，连声招呼都不会打。"2005年前后，熟悉招标流程，能够熟练组织开标、评标的招标代理公司就是优秀的公司，而在招标立法 20 多年后的今天，它们已然被公共资源交易中心的系统软件取代了。时代要求招标代理人员不仅要熟悉流程，更要具备熟练运用法律法规条文、熟悉合同、处理招投标各类问题并提供咨询建议的能力。我在面试时常遇到具有多年工作经验的招标从业人员和法律从业人员，他们和应届毕业生竞争同一个职位，自愿降薪却仍毫无优势，正是因为缺乏这些方面的能力。

成功的从业者和公司并不只是赢在起点，更重要的是赢在每一个转折点。显然，我国的工程咨询行业正处于蓬勃发展的阶段，从业人员数量不断增长，企业规模不断扩大，但也面临着企业间同质化竞争现象严重、咨询服务内容单一、服务产品附加值空间较小等问题。这些问题既是挑战，也是机会。

本书聚焦收费公路特许经营项目的投融资模式、实施方案编制与审核阶段的前期工作组织与筹划、特许经营者的招投标组织、合同谈判与再谈判、执行阶段项目公司的治理、再融资以及具体建设管理（监管）工作，依托百余个实务中经常困扰业主和咨询机构的重点疑难问题进行介绍，紧密结合新机制政策与实务，也融合了本人对公路行业特许经营项目的实操经验与心得。

本书同时从招标师、公路行业咨询师和律师等多个视角对项目具体问题进行剖析，拒绝空谈理论，注重服务公路工程特许经营项目实务操作，致力于为项目实施机构和工程咨询行业从业人员提供解决常见争议问题和要点问题的思路指引。

本书编写仓促，难免有不足之处，欢迎各位读者朋友指正。

朱友梁

2024 年 5 月于北京

目　录
CONTENTS

第一章　投融资与立项阶段

1

第二章 特许经营方案编制与审核阶段

第三章 特许经营者选择阶段

第四章　特许经营协议签订阶段

第五章 项目实施与监管阶段

第六章　特许经营涉及的法务问题

| 第一章 |

投融资与立项阶段

第一节
公路特许经营项目立项

一、审批制、核准制、备案制的要求有何不同

根据《政府投资条例》（中华人民共和国令第712号）第九条规定，政府采取直接投资方式、资本金注入方式投资的项目采取审批制；根据《企业投资项目核准和备案管理条例》（2016年10月8日国务院第149次常务会议通过，2016年11月30日中华人民共和国国务院令第673号公布，自2017年2月1日起施行）第三条规定，对关系国家安全、涉及全国重大生产力布局、战略性资源开发和重大公共利益等项目，实行核准管理，由国家发改委定期颁布《政府核准的投资项目目录》，对于《政府核准的投资项目目录》以外的企业投资项目，实行备案制。

公路特许经营项目按审批制管理还是按照核准（或备案制）管理？首先需要准确界定何为政府投资项目，根据《政府投资条例》规定，政府投资是指在中国境内使用预算安排的资金进行固定资产投资建设活动，包括新建、扩建、改建、技术改造等，且政府投资资金进入项目通常有政府直接投资、资本金注入、投资补助、贷款贴息等方式。建设期政府安排资金具体到项目来说，对于非经营性项目，政府一般采取直接投资方式，由政府有关机构或其指定、委托的机关、团体、事业单位等作为项目法人单位组织建设实施；对于经营性项目，政府可采取资本金注入方式指定政府出资人代表行使所有者权益，项目建成后政府投资形成相应国有产权。投资补助是指政府安排政府投资资金，对市场不能有效配置资源、确需支持的经营性项目，适当予以补助的方式；贷款贴息，是指政府安排政府投资资金，对使用贷款的投资项目贷款利息予以补贴的方式。这其中，政府采取直接投资方式、资本金注入方式投资的项目统称为政府投资项目。需注意的

是，政府以投资补助方式、贷款贴息方式投资的项目虽然也获得了政府资金的支持，但其不能算是政府投资项目。

基于此，在公路工程特许经营项目中，政府采用资本金注入方式给予投资支持的特许经营项目，则界定为政府投资项目，应按照《政府投资条例》有关规定履行审批手续；由社会资本方投资的项目，即使获得了政府以投资补助方式或贷款贴息方式的投资支持，根据《企业投资项目核准和备案管理条例》《企业投资项目核准和备案管理办法》（2023年修订）相关规定："企业投资项目，是指企业在中国境内投资建设的固定资产投资项目，包括企业使用自己筹措资金的项目，以及使用自己筹措的资金并申请使用政府投资补助或贷款贴息等的项目"，其仍属于企业投资项目，应按照《企业投资项目核准和备案管理条例》有关规定履行核准或备案手续。

按《政府投资条例》要求，除涉及国家秘密的项目外，投资主管部门和其他有关部门应当通过投资项目在线审批监管平台（简称"在线平台"），使用在线平台生成的项目代码办理政府投资项目审批手续。同时《政府投资条例》第十三条规定：

对下列政府投资项目，可以按照国家有关规定简化需要报批的文件和审批程序：

（一）相关规划中已经明确的项目；

（二）部分扩建、改建项目；

（三）建设内容单一、投资规模较小、技术方案简单的项目；

（四）为应对自然灾害、事故灾难、公共卫生事件、社会安全事件等突发事件需要紧急建设的项目。

前款第三项所列项目的具体范围，由国务院投资主管部门会同国务院其他有关部门规定。

根据上述规定，《国家发展改革委关于进一步推进投资项目审批制度改革的若干意见》（发改投资〔2021〕1813号）进一步明确："对列入相关发展规划、专项规划和区域规划范围的政府投资项目，可以不再审批项目建议书；对改扩建项目和建设内容单一、投资规模较小、技术方案简单的项目，可以合并编制、审批项目建议书、可行性研究报告和初步设计；根据《突发事件应对法》《国家突发公共事件总体应急预案》，为应对自然灾害、事故灾难、公共卫生事件、社会安全事件等突发事件需要紧急建设的政府投资项目，可以在合并编制报批文件、简化审批程序的基础上，通过建立绿色通道、部门集中会商等方式，提高审批效率。对于《政府投资条例》第十三条第一款第三项规定属于地方审批权限的，其建设内容单一、投资规模较小、技术方案简单的政府投资项目的具体范围，由各省、自治区、直辖市和计划单列市、新疆生产建设兵团发展改革委作出具体规定，报国家发展改革委（投资司）。"

各地立项报批手续略有差异，以宁波市高速公路特许经营为例，基本建设程序如图1-1所示。

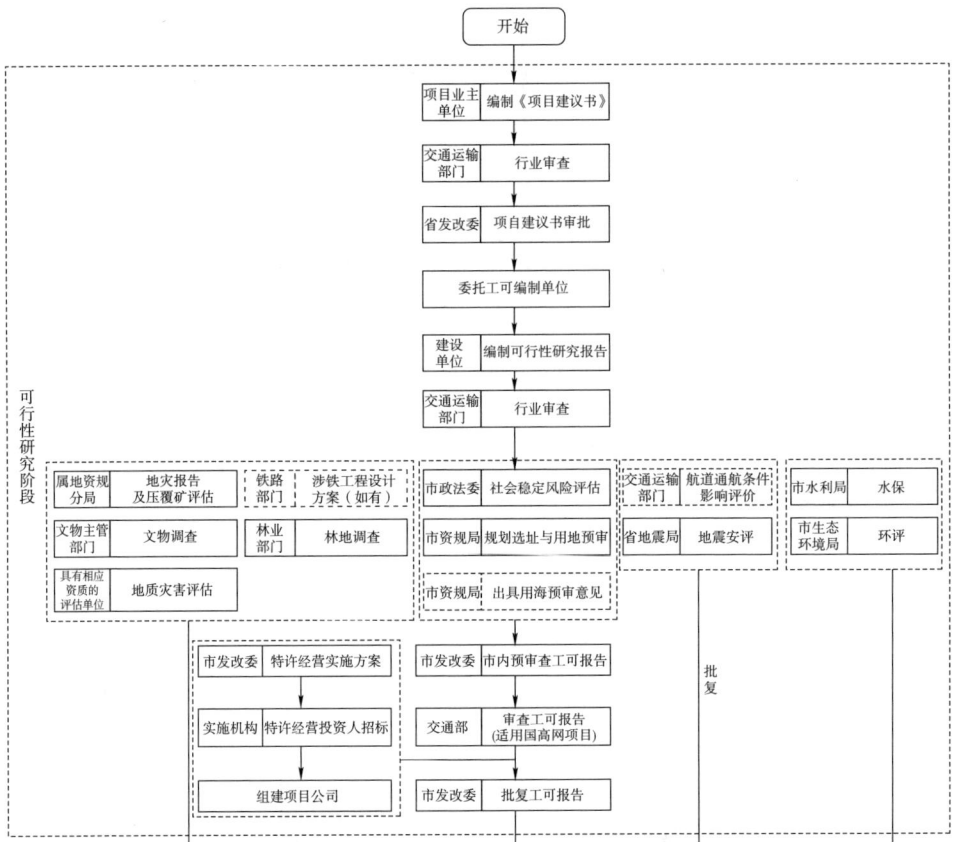

图 1-1

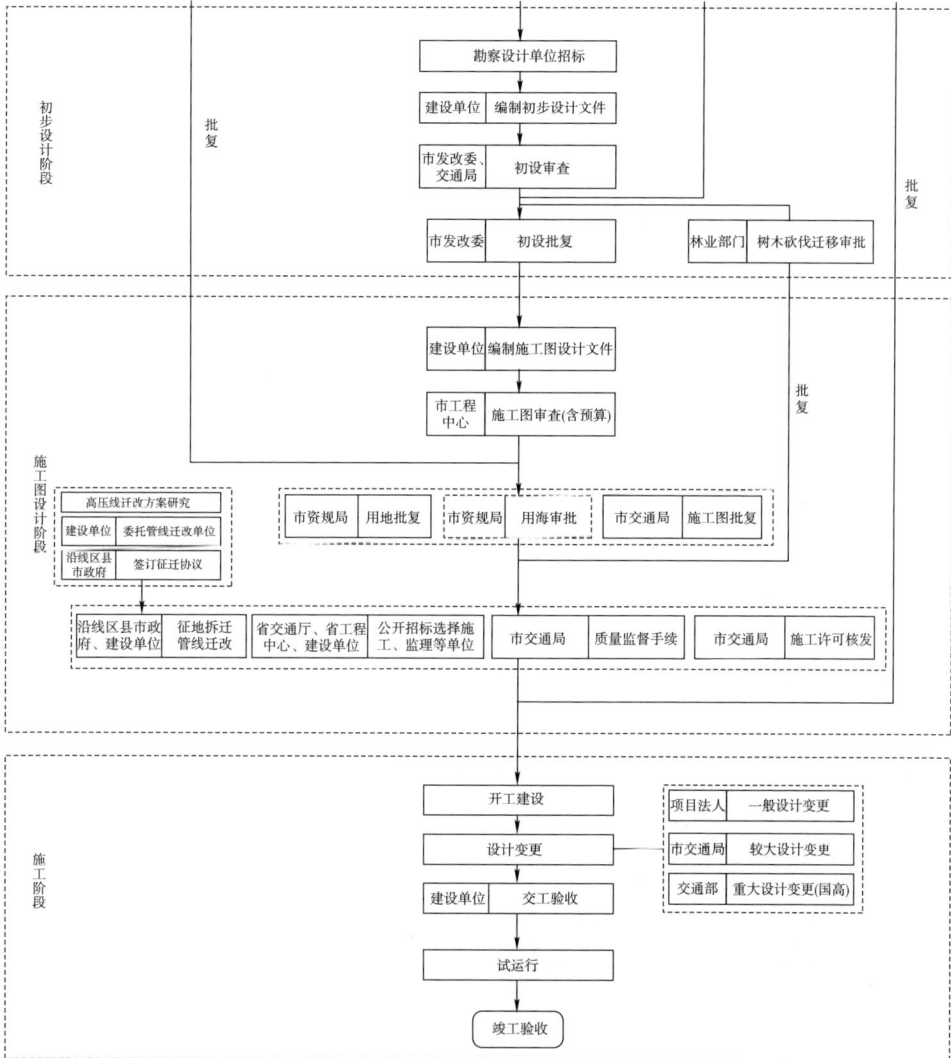

图 1-1　基本建设程序

二、是否必须编制可行性研究报告

（1）对于审批制项目，根据《政府投资条例》要求，可行性研究报告是必要材料。《国家发展改革委关于印发投资项目可行性研究报告编写大纲及说明的通知》（发改投资规〔2023〕304号）中制定了《政府投资项目可行性研究报告编写通用大纲（2023年版）》（简称《通用大纲》）、《企业投资项目可行性研究报告编写参考大纲（2023年版）》（简称《参考大纲》），并要求政府投资项目可行性研究报告原则上应按照《通用大纲》进行编写，并作为各级政府及有关部门审批政府投资项目的基本依据。《参考大纲》主要是在落实企业投资自主权基础上，引导企业重视项目可行性研究，加强投资项目内部决策管理，促进依法合规生产经营，实现健康可持续发展。

（2）对于核准制项目，虽要求进行可行性研究，但可行性研究报告并不是必要材料。实务中，由于核准制适用于重大项目和限制类固定资产投资，且关系国家安全、涉及全国重大生产力布局、战略性资源开发和重大公共利益等，公路项目明显属于上述情形，这类项目一般都会编制可行性研究报告。

（3）对于备案制项目，则不必提供可行性研究报告，但在企业投资的公路特许经营项目实务中，为了核准工作的顺利通过，项目单位往往也提供了可行性研究报告。该类项目由企业自主决策、自担风险，但企业为了保证投资方案的完善性和可实施性，并防范投资风险，应该进行可行性研究。是否按照一定的格式编制可行性研究报告，可行性研究报告编制到什么程度，则可以由企业自主决定。有些地方政府和投资主体为了规避政府投资项目的有关管理规定，将应由政府投资实施的项目包装成企业投资项目，从而可以不采取审批制而采用备案制并规避"政府投资项目不得由施工单位垫资实施"的规定。但由于项目确实规模较大且较为复杂，从而导致备案制项目材料里也有可行性研究报告。

实务中，对于申请银行贷款的项目，银行会要求企业提供可行性研究报告以评估测算贷款是否可行，包括备案制项目。作者整理了高速公路投资项目全流程涉批权力事项供读者参考，见表1-1。

表1-1

高速公路项目全流程涉批权力事项清单

序号	标准化事项名称	审核部门名称	权力类型	是否为前置条件	备注
	一、立项阶段				
1	政府投资项目项目建议书行业审查	交通局	行政权力		委托编制（列入国高网的无须编制）
2	政府投资项目项目建议书项目审批（项目赋码）	发改委	行政权力		政府投资项目，国高网项目列入国家高速公路规划网视为立项
	二、工可阶段				
3	委托工可编制单位	业主单位	项目管理权力		
4	委托工可咨询单位	业主单位	项目管理权力		
5	建设项目选址及用地（用海）预审	资规局	行政权力	工可批复前置条件	
6	资金落实承诺函	财政局	行政权力	工可批复前置条件	
7	航道通航条件影响评价	港航部门	行政权力	工可批复前置条件	
8	社会稳定性风险评估报告	政法委	行政权力	工可批复前置条件	
9	考古调查、文物勘探（如需要）、文物发掘（如需要）	文物局	行政权力		涉及文物项目。考古调查一般工可阶段开展，如需要勘探或发掘一般在开工后进行
10	中央车购税资金安排意见	交通运输部	行政权力	工可批复前置条件	针对国高网项目
11	政府投资项目可研报告审批（核准）	发改委	行政权力		
12	工程建设项目招标范围、招标方式、招标组织形式审批	发改委	行政权力		按法律规定网视必须进行招标的基建项目
	三、初步设计阶段				
13	勘察设计招投标	业主单位	项目管理权力		
14	勘察设计咨询招投标	业主单位	项目管理权力		
15	地质灾害危险性评价	资规局	行政权力	用地报批前置条件	
16	建设用地压覆矿产资源审批	资规局	行政权力	用地报批前置条件	
17	占用林地调查及许可证办理	资规局	行政权力	用地报批前置条件	

续上表

序号	标准化事项名称	审核部门名称	权力类型	是否为前置条件	备注
18	生态红线占用审批	资规局	行政权力		
19	涉铁工程设计方案评价	铁路部门	特殊部门权力		一般初步设计批复前完成
20	地震安全性评价	省地震局	行政权力		一般初步设计批复前完成
21	水产种质资源保护评价	农业农村部	行政权力		如马鲛鱼保护区
22	建设项目环评（含海洋）文件审批	生态环境局	行政权力	开工建设前置条件	
23	建设项目水土保持方案审批	水利局	行政权力	开工建设前置条件	
24	防洪评价	水利局	行政权力	开工建设前置条件	
25	涉河涉堤建设项目审批	水利局	行政权力	开工建设前置条件	
26	通航安全评估	海事局	行政权力	开工建设前置条件	
27	投资概算审查意见	市交通工程中心	行政权力	初步设计批复前置条件	
28	政府投资项目初步设计审批	发改委或交通运输部	行政权力	用地报批前置条件	发改委、交通局联合审查，国高网项目由交通运输部审批

四、施工图设计阶段

序号	标准化事项名称	审核部门名称	权力类型	是否为前置条件	备注
29	涉路施工活动许可	交通局	行政权力		涉路施工工程
30	在港口内进行采掘、爆破等活动许可（备案）	交通局	行政权力		涉及港口采掘、爆破等工程
31	建设工程消防设计审核（备案）	住建局	行政权力		
32	涉铁工程施工图设计文件	铁路部门	特殊部门权力		
33	施工图设计文件审批（含预算）	交通局	行政权力		
34	施工、监理、设计等招投标监督	营商环境建设局	行政权力		
35	公开招标选择施工、监理、设计等单位	业主单位	项目管理权力		
36	工程质量安全监督手续备案	交通局	行政权力		建设单位领取施工许可证或者开工报告前
37	水上水下活动许可（内河、沿海）	海事局	行政权力		
38	建设项目施工许可	交通局	行政权力		

续上表

序号	标准化事项名称	审核部门名称	权力类型	是否为前置条件	备注
39	土地勘测定界	资规局	行政权力		
40	土地征收前期程序	属地人民政府	行政权力		土地报批阶段，包括土地现状调查、征收公告发布、征收安置方案拟定、征收协议签订等程序
41	征收阶段社会风险评估	政法委	行政权力		
42	海洋使用许可	资规局	行政权力		根据项目所涉海域审批层级，报市资规局、省自然资源厅或自然资源部审批
43	使用林地许可	林业部门	行政权力		根据项目所涉林地审批层级，报地方资规局、省林业局或国家资源部原局审批
44	林木采伐许可	林业部门	行政权力		
45	项目建设用地报批	自然资源厅或自然资源部	行政权力		根据项目用地审批层级，报省自然资源厅或自然资源部审批，经省人民政府或国务院同意批复
五、项目实施阶段					
46	建设用地规划许可证	资规局	行政权力		完成供地
47	土地征收和政策处理	属地人民政府	行政权力		完成地上附着物和青苗补偿、房屋拆迁、地方管线迁改、坟墓迁移政策处理，土地交付
48	油气管道防护许可方案、改线方案审批（备案）	能源局	行政权力		涉及油气管道项目
49	110kV及以上高压迁改设计工可、停电窗口确定、竣工验收	国家电网	特殊部门权力		以宁波为例，停电窗口审电权限：110kV 国网宁波供电公司，220kV 省电力公司，500kV 国家电网华东公司；工可审批权限：110kV 国网宁波供电公司，220kV 及以上省电力公司。业主单位负责招标，地方征迁机构负责政策处理

续上表

序号	标准化事项名称	审核部门名称	权力类型	是否为前置条件	备注
50	除110kV以上高压线外市级及以上产权所属单位所属管线及涉部队管线	管线产权单位	特殊部门权力		由业主单位委托产权单位制定迁改方案并实施，地方征迁机构负责政策处理
51	区级产权单位所属管线	管线产权单位	特殊部门权力		由地方征迁机构委托产权单位制定迁改方案并实施，地方征迁机构负责政策处理
52	主要材料及构、配件等采购	业主单位或施工单位	项目管理权力		
53	施工分包单位、劳务合作单位选择	业主单位	项目管理权力		
54	工程款支付	业主单位	项目管理权力		
55	一般设计变更	业主单位	项目管理权力		
56	较大设计变更	交通局	行政权力		
57	重大设计变更	发改委或交通运输部	行政权力		审核部门与初步设计批复单位一致
58	农民工工资支付监督	人社局	行政权力		
59	非法用地、用海监督	资规局	行政权力		
60	生态环境保护监督	生态环境局	行政权力		
61	特种设备安全监督	市场监管局	行政权力		
62	特种作业人员监督	应急管理局	行政权力		
63	项目临时占地（含林地）手续办理和监督	资规局	行政权力		
64	项目跟踪审计	审计局、业主单位	行政权力、项目管理权力		项目全过程
65	文物保护单位的保护范围内进行其他建设工程或者爆破、钻探、挖掘等作业的许可	文物局	行政权力		涉及文物项目
66	土地不动产权证	资规局	行政权力		用地权证办理

序号	标准化事项名称	审核部门名称	权力类型	是否为前置条件	备注
		六、项目竣工验收阶段			
67	通航安全核查	海事局	行政权力	交工验收前置条件	
68	消防专项验收	住建局	行政权力	交工验收前置条件	
69	房屋专项竣工验收	住建局	行政权力	交工验收前置条件	
70	防雷装置竣工验收	交通局或气象局	行政权力	竣工验收前置条件	涉及危险品的仓储项目由气象部门验收
71	水保专项验收	水利局	行政权力	竣工验收前置条件	
72	环保专项验收	生态环境局	行政权力	竣工验收前置条件	
73	档案专项验收	档案局	行政权力	竣工验收前置条件	
74	项目决算审计	审计局	行政权力		
75	竣工财务决算批复	交通厅	行政权力		
76	竣工质量评定备案	市交通工程中心	行政权力		
77	竣交工质量监督工作报告	交通局	行政权力		
78	组织竣交工验收	业主单位	项目管理权力		
79	竣交工验收备案	交通局	行政权力		

第二节

项目资本金管理

国发〔1996〕35号文件规定："投资项目资本金，是指在投资项目总投资中，由投资者认缴的出资额，对投资项目来说是非债务性资金，项目法人不承担这部分资金的任何利息和债务。"国发〔2019〕26号文件再次重申了这一要求：投资项目资本金作为项目总投资中由投资者认缴的出资额，对投资项目来说必须是非债务性资金，项目法人不承担这部分资金的任何债务和利息；投资者可按其出资比例依法享有所有者权益，也可转让其出资，但不得以任何方式抽回。党中央、国务院另有规定的除外。是不是非债务性资金是判断资本金是否合规的关键指标。那么如何理解"非债务性资金"呢？很多项目实操层面都是将非债务性资金理解为自有资金。

一、股东的债务性资金能否作项目资本金

实践中股东的资金来源可能是多渠道的。包括股东实缴的注册资本金、工程款、银行授信贷款、公司债、企业债、短期融资券、中期票据等等。由于公司账户资金进出频繁，这些资金多有混同，区分哪些资金是自有资金，哪些是债务性资金几乎是不可能的。

股东以自身信用举借债务，并未以项目特许经营权或未来应收账款等作为质押，对于这部分拟用作项目资本金的资金，项目法人不承担任何债务和利息，项目公司对股东投入的项目资本金没有还本付息的义务，实践中也都是从投资人账户汇入项目资金监管银行，所以很难区分其资金性质；反之若用项目现金流质押，则项目法人对这部分资金实际承担了担保义务，与项目资本金制度的精神相悖，且影响了项目公司对于自身债务的偿还能力，这部分资金当然是不被允许作

为项目资本金的。

2018年3月28日，财政部下发了《关于规范金融企业对地方政府和国有企业投融资行为有关问题的通知》（财金〔2018〕23号，该文目前未被废止），要求各国有金融企业"不得提供债务性资金作为地方建设项目、政府投资基金或政府和社会资本合作（PPP）项目资本金""国有金融企业向参与地方建设的国有企业（含地方政府融资平台公司）或PPP项目提供融资，应按照'穿透原则'加强资本金审查，确保融资主体的资本金来源合法合规，融资项目满足规定的资本金比例要求。若发现存在以'名股实债'、股东借款、借贷资金等债务性资金和以公益性资产、储备土地等方式违规出资或出资不实的问题，国有金融企业不得向其提供融资"。财政部在官网发布的解读文件中指出：要求资本金审查应坚持"穿透原则"，既要关注项目资本金本身是否符合规定，若发现存在"明股实债"等违规操作的，不得向其提供融资，还需向上"穿透"审查，重点关注以债务性资金违规出资等问题。上述文件对资本金来源是项目公司的债务性资金、股东的"明股实债"型资本金融资资金、股东的借贷资金等债务性资金、公益性资产、储备土地等违规出资资金作出了禁止性规定。

二、项目资本金比例要求

对公路项目资本金最低比例的要求，最早由《国务院关于固定资产投资项目试行资本金制度的通知》（国发〔1996〕35号）规定为35%及以上，而后2009年《国务院关于调整固定资产投资项目资本金比例的通知》（国发〔2009〕27号）对各行业固定资产投资项目的最低资本金比例进行放宽，规定公路项目最低资本金比例为25%。2015年，为进一步解决当前重大民生和公共领域投资项目融资难、融资贵问题，《国务院关于调整和完善固定资产投资项目资本金制度的通知》（国发〔2015〕51号）中明确了公路项目的最低资本金比例由25%调整为20%。2019年11月13日，国务院总理李克强主持召开国务院常务会议，进一步完善固定资产投资项目资本金制度，并发布了《国务院关于加强固定资产投资项目资本金管理的通知》（国发〔2019〕26号），明确公路（含政府收费公路）、铁路、城建、物流、生态环保、社会民生等领域的补短板基础设施项目，在投资回报机制明确、收益可靠、风险可控的前提下，可以适当降低项目最低资本金比例，但下调不得超过5个百分点。也就是从理论上，收费公路项目的最低资本金比例可以达到15%。

在实务操作中，各项目业主往往不会严格按照最低比例去设置项目资本金额度，这其中主要有两方面考虑，一是基于项目资本金不予计息的财务规定，将政府投资支持的资金和投资人出资的资金列入项目资本金可以适当提高项目测算的收益水平，二是适当提高项目资本金比例也是为了防范项目建设阶段存在超概的情况下导致的项目资本金不满足国家最低比例要求的风险。

三、专项债作项目资本金

2019年中共中央、国务院发布《关于做好地方政府专项债券发行及项目配套融资工作的通知》（厅字〔2019〕33号）允许将专项债券作为符合条件的重大项目资本金。33号文的出台，为项目资本金不能是债务资金这件事打开了一个突破口。需要注意的是，专项债可以作为项目资本金但不能全部作项目资本金，《国务院关于加强固定资产投资项目资本金管理的通知》（国发〔2019〕26号）规定："基础设施领域和其他国家鼓励发展的行业项目，可通过发行权益型、股权类金融工具筹措资本金，但不得超过项目资本金总额的50%。地方政府可统筹使用财政资金筹集项目资本金"。同时文件要求，必须是符合条件的重大项目才可以。比如国家重点支持的铁路、国家高速公路和支持推进国家重大战略的地方高速公路、供电、供气项目。

四、政策性和开发性金融工具作项目资本金

2022年6月29日李克强主持召开国务院常务会议，会议决定设立国家基础设施投资基金。运用政策性、开发性金融工具，通过发行金融债券等筹资3000亿元，用于补充包括新型基础设施在内的重大项目资本金、但不超过全部资本金的50%。申报比例原则上不超过国家规定的项目最低资本金比例的50%，也即，最低项目资本金比例按总投资的20%，基础设施投资基金用作资本金额度不得超过这20%的一半，实践中一般按照项目总投资的10%来申请（如：项目总投资是100亿元，就只能申请10亿元基础设施投资基金用作资本金）。

五、投资项目资本金的管理

国务院《关于固定资产投资项目试行资本金制度的通知》（国发〔1996〕35号）中最早提出对于固定资产投资项目的项目资本金的相关要求。

在立项阶段，投资项目在可行性研究报告中就需要对资本金筹措情况作出详细说明，包括出资方、出资方式、资本金来源及数额、资本金认缴进度等有关内容。上报可行性研究报告时须附有各出资方承诺出资的文件，以实物、工业产权、非专利技术、土地使用权作价出资的，还须附有资产评估证明等有关材料。2023年3月，《国家发展改革委关于印发投资项目可行性研究报告编写大纲及说明的通知》（发改投资规〔2023〕304号）中进一步强调了对于政府资本金注入项目，需要在项目可行性研究报告中说明项目资本金来源和结构。

在审批阶段，《国务院关于加强固定资产投资项目资本金管理的通知》（国发〔2019〕26号）中明确："政府投资项目，有关部门在审批可行性研究报告时要对投资项目资本金筹措方式和有关资金来源证明文件的合规性进行审查，并在批准文件中就投资项目资本金比例、筹措方式予以确认；企业投资项目，提供融资服务的有关金融机构要加强对投资项目资本金来源、比例、到位情况的审查监督"。

在执行阶段，实际动态概算超原标准动态概算，投资项目资本金应以经批准调整后的概算为基数，按比例相应调整，确定各投资方应增加的资本金。实际动态概算超原批准动态概算10%，概算调整须报原概算审批单位批准。对于项目资本金存放与使用，国发〔1996〕35号规定："主要使用商业银行贷款的投资项目，投资者应将资本金按分年应到位数量存入其主要贷款银行；主要使用国家开发银行贷款的投资项目，应将资本金存入国家开发银行指定的银行。投资项目资本金只能用于项目建设，不得挪作他用，更不得抽回"。

第三节
政府融资平台现状与未来

一、缘起

1986年8月5日，国务院以"国函〔1986〕94号"文，批准上海采取自借自还的方式，扩大利用外资，以加强城市基础设施建设，加快工业技术改造，增强出口创汇能力，发展第三产业和旅游业，这是我国地方政府投融资平台的鼻祖。1994年国务院进行分税制等财政金融体系改革，将原本归于地方政府的主要税种（消费税和增值税）大部分归于中央，中央通过"转移支付"等方式，平衡我国不同区域、省市的发展。但地方政府仍须承担区域发展和建设投资的主要任务，"财权上移、事权不变"导致地方政府的财权与事权严重不匹配。同时在1994年至1996年先后颁布的《预算法》《担保法》《贷款通则》等法律法规联合明确地方政府不得发债、不得贷款、不得担保融资，在此背景下，作为地方政府的一个特殊的"企业部门"，政府投融资平台诞生了，可以说政府投融资平台自出生起就承担着替政府举债的使命。

在2008年次贷危机的全球大环境影响下，国家实施四万亿计划，积极开发基础设施建设提振经济，地方政府需承担大量的基建投融资任务，因此政策上对于地方融资平台发展给予了积极的支持。2009年3月，央行和银监会又联合提出支持有条件的地方政府组建投融资平台，以拓宽融资渠道。因为有了政府投融资平台，今天中国才能建起一条条公路，城市里面才建起一个个公园、体育馆和居民广场。自此地方政府投融资平台和土地收入、常规财政收入成为地方财政的三根支柱。

二、困境

平台融资模式的快速发展同样也会带来一些问题，2010年监管部门开始对地方政府融资平台进行管控，发布了一系列监管文件，主要包括国发〔2010〕19号、银监发〔2013〕10号文、财预〔2010〕412号文等。2014年国家加大对政府融资平台的整治力度，9月的国发〔2014〕43号文，同年修订的《预算法》和发布的财预〔2014〕351号文，这些文件中提出要制止地方政府违法违规举债，要求抓紧清理核实并妥善处理融资平台公司债务，对融资平台公司进行清理规范，加强对融资平台公司的融资管理和银行业金融机构等的信贷管理，并坚决制止地方政府违规担保承诺行为，并要求对存量债务进行显性债务置换隐性债务。

国发〔2014〕43号文也被业界视为打响了国内开展政府和社会资本合作模式的第一枪，城投平台作为政府参与城市建设与运营的重要助手，为推动中国城镇化快速发展提供了历史性的助力，但同时由于地方政府投融资平台多是以运作公益性项目、准公益性项目为主，如交投平台主要是投资建设公路项目，城投平台主要是搞市政、建公园等基础设施。公益性项目本身就没有什么盈利，一些准公益性项目虽能产生一定收益，但收益周期又特别长，难以获得持续经济收益，仅靠政府的财政收入显然是难以满足巨大的基建支出，这就需要地方政府大量举债来维持发展。

"杀人偿命，欠债还钱"，2021年之前，地方政府可以通过"土地财政"还钱，2021年之后，在房地产持续低迷、土地市场持续疲弱以及疫情叠加冲击和大规模留抵退税实施的影响下，地方财政收入明显增长乏力，甚至导致平台债务暴雷现象的发生。2023年1月份，贵州省遵义市最大的城投平台遵义道桥无力偿还银行贷款，要求150亿贷款延期20年。2023年1—4月，我国城投非标违约事件数量首次创下了2018年有统计以来的新高，共1629家企业有逾期情况。上述事件无一不在揭示地方平台公司债务问题已经浮现。然而随着债务难题的出现和房地产、基建浪潮褪去，卖地难已经成为既定的事实。目前，我国已经有相当一部分城市的城投面临着"钱荒"甚至是"生存"的严峻局面，如重庆能源等16家企业申请破产重整，兰州城投技术性违约，贵州政府公开表示债务超出还款能力，而我国大部分的城投企业也都普遍面临"债务负担重、资金缺口大、造血能力差"的局面。通过对多家城投公司的调研后也发现，大部分城投每年的业务现金流净额往往只能覆盖个位数百分比的当年还本付息金额，基本靠债权融资借新还旧填补缺口，有息负债越滚越大，这也凸显了当前我国城投发展的困境，仅2021年负债率超过100%的省市有天津、甘肃、贵州和青海，负债率超过80%的省份有重庆、北京、浙江、四川、吉林。而国际上通用的政府负债率警戒线为60%。2022年4月12日，西南某省政府发展研究中心发布公告称：受制于财力水平有限，仅依靠自身的能力已经无法有效解决本省的债务问题。相关数据显示：2022年该省政府债务余额26146亿元，全省常住人口为3800万，换算下来人均负债6万多块钱，偿债压力确实很大。

三、破局

本人通过调研及项目实践经验认为，很多的政府融资平台走入发展的困境，负债持续走高陷入僵局，究其根本是因为超前发债、缺乏市场化运作、单一履行政府举债职能、自身缺乏造血功能的原因。地方政府投融资平台可以依靠政府，但如果一直依赖政府，在当前经济形势和国家政策的背景下，很难破局。另一方面除却上面的客观因素，是否能够坚决推动投融资平台自身的市场化转型和地方政府的信心和领导的决心也有很大关系，本人通过项目调研接触过一些处在债务困境中的平台公司，很多平台公司领导也意识到了当前公司发展的困境，但基于任期安排更多的精力还是放在了如何举债完成当年的投资任务，得过且过，对于公司长久的发展谋划工作选择留给下一任领导。

平台公司市场化转型，通过资源与市场的发展转换和资产与经营的发展转换，持续提升自身的经营管理能力与造血功能，使自身具备较强的偿债能力和抗风险能力，才能实现解困。一方面需要持续完善公司的治理机制，通过市场化的改革，真正发挥董事会的决策作用，经营层的经营管理作用，党组织的政治核心作用，监事会的监督作用，提高内部管理效率。并通过立足于市场化的发展原则，将传统的以政府信用为基础的融投资模式转型为市场化的以企业信用为基础的融投资模式，来推动城投公司从单一的投融资平台向国有资本运作平台升级。需要注意的是，国家严禁将公益性资产和储备土地注入到融资平台公司。2017年《关于进一步规范地方政府举债融资行为的通知》（财预50号）规定："地方政府不得将公益性资产、储备土地注入融资平台公司。"2018年《国家发展改革委办公厅财政部办公厅关于进一步增强企业债券服务实体经济能力严格防范地方债务风险的通知》（发改办财金194号）规定："严禁将公立学校、公立医院、公共文化设施、公园、公共广场、机关事业单位办公楼、市政道路、非收费桥梁、非经营性水利设施、非收费管网设施等公益性资产及储备土地使用权计入申报企业资产。"2018年最高层级防范化解隐债的文件也规定："严禁将公立学校、公立医院、公共文化设施、公园、公共广场、机关事业单位办公楼、市政道路、非收费桥梁、非经营性水利设施、非收费管网设施等公益性资产注入国有企业，不得将储备土地作为资产注入国有企业，不得将预期土地出让收入作为国有企业偿债资金来源。"另一方面应以主营业务为依托，进一步优化资产结构，剥离纯公益性资产或未履行法定挂牌或依法履行出让程序的土地等无效资产。将能够产生稳定现金流的准经营性和经营性资产进一步盘活，解决自我发展困境。并通过资本证券化工作的开展，并购上市公司控股权或者培育IPO上市公司、参股上市公司等方式进入多层次资本市场，增强企业在资本市场上的融资能力，从根本上改变传统的融资结构，增强融资能力、降低融资风险，实现破局。只有通过当地政府与城投企业自身的双管齐下和两条腿走路，才能从实现城投公司从现实的危机中真正的实现破局。

2023年，国务院下发《关于金融支持融资平台债务风险化解的指导意见》（国办发〔2023〕35号），该文件主要针对地方政府债务问题，提出了一系列严格的要求和措施，以降低地方政府债务风险，其中一些要求和措施在某种程度上类似于政府融资平台的"三道红线"。实际上，该文件是"一揽子化债"方案中的具体举措，旨在提高金融机构在化债中的参与度。根据"35号文"，城投未来应分为以纯公益性项目为主业的平台，以有收益的公益性项目为主业的平台和以相关专业资质为基础的商业性国企这三类，仅第三类普通国有企业在债券融资方面不受限制，第三类国企应按照"产业类"的定位谋求发展，并在资产、收入、利润三方面满足"335要求"（非经营性资产——城建类资产占总资产比重不超过30%，非经营性收入——城建类收入占总收入比重不超过30%，财政补贴占净利润比重不得超过50%）。因此，"35号文"后组建产业类国资企业成为解决城投后续发展的关键举措。目前已有不少地方积极组建产业类国企，有正在组建的，也有已经组建成功并发债的。

2023年12月份，国家发改委、财政部整改PPP项目后出台《关于规范实施政府和社会资本合作新机制的指导意见》（国办函〔2023〕115号），进一步强调PPP项目聚焦于使用者付费项目，防范政府隐性债务，"政府可在严防新增地方政府隐性债务、符合法律法规和有关政策规定要求的前提下，按照一视同仁的原则，在项目建设期对使用者付费项目给予政府投资支持；政府付费只能按规定补贴运营、不能补贴建设成本。除此之外，不得通过可行性缺口补助、承诺保底收益率、可用性付费等任何方式，使用财政资金弥补项目建设和运营成本"。

当然，国内也有着很多市场化转型升级成功的投融资平台企业，例如浙江省交通投资集团有限公司，经过二十二年的快速发展，经营范围已经涉及全省高速公路、铁路、重要的跨区域轨道交通和综合交通枢纽等交通基础设施的投融资、建设、运营及管理职责，并积极参与市县主导的综合交通基础设施项目。截至2023年6月底，集团控股各级企业372家，控股上市公司5家（浙江沪杭甬、浙江交科、浙商中拓、浙商证券、镇洋发展），集团员工总数4万余人，集团总资产达到8871亿元。2022年，集团实现营业收入3136亿元，利润总额131亿元。截至2022年底，累计投资建成省内高速公路3404km（控股3079km），占全省高速公路通车里程的64.36%（控股高速公路占全省高速公路通车里程的58.21%）；参与建成铁路2915km（控股1332km），占全省铁路通车里程的76.7%。交通主业持续推进交通运营转经营。在2023年公布的中国企业500强中列第87位，在浙江省百强企业中列第6位，在世界500强企业中列第310位，并获得惠誉"A+"穆迪"A1"国家主权级国际信用评级，获评浙江省高质量发展领军企业。

还有新乡国有资本运营集团有限公司，该公司于2021年在新乡平原示范区投资集团有限公司、辉县市豫辉投资有限公司、长垣市投资集团有限公司和新乡白鹭投资集团有限公司等基础上组建而成，按照"以大平台承接大项目带动大产业促进大发展"的发展愿景，重点打造了城市发展、金融控股、乡村振兴、矿产建材、医药化工、文旅消费、交通水利、数智科技8大核心业务板块。新乡国有资本运营集团有限公司自整合组建成立起，积极探索产业化转型发展，并取得了良好成效。从近年公开的财务报表中主营业务收入构成来看，化纤板块占比最高，2023年中披露数据为46.41%；而城建类收入已控制在30%以下，由基础设施建设、工程施工收入两类构成，合计占比25%。

第四节
政府隐性债务及防范化解

一、政府隐形债务的界定

防范化解地方政府隐性债务也是2023年PPP暂停整改的主要原因之一，地方政府债务可以分为显性债务和隐性债务。

1.显性债务

显性债务是指政府依据法律的明确规定形成的政府债务，是政府的公开承诺形成的债务，也是特定的政策规定形成的债务。显性债务一般统计更为明确和规范，可以理解为地方政府负有直接偿还责任的债务类型（地方政府债券有财政部代理发行、地方政府对外举债和国债转贷收益等）。具体而言，显性债务又可根据债务偿还资金来源和债务资金使用情况进一步分类。按资金使用和偿债资金来源划分，可分为一般债券和专项债券。根据《地方政府债券发行管理办法》（财库〔2020〕43号），地方政府一般债券是为没有收益的公益性项目发行，约定一定期限内主要以一般公共预算收入作为还本付息资金来源的政府债券；地方政府专项债券是为有一定收益的公益性项目发行，约定一定期限内以公益性项目对应的政府性基金收入或专项收入作为还本付息资金来源的政府债券。按资金用途划分，可分为新增债、再融资债和置换债。新增债指地方政府发行的用于筹措建设投资资金的债券，是地方政府债务新增的部分。每年新增债券的发行规模受财政部下达的本地区新增债务限额的限制。再融资债是财政部对于债务预算的分类管理方式，是为了偿还部分到期地方政府债券本金而发行的募集资金的债券。再融资债券由财政部在《2018年4月地方政府债券发行和债务余额情况》中首次披露，并指出再融资债券是发行募集资金用于偿还部分到期地方政府债券本金的债券，是财政部对于债务预算的分类管理方式。再融资债券即"借新还旧"债券，是为偿还到期的一般债券和专项债券本金而发行的地方政府债券，不能直接用于项目建设。置换债主要用于置换2014年底甄别认定的非债券形式存在的地方政府存量债务，也包括偿还少量政府或有债务的债券。2015年置换债发行，《财政部关于对地方政府债务实行限额管理的实施意见》（财预〔2015〕225号）对置换债的时间进行了明确，"地方政府存量债务中通过银行贷款等非政府债券方式举借部分，通过三年左右的过渡期，由省级财政部门在限额内安排发行地方政府债券置换。"在2015—2018年大规模发行结束后，置换债券的发行并不多，2019年发行了少量置换债券用于进行部分隐性债务置换，支持建制县隐债化解试点。

再融资债和置换债原本界限分明，但从2020年12月开始，部分再融资债的资金用途发生改变，从原来的"偿还债券本金"转变为"偿还存量债务"，这部分用于"偿还存量债务"的再融资债被称为特殊再融资债，主要用于化解隐性债务。

2.隐性债务

2015年1月1日，新《中华人民共和国预算法》实施，其中明确规定地方政府只能通过发行政府债券的形式举债。地方政府隐性债务是指地方政府在法定政府债务限额之外直接或者承诺以财政资金偿还以及违法提供担保等方式举借的债务。地方政府隐性债务与显性债务相对。由于隐性债务的偿付不是现时的义务，故一定时期内各界对隐性债务缺乏统一口径和认定标准，其规模难以准确判定。根据《中共中央　国务院关于防范和化解地方政府隐性债务风险的意见》（中发〔2018〕27号）的规定，地方隐性债务是指在法定债务预算范围之外，地方政府负有偿还责任的债务。

我国地方政府隐性债务数量较多，且由于隐性债务信息披露不透明，市场对隐性债务统计口径存在差异，地方政府性债务规模难以估算。根据国际货币基金组织（IMF）测算，2014—2022年，我国地方政府隐性债务规模从8.8万亿元增长至70万亿元，隐性债务规模已经超过2022年地方政府显性债务规模（30.47万亿元）的两倍，考虑隐性债务后我国政府负债率已经远超60%的警戒线水平，2020年、2021年政府负债率甚至超过100%。

地方政府的这些隐性债务通常体现在以下几种形式：

（1）由地方人大、政府出具承诺函：一是由地方政府或财政局出具承诺函对债务承担保证责任；二是人大常委会决议中将债务列入人大预算。

（2）为应对融资平台融资能力下降的局面，以企事业单位名义举债，地方政府统一使用、归还。例如，地方政府以学校、医院等企事业单位名义融资，统一用于公路、水利等基础设施建设的融资平台。

（3）以政府购买服务或假借PPP项目违规融资，再采取政府回购、承诺固定投资回报等方式兜底。

（4）利用政府产业引导基金进行融资，形成了对其他有限合伙人、抵质押物等隐性债务的担保条款。

二、防范化解地方隐性债务政策

自2010年开始，中央层面防范化解地方隐性债务的政策思路经历了隐性债务甄别、隐性债务显性化、存量化解及增量遏制的政策重点转变。为了在2028年实现十年化债目标，地方隐性债务化解政策紧密围绕"控增化存"政策基调，并在保证不发生系统性风险的前提下逐渐趋严。

1.控增化存，政策趋严

地方债置换隐债是指利用低息、长期的地方政府债券去置换高息、短期的隐性债务，以达到降低地方政府的存量债务成本，优化债务期限结构的目的。截至目前，历史上总共开启过三轮债务置换工作。第一轮从2015年到2018年，利用"置换债"置换"非政府债券方式举借债务"。期间，全国各地政府共发行了12.24万亿元置换债，既定置换存量目标大概完成了86%；江苏、贵州、辽宁、浙江、山东等省政府债置换规模较高，均超过7000亿元，都是一些存量债务体量较大的省份。第二轮是2019年，通过"置换债"开展建制县隐性债务化解试点。当年湖南、贵州、云南、辽宁、内蒙古、甘肃6个省份的部分建制县纳入试点，建制县发行了1429.24亿元置换债来化解隐债。第三轮是2020年12月到2022年6月，利用"特殊再融资债"置换隐债。2020年底，再融资债券的资金用途由偿还到期政府债券变为偿还政府存量债务，"特殊再融资债"也成为本轮置换隐债的重要地方债品种，全国累计有28个省份共计发行了1.12万亿元，自2022年6月之后再无一笔特殊再融资债发行。北京、广东和上海三省开展"全域无隐性债务试点"的债务化解工作；其他省份发行的特殊再融资债则主要用于建制县区隐性债务风险化解试点来置换隐债，辽宁、重庆、天津、新疆、贵州、河南发行规模较大。

未来十年，隐性债务置换或成新的化债主线，政策监管趋严。2021年4月，沪深交易所发布债券审核新规，明确规定主要从事城市建设的地方国企发债应符合地方政府性债务管理相关规定，不得新增地方政府债务，承诺所偿还的存量债务不涉及地方政府隐性债务。2021年5月，财政部部长刘昆在《经济日报》撰文《建立健全有利于高质量发展的现代财税体制》，传达出监管层对于地方政府隐性债务的监管一直保持高压状态。信贷融资方面，2021年7月，《银行保险机构进一步做好地方政府隐性债务风险防范化解工作的指导意见》（银保监〔2021〕15号）传达出针对地方政府隐性债务监管的新一轮政策收紧。

2.分类处置，稳步推进

地方政府债务的解决不会一蹴而就，比照显性债务分层治理的治理逻辑，隐性债务应采取分类治理原则。作为地方政府隐性债务中的抓手，融资平台分类转型将加速。2023年2月，财政部部长刘昆在《更加有力有效实施积极财政政策》一文，指出要加强地方政府融资平台的公司治理，逐步剥离政府融资功能，推动分类转型发展，防范地方国有企事业单位"平台化"。我国大量融资平台公司为地方政府承担融资功能，而融资平台举借商业性债务一定程度上挤出了民营企业的融资，导致信贷资源错配。推进融资平台的市场化分类转型有助于融资平台按照现代企业制度运行，补足其偿债能力弱的问题，提高平台公司的盈利水平，以市场化盈利逐步偿还稀释存量债务。而通过融资平台整合、理顺政企权责关系、盘活存量资产，形成具有核心竞争力的市场化综合性国有资本投资运营平台，也有助于提振市场对城投行业的信心。

3.因地制宜，积极稳妥

隐性债务依然仍是预防地方政府债务风险的核心，并按照遏制新增隐性债务、稳妥化解存量隐性债务的思路，应当积极采取各种有效措施遏制隐性债务增长。

中央要求，要压实省级政府防范化解隐性债务主体责任，加大存量隐性债务处置力度，优化债务期限结构，降低利息负担，稳步推进地方政府隐性债务和法定债务合并监管，坚决遏制增量、化解存量。这意味着隐性债务监管继续维持高压态势，避免新增隐性债务。而各地通过财政资金、盘活资产、拉长债务期限、降低利息成本等方式，来稳步化解存量隐性债务。

据财政部相关公示，当前隐性债务的增长趋势得到一定程度的遏制，隐性债务减少1/3以上，地方政府隐性债务风险得到一定的控制。比如，北京2022年实现了隐性债务清零，江苏、河南等地表示超额完成年度化债计划等。

众多省份仍重点关注化解隐性债务风险。例如，贵州省预算报告提出，通过争取中央支持、金融机构展期降息等方式，推动各地将政府债务和隐性债务利息足额纳入预算，力争用3~5年时间，建立健全系统解决和防范化解政府债务风险体制机制，逐步推动地方发展进入良性轨道。为了真实地反映地方债务风险情况，应该将地方政府债务按照统一标准执行，隐性债务和显性债务都要进行关注，并进行及时有效的监管。2022年6月，湖南省政府办公厅印发《进一步规范政府性投资项目决策和立项防范政府债务风险的管理办法》（湘政办发〔2022〕26号），要求国有投融资公司投资建设的非经营性固定资产投资项目必须使用财政资金、政府债券资金，不得违规使用市场化融资新增政府隐性债务。

第五节
准确理解政府和社会资本合作和特许经营

国家现行《收费公路管理条例》规定，县级以上地方人民政府交通主管部门利用贷款或者向企业、个人有偿集资建设的公路称为政府还贷公路，国内外经济组织投资建设或者依照《中华人民共和国公路法》（简称《公路法》）的规定受让政府还贷公路收费权的公路称为经营性公路。对于经营性高速公路建设项目，在《关于规范实施政府和社会资本合作新机制的指导意见》（国办函〔2023〕115号，简称"新机制文件"）出台前，各地发改部门及项目业主、实施机构等对政府和社会资本合作（PPP）模式和直接通过招标确定经营性公路投资人的模式存在不同理解，虽然二者最终目的都是政府通过签订特许经营协议的方式将收费公路的特许经营权授予特定的对象，但当时的实务界认为二者在操作程序、财政补贴安排、招投标、主体责任等方面又存在不同。

新机制文件非常明确地厘清了两者的概念，PPP（Public-PrivatePartnership）直译为"公私合作伙伴关系"，是基础设施投融资的一种具体操作方式，是倡导公共部门和私人机构以合作伙伴的关系提供公共产品和公共服务的一种实践理念。PPP的相关内容来自于各国的具体实践，并不断丰富完善；PPP不是一门理论学科，没有系统完整的理论体系。从国际经验上看，PPP包括两种主要模式：一是以法国为代表的基于使用者付费的特许经营模式，二是以英国为代表的基于政府付费的私人融资计划（PFI）模式；BOT及其各种衍生形式则为PPP的具体实施方式。

按照新机制文件要求，所有基础设施和公用事业领域的政府和社会资本合作项目均须采用基于使用者付费的特许经营模式，具体实施方式主要包括建设-运营-移交（BOT）、转让-运营-移交（TOT）、改建-运营-移交（ROT）、建设-拥有-运营-移交（BOOT）、设计-建设-融资-运营-移交（DBFOT）等。准确理解和把握PPP、特许经营、BOT等概念之间的关系，对于规范推进实施PPP新机制至关重要。此前，因诸多原因，许多从业人员未准确分辨PPP、特许经营、BOT等概念界限，甚至将这些概念互相交叉、并列，由此造成了不少认知上和实践中的混乱。新机制文件明确指出，未来政府和社会资本合作（PPP）将全部采取特许经营模式，包括BOT、TOT、

ROT、BOOT、DBFOT等具体实施方式。根据PPP新机制，是不存在不属于特许经营模式的BOT的，也就是说所有的BOT都是特许经营。但是并不意味着到期后移交政府的项目就必须采取BOT、特许经营的方式，"移交"是个广义的概念，并不能简单地等同于BOT中的"T"。不采取BOT等特许经营模式的项目，项目到期之后也可以按照行业管理的规定办理移交手续，移交和BOT是没有必然的联系的，是不能划等号的（图1-1）。

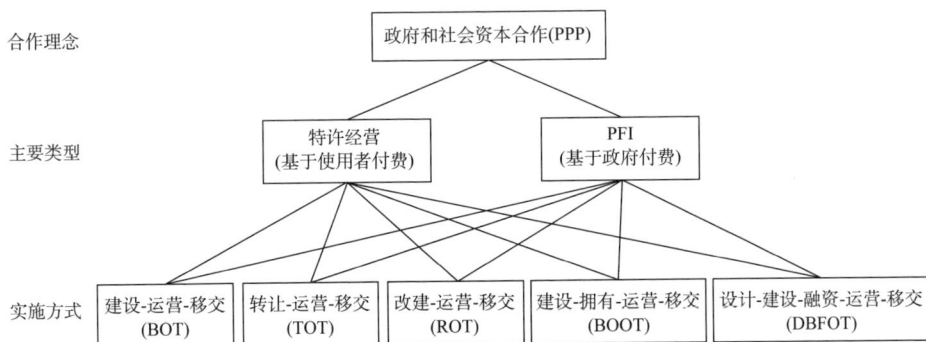

合作理念	政府和社会资本合作(PPP)				
主要类型	特许经营 (基于使用者付费)		PFI (基于政府付费)		
实施方式	建设-运营-移交 (BOT)	转让-运营-移交 (TOT)	改建-运营-移交 (ROT)	建设-拥有-运营-移交 (BOOT)	设计-建设-融资-运营-移交 (DBFOT)

图 1-1　各类经营模式

基于此，2023年2月份以前将政府和社会资本合作（PPP）模式以及一般经营性公路投资人招标两套程序分别理解对待的时代已经过去。按照新机制文件要求，除商业特许经营以及不涉及产权移交环节的公建民营、公办民营等外，基础设施和公用事业领域特许经营项目均属于政府和社会资本合作（PPP）范畴，均应受到新机制文件规范，不存在不受新机制文件所约束和规范的基础设施和公用事业领域特许经营项目。BOT、TOT、ROT、BOOT、DBFOT等项目，亦是如此。因此收费公路特许经营项目也应该严格按照新机制文件规定的程序和要求来执行。实践中江苏省曾探索采用将DBFOT中的设计、建设部分由交通运输厅下属事业单位负责实施的特许经营实施方式，根据新机制文件第十一条要求"特许经

营者应做深做实项目前期工作，严格按照有关规定优化工程建设方案，合理安排工期，有效控制造价，保障工程质量，做好运营筹备。"项目建设应由特许经营者（或其组建的项目公司）承担，有利于增加项目吸引力，该FOT模式与当前新机制精神不符。

基础设施和公用事业项目的投融资模式很多，PPP只是其中之一，并不是除了政府直接投资项目外，都必须通过政府和社会资本合作进行。例如新机制文件出台后，《水利部办公厅关于加快推进农村供水县域统管工作的通知》（办农水〔2024〕107号）中就提到了特许经营、授权经营、购买社会服务等方式。从国际情况看，英国是推动PPP力度最大的国家，但私人投资计划（PFI）占英国整体公共部门投资的比例最高峰时也只有11%。从国内实践看，在没有大规模推广PPP模式前，大量的基础设施项目都是由地方政府直接授权地方本级国有企业投资建设，未来地方政府仍然可以通过这种方式推动当地基础设施项目建设。

需要说明的是，对于其他一般基础设施建设项目，地方政府还可以依据《政府投资条例》或《企业投资项目核准和备案管理条例》，在审批或核准项目时，将符合条件的地方本级国有企业明确为特定项目的项目法人。但对于经营性收费公路，根据《收费公路管理条例》规定，"经营性公路建设项目应当向社会公布，采用招标投标方式选择投资者"，故经营性公路建设项目不宜由地方政府直接确定项目法人，应通过招标投标方式选择投资者。

第六节
投资收益测算

收益测算在推进项目特许经营实施过程中，是政府提供政府投资支持额度、企业要不要投资的重要支撑。高速公路特许经营项目是否可实施的评判标准,在于对未来收益获取的预测,投资人是否参与特许经营项目的关键考量指标也是资本金内部收益率的高低。影响收益测算的边界条件主要有:建安费下浮率、预备费比例、贷款利率、总收入、营运成本。

1.建安费下浮率

经调研国内高速公路,竣工决算与初步设计批复概算的建安费相比,一般会下浮10%~20%。此外,对于不同的投资人,投资人在进行投资决策时往往会区分有无建设板块(施工利润),统筹考虑建安费下浮率。

2.预备费比例

工可报告中预备费通常按照9%计列。高速公路的造价按照初步设计概算进行控制,因此,参照《公路工程建设项目概算预算编制办法》(JTG 3830—2018),预备费采用设计概算按5%计列、施工图预算按3%计列。一般情况下,考虑实际情况,按照设计概算按5%计列。

3.贷款利率

国家中国人民银行授权全国银行间同业拆借中心公布,当前2024年4月22日贷款市场报价利率(LPR)为:1年期LPR为3.45%,5年期以上LPR为3.95%。目前,经调研国内较多投资企业和银行,某央企最低利率可低至2.8%,在进行财务测算时可在5年期以上LPR的基础上考虑一定下浮。

4.总收入

总收入主要有通行费收入和服务区收入构成。通行费收入与项目交通量预测息息相关,受预测基年交通量、车型组成比例、高速公路桥梁隧道占比、交通量年增长率等因素影响,是收益测算过程中最核心的内容。服务区收入目前尚无确的预测方法,通常采用项目区域内运营服务区的年收入进行类比计算。

5.营运成本

项目建成后的养护管理费用、大修费用、运营管理费按营运总成本估算，并考虑3%的年物价上涨率。潜在投资人按照自身企业成本予以考虑，主要包括人工成本、行政经费、营运经费、养护成本、系统维护成本与营运期固定资产投入相关费用。

6.税金

1）增值税

根据《财政部国家税务总局关于全面推开营业税改征增值税试点的通知》（财税〔2016〕36号）附件一《营业税改征增值税试点实施办法》第二十一条规定："一般计税方法的应纳税额，是指当期销项税额抵扣当期进项税额后的余额。"

$$应纳税额=当期销项税额-当期进项税额$$

当期销项税额小于当期进项税额不足抵扣时，其不足部分可以结转下期继续抵扣。

在计算公路项目增值税时，依据财税〔2016〕36号文件和《交通运输部关于调整〈公路工程建设项目投资估算编制办法〉（JTG 3820—2018）和〈公路工程建设项目概算预算编制办法〉（JTG 3830—2018）中"税金"有关规定的公告》（交通运输部公告2019年第26号）的相关规定，建筑施工（第一部分 建筑安装工程费）按9%计算进项税；设备及工器具购置（第二部分 设备及工具、器具购置费）按13%计算进项税；勘察设计、施工监理（第三部分 工程建设其他费用，扣除征地拆迁、业主管理费、建设期贷款利息）按6%计算进项税；运营成本中的养护及大中修按9%计算进项税；运营收入按9%计算销项税。

2）企业所得税

《中华人民共和国企业所得税法》（简称《企业所得税法》）第四条规定："企业所得税的税率为25%。"

《中华人民共和国企业所得税法实施条例》（简称《企业所得税法实施条例》）第七十六条明确，企业所得税应纳税额的计算公式为：

$$应纳税额＝应纳税所得额×适用税率-减免税额-抵免税额$$

公式中的减免税额和抵免税额，是指依照企业所得税法和国务院的税收优惠规定减征、免征和抵免的应纳税额。

实务中需注意落实所得税优惠政策（"三免三减半"），根据《企业所得税法》及其实施条例相关内容，公路项目的投资经营的所得，自项目取得第一笔生产经营收入所属纳税年度起，第一年至第三年免征企业所得税，第四年至第六年减半征收企业所得税。

《企业所得税法》第十八条规定："企业纳税年度发生的亏损，准予向以后年度结转，用以后年度的所得弥补，但结转年限最长不得超过五年。"公路PPP项目合作期较长，财务测算时应注意可用以后年度的所得弥补前期的亏损。

各年的企业所得税应纳税额与折旧摊销方法、贷款返还方式等密切相关，折旧摊销方法对所得税应纳税额的影响相对较大。在项目合作期，项目公司可通过采用合适的折旧摊销方法（如工作量法）来尽可能弥补前期的亏损。

3）教育费附加与地方教育费附加

根据《征收教育费附加的暂行规定》及《国务院关于废止和修改部分行政法规的决定》规定："教育费附加，以各单位和个人实际缴纳的增值税、营业税、消费税的税额为计征依据，教育费附加率为3%，分别与增值税、营业税、消费税同时缴纳。"教育费附加按增值税的3%计。

《财政部关于统一地方教育附加政策有关问题的通知》（财综〔2010〕98号）第二条规定："地方教育附加征收标准统一为单位和个人（包括外商投资企业、外国企业及外籍个人）实际缴纳的增值税、营业税和消费税税额的2%。"地方教育费附加按增值税的2%计。

7.财务内部收益率

根据《建设项目经济评价方法与参数（第三版）》（发改投资〔2006〕1325号），财务内部收益率（FIRR）系指能使项目计算期内净现金流量现值等于0时的折现率。从收益角度看，内部收益率指标是资金自身的价值增值能力，是根据每年现金净流入现值与投资成本进行比较后计算得出；另外，内部收益率指标是将项目各个年度的现金流进行折算对比，更加体现了公路特许经营项目时间跨度长的特性，包含了资金的时间价值。

第七节
项目融资

按照我国现有对公路建设项目资本金的制度规定，公路项目资本金只能以自有资金形式进行出资，应在特许经营协议中明确，项目公司各股东以自有资金形式进行出资，保证资金的依法合规。

实务中项目中的资本金和注册资本金要注意区分：从政府方角度出发，基于会计处理、项目核算审计的方便性以及对于项目投资安全性的要求等方面考虑，一般会倾向于在采购文件中要求注册资本数额等同于资本金数额；但从特许经营者角度出发，注册资本金受《公司法》约束，在项目公司成立之后，股东不得抽逃出资，而后期通过股权转让或减资等方式退出会带来较大的税收成本，且项目期限较长，会形成一定的资金占用成本，基于此，特许经营者合同谈判及签订时，会希望在满足融资需要的前提下将项目公司的注册资本尽量降低，实现投资收益的最大化。

一、融资主体责任

项目公司组建后，政府与项目公司签订特许经营协议，即明确了项目公司的建设项目法人主体地位，同时也明确了项目公司是项目融资、建设、运营管理和移交的责任主体，其融资风险应由项目公司承担，建议在特许经营协议中明确项目公司完成融资交割手续的期限，项目融资资金仅限用于所在项目，不得用于其他用途。

在特许经营协议中约定的融资交割期限内若未能完成项目融资，将导致项目违约及提前终止的风险。通常政府方在特许经营协议中将融资交割的主体设定为项目公司，实际操作和办理则是特许经营者。考虑到特许经营协议签订流程和贷款银行审批手续等因素，一般建议在项目合同签订后180日内完成融资交割手续为宜。也可以考虑在特许经营协议中增加融资展期相关条款，因项目公司原因导致融资交割未能按期实现的，项目公司可在期限届满前向政府方申请宽限期，该宽限期建议为90个工作日，或根据实际融资情况以经政府方书面同意的时间为准。非项目公司原因导致融资交割未能按期实现的，自动延期，项目公司及特许经营者不承担违约责任。例如湖南省某高速公路项目：2019年实施，全长24km，总投资11亿元，采用PPP模式。招标PPP合同约定：项目公司负责本项目的融资工作，在项目公司成立120个工作日内，应完成融资交割。项目公司未能按照PPP合同约定完成债务性融资，迟延超过30日的，政府方有权提取相应阶段的履约保函下的全部款项，并有权解除合同。经合同谈判后，最终签订的PPP项目合同约定：项目公司负责本项目的融资工作，在项目公司成立180个工作日内，应完成融资交割。融资交割未能按期实现的，项目公司可以向政府方申请宽限期，但该宽限期时间最长不超过90日，以经政府方书面同意的期限为准。当项目出现融资未到位等财务风险，威胁或侵害社会公共利益时，政府方可要求项目公司改善管理、增加投入，项目公司拒不执行的，按违约处理。宽限期内仍未完成融资交割的，政府方有权提前终止合同。

虽然项目公司负责项目融资，但考虑到项目公司是为特许经营项目设立的特别目的公司，为保障项目投资、建设、运营服务质量，在特许经营协议中应明确对项目公司融资行为的有关要求和限制性规定。例如：未经甲方批准，乙方不得从事任何与本特许经营项目无关的经营活动或对本项目以外的项目进行投资、资金借贷等行为；非因本项目融资和经营需要，乙方不得以本合同项下的权益设定抵押或质押或以其他方式进行处置。在特许经营期内，乙方股权结构的变更，包括股权融资、债权融资或公路经营权有偿转让或乙方内部股权结构的调整等，均应将融资方案（包括融资方式、资产评估结果、融资期等）报请甲方批准。若未取得甲方的批准，乙方不得以项目为资本进行融资活动。即使得到了甲方的批准，甲方亦不能作为乙方融资活动的担保人，更不能为乙方的上述融资活动承担任何风险和责任等。

交通运输部《经营性公路建设项目投资人招标文件示范文本》（2011年版）的投资协议格式中约定了："如项目公司经营发生困难，乙方有义务进行融资或注资；在项目公司盈利前，乙方不得从项目公司提取任何费用；如项目公司破产，乙方应负责项目公司经济纠纷的解决……项目公司与甲方签订项目合同后，乙方（特许经营者）应对项目公司的履约行为承担连带保证责任。"在实务中，有律师提出反对，认为项目公司作为有限责任公司，应以其注册资本为限对外承担有限责任，该融资保障义务不应由特许经营者承担。对于这个问题，作者本人的咨询意见如下：

《公司法》第三条规定："公司是企业法人，有独立的法人财产，享有法人财产权。公司以其全部财产对公司的债务承担责任。有限责任公司的股东以其认缴的出资额为限对公司承担责任；股份有限公司的股东以其认购的股份为限对公司承担责任。"

公司作为独立法人，应当独立承担民事责任。公司承担民事责任的范围是其所有的全部财产；其财产不足以清偿到期债务时，将面临破产。公司的财产包括股东在公司设立时所认缴的出资。公司的股东对公司承担有限责任。如前所述，当公司发生债务责任时，股东并不直接对债权人负责，而是由公司以自己的全部资产对公司债务承担责任。股东对公司的债务所承担的责任，体现为股东对公司的出资，股东须以其全部投资，也仅以该投资额为限，对公司债务承担责任。也就是说，股东在依照有关法律和公司章程的规定履行了出资义务后，对公司行为将不再承担责任。

但同时，《中华人民共和国民法典》（简称《民法典》）赋予了合同当事人一方债务加入的权利，《民法典》第五百五十二条规定："第三人与债务人约定加入债务并通知债权人，或者第三人向债权人表示愿意加入债务，债权人未在合理期限内明确拒绝的，债权人可以请求第三人在其愿意承担的债务范围内和债务人承担连带债务。"在实务中，要注意的是，并存的债务承担不同于第三人代位清偿。并存的债务承担与第三人代位清偿有一定的相似性，即都可能是由第三人替代债务人清偿债务，债务因第三人的清偿行为而消灭。但是，两者属于不同的制度，存在较大的差异，具体表现为：一方面，第三人的法律地位不同。在并存的债务承担的情况下，债务人将部分债务转移给第三人但并不退出其与债权人之间的债的关系，第三人依其与债务人的债务承担合同，成为债务人，加入债的关系与原债务人共同对债权人承担连带债务。而在第三人代位清偿的情形，第三人并非债务人，而只是与债务的清偿之间存在利害关系的人（如合伙人、保证人等）。另一方面，第三人清偿后的法律后果不同。在并存的债务承担的情况下，第三人与原债务人之间的关系，按照他们之间法律关系的性质处理。例如，两者有约定的，可以按照约定处理。而在第三人代位清偿的情况下，第三人清偿后发生法定的债权转让。还要注意到，因为第三人的法律地位不同，在债权人是否享有对其的请求权方面也存在差异。在并存的债务承担的情况下，债权人可以直接向第三人请求履行；而在第三人代位清偿的情况下，债权人并不享有请求第三人履行债务的权利。也就是说，在债务加入的情形下，第三人不履行或者不完全履行债务，由第三人与原债务人共同向债权人承担违约责任；而在第三人代位清偿法律关系中，债权人无权要求第三人承担违约责任。

因此，投资协议约定，"如项目公司经营发生困难，社会资本方有义务进行融资或注资"，其本质是明确了特许经营者和项目公司之间对于项目融资义务的连带责任。《民法典》第一百七十八条规定："二人以上依法承担连带责任的，权利人有权请求部分或者全部连带责任人承担责任。连带责任人的责任份额根据各自责任大小确定；难以确定责任大小的，平均承担责任。实际承担责任超过自己责任份额的连带责任人，有权向其他连带责任人追偿。连带责任，由法律规定或者当事人约定。"如果是在招标文件中载明了该项连带责任的要求，投标人也予以响应并中标，则该种连带责任的形成即是双方真实意思的表示，基于合法的招投标行为订立的合同关系受法律保护。

二、利率政策调整带来的合同调整问题

关于利息，2019年以前通常民事合同中的利息条款约定都是以中国人民银行同期5年期以上贷款基准利率为基础上下浮动来设定，根据《最高人民法院关于审理民间借贷案件适用法律若干问题的规定》（法释〔2020〕17号）第二十五条的规定，出借人请求借款人按照合同约定利率支付利息的，人民法院应予支持，但是双方约定的利率超过合同成立时一年期贷款市场报价利率4倍的除外。前款所称"一年期贷款市场报价利率"，是指中国人民银行授权全国银行间同业拆借中心自2019年8月20日起每月发布的一年期贷款市场报价利率。需注意，该规定同样适用于逾期利息。

LPR是由具有代表性的报价行，根据本行对最优质客户的贷款利率，以公开市场操作利率（主要指中期借贷便利利率）加点形成的方式报价，由中国人民银行授权全国银行间同业拆借中心计算并公布的基础性的贷款参考利率，各金融机构应主要参考LPR进行贷款定价。LPR市场化程度较高，能够充分反映信贷市场资金供求情况，使用LPR进行贷款定价可以促进形成市场化的贷款利率，提高市场利率向信贷利率的传导效率。中国人民银行宣布从2013年10月25日起建立LPR集中报价和发布机制。2019年8月17日，中国人民银行发布改革完善贷款市场报价利率形成机制公告，在报价原则、形成方式、期限品种、报价行、报价频率和运用要求等6个方面对LPR进行改革，同时把贷款基础利率中文名更改为贷款市场报价利率，英文名LPR保持不变。2019年10月28日，中国人民银行发布公告，要求自2020年1月1日起，各金融机构不得签订参考贷款基准利率定价的浮动利率贷款合同。自2020年3月1日起，金融机构应与存量浮动利率贷款客户就定价基准转换条款进行协商，把原合同约定的利率定价方式转换为以LPR为定价基准加点形成（加点可为负值），加点数值在合同剩余期限内固定不变，也可转换为固定利率。

那么2019年10月28日之前签订的项目融资贷款合同就面临利率定价方式转换的问题，这就需要政府方和项目公司就PPP项目合同进行再谈判，通过签订补充合同的方式重新约定利率计算方式。值得注意的是，银行融资贷款合同的利率定价方式转换并不影响PPP项目合同中利率计算方式的再谈判，补充合同的谈判应基于政府已批准的项目实施方案、招标文件、已签订的PPP项目合同体系文件、国家对于利率转换的政策要求来执行。

案例

PPP项目合同利率调整争议

2017年，某公路PPP项目社会资本招标阶段以"年资金成本率"作为投标报价，经招投标确定的本项目"年资金成本率"计算公式为：年资金成本率=同期中国人民银行公布的五年以上贷款基准利率×（1+14.68%）。

基于本项目建设期延期的现实情况，并结合中国人民银行发布公告〔2019〕第30号第二条要求"自2020年3月1日起，金融机构应与存量浮动利率贷款客户就定价基准转换条款进行协商，将原合同约定的利率定价方式转换为以LPR为定价基准加点形成（加点可为负值），加点数值在合同剩余期限内固定不变；也可转换为固定利率。定价基准只能转换一次，转换之后不能再次转换。已处于最后一个重定价周期的存量浮动利率贷款可不转换。存量浮动利率贷款定价基准转换原则上应于2020年8月31日前完成。"现项目公司要求在补充协议中以LPR为定价基准加点的形式明确可用性付费计算公式中的"当期适用的中标年资金成本率"。

《招标文件》第二章"投标人须知前附表"第3.2.2项约定："招标人设有投标控制价：年资金成本率为同期中国人民银行公布的五年以上贷款基准利率上浮15%"。

《招标文件》第七章"投标文件格式"报价函中约定："年资金成本率：年资金成本率报价=同期中国人民银行公布的五年以上贷款基准利率×（1+D）D值报价：［ ］%（大写：百分之［ ］）"。《投标文件》中D值报价为14.68%。

《PPP项目实施方案》中明确："若未来中国人民银行不再发布五年以上人民币贷款基准利率，年资金成本率则按照届时国家对该等年资金成本率出台的相关规定或类似标准确定；若无相关规定或类似标准的，年资金成本率由双方在不违反法律法规和PPP项目合同约定的情形下，由合同双方、县财政局、发改局另行协商确定。"

某咨询机构咨询建议如下：

经本项目招投标确定的年资金成本率为同期中国人民银行公布的五年以上贷款基准利率×（1+14.68%）。在合同履约过程中，自2019年8月20日起，中国人民银行授权全国银行间同业拆借中心每月公布贷款市场报价利率（LPR），且在此之后中国人民银行已不再发布五年期以上贷款基准利率，建议将计算可用性付费时涉及的"同期中国人民银行公布的五年以上贷款基准利率"在补充协议中予以明确。

经测算，采用4.9%贷款利率时，其他条件不变，政府方付费总额为538902万元；按社会资本实际中标报价测算，采用LPR贷款利率下，其他条件不变，政府方付费总额为528328万元，差额为10574万元，对项目合同影响较大。建议在满足国家政策要求且不损害政府方和项目公司合法权益的前提下，具体结合原中国人民银行公布的五年以上贷款基准利率、现贷款市场报价利率（LPR）、项目公司融资贷款合同利率、投标报价情况，由合同双方、县财政局、发改局在合同谈判过程中另行协商确定。

|第二章|

特许经营方案编制
与审核阶段

第一节
政府投资支持方式

老机制时期项目策划阶段着重关注项目使用政府资金后是否是政府投资项目，这关系到立项审批等基本建设程序的区别，当然这在新机制下也同样道理。老机制时期对收费公路PPP项目政府资金具体进入项目的方式大体包括资本金注入、建设期补助、运营期补贴三种方式，且明确了资本金注入方式下项目采用审批制的要求。

按照新机制要求，政府仍然可以在防止新增地方政府隐性债务、符合法律法规和有关政策规定要求的前提下，按照一视同仁的原则，在项目建设期对使用者付费项目给予政府投资支持。新机制文件中"政府投资支持"中的"政府投资"，泛指各类政府财政性投资资金。国家发展改革委管理的中央预算内投资、近期国家发展改革委会同有关方面正在推动的增发国债资金、地方预算内投资，以及一般公共预算、政府性基金预算、地方政府专项债券中用于投资建设的资金，均属于新机制文件明确的"政府投资"。特许经营方案编制和审核阶段，即应明确是否将在项目建设期给予政府投资支持，如需提供政府投资支持的，应明确政府投资支持的具体方式、预计确定时间等，也可测算合理的政府投资支持金额上限等，供政府部门进行特许经营方案内部审核时参考。

政府给予特许经营项目投资支持，主要考虑以下几个方面：一是在项目建设阶段给予政府投资支持，可以相应提高特许经营者的投资回报，增强项目吸引力。同时《政府和社会资本合作项目特许经营方案编写大纲》（2024年试行版）第三部分中的"项目盈利能力分析"中也明确了通过政府投资支持或资源补偿后，项目收益提升即可实施。实施方案审核阶段要对采取特许经营模式和传统政府投资模式进行多方面的比选，对项目是否适合采取特许经营方式进行论证，尽可能减少政府投资支持，降低政府财政支出压力。如果需要占比较高的政府投资支持，那么就需要重新考虑是否适合采取特许经营的模式。二是政府投资在建设期一次性支出，不会新增未来地方财政支出责任。三是政府投资支持只发生在建设期，再也不需要财政部门通过财政承受能力论证纳入未来支出责任。四是老机制下的政府基于项目收益不足以覆盖建设成本而进行的运营期政府补贴将不再被允许，允许的是政府对行业通行的补贴，而不是仅针对单个项目单独给予的补贴，即对特许经营项目在运营阶段的政府补贴应符合"一视同仁"的原则。如浙江省对"十四五"期间省级主导新开工项目，通过燃油税、国有资本经营预算等渠道，按照里程给予省交通集团2500万元/km（四车道）、3500万元/km（六车道）的投资补助，这类补贴资金无论是否采取特许经营模式，都正常享有。同时根据国家发改委对于相关问题的问答，补贴政策必须是针对该地区该行业，包括存量和新增项目在内的所有项目的统一规定，制定行业补贴政策时，不得将已实施的老项目排除在外。但如果根据行业统一的补贴标准，部分老项目因为运营情况良好，按标准无需享受补贴，是可以不予补贴的。但是制定标准时，不可直接明确为不考虑存量项目。制定行业补贴政策时，不应简单地考虑部门层级，而应充分考虑当地财政实力，合理制定行业补贴标准。行业补贴必须是针对某一行业某一类型项目的通用的补贴，补贴标准应该有一定的普适性，也就是说符合补贴标准的项目的数量应较多，或者是说具有一定的项目数量，不能是单独的个别的项目，不应该出现只有单一项目符合补贴标准的情况，不能是为某一项目量身定做的补贴标准，那么行业补贴标准必须依法依规履行必要程序后实施，严防新增地方政府隐性债务。按照上述的原则，制定行业补贴政策的部门层级不宜过低。考虑到基础设施和公共事业领域的项目具有排他性，如果层级过低，补贴政策可能仅适用于个别项目，可能会被有关部门认定为对单一或个别项目提供额外补贴。所以制定行业补贴政策的部门层级应至少为地级市层级以上的行业部门。如果制定补贴政策的部门是省级部门，但是能够符合补贴政策的只有个别的项目，这种情况也不符合新机制的要求。

　　需要说明的是，根据《政府投资条例》，政府投资资金使用主要包括四种方式，分别为直接投资、资本金注入、投资补助、贷款贴息。其中，政府采取直接投资方式、资本金注入方式安排投资的项目为政府投资项目，需履行政府投资项目的审批程序。投资补助和贷款贴息，实质上是政府对项目的无偿支持，这类项目为政府资金予以支持的企业投资项目，履行核准或备案程序，无需履行审批程序。

第二节
新老机制政策过渡

2014年以来，政府和社会资本合作（PPP）的实施一定程度上起到了改善公共服务、拉动有效投资的作用，但在实践中也出现了一些亟待解决的问题。2023年2月以来，财政部、国家发展改革委分别布置各地暂停政府和社会资本合作（PPP）推进工作，抓紧开展清理核查和项目整改。同年6月初，国务院领导同志组织召开专题会议，明确了工作思路和工作分工。按照国务院确定的工作分工，国家发展改革委牵头制订了《关于规范实施政府和社会资本合作新机制的指导意见》（国办函〔2023〕115号，简称"新机制文件"），该文件是规范2023年2月份以后政府和社会资本合作工作的纲领性文件。结合发改部门后面陆续发布的特许经营方案编写大纲、特许经营协议示范文本、《基础设施和公用事业特许经营管理办法》（五部委行2024年第17号令）等配套文件及上线的项目信息系统，目前已充分具备全面推进PPP新机制项目落地实施的各项条件。

新机制文件突出了聚焦使用者付费项目、全部采取特许经营模式、优先支持民营企业参与这三大核心特征，明确了特许经营项目具体实施流程，强调要国家发展改革委牵头，地方各级人民政府切实负起主体责任。新机制文件明确，"2023年2月政府和社会资本合作项目清理核查前未完成招标采购程序的项目，以及后续新实施的政府和社会资本合作项目，均应按照本指导意见规定的新机制执行"。在此之前的涉及政府和社会资本合作工作的各类文件，应仅适用于2023年2月PPP清理核查前已完成招标采购程序的项目。财政部在新机制实施后废止了此前印发的部分政府和社会资本合作文件。这里提到的"完成招标采购程序"应当以实施机构和特许经营者（或社会资本方）签署正式合作协议或特许经营协议为准。

按照国务院明确的工作分工，新机制的政府和社会资本合作存量项目是由财政部门负责清理整改。据了解，2023年2月前完成招投标的存量项目如果未列入财政部门的PPP项目库，财政部门一般不出具清理整改意见。如果这些存量项目仍然没有开工的，可以考虑按照PPP新机制的要求实施，也可以考虑调整实施方式，不再采用政府和社会资本合作的模式。对于存量PPP项目，已由相关部门出具清理整改意见的，或者是按照PPP新机制调整的项目，或是按要求调整为其他方式的项目，可以依法依规继续履行审核备的程序。

2023年2月份以前，暂且称之为PPP老机制时期，PPP的基本原则是风险共担、利益共享，而新机制下则明确除合规的政府投资支持之外，不得通过可行性缺口补助、承诺保底收益率、可用性付费等任何方式，使用财政资金弥补项目建设和运营成本。同时，特许经营者在保障项目质量和产出（服务）效果的前提下，通过加强管理、降低成本、提升效率、积极创新等获得的额外收益主要归特许经营者所有。此次新机制文件也是在国务院要求遏制新增地方政府隐性债务的大背景下发布，此前对于国内重大基础设施建设项目尤其是收费公路PPP项目，民间资本市场竞争力不足参与较少，新机制文件在开篇的总体要求中便提出要求畅通民间资本参与基础设施投资的渠道，拓宽民间投资空间，并通过发布动态清单的方式大力支持民营企业参与特许经营新建（含改扩建）项目。

2024年4月，国家发展改革委会同财政部、住房城乡建设部、交通运输部、水利部、人民银行对《基础设施和公用事业特许经营管理办法》进行了修订。本次修订对标PPP新机制文件改革要求，对特许经营领域突出存在的问题进行了有针对性的制度设计，进一步强化制度执行效力。《基础设施和公用事业特许经营管理办法》作为新机制紧密的配套文件，在制度设计上进一步强调了以下几方面的问题。

　　一是对基础设施和公用事业特许经营外延内涵进行了更为明确细致的规定。厘清基础设施和公用事业特许经营与政府和社会资本合作（PPP）关系，即基础设施和公用事业特许经营是基于使用者付费的PPP模式；进一步强调了基础设施和公用事业特许经营项目的经营者排他性权利、项目产出的公益属性，以及不新设行政许可、不得擅自增设行政许可并借此向特许经营者收费；明确基础设施和公用事业特许经营范围，不包括商业特许经营以及不涉及产权移交环节的公建民营、公办民营等。实践中应当注意严格区分基础设施和公用事业特许经营、商业特许经营。根据《商业特许经营条例》，"商业特许经营"是指"拥有注册商标、企业标志、专利、专有技术等经营资源的企业（以下称特许人），以合同形式将其拥有的经营资源许可其他经营者（以下称被特许人）使用，被特许人按照合同约定在统一的经营模式下开展经营，并向特许人支付特许经营费用的经营活动。"商业特许经营中的特许人只能是企业，政府不得从事商业特许经营活动。政府作为活动参与方的基础设施和公用事业特许经营，主要依托基础设施和公用事业建设运营项目开展，其本质是以项目融资的方式提供公共产品和公共服务，具有明显的公益属性，《基础设施和公用事业特许经营管理办法》也并未设定"特许经营权"概念。

　　二是规范特许经营实施方式和范围。完善了特许经营实施方式有关规定。明确特许经营应当聚焦使用者付费项目，并进一步明确使用者付费包括特许经营者直接向用户收费，以及由政府或其依法授权机构代为向用户收费。对特许经营实施方式进行列举，包含"新建/改扩建-运营-移交（BOT）""新建/改扩建-拥有并运营-移交（BOOT）""转让-运营-移交（TOT）"等实施方式，并规定禁止通过建设-移交（BT）方式逃避运营义务或垫资施工。进一步明确特许经营项目范围，商业特许经营项目和不涉及产权移交的公建民营、公办民营不属于基础设施和公用事业特许经营，禁止地方政府借特许经营名义新设行政许可并收费。

　　三是鼓励民营企业参与。将特许经营最长期限延长到40年（当然对于收费公路项目仍然要符合现行《收费公路管理条例》之规定），鼓励民营企业通过直接投资、独资、控股、参与联合体等多种方式参与特许经营项目，并应遵守新机制文件有关支持清单关于民营企业项目领域和股比的规定，明确特许经营者改善经营管理和改进技术获得的收益归其所有。并着力解决民营企业入场难的问题，将促进民间投资作为立法目的在总则中予以明确，要求必须以公开竞争方式选择特许经营者，杜绝以单一来源采购、直接委托等方式规避竞争。专设鼓励民营企业参与特许经营条款，不同所有制企业融资同等待遇等金融支持措施，加大对民营企业支持力度。

四是明确特许经营模式管理责任分工，改进特许经营项目管理程序。地方政府负主体责任，发展改革部门牵头推进，有关行业部门负责项目实施和监管，财政部门加强预算管理，这些规定均与新机制文件高度一致。进一步完善特许经营可行性论证程序，针对实践中特许经营项目应当履行何种固定资产投资审核备案程序的问题，明确不同投资模式下应当适用的项目投资管理程序，即政府采用资本金注入方式投资的特许经营项目，应当按照《政府投资条例》有关规定，履行审批手续。企业投资的特许经营项目，应当按照《企业投资项目核准和备案管理条例》有关规定，履行核准或者备案手续，并明确了实施机构的协助义务。特许经营项目实施前，应当由实施机构编制特许经营方案，并按照政府投资项目审批权限和要求，报投资主管部门或者其他有关部门审核，合理控制项目建设内容和规模，明确项目产出方案。特许经营方案中应当包括项目可行性论证和特许经营可行性论证，并对特许经营可行性论证的重点内容予以明确。审核特许经营方案时，还应当对项目是否适合采取特许经营模式进行进一步认真比较和论证。通过强化项目前期研究论证，确保选择特许经营模式的科学性、合理性和可操作性，提高项目落地实施质效。

五是着力解决政府履约诚信低的问题。完善支付管理制度，明确政府统一代收用户付费项目属于使用者付费项目，政府应当专款专用，定期向特许经营者支付，杜绝拖欠。完善信息公开制度，明确政府应当将有关项目信息、履约情况向社会公开，接受社会监督。进一步完善价格和收费的调整机制，明确价格调整与绩效评价挂钩，并规定实施机构协调开展价格调整义务。政府可以在严防新增地方政府隐性债务、符合法律法规和有关政策规定要求的前提下，按照一视同仁的原则，依法给予政府投资支持和有关补贴。任何单位和个人不得违法干涉特许经营者合法经营活动。因法律、行政法规修改，或者政策调整损害特许经营者预期利益，或者根据公共利益需要，要求特许经营者提供协议约定以外的产品或服务的，应当依据特许经营协议约定或者协商达成补充协议，给予特许经营者公平合理补偿。同时进一步完善原特许经营者享有优先选择权的情形。

六是加强事中事后监管。选定的特许经营者及其投融资、建设责任不得调整。确需调整的，应当重新履行特许经营者选择程序。完成审批、核准或备案手续的项目如发生变更建设地点、调整主要建设内容、调整建设标准等重大情形，应当重新履行审批、核准、备案程序。特许经营项目涉及运营主体实质性变更、股权移交等重大事项的，应当及时书面告知相关行业主管部门。

七是明确紧急情况处置。因特许经营协议一方严重违约或不可抗力等原因，导致特许经营者无法继续履行协议约定义务，或者出现特许经营协议约定的提前终止协议情形的，在与债权人协商一致后，可以提前终止协议，并分别规定了政府违约和特许经营者违约的处置方案。为保障公共利益，同时规定，项目移交前，特许经营者应当配合政府维持有关公共服务和公共产品的持续性和稳定性。此外，特许经营者不得以提前终止协议为由变相逃避运营义务。

八是完善责任追究、投诉处理和争议解决制度。依托社会信用体系建设，进一步完善政府诚信约束制度；依据《公职人员政务处分法》，明确政府工作人员损害特许经营者利益应当承担的法律责任；依据财政支出管理制度，明确政府侵占、挪用、拖欠特许经营者有关应付款项的法律责任。明确特许经营者及社会公众投诉处理责任部门及相关机制，督促有关问题早发现、早化解。依据行政诉讼法、行政复议法修订精神及内容，明确行政协议有关争议通过行政复议、行政诉讼解决；同时考虑到特许经营项目相关协议体系及履约行为的多样性和复杂性，明确规定有关民商事争议通过仲裁、民事诉讼解决，最大程度保障特许经营各方合法权益。

第三节
特许经营投资收益回报机制

老机制时期PPP的投资回报方式包括使用者付费、可行性缺口补助和政府付费模式。新机制文件明确聚焦使用者付费项目，明确收费渠道和方式。对于高速公路依据《收费公路管理条例》收费。原来的可行性缺口补助和政府付费模式基于新机制文件中"不因采用政府和社会资本合作模式额外新增地方财政未来支出责任"的要求，不再适用于PPP项目尤其是收费公路特许经营项目。老机制时期高速公路PPP项目政府还可以结合绩效考核结果适度承担通行费收入低于合理预期的风险，在运营期给予政府补贴（按照老机制要求还要纳入财政承受能力论证报告），这些做法现已不被允许。

那么如何理解新机制文件中的"不因采用政府和社会资本合作模式额外新增地方财政未来支出责任"？这对于坚决遏制新增地方政府隐性债务十分关键，是规范实施PPP新机制的核心要点之一。全面准确理解此条要求，需要把握三个关键词，即"额外""未来""责任"。一是关于"额外"。如果采取PPP模式和不采取PPP模式相比，新增了地方财政未来支出责任，即"额外"；如果不论是否采取PPP模式都存在相同的地方财政未来支出责任，则不属于"额外"。二是关于"未来"。政府在项目建设期依法依规给予的投资支持属于当期发生的政府支出责任，符合新机制文件精神，但这种支持不能持续到项目运营期。三是关于"责任"。责任指存在发生的可能性，并不意味一定会产生未来的实际支出。例如车流量设置保底安排等，这种带有承诺形式的"或有"支出就是一种责任，是不符合要求的。政府承诺保底量一方面可能额外新增地方财政未来支出责任，导致产生饮鸩止渴的副作用，另一方面也不利于发挥特许经营者开展符合商业逻辑的投资决策、提高运营管理的专业水平，违背了引入社会资本的初衷。

实务中确实一些地区的高速公路网已基本健全，新建项目大多是复线和联络线工程，且高速公路项目在建成通车前几年的交通流量还存在培育期，这种情况下，很多实施机构希望设置或变相设置保底机制来增加项目吸引力。对于这个问题，要打破此前的一些固有思维。为单一项目设置保底量的方式与新机制文件"不因采用政府和社会资本合作模式额外新增地方财政未来支出责任"的要求明显不符。除法律法规和国家政策有明确规定外，不得单独为某一项目设定任何保底安排，不得在特许经营协议中对单一项目作出保底约定或承诺。如项目难以实现财务测算平衡，则需重新考虑项目建设的必要性和迫切性。如预期在项目建成后存在很长一段时间培育期，则需论证该项目建设是否过度超前，是否需要现在就开始建设该项目，是否需要优化项目建设内容和规模或者采取分期建设。如出于政府特殊规划及其他因素考虑该项目建设确有必要且需尽快建设，但特许经营者在项目投入运营后相当长时间内难以实现盈利，则需论证采取特许经营模式的可行性。对于无法满足采取特许经营者盈利需求的项目，可考虑通过其他方式依法依规建设。此外也要引导特许经营者合理承担项目风险。参与政府和社会资本合作的特许经营者应始终承担投资行为的商业风险，理性判断项目可行性和风险分配机制，不能一味要求将风险完全转由政府承担。

实务中，考虑到收费公路项目为使用者付费项目，如果打捆后项目经营收入能够覆盖建设投资和运营成本，具有一定投资回报，不因采用政府和社会资本合作模式，额外新增地方财政未来支出责任，在合理的情形下，多条收费公路项目是可以考虑打捆实施的，打捆的项目都应该是经营性收费公路的项目，且有一定经营收益的项目。如果是没有经营收入的公益性项目，按照特许经营方案编写大纲要求，不能采用特许经营模式，也不应与适合采用特许经营的项目进行打捆。

需要说明的是，打捆实施特许经营时应编制一个特许经营方案，比照政府投资项目的审批权限和要求进行特许经营方案的审核。如果不同子项目的审批权限不属于同级的发展改革部门，就应该分别由所在级别的发展改革部门对特许经营方案出具意见，最终以高层级的发展改革部门对特许经营的审核意见为准。基本建设程序方面，打捆项目的子项目都需要各自按照《政府投资条例》或《企业投资项目核准和备案管理条例》等有关规定履行项目审批或核准手续。

第四节

特许经营实施流程及部门分工

老机制时期，发改和财政部门虽然陆续发布PPP规范性文件，后来统一由财政部通过全国PPP综合信息平台项目库对PPP项目进行入库管理。老机制的实施流程也是以入库为前提，经财政、发改等部门联席会议审定实施方案后报经本级人民政府批准后再开展社会资本招标工作。对于收费公路项目，交通运输部通过《收费公路政府和社会资本合作操作指南》（交办财审〔2017〕173号）明确了实施方案的批准需在项目审批（核准）之后。这些规定在新机制下都已不再适用。新机制下的项目信息系统的填报范围是2023年2月政府和社会资本合作项目清理核查前未完成招标采购程序的项目，以及后续新实施的政府和社会资本合作项目，不包括2023年2月之前已经完成招标采购程序的存量项目，新机制的项目需要填报系统，存量项目不属于信息系统填报的范围。

新机制下对政府和社会资本合作新机制的管理责任分工作了明确划分，从中央和地方的职责划分看，国家发展改革委要牵头做好特许经营模式推进工作，切实加强政策指导；地方各级人民政府负主体责任，规范推进本级政府事权范围内的特许经营项目。从地方政府内部的职责划分看，地方各级人民政府可依法依规授权有关行业主管部门、事业单位等，作为特许经营项目实施机构，负责特许经营方案编制、特许经营者选择、特许经营协议签订、项目实施监管、合作期满移交接收等工作；地方各级发展改革部门要发挥综合协调作用，严格把关项目特许经营方案等有关内容，依法依规履行项目审批、核准或备案职责。从财政部门的职责看，各级财政部门严格执行预算管理制度，加强地方政府债务管理，加大财会监督力度，严肃财经纪律。此外，根据《中央预算内投资资本金注入项目管理办法》有关规定，政府出资人代表原则上应为国有资产管理部门、事业单位，国有或国有控股企业。因此，如果实施机构是行业主管部门，不宜作为政府资本金的股权所有人；如果实施机构是事业单位，则应根据具体情况依法依规进行判定。实务中不宜选择地方国有企业作为项目实施机构。政府和社会资本合作项目中的实施机构应能够代表政府和社会公共利益的要求。与特许经营者谈判和签订协议时，地方国有企业是否有权做出涉及公共利益相关承诺和要求需要商榷。

新机制下特许经营项目的实施流程如下。

（1）地方各级人民政府依法依规授权有关行业主管部门、事业单位等，作为特许经营项目实施机构。

（2）项目实施机构参照可行性研究报告编写规范，牵头编制特许经营方案（行业主管部门作为特许经营项目实施机构牵头编制特许经营方案时可以不再重复征求行业主管部门意见。如果项目实施机构不是行业主管部门，建议征求有关行业主管部门意见）。

（3）有关方面比照政府投资项目审批权限和要求，履行特许经营方案审核手续。

（4）通过公开招标等公开竞争方式选择特许经营者。

（5）规范签订特许经营协议。

（6）严格履行项目审批、核准或备案手续。

（7）做好项目建设实施管理。

PPP项目推动需要多个部门之间的协作，新机制文件发布初期，各地方为推动项目顺利实施呼吁发改部门要建立PPP工作机制。基于新机制文件已经明确地方各级人民政府要切实负起主体责任，规范推进本级政府试点范围内的PPP项目。地方各级发展改革部门要发挥综合协调作用，严格把关项目特许经营方案等有关内容，依法依规履行项目审批核准和备案制度。因此PPP具体项目的推进是地方事权，也就是各省级发展改革委要牵头建立本地的工作机制，推动PPP项目规范实施。各地的项目管理情况千差万别，并不完全一样，所以各地要根据各自的情况去分别建立自己的PPP的工作机制，国家发展和改革委员会也明确不会出台统一的工作机制或者工作流程。这里的省发改委牵头，并不意味着一定要出一个省级统一的工作机制，实务中既可以印发全省统一的工作机制文件，也可以把权限交给各地级市，让各地级市自行决定。

第五节

实施方案编制及审核

新机制文件明确，"项目实施机构应参照可行性研究报告编写规范，牵头编制特许经营方案"，这是指特许经营方案中关于项目自身建设可行性核心内容的论证应基本达到可行性研究报告的深度，是为了决策更加精准科学合理，并非指特许经营方案可以替代可行性研究报告。特许经营方案审核是政府内部决策程序，可行性研究报告审批是按照《政府投资条例》执行的投资管理手续，二者定位不同，不能混淆或合并。需要说明的是，如果该政府和社会资本合作项目不是政府投资项目，在履行投资管理手续时仅需按照企业投资项目履行核准或备案手续，不一定必须要编制可行性研究报告。

新机制相比较老机制，特许经营方案应围绕特许经营项目的"三个方面、两个目的"编写。"三个方面"包括项目自身建设内容、特许经营协议关键内容、特许经营模式可行性论证。"两个目的"包括明确项目建设的必要性和可行性、项目采取特许经营模式的必要性和可行性。审核特许经营方案，旨在把好"项目应不应该做"以及"应不应该采用特许经营模式"两道关。对于TOT这类不涉及新建或改扩建的项目，特许经营方案中项目自身建设内容部分可以适当简化，但应体现存量资产现状的有关情况。

为加强公路建设项目前期工作管理，提高决策的科学性，规范项目可行性研究及报告编制工作，2010年4月12日，交通运输部印发《公路建设项目可行性研究报告编制办法》（交规划发〔2010〕178号），该文结合公路建设实际，统一了公路建设项目预可行性及可行性研究报告的基本内容及格式，并一直沿用到2023年。

2023年3月23日，国家发改委以发改投资规〔2023〕304号文印发《投资项目可行性研究报告编写大纲及说明》（简称"可行性研究报告大纲"），规定投资项目应按该文要求编写投资项目可行性研究报告。根据《国务院关于发布政府核准的投资项目目录（2016年本）的通知》（国发〔2016〕72号）的规定，经营性高速公路项目由省级政府核准。由于公路建设项目的审批、核准单位为发展改革部门，各地发展改革部门陆续要求项目单位按发改投资规〔2023〕304号文要求编写公路建设项目可行性研究大纲。

2024年3月20日，国家发改委以发改办投资〔2024〕227号文印发《政府和社会资本合作项目特许经营方案编写大纲（2024年试行版）》，统一政府和社会资本合作项目特许经营方案的编写要求。但该大纲为通用性质的，并不完全适应及针对公路特许经营项目。实践中，部分行业主管部门及实施机构要求咨询机构按大纲目录及内容要求编写公路项目的特许经营方案，但不同行业间的习惯做法、分析表述以及认知偏差等对特许经营方案的理解产生较大影响。针对上述问题，作者结合公路项目特点，对易混淆的一些问题进行筛选及分析，并将其有机融入大纲要求中，以期形成普适及规范的公路项目特许经营方案的组成部分。

一、概述部分

1. 编写大纲中第2.1节：建设目标和任务

"建设目标和任务"也是可行性研究报告大纲要求的内容，可以从项目可行性研究报告中直接引用或参考。当项目可行性研究报告没有该部分内容时，可结合国家交通强国战略、国家及项目所在地公路网规划、当地交通运输发展政策以及实施机构指示等，适当提炼总结，从安全、便捷、高效、绿色、经济、智慧等方面进行阐述。

2. 编写大纲中第2.2节：项目功能和定位

公路按照交通功能分为干线公路、集散公路和支线公路。干线公路分为主要干线公路和次要干线公路，集散公路分为主要集散公路和次要集散公路。项目可行性研究报告通常对此做比较多的阐述。"项目功能和定位"内容一般可从项目可行性研究报告中"项目建设背景和必要性"篇章选取，也可结合当地交通运输规划及相关政策文件进行摘录总结，如"某项目是国家综合立体交通网规划纲要中6条主轴的重要组成部分，也是某都市圈高速公路网结构优化的骨干路网"等。

3. 编写大纲中第2.3节：主要需求和产出（服务）

公路服务于交通出行，公路建设项目的需求需满足公路远景预测设计年限的交通量，该交通需求对应着公路设计服务水平、设计小时交通量、设计通行能力等技术指标。"主要需求和产出（服务）"内容一般从项目可行性研究报告中"项目需求分析与产出方案"篇章选取。

4. 编写大纲中第2.4节：特许经营期限

特许经营期限与收费公路的收费期限属于两个不同的概念，出自不同的行政法规和政策。《关于规范实施政府和社会资本合作新机制的指导意见》（国办函〔2023〕115号）规定，特许经营期限原则上不超过40年，投资规模大、回报周期长的特许经营项目可以根据实际情况适当延长，法律法规另有规定的除外。《收费公路管理条例》规定，经营性公路的收费期限，按照收回投资并有合理回报的原则确定，最长不得超过25年；国家确定的中西部省、自治区、直辖市的经营性公路收费期限，最长不得超过30年。

在融资端，特许经营者的融资主要包括信用融资、保证融资、质押融资等，由于一些大型企业在出资项目资本金外，不再为项目公司融资提供增信或担保，目前，公路特许经营项目的融资主要为信用融资和质押融资。为筹集建设资金，特许经营者须以特许经营协议项下的应收账款质押进行项目融资，从契约关系看，先有特许经营协议，再有融资行为，因此，特许经营期限应涵盖收费期限。

严格意义上，特许经营期限由建设准备期、建设期（特许经营协议签订至交工验收）、项目交工验收至开始收费（如有）、收费期几部分组成。

5. 编写大纲中第2.5节：特许经营服务范围

《收费公路管理条例》规定，收费公路终止收费后，收费公路经营管理者应当自终止收费之日起15日内拆除收费设施。"特许经营服务范围"通常包括投资、建设、运营、管理、维护及维修公路项目；特许经营者享有收费期内的权益（包括收费权、广告经营权、服务设施经营权）；收费期满时，按特许经营协议约定的技术等级和标准将公路及其附属设施无偿移交给政府或其指定机构，并按照规定办理公路移交手续；按政府或其指定机构要求，在规定时间内拆除收费设施。

二、项目可行性分析部分

1. 编写大纲中第 3.1 节：运营需要落实的外部条件

《收费公路管理条例》规定，收费公路建成后，应当按照国家有关规定进行验收；验收合格的，方可收取车辆通行费。收费公路不得边建设边收费。公路工程验收分为交工验收和竣工验收两个阶段。未经验收或者验收不合格的，不得交付使用。公路项目通过交工验收是项目运营的基础条件，同时，经省级人民政府审查批准后才能收取车辆通行费。

2. 编写大纲中第 3.2 节：运营服务标准

"运营服务标准"符合《公路养护技术标准》（JTG 5110—2023）（该标准于2023年11月发布，2024年3月1日起施行）是基本要求。公路技术状况及公路技术状况各分项指标分为优、良、中、次、差五个等级。现行公路养护的相关技术标准、规范，以及公路技术状况评定标准均没有涵盖服务区、停车区等服务设施（如公路技术状况评定中的沿线设施仅指防护设施、隔离栅、标志、标线及绿化管护），因此，宜针对具体项目情况，补充服务区、停车区的服务标准及要求。同时，根据《公路养护技术标准》（JTG 5110—2023）要求，补充优等路率等技术指标。

可结合当地交通运输主管部门规定及实施机构要求设置运营标准，《"十四五"公路养护管理发展纲要》（交公路发〔2022〕46号）可供设置运营标准时参考：

（1）公路技术状况指数（MQI）≥90，公路技术状况优等路率保持在90%以上。

（2）路面技术状况指数（PQI）≥90，路面技术状况优等路率保持在88%以上。

（3）一、二类桥梁比例达到95%，新发现四、五类桥梁（隧道）处治率达100%。

（4）联网收费交易成功率、交易数据上传及时率均达到99.9%。

（5）入口称重检测数据上传及时率、准确率达到100%，货车违法超限超载率控制在0.5%以内。

（6）公路服务区服务质量达标率达到100%。

（7）不发生特许经营者引起的安全责任事故。

三、特许经营模式可行性论证部分

1.编写大纲中第4.1节：使用者支付意愿

"使用者支付意愿"对应项目可行性研究报告中的以下3个方面内容：

（1）公路项目的交通量预测成果已考虑费用和时间2个维度：一种是路网上的车辆这样一种方式分布，就是使所有使用的路线都比没有使用的路线费用小；另一种是车辆在路网上的分布，使得路网上所有车辆的总出行时间最小。也就是交通量平衡分配的Wardrop第一原理和Wardrop第二原理，这种交通量预测的"经济人"假设遵循了市场选择规律，同时，也进一步说明公路项目的交通需求已综合考虑了收取车辆通行费的影响。

（2）公路项目可行性研究报告中基于公路里程、通行时间和通行费用，按"有项目"和"无项目"进行的竞争性通道比较分析，揭示了公路使用者的选择结果。

（3）公路项目经济费用效益分析采用的相关路线法、路网费用法和OD矩阵法三种方法，均是通过公路使用者在"无项目"和"有项目"情况下的费用比较，计算项目产生的经济效益，包括降低营运成本的效益、旅客时间节约效益和减少交通事故效益。可以用项目可行性研究报告中的经济内部收益率（EIRR）、经济净现值（ENPV）、经济效益费用比（RBC）来说明使用者支付意愿。

2.编写大纲中第4.2节：支付能力

"支付能力"主要收集项目影响区域内类似收费公路的交通量、收费标准、通行费收入等，佐证公路使用者的使用意愿和支付能力。

四、特许经营主要内容部分

1. 编写大纲中第 5.1 节：资产权属

公路资产权属附着于土地权属之上。公路项目的用地主要以划拨方式取得，部分省份规定加油站等服务设施用地按经营性用地以出让等有偿使用方式取得。因此，公路项目用地在划拨用地外，也可能存在招标、拍卖、挂牌等竞争性方式取得的公路用地。

"资产权属"宜从物权角度进行分析，公路用地使用权人对公路用地享有占有、使用和收益的权利。实践中，可根据需要，在特许经营协议中约定由实施机构或特许经营者为公路用地使用权人，由土地使用权人办理并取得建设用地权属证书。为防止特许经营者将建设用地抵押出去，宜约定由实施机构为公路用地使用权人，特许经营者仅享有公路用地及公路设施的用益物权，但无担保物权。

对有特殊要求的项目，可以约定按出让方式取得的公路用地，由特许经营者作为公路用地使用权人，并办理建设用地权属证书。

通常，特许经营到期后，特许经营者应将公路资产移交给政府或其指定机构，但可对出让方式获得的用地按商业类项目对待，并做相应约定。这种处理方式可化解存量项目的一些争议问题，如存量项目在运营中以出让土地方式增加的服务区由原特许经营者继续经营的问题。

2. 编写大纲中第 5.2 节：使用者付费定价、调价机制和原则

《收费公路管理条例》规定，车辆通行费的收费标准，应当根据公路的技术等级、投资总额、当地物价指数、偿还贷款或者有偿集资款的期限和收回投资的期限以及交通量等因素计算确定。车辆通行费的收费标准需要调整的，按《收费公路管理条例》执行。

"使用者付费定价、调价机制和原则"中的车辆通行费采用政府定价，按《价格法》《收费公路管理条例》《政府制定价格成本监审办法》《政府制定价格听证办法》以及项目所在地地方性法规规定确定。

广告经营、服务设施经营采用市场调节价，由特许经营者自主定价，但应符

合《价格法》《反不正当竞争法》的规定。

3. 编写大纲中第 5.3 节：额外收益分配原则

"额外收益分配原则"出自国办函〔2023〕115号中"特许经营者在保障项目质量和产出（服务）效果的前提下，通过加强管理、降低成本、提升效率、积极创新等获得的额外收益主要归特许经营者所有。"

合同以交易为目的而设置，并有利债权实现。订立契约应便于计量、核定费用，但国办函〔2023〕115号中"额外收益"计量的比较基准难于清晰划分，因此，宜约定额外收益均属于特许经营者，体现"谁投资、谁决策、谁收益、谁承担风险"的原则。

公路项目特许经营方案编写并没有固定的格式或模板，《政府和社会资本合作项目特许经营方案编写大纲（2024年试行版）》中要求反映或回答的一些问题应得到体现。通常，对一些问题的统一性回答及表述是逐渐建立的，并形成习惯或规范。作者希望对上述一些问题的探讨，形成对这类问题的普遍性认识，建立公路项目特许经营方案相关内容的标准化或规范化，同时，提高公路项目特许经营方案编制效率。

收费公路特许经营项目实施方案编写应注重新机制下的政策变化和导向，例如考虑到不排除未来可能出现关于收费期限有关法律法规修订调整的可能性，特许经营协议中可考虑约定如依法依规调整收费期限后对应调整特许经营期限的有关表述，但在特许经营协议中，不宜明确约定与法律法规规定的收费期限到期日相悖的特许经营期限到期日。再比如对于改扩建项目是否需要增加特许经营者重新选择的相关表述。

关于特许经营方案审核手续，负责政府投资项目可行性研究报告审批的部门即为特许经营方案审核部门。实践中，如果有关地方规定特许经营方案须由同级人民政府审批，也符合文件精神。特许经营方案审核职责可以上提，不宜下放。《政府投资条例》对政府投资项目的审批权限作了明确规定，相关项目应"按照政府投资管理权限和规定的程序，报投资主管部门或者其他有关部门审批"。现实中，各地的政府投资项目审批权限由各地自行规定、不尽相同，新机制文件要求并不改变各地既定的政府投资项目审批权限。因此，特许经营项目实施方案审核部门应由各地比照当地政府投资项目审批权限自行确定。新机制文件明确了地方发展改革部门要发挥综合协调作用，严格把关项目特许经营方案中有关内容，实务中如负责政府投资项目可行性研究报告审批的部门不是发展改革部门，而是地方行政审批局，那么应该由地方发展改革部门，还是由地方行政审批局审核特许经营方案？国家发改委在相关问答中指出，考虑到特许经营方案审核是地方政府的内部决策程序，不是行政审批的事项，也不是行政许可事项，而且特许经营方案的专业性、技术性也比较强，涉及的方面比较广，应该优先由发展改革部门审核特许经营方案。此外，特许经营方案审核是政府内部决策程序，所以并不一定必须通过批复的方式，实践中可以考虑通过政府部门函件、会议纪要等书面方式确认特许经营方案审核的结果即可。当然，如果地方规定特许经营方案需由同级人民政府批审批，也是符合新机制精神的，即原则上"特许经营方案审核职责可以上提不宜下放"。

第六节
收费公路特许经营项目风险分担

收费公路特许经营项目在识别、准备、采购、执行、移交各个阶段构成有机联系的整体，风险的识别和应对工作越早开展，就越能有效地规避后期履约争议。基于当前收费公路特许经营实务操作质量基本取决于项目实施机构以往的建设管理经验、主管领导思路和第三方咨询机构的专业性。各地实施机构在实操过程中遇到具体问题还存在很多的疑问，本节按操作逻辑先后顺序提出一些常见的风险及应对思路，建议结合其他章节的具体问题进行理解。

一、收费公路特许经营项目协调组织

项目实施机构代表政府参与项目全过程，首先要明确政府和社会资本合作项目的工作组织流程、各阶段的成果及目标节点文件，建立项目工作体系及任务清单。就当前已经落地的若干项目的实施情况来看，项目推进的前期工作中经常出现政府各部门衔接机制不高效、各部门对政府和社会资本合作模式的操作理解思路不一致，对于推进项目无法形成统一的合力，很多项目仅依靠行业主管部门，导致项目前期工作推进缓慢的情况经常发生。即项目实施机构存在组织协调不力的风险。

目前，新机制文件对政府和社会资本合作新机制的管理责任分工作了明确划分。从中央和地方的职责划分看，国家发展改革委要牵头做好特许经营模式推进工作，切实加强政策指导；地方各级人民政府要切实负起主体责任，规范推进本级政府事权范围内的特许经营项目。从地方政府内部的职责划分看，地方各级人民政府可依法依规授权有关行业主管部门、事业单位等，作为特许经营项目实施机构，负责特许经营方案编制、特许经营者选择、特许经营协议签订、项目实施监管、合作期满移交接收等工作；地方各级发展改革部门要发挥综合协调作用，严格把关项目特许经营方案等有关内容，依法依规履行项目审批、核准或备案职责。从财政部门的职责看，各级财政部门要严格执行预算管理制度，加强地方政府债务管理，加大财会监督力度，严肃财经纪律。

收费公路特许经营需会同行业管理部门、项目实施机构，及时从项目储备清单中筛选条件成熟的建设项目，编制实施方案并进行可行性论证，项目应有经营收益，具备使用者付费的条件。哪些项目能够采取特许经营，应根据项目实际情况，制定特许经营方案，经充分论证比选后，决定是否采取特许经营模式。在实践中，应认真甄别、严格把握采取特许经营模式的项目类型。例如，不应无法律法规依据擅自通过各种方式包装成特许经营项目，收取特许经营费。新机制文件对特许经营项目实施流程作了明确规定。一是地方各级人民政府依法依规授权有关行业主管部门、事业单位等，作为特许经营项目实施机构。二是项目实施机构参照可行性研究报告编写规范，牵头编制特许经营方案。三是有关方面比照政府投资项目审批权限和要求，履行特许经营方案审核手续。四是通过公开招标等公开竞争方式选择特许经营者。五是规范签订特许经营协议。六是严格履行项目审批、核准或备案手续。七是做好项目建设实施管理。基于PPP项目具有多部门参与、协同配合的特点，建立有效的协调机制可以大大加快项目前期工作的推进。

成功案例：宁波杭甬复线宁波段一期工程PPP项目由市政府牵头组织PPP工作领导小组，由分管副市长任组长，项目实施机构（市交通委）、财政、发改、法制等部门作为小组成员单位共同推进PPP项目前期工作，在实施方案、特许经营者招标等环节建立了固定、长效的小组会议机制，使得该项目实施机构在PPP推进过程中遇到问题能够及时有效地得到沟通解决，项目推进非常顺利。

二、合理分配项目实施各类风险

风险管理，是指针对项目整个生命周期内发生的影响项目目标的不确定性，由各个参与方进行的识别、评价、分配、承担，从而以最低成本实现最大收益的管理方法。风险管理过程也是项目的风险分析过程，项目风险分析过程一般包括风险识别、风险估计、风险评价与风险应对（风险分配）。风险分配是风险管理的一个关键环节，是指对因项目各种不确定性造成的损失进行划分的过程，旨在发挥双方优势，降低风险成本，进而实现项目共赢。

1.收费公路特许经营项目风险识别

根据投资收费公路面临的普遍风险及项目自身特点，可以将项目风险概括为政治/法律风险、前期风险、项目建设风险、运营风险、移交风险及其他风险，具体识别和分析如下：

（1）政治、法律风险。

①政府可控的法律风险。

指本级或下级政府部门出台的法规、规章、规范性文件导致项目实施的风险。

②超出政府可控范围的法律变更及政策变化。

指上级政府或部门出台的法律、法规、规范性文件对项目的影响。

③非法行政干预。

政府部门非法干预项目的建设、运营，影响投资人自主决策能力。

④征用或国有化。

中央或地方采取强制性行政手段收回项目，导致项目无法履行完毕。

⑤社会稳定风险。

因无序施工、运营不当等原因导致社会冲突，危及社会稳定及社会秩序的可能性。

⑥税收调整风险。

中央或地方政府税收变化的风险。

⑦利率风险。

市场或政策因素导致利率变动的不确定性给项目造成的影响。

⑧通货膨胀风险。

指整体物价水平上升，货币购买力下降，导致项目成本增加等其他后果。

（2）前期风险。

①项目合法性风险。

指项目规划、报批、建设审批等环节程序的合法性。

②审批延误风险。

因项目决策、审批程序复杂导致项目实施某一环节或整体时间延误，以及由此延误导致的成本或收益的变化。

（3）建设风险。

①征地拆迁风险。

指项目建设所需进行的征地、拆迁工作，在成本上超支和进度上滞后的风险。

②融资风险。

因市场原因或投资人自身融资能力变化、融资结构不合理导致资金筹措困难。

③项目测算方法主观风险。

因项目经济评价等测算方法与项目实际状况不一致导致的风险。

④设计风险。

因设计原因造成的风险，包括因路线选线不合理、技术指标不达标、地质调查深度不够、设计方案不合理等原因造成重大、较大设计变更，增加工程成本的风险。

⑤工程变更风险。

因路线方案、工程地质条件、水文地质条件与预测发生重大变化，导致工程量增加、投资增加、工期拖长等所带来的风险。

⑥气象/自然灾害风险。

指不构成不可抗力的恶劣天气、自然灾害等引起的项目建设及运营成本增加及延误风险。根据风险分析，考虑项目是否有路基、边坡失稳滑塌，桥涵倒塌等风险。

⑦技术风险。

因地质条件复杂，或因所采用的施工技术不成熟或者由于技术适应性差，给项目带来的风险。对于改扩建项目，考虑一般路段施工、高架路段、桥梁段均存在一定施工技术风险。

⑧工程质量风险。

项目实施过程中，因各种原因导致施工质量不合格所带来的未通过质量检查部门质量鉴定和主管部门验收的风险。项目建设期及运营期的大中修阶段均存在技术类风险。

⑨成本风险。

由于原材料、人工等市场价格上涨导致项目的建造成本超过批准的初步设计概算的风险。

⑩安全风险。

因施工技术或地质不良引发的安全风险。项目桥梁及特殊工程的施工安全不容忽视，存在一定的风险，应严格按《公路工程施工安全技术规范》（JTG F90—2015）及相关要求规范施工。

对于需边通车边施工的高速公路改扩建项目，现场施工存在较大风险，应妥善处理施工与维持保通的矛盾，细化交通组织及保障措施，防范风险。

⑪环保、水保、防洪风险。

包括建设及运营中环保措施不符合相关要求的风险，以及因政府对环保、水保、防洪要求标准提高导致项目的成本增加、工期延误或其他损失。

⑫地下施工障碍风险。

化石、文物、矿藏等影响项目实施的施工障碍因素。

（4）运营风险。

①运营标准变化风险。

法律法规规定或合同中约定的运营标准在项目实施过程中发生变化，导致运营成本增加。

②收费标准变化风险。

因政策、市场等因素，导致收费价格变动，造成项目运营收入不如预期。

③收费期限风险。

高速公路的收费期限将以地方省级人民政府批复为准。

④通行车流量风险。

指项目建成后因市场环境变化等原因造成实际车流量与预测值出现差异而产生的风险。

⑤新增竞争性项目风险。

政府或其他投资人新建或改建其他类似项目，导致对项目形成实质性竞争的风险。

⑥运营养护风险。

项目运营养护的风险，包括运营安全风险，工程质量风险、成本超支风险等。

⑦项目公司破产风险。

因经营不善等原因造成项目公司破产。

（5）移交风险。

①公路技术状况不达标风险。

收费公路终止收费前6个月，由交通主管部门对项目进行鉴定和验收。经鉴定和验收，公路符合核定的技术等级和标准的，项目公司方可按照国家有关规定向交通主管部门办理公路移交手续；不符合核定的技术等级和标准的，项目公司应当在交通主管部门确定的期限内进行养护，达到要求后，方可按照规定办理公路移交手续。

②人员安置风险。

项目移交前，项目公司应对公司人员进行妥善安置，政府不承担人员安置责任。

③移交保证风险。

项目公司应保证在收费公路终止收费前6个月，经交通主管部门对项目进行鉴定和验收后，符合核定的技术等级和标准，且符合安全和环境标准；在特许经营期满后1年内，项目处于良好的养护状态。

（6）不可抗力风险。

不可抗力风险是指不能预见、不能避免并不能克服的风险，通常无法通过技术、经验、预先判断或者小心对待来规避，主要包括：

①自然灾害：如地震、飓风、台风、火山爆发或水灾等。

②社会异常事件：如战争、武装冲突、社会动乱、骚乱、罢工、恐怖行为等。

③核反应、辐射、化学或放射性污染、空中飞行物体坠落。

（7）违约风险。

违约风险又称信用风险，是指政府和投资人一方或双方不履行或拒绝履行协议约定的责任和义务而给项目带来直接或间接的危害，包括投资人违约风险、政府违约风险。

①政府违约风险，包括政府因社会公共利益需要而终止协议的风险，以及政府未按特许权协议履约，给项目公司带来损失的风险等。

②投资人违约风险，包括投资人因资金链断裂无法继续建设或运营，以及未按照公路养护技术规范和操作规程进行公路养护或养护不达标等。

2.风险分配原则

按照风险分配优化、风险收益对等和风险可控等原则，综合考虑政府风险管理能力、项目回报机制和市场风险管理能力等要素，在政府和投资人间合理分配项目风险。

收费公路特许经营项目风险分配的基本原则是：

（1）承担风险的一方应该对该风险具有控制力；

（2）承担风险的一方能够将该风险合理转移；

（3）承担风险的一方对于控制该风险有更大的经济利益或动机；

（4）由该方承担风险最有效率；

（5）如果风险最终发生，承担风险的一方不应将由此产生的费用和损失转移给合同相对方。

在遵守上述风险分配的基本原则时，项目风险分配还应遵循下述原则：

（1）风险与收益相对等原则。

承担风险程度与所获得的收益应相匹配，风险承担方对于控制所承担风险有更大的经济利益或动机。

（2）风险可控原则。

风险由对其最有控制力的一方承担，从而降低风险发生概率和风险控制成本。

（3）风险转移原则。

承担风险的一方风险能将风险合理转移给第三方。

（4）提高风险管控效率原则。

风险承担者控制相关风险是经济的，即能够以最低的成本来承担风险损失，管理风险的成本、自我防范和市场保险费用最低，又是有效、方便、可行的。

（5）合理、平衡原则。

风险分配应合理，风险承担责任与风险控制权利应平衡。

3.风险分配基本框架

按照风险收益对等和风险可控原则，综合考虑项目运作模式、项目交易结构以及政府和潜在投资人风险管控能力等要素，在政府和投资人之间合理分配项目风险具体见表2-1。

风险分配表　　　　　　　　　　　　　　　　表 2-1

序号	风险	政府承担	投资人承担	双方共担	备注
一、政治、法律风险					
1	政府可控的法律变更	√			
2	超出政府可控范围的法律变更及政策变化		√		
3	非法行政干预	√			
4	征用或国有化	√			
5	社会稳定风险		√		
6	税收调整风险		√		
7	利率风险		√		
8	通货膨胀风险		√		
二、前期风险					
9	项目合法性风险		√		

续上表

序号	风险	政府承担	投资人承担	双方共担	备注
10	审批延误风险			√	因政府原因导致审批延误，顺延工期；因项目公司原因导致审批延误的，项目公司承担延误风险
三、项目建设风险					
11	征地拆迁风险			√	因沿线区（县、市）政府原因导致征迁延误，政府予以顺延工期；因项目公司原因导致征迁延误，项目公司承担延误风险
12	融资风险		√		
13	项目测算方法主观		√		
14	设计风险		√		
15	工程变更风险			√	工程变更风险由投资人承担，但政府提出超过限额的变更按合同约定
16	气象／自然灾害风险		√		
17	技术风险		√		
18	工程质量风险		√		
19	成本风险		√		
20	安全风险		√		
21	环保、水保、防洪风险		√		
22	地下施工障碍风险		√		
四、运营风险					
23	运营标准变化风险		√		
24	收费标准变化风险		√		
25	收费期限风险		√		
26	通行车流量风险		√		
27	新增竞争性项目风险		√		
28	运营养护风险		√		
29	项目公司破产风险		√		
五、移交风险					
30	公路技术状况不达标风险		√		
31	人员安置风险		√		

续上表

序号	风险	政府承担	投资人承担	双方共担	备注
32	移交保证风险		√		
六、不可抗力风险					
33	不可抗力风险			√	
七、违约风险					
34	政府违约风险	√			
35	投资人违约风险		√		

4.风险防范措施

项目主要风险防范措施安排如下：

（1）法律法规和政策变动风险。

本级政府能够控制的政策法律变更风险，由政府承担。超出本级政府可控范围的法律变更及政策变化（由国家或上级政府统一颁行的法律等）由投资人承担。

（2）项目前期工作及设计风险。

政府已为项目开展的前期工作，包括项目申请报告报批、勘察设计、勘察设计咨询（含勘察监理）、已由政府方委托开展的科研课题以及专项评估（含文物考古调查、水下地形图、通航影响评价、防洪影响评价、社会稳定风险评估、规划选址、用地预审、环境影响评估、水土保持方案、地质灾害评估和重要矿产压覆评估等），投资人及项目公司应予以认可。除明确由政府承担的工程变更风险外，其他项目前期工作及设计风险由投资人承担。

（3）项目供地和征地拆迁风险。

按照《土地管理法》《土地管理法实施条例》以及《划拨用地目录》，对于"公路交通设施用地"等，以划拨方式取得。项目的土地使用权由政府以划拨方式向项目公司提供项目的土地使用权，并协助项目公司办理相关手续。

（4）融资风险。

项目融资风险由项目公司承担。项目公司应拓宽融资渠道，保持与金融机构良好关系，快速、高效、经济地完成项目融资。如果项目公司无法在规定的期限内全额获得项目其他建设资金，投资人有义务作为担保人筹措相应的建设资金。

（5）工程建设成本控制风险。

针对成本控制，投资人因成本测算有误、成本控制不善、工程返工等超出的费用，由项目公司及投资人自行承担。项目工程建设除特许权协议明确约定应由政府相关主体承担的费用外，均由项目公司及投资人承担。

（6）工程建设质量风险。

针对质量控制，项目公司应根据设计方案建合乎标准的工程，工程建设质量风险由项目公司及投资人承担，工程质量需达到国家相关验收规范的标准。政府将对施工过程、交工验收、竣工验收、项目到期移交验收进行监督管理，政府通过竣工验收以及移交验收确认项目的可用性。

（7）工程建设进度风险。

针对进度控制，项目公司应提前做好建设规划，项目公司应向实施机构提交详细的施工进度计划，其中应列出计划实施工程的程序、关键性时间节点、工期目标、工期保障措施等，并按时编制提交进度报告。如未能按进度完成建设项目，则承担因此造成的违约责任。如因沿线区（县、市）政府征地拆迁原因造成进度延误的，则工期顺延。

（8）工程建设安全责任风险。

针对安全控制，项目公司应编制切实可行的安全生产实施方案，并严格管控建设期间的安全生产工作。因管理不当、失职导致的工程安全事故或第三方安全事故，均由项目公司及投资人承担。政府和行业管理部门对项目公司违反安全生产相关法规的行为、指令等具有检查监督权，有权制止并责令改正，情节严重的按照国家安全生产相关法规进行处罚。项目公司以及项目的承包商、供应商、运营商等就其面临的安全风险向保险公司进行投保，以进一步分散和转移项目建设和运营维护期间的安全风险。

（9）工程建设环保风险。

项目公司应执行环保领域相关法律法规和政策。政府对项目公司违反环保相关法规的行为、指令等具有检查监督权，有权制止并责令改正，情节严重的按照国家环保相关法规进行处罚。

（10）工程建设社会稳定风险。

工程建设社会稳定风险由项目公司及投资人承担。项目公司应重视社会稳定问题，负责做好相关社会稳定、安抚等工作。政府对项目公司影响社会稳定的行为、指令，应立即制止并责令改正，情节严重的按照国家相关法规进行处罚。

（11）运维质量和管理风险。

项目公司负责项目的运营维护，该运营风险由项目公司及投资人承担。项目公司应通过加强管理提高效率以降低项目运营风险。运营过程中发生的成本超支、运营商违约、维护成本过高、运维效率低等风险由项目公司及投资人承担。

（12）收费标准风险。

现行高速公路通行费收费标准由省级人民政府批准确定。国家政策另有规定的从其规定，最终收费标准按照省级人民政府批复执行。收费标准调整对项目公司收益带来的风险，由项目公司及投资人自行承担。

（13）收费期限风险。

项目建成通车后的具体收费期限，将由省级人民政府最终确定。因此，收费期限风险由项目公司及投资人自行承担。

（14）项目公司破产风险。

项目公司破产风险由投资人承担，如项目公司破产，投资人负责原项目公司所有的责任、权利和义务，投资人应负责项目公司经济纠纷的解决。

（15）项目移交不达标风险。

项目移交后项目公司应保证移交的项目处于良好适用状态。移交后一年内政府发现存在问题的，项目公司有义务予以养护直至达到合同约定的使用要求，否则政府有权使用运营期履约保证金委托第三方养护。

（16）政府违约风险。

针对政府的不当干预风险，项目在特许权协议等法律文件中明确双方的权责，保障项目公司的合法、长期稳定的经营环境。针对由于政府责任导致政府提前终止合同的风险，项目将在特许权协议中详细约定触发的情形、补救措施，及在实际发生时合理的补偿办法。

（17）投资人及项目公司违约风险。

由于投资人原因导致项目公司股权变化、资金链断裂、提前终止合同等各种违约造成的风险，将在投资协议及特许权协议中明确相关违约情形，并详细约定触发的情形、补救措施，及在实际发生时的合理赔偿。针对项目公司资金链断裂的风险，政府有权扣除履约保证金并重新选择投资人。

（18）不可抗力风险。

针对自然灾害和非自然灾害引发的不可抗力事件，双方共同承担风险。项目公司应为项目设施购买相关保险，用于灾害后项目设施的修复。

三、低价中标风险

当前多地区在政府采购时仍然以低价高分原则为主。对于收费公路特许经营项目来说，项目实施机构在编制招标文件时，并不应该片面鼓励特许经营者过度降低收费期或政府投资支持的报价，公路特许经营项目的合作是包含建设期和运营期在内的项目全生命周期的合作，在招标阶段一再压低建安成本会导致后面运营养护期的成本大大增加，从而影响高速公路作为公共产品为公众提供服务的质量，这不符合政府和社会资本合作的初衷。

案例：北京某高速公路PPP项目由某公司中标，发布的最高投标限价为1.66元（km·车），中铁建报价0.88元/（km·车），经过投资和建设成本测算，很明显在合作期内不能收回全部成本，导致该项目投资协议迟迟不能签订。

项目实施机构在组织社会资本合作人采购的环节时还需要注意：由于在前期洽谈和对接阶段，很多潜在社会资本都是由施工单位牵头与项目实施机构对接，是以获取建设期施工利润为目的的，对于后续运营期内投资收益回报的考虑较少，而真正参与竞标时是由其上级集团公司综合考虑PPP项目整体收益水平进行决策的，这个过程中存在一个信息不对称的问题。

案例：2015年某省某PPP项目就因为上述问题导致第一次招标失败，后改为竞争性磋商方式选定社会资本合作人，导致项目实施机构在后续投资协议的签订和项目合同的谈判过程中非常被动，耗时半年终于签订投资协议，且在此过程中政府方也在股权转让等问题上做出了巨大让步。

为有效防止上述风险的发生，项目实施机构在编制采购标准和评审办法前应注意以下几个方面。

1.在方案编制阶段注重与潜在社会资本对接财务分析数据

收费公路特许经营项目的特许经营者招标不同于传统模式施工总承包招标，

基于工程量清单的施工招标报价相对来说比较透明，各地方施工利润水平业主单位比较容易掌握。特许经营者招标的报价不仅受施工利润下浮的影响，往往和潜在社会资本方的贷款融资成本有很大关系，项目实施机构在编制实施方案和设置最高限价之前应充分和潜在社会资本对接，防止编制的限价水平和市场成本偏离过大导致流标或潜在社会资本不得不以低于成本价的方式中标，从而为项目的实施过程中过多的变更索赔埋下隐患。

2.不应片面鼓励低报价导向

特许经营协议的精神是鼓励合作共赢，既基于方案阶段的预测实现特许经营者一定的收益水平，又防止社会资本获得过多的超额收益。项目实施机构应综合评估项目合作伙伴的专业资质、技术能力、管理经验、财务实力和信用状况等因素，依法择优选择诚实守信的合作伙伴。片面地鼓励低价，压低特许经营者的收益并不利于政府方找到合适的项目合作伙伴，反而会滋生违法分包等违法违规行为。

3.防止围标串标行为

项目实施机构在招标文件中编制评标办法时，应注意通过合理设置投标保证金、资格条件、评标加分条件和报价基准值的计算等方式防止围标、串标行为，并聘请有经验的咨询服务机构根据项目实际情况编制招标文件，不能将特许经营者的招标流于形式。

四、排他性条款

《基础设施和公用事业特许经营管理办法》（2024年5月1日起施行）第四条规定了特许经营者获得协议约定期限内对特定基础设施和公用事业项目进行投资建设运营并取得收益的排他性权利，同时应当按照协议约定提供符合质量效率要求的公共产品或者公共服务，并依法接受监督管理。

排他性条款是政府和社会资本合作模式下收费公路项目中的重要条款，因为收费公路的收益直接取决于过往车辆的通行量，而且收费公路项目先期投资成本大、回收周期长，如果项目附近有性能和技术条件与项目类似、但免费或收费较低的可替代路线，将会严重影响项目公司的成本回收及合理收益的获得，从长远来看，不利于调动特许经营者的投资积极性，而且资本在收益测算阶段也会尤其注重这类风险。因此，为保证项目建成通车后项目公司有稳定收入，项目公司在前期需要认真研究路网规划，对是否有可代替的路线以及如果存在这些路线将会对项目收益产生的影响进行详细评估。在合同谈判阶段则要求政府作出相关承诺，即承诺项目期限内不在项目附近兴建任何竞争性的道路，并控制公路支线叉道口的连接，使项目公司保持较高的回报率，以免过度竞争引起项目公司经营收益下降。

在实务中特许经营协议中应明确排他性约定条款，避免履约期间引起争议。根据特许经营协议授予项目公司的特许经营权在特许经营期间内专属于项目公司，政府方应确保特许经营权的任何部分在此期间将不再被授予其他人。对于可能引起未来项目公司收益变化的规划或项目，要约定具体范围，如示例条款：项目达到设计通行能力之前，除社会资本招标前国家、省市已规划的公路项目外，政府将严格控制审批建造与项目两侧各5km范围之内且连续并行长度20km以上的，可能与项目形成竞争关系，并对项目车流量造成重大分流影响的高速公路项目。

第七节
第三方咨询机构的选择

一、国内第三方咨询机构现状

我国公路政府和社会资本合作（PPP）项目推广实施是在《国务院关于加强地方政府性债务管理的意见》（国发〔2014〕43号）发布之后，由此拉开全国各地对政府性债务控制的大幕。伴随着各地PPP项目的落地，咨询机构在政府和社会资本合作项目中承担了越来越重要的技术支撑角色，很多设计院、招标代理公司、工程咨询公司、造价事务所、律师事务所转型发展政府和社会资本合作咨询业务，国家也相继出台部门规范性文件，积极引导第三方咨询机构健康发展，并要求强化咨询机构库和专家管理，要求咨询机构和专家发挥专业作用，遵守职业操守，依法合规提供政府和社会资本合作项目咨询服务。

伴随我国取消对招标代理资质、工程咨询资质、造价咨询资质等一系列资质的审批，为贯彻落实《国务院关于深化"证照分离"改革　进一步激发市场主体发展活力的通知》（国发〔2021〕7号），咨询机构现在已经没有国家层面的准入资质要求，虽然此前财政部、国家发展和改革委员会及地方省份此前设立了PPP咨询机构入库管理，但是否入库并不能作为招标时选择专业咨询机构的资质条件。

2015年以来，财政部、国家发展和改革委员会和多个省份纷纷建立了PPP专家库，吸纳PPP专业技术人才用于支撑地方政府决策咨询，一方面发挥了社会专业力量的作用来保障PPP项目依法依规开展，但另一方面，PPP涉及投融资、财务、金融、法律、行业管理等各方面专业知识，但我国尚未储备大批的PPP领域专家。在PPP模式推广前几年，很多PPP"专家"的知识和业务水平仍停留在解读PPP基本概念的层次，大多数项目实施机构也是第一次操作PPP项目，缺乏对专家水平的评价能力，再加上PPP专家库的管理单位对专家的专业能力评价机制尚不完善，导致公路行业PPP专家水平良莠不一，也导致很多专家会议流于形式，侃侃而谈PPP政策文件而不能解决实际问题，照搬其他项目合同条款而不分析条款适用的背景，知其然不知其所以然，没能充分熟悉公路PPP项目的建设管理和基本建设程序，在合同编制阶段过分依赖商务范本，无法充分认识到履约风险并设置防范措施，这也是造成很多PPP项目合同履约期间不断暴露各种问题，需要通过签订多个补充合同去"打补丁"的原因之一。

二、如何选择第三方咨询机构

了解一项制度规定，不仅要掌握其现行规定，还要了解制度规定的"前世今生"，这有助于我们更清晰、更具高度地看待具体问题，我们很多从业人员在处理项目争议问题时，往往寄希望于找到某一条法律法规条文就可以完全找到解决问题的答案，如果这样的话那么咨询师的价值又在哪里？是不是百度搜索引擎就可以代替咨询行业呢？我们往往无法从单一法条本身找到解决具体问题的答案，但作为咨询工程师，熟悉法条的立法背景、相关司法解释、以往法院判例等信息会更有助于我们提出客观、准确、有价值的咨询意见。

作者一直以为，咨询工程师做事的逻辑应该是先列出争议问题的所有解决方案。解决问题的路径不一定是唯一的，应先从政策红线上予以排除，这需要咨询师对法律法规、行业管理规定有系统性的全面了解，不能"只见树木，不见森林"。然后是对政策上可行的方案进行梳理、分析、研究，提出各方案下的优缺点对比情况及风险，对于风险应指出是否具有有效的防范措施或者该风险是否能够接受，并提出自己的咨询建议供业主决策。这样下来，在一名优秀的咨询师面前，业主的决策就不会很纠结，这便是咨询师的价值体现。

虽然根据《必须招标的工程项目规定》（国家发改委2018年第16号令）第三方咨询机构的选择并不属于依法必须招标的范畴，但根据各级交通运输主管部门以及一些地方习惯做法，市场上常见采用公开招标方式选择咨询机构，那么问题就变成了项目实施机构如何在招标采购阶段制定合理的评标办法来选到优秀的第三方咨询机构，即选择咨询机构时应着重考察哪些方面的能力。建议项目实施机构从以下几方面予以考虑。

1.专业技术能力

前面讲到，实操收费公路特许经营项目涉及投融资、财务、金融、法律、行业管理等各方面专业知识，例如如何落实新机制要求、如何在初步方案阶段设置合理的投融资结构、合理分配政府股权投入和建设期补助以达到政府资金的使用效率最大化、如何在财务测算阶段反映项目的预期收益水平并与社会资本方推介对接、如何落实国家政策法规和税收政策要求、如何编制尽量完善的特许经营协议文本、如何保障项目参建各方的责权利对等且有利于政府有效对项目质量进行监管等。这些都是方案编制和合同编制的基本问题，目前同时具备上述专业能力的人员非常少，且很多咨询机构没有根据新机制文件及时学习更新掌握收费公路特许经营项目的实务操作，市场上多数咨询公司派驻项目的人员往往只包括一名咨询项目经理和一名财务测算人员，这在专业技术能力上是不足以支撑项目操作的，对于特许经营协议文本也经常是"拿来主义"，殊不知每个项目都有其特殊性，就好像世界上没有两片相同的树叶。举例来说，作者参与主持咨询工作的杭甬高速公路复线宁波段一期工程PPP项目合同文本经历了上百次的集体讨论，针对项目实际情况对合同的各个条款都进行了充分的分析论证。后来作者在多个其他项目的招标文件评审会上见到了照搬过来的合同文本，更有甚者连项目名称都是忘记改正，试问这样的专业技术能力如何能保障项目后期履约不发生争议？因此，建议选择咨询机构时要注重所涉及专业技术的融合，尤其是要熟悉公路建设市场的行业管理、建设管理。

2.廉政风险防控能力

咨询机构作为项目参与方，其工作性质决定了咨询机构可以相比较其他参与方获得更多的项目信息，这也就无形中增加了其违规风险，实务中有咨询机构利用工作之便利泄露国家秘密、商业秘密，以及未正式发布的法律法规规章草案、政策信息或研究成果的，有在同一项目中同时为政府和社会资本双方违规提供咨询服务的，有为政府方提供咨询服务期间与潜在社会资本串通的，有无相应能力承揽业务或未尽职履行造成重大失误、项目失败或搁置的，这些行为严重扰乱咨询服务市场秩序，也为项目带来不利影响。

公路项目一般投资规模大，尤其对于通行费收入预期乐观的特许经营项目，市场竞争较为激烈，不乏投资企业通过拉拢、贿赂咨询机构为政府制定具有倾向性的招标文件条款，为自身谋取中标，扰乱招标市场秩序。在不当利益面前，咨询机构务必要做好自身廉政风险管理，严守职业道德底线，对招标文件资格条件、评标办法、合同实质性条款等的编制工作要遵循公平、公正、择优原则。

3.服务意识

从咨询业的企业经营管理角度来讲，真正能让业主给出良好评价的是增值服务。咨询服务范围之外的延伸服务就是咨询企业最好的营销。一些咨询合同的服务范围往往写明了包含实施方案的编制工作和特许经营者招标工作，但咨询合同的服务范围是无法列举全面的，咨询不仅是套用模板完成实施方案和招标文件文本工作，实际履约期间，在完成上述工作的同时，咨询机构能否做到项目负责人保证按时到岗、协助项目实施机构编写各类汇报材料、精准把握政策法规要求、解答业主和政府部门关心的问题、协助合同谈判阶段达成一致意见、在项目执行阶段配合解释项目合同条款等，都是评价一个咨询企业是否专业、优秀的依据。

第八节
鼓励民营企业参与高速公路特许经营项目

国办函〔2023〕115号文件作为PPP新机制的纲领性文件，开篇便提出了该文件出台的目的与意义，即：深化基础设施投融资体制改革，切实激发民间投资活力，规范实施政府和社会资本合作新机制。同时在文件中第四条中明确规定了优先选择民营企业参与，并制定了《支持民营企业参与的特许经营新建（含改扩建）项目清单（2023年版）》。在该份清单中将"收费公路项目（不含投资规模大、建设难度高的收费公路项目）"列为"民营企业股权占比原则上不低于35%的项目"，将"投资规模大、建设难度高的收费公路等项目"列为"积极创造条件、支持民营企业参与的项目。"

一、如何认定收费公路项目投资规模大、建设难度高

国办函〔2023〕115号文件从投资规模和建设难度两个维度区分民营企业如何参与到收费公路特许经营项目中来，那么在实务界，该问题的焦点便是何为投资规模大？何为建设难度高？如果没有一个具体量化的标准，大家执行起来都会有自己的理解和认定很难统一。随后清华大学投融资政策研究中心的政府和社会资本合作新机制政策问答专栏中给出如下答复："收费公路项目大多属于地方事权，是否属于'投资规模大、建设难度高'的收费公路项目，应由各地方政府结

合项目实际情况进行认定。地方政府可根据项目实际，从投资规模、建设难度等角度直接明确标准；也可以在设定合理招标条件的前提下，根据公开招标的结果进行判断，如有符合条件的民营企业积极参与，则应按照最大程度鼓励民营企业参与的原则进行把握。鼓励各地积极通过第二种方式进行认定，这样更加客观合理。"

　　新机制后第一批收费公路项目纷纷启动，湖北、天津、甘肃、大连、广东、四川等地纷纷发文明确收费公路"投资规模大、建设难度高"项目的认定标准。例如湖北省已明确按满足总投资规模≥50亿元、每公里造价≥1.4亿元／km、桥隧比≥30%、含有特殊构造物（特殊构造物指地质条件复杂区域的特长隧道，或单孔跨径250m以上的拱桥，或单孔跨径500m以上的斜拉桥（或悬索桥），或跨长江汉江的桥梁）上述任一条件即可确定为PPP新机制三类清单项目，即"积极创造条件、支持民营企业参与的项目"，且2023年已实施的过渡期项目都可以归为三类。《天津市关于投资规模大、建设难度高收费公路项目认定标准的意见（试行）》向社会公开征求相关意见建议，天津市对"投资规模大、建设难度高"设定了两个标准：一是估算总投资在30亿元以上，二是项目估算征地拆迁费用超过建安费，且征地拆迁费用总额在15亿元以上。国家发改委参会人员在对江苏、浙江、安徽、湖北、广东、新疆六省（自治区）发改委的项目政策指导会上表示，不能简单地把项目定性为三类项目（积极创造条件、支持民营企业参与的项目），应优先考虑把项目定性为第二类项目（民营企业股权占比原则上不低于35%的项目），要给民营企业参与的机会，不能把民营企业排除在外。招标采购阶段先按照民营企业股权占比原则上不低于35%的项目去设置，如果民营企业不来投标，再调整招标方案重新招标，从而达到一个自圆其说的结果。随后发改委在2024年4月份就新机制有关问题的问答中指出：鉴于每个地方实际情况差别会比较大，所以地方可以根据实际情况去自行界定投资规模大，建设难度高，具体的层级应该由省级人民政府确定，实践当中可以采取两种处理方式。第一种是由地方政府根据本地的情况，对收费公路新建、改扩建项目是否属于投资规模大，建设难度高，制定统一的规定，并且向社会公开。选择特许经营者时，将民营企业参与情况作为重要的评标标准。第二种是如果地方政府没有做出统一的规定，实施机构上原则上应该按照第二类项目，以民营企业股权占比原则上不低于35%

进行招标，而不应该在公开招标前就认定为第三类项目。同时强调，第二轮的招标，应该与第一轮的招标的基本条件保持一致，不能为了促成国有企业招标量身定做一套标准。如第一次招标的标准太高，民营企业无法参与，第二轮降低标准，然后国企中标，这种情形是不行的。所以第一轮招标的标准和第二轮的招标标准基本条件应该是基本一致为宜。

作者认为在没有相关政策文件明确量化何为"投资规模大、建设难度高"之前，实操层面更应关注的是如何在实施方案编制、潜在社会资本对接和市场测试、特许经营者招标等环节切实体现优先选择民营企业参与的原则。一方面，根据《立法法》相关规定，国办函〔2023〕115号文件从法律法规的效力层级上应属于仅弱于行政法规而强于国家部门规章；另一方面，国办函〔2023〕115号文件在起草过程中也充分征求了有关部门意见，和招投标相关法律法规不存在冲突。

二、民营企业的界定

PPP直译为"公私合作伙伴关系"，第二个P—Private指的就是"私人机构"，在我们国家主要指民营企业和外商投资企业。从国际经验上看，PPP包括两种主要模式：一是以法国为代表的基于使用者付费的特许经营模式，二是以英国为代表的基于政府付费的私人融资计划（PFI）模式。我国推进PPP的初衷，主要是借鉴国外经验，在基础设施和公用事业领域引入民间资本和外商投资，提升运营效率和管理水平。PPP新机制强调要"坚持初衷、回归本源"，就是主要鼓励民营企业和外商投资企业参与。

目前我国法律并未对"民营企业"进行明确定义。可以通过排除法进行认定，即除国有独资企业、国有控股企业和外商投资企业外的其他企业均可考虑认定为民营企业。根据最新《公司法》和国办函〔2023〕115号文件权威人士问答材料整理，实务中在PPP新机制下特许经营者选择时，对民营企业的认定应注意把握以下几点。

（1）国有控股上市公司不宜认定为民营企业。

（2）国有控股企业的上市公司流通股部分不宜认定为属于民营企业。

（3）民间资本参股不低于35%的国有控股企业仍为国有控股企业，不宜认定为属于民营企业。

顺便说一下，国办函〔2023〕115号文件也提到"外商投资企业参与政府和社会资本合作项目按照外商投资管理有关要求并参照上述规定执行"，根据《中华人民共和国外商投资法》，"外商投资企业是指全部或者部分由外国投资者投资，依照中国法律在中国境内经登记注册设立的主体。"相关法律法规已对"外商投资企业"作出明确规定。

三、鼓励民营资本参与的具体措施

国办函〔2023〕115号文件中指出的"优先选择民营企业参与"虽然本意是指民营企业以特许经营者身份参与到PPP项目中，但在收费公路特许经营项目中，民营企业也可以以融资方、施工单位、专业分包方等角色积极参与项目。

1.方案编制阶段

新机制实施以前，由于收费公路项目单体投资高、项目数量相对较少、技术相对复杂等因素影响，市场竞争虽然激烈，但竞争对手大多集中在央企及地方国企，尤其是资金、业绩等方面的竞争。近年来，受制于地方财力限制及地方国企对收益要求较低等原因，地方国企进一步挤占了公路PPP项目的市场空间。由此，为充分鼓励民营企业参与公路特许经营项目，实施机构在编制实施方案时，除了应满足国家发改委《政府和社会资本合作项目特许经营方案编写大纲》的有关要求，还应注重在财务边界条件、风险分担和特许经营者招标等方面重点关注为民营企业创造有利条件。

财务边界方面，一是合理测算投资收益率，从全投资收益率、自有资金收益率、净现值等多个收益角度考虑是否达到市场客观上的投资要求；二是建设期资本金回收情况，虽然民营企业的杠杆率比国企央企没有高太多，但民企还本付息的压力却比国企高很多，现金流对民营企业尤为重要，方案中对车购税补贴（国高网项目）、施工利润、政府股权出资等安排应充分考虑特许经营者现金流的风险，并包括不限于具体分析项目各类资金的构成及资金使用峰值，如自有资金峰值、贷款资金峰值等，具体分析前期现金流缺口情况，需要考虑的短期资金缺口；三是通行费收入预测尽量客观实际，新机制特许经营项目不会再有政府基于通行费收入不足情况下的运营补贴，项目收益水平由政府在建设期的投资支持予以平衡。

风险分担方面，在严格执行PPP新机制有关政策文件、不增加政府隐性债务风险的基础上，按照"风险由最适宜承担的一方来承担"的原则合理设计项目的风险分担机制，以免在项目执行过程中出现民营企业特许经营者无力承担或承担成本远超于预期水平而导致合同无法继续履行的情况，例如在实施方案中要充分考虑土地拆迁等项目前期手续的工作和项目开工的有序衔接、新增融资责任的承担主体和利息计算方式等。

2.市场测试阶段

实施方案初步编制完成后，实施机构还可通过与潜在特许经营者对接等市场测试活动分析实施方案的可行性，在市场测试环节明确社会资本参与意愿和金融机构参与意愿。该阶段使得潜在社会资本在充分了解实施方案载明的边界条件、风险分担机制以及特许经营协议草案的情况下，结合企业自身风险承受能力、企业融资成本、项目建设管理和运营管理能力、成本控制水平等自身实际情况对其关注的要点问题与实施机构进行对接磋商，使民营企业自主、科学、准确决策是否参与项目投标，避免合同谈判阶段出现过多"未尽事宜"而使双方都陷入被动。

3.特许经营者招标阶段

特许经营者招标方面，按国办函〔2023〕115号文件要求，应将项目运营方案、收费单价、特许经营期限等作为选择特许经营者的重要评定标准，并高度关注其项目管理经验、专业运营能力、企业综合实力、信用评级状况。对于收费公路特许经营项目，收费标准由省级政府批准，因此通常"收费单价"不再作为特许经营者招标的报价因素。除此之外，招标文件不得设置高于项目实际要求的资金或业绩等投标准入条件。

在招标文件中科学、合理设置最低资格条件和评标办法，对于采用评定分离的项目，为鼓励民营企业积极参与，可在满足现行招投标法律法规的前提下在定标办法中明确优先选择民营企业作为中标特许经营者的条件。

4.项目建设阶段

特许经营者招标后，如中标特许经营者不具备相应资质与能力完成项目的施工任务，即在中标特许经营者不满足《中华人民共和国招标投标法实施条例》第九条"（三）已通过招标方式选定的特许经营项目投资人依法能够自行建设、生产或者提供"的情况下，项目的施工任务还需依据《必须招标的工程项目规定》（国家发展改革委2018年第16号令）和《必须招标的基础设施和公用事业项目范围规定》（发改法规规〔2018〕843号）依法进行公开招标。项目公司作为招标人可根据省市对于施工招标中鼓励民营企业参与的政策制度组织开展施工招标。此外，在依法选择项目的专业分包队伍时，也可积极鼓励民营企业参与，这都是民营企业积极参与收费公路特许经营项目的方式。

此外，为贯彻落实国家鼓励民营资本参与基础设施类特许经营项目，进一步吸引民间资本参与重大项目建设，一些地方也陆续制定市级具体工作方案，例如宁波市做法是发布实施《向民营企业推介三张项目清单、支持民营企业参与基础设施建设工作方案》，由市发改委牵头，依托国家投资项目在线审批监管平台、省投资项目在线审批监管平台，公开发布推介项目信息，帮助民间资本更好了解和参与全市重大项目实施。从国家重大工程和补短板项目、重点产业链供应链项目、完全使用者付费的特许经营项目中，选取投资回报机制明确、投资收益水平较高、适合向民间资本推介的项目，形成吸引民间资本重大项目、产业项目、特许经营项目三张清单，清单项目总数保持在50个以上，实现按月调度、动态管理。同时由市发改委、市财政局、市自然资源规划局、市能源局全流程、全方位做好参与民间资本推介项目后续的跟进、服务、保障等工作，加强各类要素保障、推进前期手续办理，为项目落地创造条件。省发展改革委建立民间资本推介项目月度调度机制，及时掌握了解民间资本推介项目建设情况，协调推动项目建设问题解决。最后再由市发改委，各区（县、市）政府及时做好经验总结宣传，加强对民间资本参与重大项目建设、推动机制创新等典型案例的总结、宣传，形成可复制、可推广的经验和模式，进一步优化民间投资社会环境，持续营造支持民间投资、壮大民营经济的社会氛围。宁波市民间资本推介项目流程图如图2-1所示。

```
                        区(县、市)发改部门

                        填写项目情况表
                            │报送
                        市级发改部门  ◄──报送── 市级行业部门

                        对照标准条件
                        进行初步筛选
                            │报送
                        省发改委

                        综合考量后
                        再次筛选

        省级在线平台发布推介 ──系统推送──┐

        各地各部门跟踪服务推介项       国家发改委
            │报送推介进展
        省发改委                    国家在线平台
                                   发布推介
        按月调度、通报晾晒
```

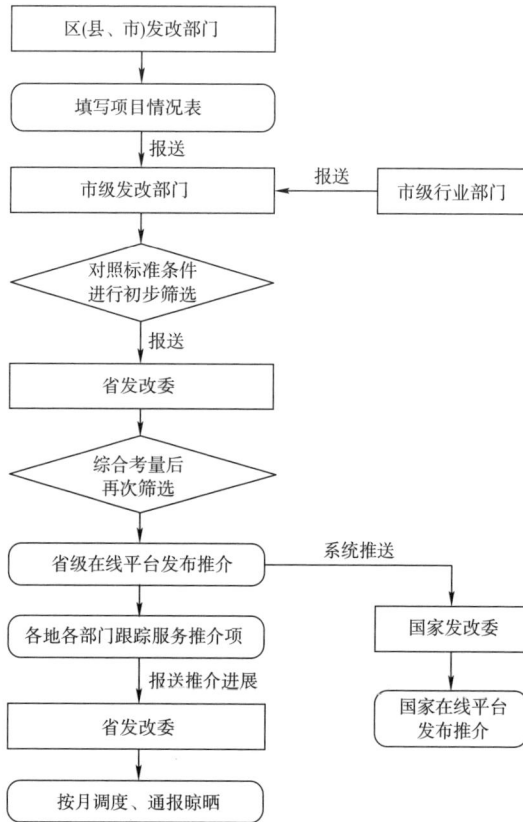

图 2-1 宁波市民间资本推介项目流程图

第九节
特许经营期的明确

一般情况下，特许经营期由特许经营协议签署日起算，包括了协议签署后至开工前的准备期，也包括了建设期和试运营期。虽然收费公路收费期起算日晚于特许经营期的起算日，但特许经营期的到期日不得晚于收费公路收费期的到期日，两个期限的到期日应该是一致的，因为收费期到期，特许经营权就失去了存在的基础条件。

新机制文件明确：特许经营期限原则上不超过40年，投资规模大，回报周期长的特许经营项目，可以根据实际情况适当的延长。新机制文件和《基础设施和公用事业特许经营管理办法》（2024年5月1日起施行）中将特许经营期限上调至40年，有助于降低特许经营期限内项目回报率的要求、提升特许经营者收益，但新机制文件也同时明确了关于特许经营期限的要求，法律法规另有规定的除外。对于收费公路，实务中有人提出超过《收费公路管理条例》规定的收费期限后，是否可继续通过沿线光伏等其他经营方案弥补项目收益，进而延长特许经营期，吸引特许经营者。对此发改委通过问答方式明确，《收费公路管理条例》对收费期限有明确的规定，那么就应该按照《收费公路管理条例》的规定执行，不能因存在沿线光伏等其他经营方案，就将特许经营期确定为更长的期限。一是如果没有公路收费的收费权，如何论证沿线光伏等其他资产是属于项目公司所有？二是收费公路收费权到期，仅运营光伏等其他资产，光伏资产是纯商业性的项目，也不属于新机制文件规定的适合特许经营模式的资产范畴。三是收费公路项目，通行费的收入占比较高，沿线光伏等其他收入占比很低，即使增加沿线光伏的其他收入，对项目可行性提升的贡献也不会很大。综合上述三个方面，通过沿线光伏等其他经营方案去弥补项目的收益进而延长收费期限的做法缺乏现实可行性。

特许经营实施方案编制阶段，考虑未来法律法规对收费公路的收费期限进行调整的可能，可以增加相应的表述，为法律法规的调整留出空间，但是增加的表述应当坚持客观中性的原则，建议考虑采用以下表述，"如届时法律法规对经营性公路收费期上限作出调整，可在符合届时法律法规、项目情况、协议约定等前提下，按程序重新合理界定特许经营期限"。

第十节

项目推介

收费公路特许经营项目的招标不同于一般施工项目的招标，施工标是"招"出来的，因为经过20多年的发展，公路施工的招标市场在规则、合同、计量支付、调差变更结算等方面都已经很成熟，各地市场预算水平也相对透明，而特许经营项目更多是"谈"出来的，这里的"谈"不是指招标人和潜在投标人违背招标投标法律法规私下接触来商定招标条件和评标办法，收费公路特许经营项目的推介是为了未来几十年的合作合同负责，要避免交易结构等重要条款脱离市场实际，项目实施机构在组织实施前期工作时要保持尊重市场、合作共赢的心态，切忌对项目收益盲目自信，忽略了推介阶段的一些基础沟通工作，造成不必要的政府资源浪费。

新机制下收费公路经营性项目更加注重实施方案的可行性论证，实施机构应组织项目推介积极与市场上潜在特许经营者和金融机构对接，了解市场投资意向，鼓励金融机构按照风险可控、商业可持续的原则，采用预期收益质押等方式为特许经营项目提供融资支持。《收费公路政府和社会资本合作操作指南》（交办财审〔2017〕173号）规定："项目实施机构在项目工程可行性研究完成专家预审查后，可组织开展项目推介，介绍项目情况、了解潜在社会资本方财务实力、投融资能力、投资意向和条件等信息，进一步评估项目开展PPP模式的可行性，设计PPP模式的基本框架。"项目推介工作是项目实施机构面向全社会对项目的宣传推广，以确保在合作条件符合市场实际的情况下充分引入竞争，择优选择综合实力较强的社会资本。此外，项目推介对接工作也可以理解为是实施方案编制过程的一个可行性论证的方式。

作者结合多个公路工程特许经营项目实操经验，建议项目推介活动重点围绕以下几方面进行组织。

1.是否接受联合体形式投标

推介阶段要收集社会资本对于投标意愿和投标形式的反馈和建议，进而在招标阶段设置最适合的投标形式和联合体家数限制。具体分析详见第三章第三节。

2.是否具备条件积极鼓励民营企业参与投标

具体分析详见本章第七节。

3.资格条件设置

具体建议详见第三章第三节。

4.相关业绩

推介阶段对潜在社会资本的同类业绩进行摸底调研，虽然资格条件中不对施工或设计资质提出限制性要求，但实务中可以在招标文件评标办法部分对潜在投资人的建设管理能力进行评审，这里的建设管理能力可以是由投标人同类项目的建设管理业绩体现，也可以落实到具体人员的建设管理业绩。

5.项目建设管理能力

政府作为特许经营协议当事人一方，兼具为公共服务产品质量负责的监督职能，具体在合作过程中采用何种的履约监管手段，项目实施机构如何设定自己的部门职责、配置相关人员，重点对项目公司哪些履约环节进行把控，哪些事项需要政府方审批同意，哪些事项需备案告知即可，各地区各项目做法不尽相同，当然也要结合潜在社会资本自身的管理水平决定。项目推介阶段项目实施机构可以就项目合同草案与潜在特许经营者对接，根据市场反馈情况优化合同条款，以免出现政府方"一厢情愿"却不利于后期项目推进的设定。很多特许经营协议签订之后，项目公司和项目实施机构对工作程序尚需很长一段时间的磨合，项目公司层面难以把握究竟哪些事项需要报政府方同意后方可执行，因此建议项目公司组建后，根据特许经营协议约定的权利义务及相关职责，尽快梳理有关工作制度与程序并与项目实施机构加强沟通，取得一致意见，以便日后沟通顺畅、不互相推诿。

6.市场融资成本及投资收益水平

实务中，对于收费公路特许经营项目潜在特许经营者投资决策主要基于项目的投资收益和施工利润。但在投标阶段仅体现为投标报价。市场还存在招标人设置多个投标报价的做法，例如同时让投标人填报贷款利率、建安费下浮比例等指标，但实务中不建议设置多个报价因素，理由在于项目公司的收益虽然由投资收益和施工利润构成，但项目公司对政府方是自担风险、自负盈亏，政府方也并不对其投资收益或施工利润进行保底，这两本账在投标竞争阶段其实是一本账，有经验的投标人反而可以在项目收益相同的情况下，利用其不平衡性的分项报价获得更多的评标分数，这显然对其他投标人是不公平的。在项目实施机构财务测算时，一是要弄清楚在项目所在地公路建设市场的整体施工利润水平，二是要测算特许经营者自有资金的内部收益率水平，并基于此设置最高投标限价。因为不同投资人的财务测算模型与项目实施机构的财务测算模型在税费的抵扣、长短期贷款的偿还方式等方面可能略有差别，在项目推介阶段建议充分明确测算边界条件，以保证投标人的报价能够真实反映其收益水平。

第十一节
特许经营协议中政府的双重角色

一、正确理解政府的双重角色

实务操作中，很多收费公路特许经营项目的实施机构把自己做成了项目建设指挥部，将施工合同写入了特许经营协议，并配备了工程、财务、合同、安全、综合等各个部门，直接对施工单位的计量支付、变更、安全等以合同甲方身份进行管理，政府方指挥部大事小事一把抓，还像以前一样履行建设单位的管理职责，项目公司则形同虚设，没有释放企业层面积极且有活力的管理优势。究其原因是没有理解政府方在特许经营项目中的双重角色定位。

收费公路特许经营项目中政府既是特许经营权的授予一方，也是特许经营协议中作为平等民事主体的甲方，这就需要在编制项目实施方案和特许经营协议时充分认识政府这两个角色的性质和法律地位。很多PPP项目履约阶段出现政府过度干预项目公司日常经营、超出合同约定行使监管权导致的纠纷，都是因为政府没有充分理解自己在PPP项目中的双重角色定位。PPP市场上初期也出现过很多把PPP项目合同活生生签成了一份施工合同的情况。

一方面，根据现行《中华人民共和国地方各级人民代表大会和地方各级人民政府组织法》，为社会公众提供公共服务是政府的基本职能之一，公路基础设施建设项目作为政府提供的社会公共服务产品，关乎公众利益和安全，为保障社会公众利益，政府有责任对公路建设项目进行监管，该监管具有行政监管的意义，其目的不是取代市场，而是为了矫正市场失灵。世界各国经济社会发展的历史表明，政府监管是同市场化相伴随的，而不是"有你没我"的二元对立关系。另一方面，虽然政策文件允许特许经营者直接与政府方签订特许经营协议，但在实务中出于特许经营者隔离公司风险、财务出表以及政府资本金注入后需要派驻项目公司政府方股东代表等情况的现实考虑，公路特许经营项目通常要通过成立项目公司，以由政府方和项目公司（项目法人）签订特许经营协议的方式来实施，特许经营协议中除了明确特许权的行政授予，还包括了项目的投融资、建设和运营，因此政府方和项目公司从工程建设合同的角度理解，其本质又是平等的民事法律主体。《传统基础设施领域实施政府和社会资本合作项目工作导则》（发改投资〔2016〕2231号）要求："PPP项目建设应符合工程建设管理的相关规定。工程建设成本、质量、进度等风险应由项目公司或社会资本方承担。政府方及政府相关部门应根据PPP项目合同及有关规定，对项目公司或社会资本方履行PPP项目建设责任进行监督。"这里面提到的监督就包括两层含义，一个是根据特许经营协议中载明的条款进行履约监管，例如在特许经营协议中明确载明项目公司的计量支付和设计变更须经项目实施书面同意等；另一个是政府发挥其行政职能并通过行政管理和行业管理部门行使其对建设项目质量、安全、造价等方面的监督管理权力，例如安全文明施工检查、违法转分包行为检查及相关处罚活动。特许经营协议中，除涉及特许经营权的授予事项外，对工程建设项目的质量、安全、进度、投资、环保及建设管理方面的约定本质上属于合同双方作为平等的民事主体依据《中华人民共和国民法典》（简称《民法典》）自愿缔约的民事合同。

二、收费公路特许经营项目为何要成立项目公司

特许经营项目可由选定的特许经营者直接实施，无须单独成立项目公司。特许经营者也可以成立项目公司，由项目公司作为具体的实施主体与实施机构签订特许经营协议。与项目实施机构签署特许经营协议的协议签署方，并不一定是特许经营者。新机制文件明确：项目实施机构与特许经营者应在法律地位平等、权利义务对等的基础上签订特许经营协议。需成立项目公司的，项目实施机构应当与特许经营者签订协议，约定其在规定期限内成立项目公司，并与项目公司签订特许经营协议。

收费公路特许经营项目在特许经营者中标后，从PPP政策法规上既可以由社会资本和政府方共同组建项目公司，由项目公司作为主体签订特许经营协议，也可以由特许经营者直接与政府方签订特许经营协议，但出于以下两方面考虑，建议由特许经营者和政府方共同组建项目公司。

一是有效将项目投资风险与投资人企业财务风险隔离。特许经营项目融资主体是项目公司，收费公路特许经营项目一般是由项目公司以收费权益作为抵押进行融资贷款（特许经营者可能予以增信），但往往在投资协议中也会明确特许经营者的投融资保障义务，例如在交通运输部《经营性公路建设项目投资人招标文件示范文本》（2011年版）的投资协议中也规定了"如项目公司经营发生困难，乙方有义务协助进行融资，如果项目公司仍无法在规定期限内获得所需资金，乙方有义务进行注资"等条款。一个特许经营项目仅是特许经营者企业的投资行为，特许经营者当然不希望项目建设和运营的风险由集团总部承担无限责任，根据现行《公司法》第三条规定"有限责任公司的股东以其认缴的出资额为限对公司承担责任"，有限责任是指对于项目的融资责任是以项目公司注册资金

为限的，项目融资的主体也是项目公司，基于特许经营者主导的项目公司有任何需要承担的法律责任不至于追索到特许经营者的集团公司，因此由特许经营者作为股东以招标文件中明确的认缴出资额为限对外承担责任是企业投资风险管控的需要。

二是政府方有效进行建设和投融资履约监管的需要。项目公司可以由特许经营者出资设立，也可以由政府和特许经营者共同出资设立。但政府在项目公司中通常不具有实际控制力及管理权。政府作为公共事务的管理者，负有向公众提供优质且价格合理的公共产品和服务的义务，故经营性公路项目一般由政府和社会资本共同组建项目公司，再由项目公司作为项目法人承担设计、融资、建设、运营等责任。

合理设计项目公司股权结构，包括政府出资形式是建设期补助还是资本金注入、双方在项目资本金中的投入比例等，从而实现既有利于监管项目又有利于实现政府职能转变的目的，尤为关键。对于股权投资者而言，其投资一个公司的完整所有权包括占有、使用、处置、收益等4种权利。但对于经营性公路而言，因其具有公共产品属性，项目的所有权、经营权在政府，而政府通过授予项目公司特许经营权并按照有关法律法规进行权益的分配，即"同股未必同权"。一般来说，政府以特殊股权参股项目公司的特殊性主要体现在以下3个方面。

（1）一票否决权。政府既是特许经营协议的合同主体方，又是投资项目的监管方，甲方在建设运营期间不参与项目公司的日常管理工作，但对影响公共利益或公共安全及严重影响路地稳定的事项享有一票否决权。一票否决具体事项一般包括但不限于：股权结构变化，项目建设标准、规模的经济技术指标的调整，存在重大安全、质量、环保隐患的潜在风险，项目建设工期发生较大变化，发生重大扰民及群体性上访事件等可能影响公共利益或公共安全及严重影响路地稳定的事项。

（2）股权收益分配。政府和社会资本方的收益分配机制不一定完全按"同股同权"的思路来设置，而是可以根据具体项目的预期收益水平，并结合政府的运营考核机制在特许经营协议中具体约定设置政府方少分红或不分红。

（3）参与重大事项决策。从项目公司股东自治的角度，政府方持有特殊股权也能够保证政府方对涉及项目投资、建设、运营以及公司内部治理等重大事项的决策享有和行使知情权。

三、政府方的监督和介入

收费公路特许经营项目涉及公共利益，从履行公共管理职能的角度出发，政府需要对项目执行的情况和质量进行必要的监控，甚至在特定情形下，政府有可能临时接管项目。特许经营协议中关于政府方的监督和介入机制，应包括政府方在项目实施过程中的监督权以及政府方在特定情形下对项目的介入权两部分内容。

1.政府方的监督权

在项目从建设到运营的各个实施阶段，为了能够更好地了解项目进展、确保项目能够按照协议约定履行，政府方通常会在特许经营协议中规定各种方式的监督权利，这些监督权通常散见于协议的不同条款中。需要特别说明的是，政府方的监督权必须在不影响项目正常实施的前提下行使，并且必须要有明确的限制，否则将会违背特许经营项目的初衷，将本已交由项目公司承担的风险和管理角色又揽回到政府身上。不同项目、不同阶段下的政府监督权的内容均有可能不同，常见的政府方监督权包括以下几方面。

1）项目实施期间的知情权

收费公路特许经营协议中应规定项目公司有义务定期向政府提供有关项目实施的报告和信息，以便政府方及时了解项目的进展情况。政府方的上述知情权贯穿项目实施的各个阶段，每一阶段知情权的内容和实现方式也会有所不同，具体包括以下两方面。

（1）建设期。在项目正式开工以前（有时在合同签订前），项目公司有义务向政府提交项目计划书，对建设期间重要节点作出原则规定，以保障按照该工程进度在约定的时间内完成项目建设并开始运营。

在建设期间，项目公司还有义务定期向政府提交项目进度报告，说明工程进度及项目计划的完成情况。

有关上述项目计划和进度报告的格式和报送程序，应在特许经营协议的合同条款或者附件中予以明确约定。

（2）运营维护期。在开始运营之前，项目公司通常应编制项目运营维护手册，载明生产运营、日常维护以及设备检修的内容、程序和频率等，并在开始运营之前报送政府备查。

在运营维护期间，项目公司通常还应定期向政府报送有关运营情况的报告或其他相关资料，如运营维护报告（说明设备和机器的现状以及日常检修、维护状况等）、严重事故报告等。此外，有时政府也会要求项目公司定期提交经审计的财务报告、使用者相关信息资料等。

2）对承包人和分包单位选择的监督

有时政府方也希望对承包人或者运营维护分包单位的选择进行一定程度的把控。通常可能采取两种途径：

（1）在协议中约定承包人或运营维护分包单位的资质要求。但须特别注意，上述要求必须是保证项目建设质量或者运营质量所必需的且合理的要求，不得不合理地限制项目公司自行选择承包人或分包单位的权利。

（2）事先知情权。要求项目公司在签订工程承包合同或运营维护合同前事先报告政府方，由政府方在规定的期限内确认该承包人或分包单位是否符合上述合同约定的资质要求；如果在规定期限内，政府方没有予以正式答复，则视为同意项目公司所选择的承包人或分包单位。

需要特别说明的是，在特许经营项目中，原则上项目公司应当拥有自主选择承包人和分包单位的充分控制权。

2.政府方的介入权

除了上述的一般监督权，在一些特许经营协议中，会赋予政府方在特定情形下（如紧急情况发生或者项目公司违约）直接介入项目实施的权利。但与融资方享有的介入权不同，政府方的介入权通常适用于发生短期严重的问题且该问题需要被快速解决，而政府方在解决该问题上更有优势和便利的情形，通常包括项目公司未违约情形下的介入和项目公司违约情形下的介入两类。需要注意的是，上述介入权是政府一项可以选择的权利，而非必须履行的义务。

1）项目公司未违约情形下的介入

为了保证项目公司履行合同不会受到不必要的干预，只有在特定的情形下，政府方才拥有介入的权利。常见的情形包括：

（1）存在危及人身健康或安全、财产安全或环境安全的风险；

（2）介入项目以解除或行使政府的法定责任；

（3）发生紧急情况，且政府合理认为该紧急情况将会导致人员伤亡、严重财产损失或造成环境污染，并且会影响项目的正常实施。

如果发生上述情形，政府方可以选择介入项目的实施，但政府方在介入项目之前必须按特许经营协议中约定的通知程序提前通知项目公司，并且应当遵守合同中关于行使介入权的要求。

在项目公司未违约的情形下，发生了上述政府方可以介入的情形，政府方如果选择介入项目，需要按照合同约定提前通知项目公司其介入的计划以及介入的程度。这类介入的法律后果一般如下：

（1）在政府方介入的范围内，如果项目公司的任何义务或工作无法履行，这些义务或工作将被豁免；

（2）因政府方介入引发的所有额外费用均由政府承担。

2）项目公司违约情形下的介入

如果政府方在行使监督权时发现项目公司违约，政府方认为有可能需要介入的，通常应在介入前按照特许经营协议的约定书面通知项目公司，并给予其一定期限自行补救；如果项目公司在约定的期限内仍无法补救，政府方才有权行使其介入权。

政府方在项目公司违约情形下介入的法律后果一般如下：

（1）政府方或政府方指定的第三人将代项目公司履行其违约所涉及的部分义务；

（2）任何因政府方介入产生的额外费用均由项目公司承担，该部分费用可由项目公司另行支付或者从相应保函中提取；

（3）如果政府方的介入仍然无法补救项目公司的违约，政府方仍有权根据提前终止机制终止特许经营协议。

上述情况应尽可能完善地写入特许经营协议条款。

|第三章|

特许经营者选择阶段

第一节
采购方式选择

新机制文件规定："项目实施机构应根据经批准的特许经营方案，通过公开竞争方式依法依规选择特许经营者。"《基础设施和公用事业特许经营管理办法》（2024年5月1日起施行）也规定了采取"公开竞争方式"选择特许经营者，同时在配套的实施方案编写大纲中也要求鼓励优先采用公开招标方式选择特许经营者；如果不采用公开招标方式，应明确原因和依据。此前国家发改委《传统基础设施领域实施政府和社会资本合作项目工作导则》的通知（发改投资〔2016〕2231号）第十三条规定："依法通过公开招标、邀请招标、两阶段招标、竞争性谈判等方式，公平择优选择具有相应投资能力、管理经验、专业水平、融资实力以及信用状况良好的社会资本方作为合作伙伴。其中，拟由社会资本方自行承担工程项目勘察、设计、施工、监理以及与工程建设有关的重要设备、材料等采购的，必须按照《招标投标法》的规定，通过招标方式选择社会资本方。"交通运输部《收费公路政府和社会资本合作操作指南》的通知（交办财审〔2017〕173号）第十八条、第十九条规定："项目实施机构根据项目实施方案和项目特点，通过公开招标、竞争性谈判等竞争方式择优选择社会资本方。通过公开招标、竞争性谈判等竞争方式选择社会资本方的程序，按照现行法律法规和有关规定实施。"

公开招标、邀请招标、竞争性磋商、竞争性谈判和单一来源采购等方式均是合法的采购方式。但其各自适用的情形有所区别。收费公路特许经营项目在特许经营者招标阶段，其核心边界条件和技术经济参数明确、完整、符合国家法律法规和政府采购政策，且采购中一般不作更改，除《招标投标法》第六十六条规定的可以不进行招标的特殊情况外，社会资本的采购一般以公开招标方式进行，且应在上报工可中予以载明。实务中如采用非招标方式选择特许经营者，一般应提前在工可中载明原因一并报项目审批部门同意，按当前新机制要求，还应在实施方案中载明并经投资主管部门审核同意。具体原因可能是工程涉密要求、在前期社会资本推介甚至资格预审阶段存在的潜在投标人不足3家等。以作者在2015年主持咨询的某省公路工程PPP项目为例，通过资格预审的潜在投标人共6家，但在投标阶段仅有2家投标人递交了投标保证金，开标当天递交投标文件的投标人不足3家，项目流标。为实现市政府年底开工的投资目标要求，根据《关于政府采购竞争性磋商采购方式管理暂行办法有关问题的补充通知》（财库〔2015〕124号）的规定："采用竞争性磋商采购方式采购的政府购买服务项目（含政府和社会资本合作项目），在采购过程中符合要求的供应商（社会资本）只有2家的，竞争性磋商采购活动可以继续进行……"经报主管部门同意，项目改用竞争性磋商的方式采购社会资本，最终得以顺利实现年内投资的目标。当然，作者不建议采用这种临时抱佛脚的工作方式，项目实施机构还是应尽可能在项目推介对接阶段充分对接社会资本合理诉求，完善项目实施方案，增加项目吸引力。

对于政府通过资本金注入方式的收费公路特许经营项目，应以公开招标方式采购社会资本，理由如下。

一是《收费公路管理条例》规定："经营性公路建设项目应当向社会公布，采用招标投标方式选择投资者。"二是国家发展和改革委员会在其官方网站对有关必须招标工程范围和招标投标行业中的疑难问题进行了集中答复和回复，其中对《必须招标的工程项目规定》（国家发展改革委2018年第16号令）涉及的《招标投标法》第三条规定的"全部或者部分使用国有资金投资或者国家融资的项目"答复为：《关于进一步做好〈必须招标的工程项目规定〉和〈必须招标的基础设施和公用事业项目范围规定〉实施工作的通知》（发改办法规〔2020〕770号）规定，《必须招标的工程项目规定》（国家发展改革委2018年第16号令）第（二）项中"占控股或者主导地位"，参照《公司法》第二百一十六条关于控股股东和实际控制人的理解执行，即"其出资额占有限责任公司资本总额百分之五十以上或者其持有的股份占股份有限公司股本总额百分之五十以上的股东；出资额或者持有股份的比例虽然不足百分之五十，但依其出资额或者持有的股份所享有的表决权已足以对股东会、股东大会的决议产生重大影响的股东。"基于此答复，收费公路特许经营项目中政府既是特许经营协议的合同主体方，又是投资项目的监管方，政府方在建设运营期间不参与项目公司的日常管理工作，但通过政府方董事对影响公共利益或公共安全及严重影响路地稳定的事项享有一票否决权。其"一票否决权"已足以对股东会、股东大会的决议产生重大影响，又因为公路工程特许经营项目的建设任务也交由项目公司负责，因此根据《招标投标法》和《必须招标的工程项目规定》（国家发展改革委2018年第16号令）规定，收费公路特许经营项目的社会资本采购应采用公开招标方式。

其他几种采购方式的适用条件在《政府采购非招标采购方式管理办法》（财政部令第74号）、《政府采购竞争性磋商采购方式管理暂行办法》（财库〔2014〕214号）、《关于政府采购竞争性磋商采购方式管理暂行办法有关问题的补充通知》（财库〔2015〕124号）等文件中均有明确规定，这里不再赘述。

此外，老机制下原财政部文件要求PPP项目需采用资格预审方式招标，新机制文件并未对招标方式做出明确要求，但依据《经营性公路建设项目投资人招标投标管理规定》（交通运输部2015年修正）第十条规定："经营性公路建设项目投资人招标实行资格审查制度。资格审查方式采取资格预审或资格后审。"地方省份如有特别规定除外。

案例

武汉××××股份有限公司等联合体取得
××县内荆河治理和乡镇供水及污水治理 PPP 项目纠纷

纠纷起因及基本案情：2018年8月8日，武汉××××股份有限公司等联合体取得××县内荆河治理和乡镇供水及污水治理PPP项目（简称"PPP项目"）成交通知书。该PPP项目包括内荆河治理、乡镇供水及污水处理等3个子项目。2019年4月，××县住房和城乡建设局绕开并隐瞒××××水务有限公司（PPP项目建设单位，项目公司）授意江苏省建承建PPP合同项下的内荆河治理子项目。

2019年8月12日，该公司收到××县住房和城乡建设局的《解除合同通知书》，但明确表示拒绝签收。

　　上诉人因与被上诉人××县住房和城乡建设局（简称"××住建局"）合同纠纷一案，不服湖北省荆州市中级人民法院（2020）鄂10民初8号民事判决，向湖北省高级人民法院提起上诉。湖北省高级人民法院依法组成合议庭对本案进行了审理。

　　二审裁判观点认为：根据××住建局向该公司于2019年1月8日发函（江建函〔2019〕2号）称"……目前本PPP项目已经入库，污水、给水项目完成近70%工程量……"和××住建局、该公司在二审中均称"案涉PPP项目系先进场施工后进行招投标程序"可知，案涉PPP项目系政府投资资金，属于现行《招标投标法》第三条第二项"在中华人民共和国境内进行下列工程建设项目包括项目的勘察、设计、施工、监理以及与工程建设有关的重要设备、材料等的采购，必须进行招标：……（二）全部或者部分使用国有资金投资或者国家融资的项目……"和中华人民共和国国家发展和改革委员会令《必须招标的工程项目规定》（第16号）第二条第一项"全部或者部分使用国有资金投资或者国家融资的项目包括：（一）使用预算资金200万元人民币以上，并且该资金占投资额10%以上的项目……"规定的必须进行招投标的项目。但根据××住建局提交的证据和双方当事人在二审中的陈述，案涉PPP项目在未进行招投标之前就进场施工。现行《招标投标法》第三十二条第二款规定"投标人不得与招标人串通投标，损害国家利益、社会公共利益或者其他人的合法权益"，第四十三条规定"在确定中标人前，招标人不得与投标人就投标价格、投标方案等实质性内容进行谈判"。本案中，当事人是否存在先进场施工后进行招投标的事实，以及案涉合同是否已实际履行部分内容的事实一审法院未予查清。

　　同时，在重审中，一审法院如果认定《××县内荆河治理和乡镇供水及污水治理PPP项目合同》无效，为了减少当事人诉累，应当履行向当事人释明是否变更诉讼请求的告知义务。

　　综上，依照《中华人民共和国民事诉讼法》（简称《民事诉讼法》）第一百七十七条第一款第四项规定，湖北省高级人民法院民事裁定书（2021）鄂民终1145号裁定如下：

　　（1）撤销湖北省荆州市中级人民法院（2020）鄂10民初8号民事判决；

　　（2）本案发回湖北省荆州市中级人民法院重审。上诉人预交的二审案件受理费249800元予以退回。

第二节
"两招并一招"适用性分析

收费公路特许经营项目中，是否将施工任务包含在特许经营投资人招标范围中，也就是通常所说的"两招并一招"，在实务操作层面各个地方和项目业主有不同的理解和考虑。

一、从上位法角度

现行《中华人民共和国招标投标法实施条例》（2019年最新修订）第九条规定："除招标投标法第六十六条规定的可以不进行招标的特殊情况外，有下列情形之一的，可以不进行招标：……（三）已通过招标方式选定的特许经营项目投资人依法能够自行建设、生产或者提供……"，根据国家发改委法规司对此条规定的释义，这里所称的特许经营项目，是指政府将公共基础设施和公用事业的特许经营权出让给投资人并签订特许经营协议，由其组建项目公司负责投资、建设、经营的项目。适用本法条规定需要满足两个条件。一是特许经营项目的投资人是通过招标选择确定的。政府采用招标竞争方式选择了项目的投资人，中标的项目投资人组建项目公司法人，并按照与政府签订项目特许经营协议负责项目的融资、建设、特许经营。由于已经通过招标竞争确定了项目投资人，并据此确定了公共产品、公共服务的价格，或者项目建成后的资产转让价格及有关权利、义务和责任，允许特许经营项目的项目法人不再经过招标将其工程、货物或者服务直接发包给具备建设、制造、提供能力的投资人，不仅不会影响公共利益，而且可以降低特许经营项目的建设成本，吸引更多的市场主体积极参与提供公共服务；二是特许经营项目的投资人（而非投资人组建的项目法人）依法能够自行建设、生产和提供。需要说明的是，特许经营项目的投资人可以是法人、联合体，也可以是其他经济组织和个人。其中，联合体投资的某个成员只要具备相应资格能力，不论其投资比例大小，经联合体各成员同意，就可以由该成员自行承担项目建设、生产或提供。

此外，在国家发改委《政府和社会资本合作项目特许经营协议（编制）范本》（2024年试行版）第35条中有如下约定："对于通过招标方式选定的本项目特许经营者依法能够自行建设、生产或者提供的项目，乙方可以不进行招标，依法与符合条件的特许经营者（或其中符合条件的联合体成员单位）直接签订发包合同，但须符合本协议相关约定以及其他相关法律法规和政策的规定。"项目投资人在具备相应施工资质和能力的前提下，无须通过招标直接承担项目施工任务是上位法赋予投资人的权利。据此，"两招并一招"做法符合现行行政法规规定。

在交通运输部《经营性公路建设项目投资人招标文件示范文本》（2011年版）第五章特许权协议格式中给出了"4.1.9 乙方应依法通过招投标方式选择勘察、设计、施工、监理单位和重要设备、材料供应单位，并与中标人签订合同，不得附加不合理、不公正条款，不得签订虚假合同"的表述，但《经营性公路建设项目投资人招标文件示范文本》（2011年版）在效率上仅属于示范文本，并不具有强制性效力，在其使用说明中也明确载明招标人根据《经营性公路建设项目投资人招标文件示范文本》编制项目招标文件时，可根据招标项目的具体特点和实际需要，对《经营性公路建设项目投资人招标文件示范文本》中相关条款进行修改、补充、细化。

二、从实务操作角度

虽然上位法对通过招标方式选定的具备建设能力的特许经营项目投资人赋予了直接承担施工任务的权利，但各省招投标行业管理部门对于收费公路特许经营项目是否按"两招并一招"执行做法不一。以浙江省为例，在2023年2月份PPP暂停整改以前，对于有政府出资的收费公路PPP项目，例如杭绍甬高速公路、杭甬复线宁波段一期高速公路、象山湾疏港一期高速公路等特许经营项目均采用了"两招并一招"的方式，且都一次性招标成功；对于全部由投资人出资的核准制特许经营项目，例如甬台温高速改扩建特许经营项目，则是由投资人组建项目公司之后，由项目公司作为招标人对施工进行了公开招标。

笔者认为是否执行两招并一招做法，现行法规层面并无障碍，实务中应主要考虑以下几方面予以决策。一是对于政府投资项目，基于政府对于财政支出的有效监管，可以考虑对于施工另行招标；对于企业投资项目，项目公司自负盈亏，项目盈亏的风险全部由特许经营者承担，则可以考虑采用两招并一招做法。二是如果实施方案阶段明确符合条件的特许经营者可承担施工，使施工利润有效弥补投资收益不足，则非常有利于吸引投资人参与从而避免流标风险，实务中也出现过投资人收益无法自平衡甚至原有投资人放弃投标（例如宁波甬台温高速北段）的情况，两招并一招做法有利于项目顺利推进并如期开工。三是如在特许经营者中标后另行对施工进行招标，按现有各省对于施工招标的相关规定，也存在被市场"黄牛"操控，无法保证选择到建设管理能力优秀的施工单位，继而出现"挂靠"、恶意分包、项目资金链断裂等衍生风险，对项目顺利推进风险较大。

两招并一招做法给特许经营者带来的博弈问题是，对于联合体方式的特许经营者，采用公开招标方式选择施工单位可以把建安造价按概算下浮一定水平明确在招标阶段，但存在特许经营者不一定中标；不通过招标方式则把施工利润的分配事宜留在联合体内部予以决策，项目实施过程中往往不易达成一致意见，甚至联合体牵头人难以协调和管控。

由于缺乏针对性的管理措施，个别项目的投资人存在规避招标，违规承担勘察设计和施工任务的现象，加大了项目建设的质量安全风险。针对投资人自行承担勘察设计或施工任务的情形，目前制度性的监管体系不够完善，监管机制不够健全，监管措施缺乏针对性和可操作性，需要通过制定相应的管理制度并落实，进一步完善监管措施，加大监管力度，规范项目依法建设。以湖北省为例，《湖北省特许经营高速公路建设项目投资人自行勘察设计、施工管理办法》（鄂交发〔2020〕192号）就要求做实做细三个核查，明确从施工资质和能力、勘察设计能力和行为、施工履约情况等三个方面进行全面核查，并进一步细化了核查内容，明确了核查方式，并提出了具有可操作性的核查程序。完善三个方面监管机制。建立和完善以建设市场处、工程管理处、工程质量监督局为主体，以审计为补充的核查工作机制，并设置了相应的处罚条款。推动三个明显规范，有效推动建设市场明显规范、设计管理和成本控制明显规范、市场主体履约行为明显规范。

第三节

招标资格条件设置

一、是否接受联合体形式

允许联合体投标对招投标双方各有利弊。总体而言，对于技术特别复杂的大型项目，允许联合体投标利大于弊。对投标人而言，组成联合体能够增强投标竞争力和中标后的履约能力，弥补联合体有关成员技术力量的相对不足，达到强强联合和优势互补的效果。对招标人而言，允许联合体投标能够吸引更多有实力的投标人参与投标，提高招投标活动的竞争性，顺利实现招标目的。但是，尽管联合体相对于招标人是利益共同体，联合体各方依法向招标人承担连带责任，其内部仍存在权利和义务的分配问题，如果没有一个有效的协调机制，很容易形成"两层皮"现象，有时招标人不得不付出大量的精力协调联合体内部的工作，影响招标项目的顺利实施，这在一些大型工程中已有教训。

对于不同规模、不同收益水平、不同回报机制的特许经营项目，特许经营者也会结合各自集团公司的投资项目决策要求确定不同的投标形式，对于投资规模较大、效益较好的收费公路特许经营项目，考虑到施工体量大，可能不止一家施工单位参与，另外项目对于集团公司也是未来财务审计报告中的"优良资产"，集团公司很乐意让自己的投资公司参与进来，还有可能项目将成为比较有代表性的业绩，由多家集团公司强强联合组建联合体共同参与。例如2017年中国建筑集团有限公司、中国交通建设股份有限公司组成联合体中标国家高速公路网G4216云南省华坪至丽江高速公路PPP项目，总投资额约287亿元。

二、资格条件设置

根据新机制文件要求，应将项目运营方案、收费单价、特许经营期限等作为选择特许经营者的重要评定标准，并高度关注其项目管理经验、专业运营能力、企业综合实力、信用评级状况。拟提供政府投资支持的项目，可明确拟提供政府投资支持、相应形式以及预计确定时间，并将投标者申请的政府投资支持金额作为重要评标标准。为形成充分的市场竞争，合理确定政府的投资额度，公开招标时应按照《招标投标法》《招标投标法实施条例》等法律法规依法依规决定是否公开政府投资支持上限等项目基本情况。

交通运输部发布的《收费公路政府和社会资本合作操作指南》（交办财审〔2017〕173号）第二十一条要求："项目实施机构应当根据收费公路PPP项目的特点和需要，对潜在社会资本方的财务状况、投融资能力、商业信誉、市场信用、项目建设管理经验和项目运营管理经验等资格条件作出要求，但不得以不合理的条件限制或者排斥潜在社会资本方，不得对不同所有制形式的潜在社会方实行歧视性待遇。项目实施机构应当接受具备投融资能力的潜在社会资本方参与投标，不得将具备设计或施工资格能力作为参与投标的强制性条件。对于具备设计或施工资格能力的社会资本方，或者自身不具备设计或施工资格能力但联合了具有相应资格能力的设计或施工单位共同组成联合体投标的社会资本方，按照《招标投标法实施条例》第九条规定，中标后可以不再对设计或施工任务进行招标。对于不具备设计或施工资格能力的社会资本方，应当允许其中标后依法对设计或施工任务进行招标。"该文件更注重潜在社会资本的投融资能力，其设计和施工任务也可以在中标后再通过招标方式选择其他单位。

那么，实务中结合并参考《经营性公路建设项目投资人招标投标管理规定》（交通运输部令2015年第13号）规定的投资人的基本条件，收费公路特许经营项目特许经营者招标资格条件的具体设置建议主要考虑以下几个方面。

一是法人资格条件。投标人须是在中国境内依法注册的企业法人或其他组织，且合法存续，没有处于被吊销营业执照、责令关闭或者被撤销等不良状态。

二是财务资格条件。投标人近3年各年度财务报告应当经具有法定资格的中介机构审计（对于基金独立投标人，如基金成立不足3年，仅要求提供最新的经具有法定资格的中介机构审计的财务报告）；投标人须财务状况良好，近3年各年度均为盈利，没有处于财产被接管、冻结、破产状态。投标人上年末的总资产不低于项目投资规模，上年末净资产应高于项目资本金额度，上年末资产负债率建议不高于85%。需要注意的是，根据《招标投标领域公平竞争审查规则》（自2024年5月1日起施行）规定，不得根据经营主体的规模、注册地址、注册资金、市场占有率、负债率、净资产规模等设置差异性得分。

三是投融资能力资格条件。投标人须具有不低于项目所需融资额度的投融资能力。

四是信誉条件。投标人须商业信誉良好，在国家企业信用信息公示系统中未被列入严重违法失信企业名单，在"信用中国"网站中未被列入失信被执行人名单，未被省级交通运输主管部门、发展改革委取消其所在省内的投标资格或禁止进入省内公路建设市场且处罚期未满，同时不得具有被相关行政主管部门处罚且限制在项目所在地投标的违法行为记录，并在处罚有效期内的情形。

五是业绩要求。投标人应具有一条同类规模高速公路项目的投融资经验。

此外，为了保障建设管理质量，拟担任项目的总协调人、项目公司的董事长、总经理和技术负责人也可以在招标阶段明确其应具有相应的能力。对于投资规模较大、技术复杂的收费公路特许经营项目，为了保证项目公司履约期间能够充分借助投资人集团公司优势资源和政策支持项目建设，建议对项目公司主要管理人员提出要求。对拟自行承担项目施工的社会资本的资质要求。虽然《收费公路政府和社会资本合作操作指南》（交办财审〔2017〕173号）要求不得将具备设计或施工资格能力作为参与投标的强制性条件。但如果投标人在投标文件中明确了由联合体成员中的特许经营者自行承担施工任务，则该成员须具备与之相适应的资格、能力。

第四节
地方本级国有企业参与方式

国家发改委《政府和社会资本合作项目特许经营方案编写大纲》（2024年版，征求意见稿）明确特许经营者基本条件按照以下要求：除作为政府出资人代表参与地方政府通过资本金注入方式给予投资支持的项目外，地方本级国有独资或国有控股企业（含其独资或控股的子公司）不得以任何方式作为本级政府和社会资本合作新建（含改扩建）项目的联合投标方或项目公司股东；作为政府出资人代表时，原则上不得在项目公司中控股。在后续政策指导会上，更是坚持了地方本级国有企业不得以任何方式作为地方本级政府和社会资本合作新建（含改扩建）项目的联合投标方或项目公司股东的内控要求。但是省属国有企业是可以投地市项目，地市本级国有企业可以投省属项目。后来在正式发布的《政府和社会资本合作项目特许经营方案编写大纲》（2024年试行版）中再次明确为：除作为政府出资人代表参与地方政府通过资本金注入方式给予投资支持的项目外，地方本级国有独资或国有控股企业（含其独资或控股的子公司）不得以任何方式作为本级政府和社会资本合作新建（含改扩建）项目的投标方、联合投标方或项目公司股东；作为政府出资人代表时，原则上不得在项目公司中控股。

对于新建或改扩建的项目，为了防止将政府和社会资本合作的模式作为随意上项目的手段，再次重蹈此前PPP项目的覆辙，避免形成地方政府隐性债务和半拉子工程，新机制要求除作为政府出资人代表参与PPP项目外，地方本级国有独资或者控股企业不得以任何方式作为本级PPP新建或改扩建项目的投标方、联合投标方或项目公司股东。对于不涉及新建或改扩建的存量项目，鼓励符合条件的国有企业参与的，在新机制文件中已有明确表述。

　　此外，地方本级国有企业控股当中的"控股"既包括绝对控股（持股超过50%），也包括相对控股（持股虽然不足50%，但仍然会对项目产生决定性影响）。对于地方政府通过资本金注入方式给予投资支持的新建或改扩建项目，地方本级国有企业可以作为政府出资人代表参与。实践中，地方本级国有企业的形式多样。有的是国资部门归口管理，有的是行业部门管理，有的是隶属于事业单位，因此，对于地方本级国有企业的界定应当穿透来看，也就是说股权穿透后，凡是实际控制人为某级地方人民政府或某级地方财政、国资等有关政府部门的，均应该认定为地方本级国有企业。基于穿透原则，地方本级国有企业的子公司、孙公司同样也不能作为本级PPP新建或改扩建项目的投标方、联合投标方或项目公司股东。

　　实践中，有地方省份提出既然省属国有企业是可以投地市项目，地市本级国有企业可以投省属项目，那么是否可以将原省级PPP项目"降级"为市级项目，然后再由省属国有企业投标参与呢？例如收费公路项目是以在公路网规划中国家高速或地方高速划分，还是按照实施机构或可研审批部门层级划分，实施机构应由哪一级政府授权？关于此种做法的合规性，首先要搞清楚如何界定项目层级。政府和社会资本合作项目层级与是不是属于国家高速没有关系，属于不同的维度。国家高速或者地方高速的划分是属于行业管理部门层级认定的角度，与可研审批部门的层级没有必然的联系，可研审批是从项目审批权限的角度进行的认定。收费公路特许经营项目的层级应该与授权实施机构的人民政府的层级保持一致，也就是由哪一级政府授权实施机构，特许经营项目就属于哪一级，由哪级政府授权，主要是看项目到期后，项目移交给哪一级政府部门。比如某项目是由某市级人民政府授权某市级行业部门作为实施机构，项目特许经营期限到期后移交给某市级行业部门，虽然项目的审批或核准的权限可能是在省发改层面，但是从政府和社会资本合作项目的角度看，该项目属于市级项目。

　　需要说明的是：一是本级政府不应该授权上一级或下一级行业部门或事业单位作为实施机构，比如说省级政府不宜授权市级行业部门作为实施机构，市级政府也无权授权省级行业部门作为实施机构。二是目前上位法尚未明确收费公路到底移交给哪一层级政府的交通运输主管部门，有的地方无法确定项目的层级，这种情况按照国家发改委相关发言人的理解认为操作不太规范，按照新机制的要求，在特许经营方案编制阶段，就应明确项目实施的具体方式，当然包括项目移交时移交给哪一层级交通运输主管部门。

第五节

改扩建项目特许经营者选择

特许经营期限届满，拟继续采取特许经营模式的，不能直接指定原特许经营者，应按规定重新编制并审核特许经营方案，选择特许经营者，同等条件下可优先选择原特许经营者。特许经营期限内，拟提前终止特许经营协议或更换特许经营者的，也不能直接指定新的特许经营者。如项目仍需采取特许经营模式，应按照新机制文件明确的特许经营项目实施流程重新推进。对于改扩建项目，新机制文件明确，"特许经营期限内因改扩建等原因需重新选择特许经营者的，同等条件下可优先选择原特许经营者"。如果此前签订的特许经营协议已对改扩建工作实施主体做了明确约定，无须重新选择特许经营者，可按照协议约定执行。但特许经营方案审核、特许经营协议签订、投资管理程序履行等仍应严格按照新机制文件明确的工作要求执行。

实践中，有地方省份提出，改扩建项目是否可以不再重新招标，改为由省级人民政府同意、履行核准手续、修改特许经营协议后由原特许经营者实施。如果项目此前是政府和社会资本合作项目，按照新机制的要求，应该参考原来的特许经营协议或者PPP合同的约定，重新履行公开招标等公开竞争的方式选择特许经营者。新机制文件明确了特许经营期限内因改扩建等原因，需要重新选择特许经营者的，同等条件下，原特许经营者优先。如果原来的特许经营者是地方本级国有企业，而且仍考虑是由地方本级国有企业继续作为特许经营者实施改扩建，是不符合新机制的。这种情况下，可以考虑协商终止原有的PPP合同或者是特许经营协议，调整项目投资建设运营模式，改成其他的方式继续实施。如果项目此前不是政府和社会资本合作项目，对于改扩建后采取特许经营方式的，按照现行《收费公路管理条例》规定，"经营性公路建设项目应当向社会公布，采用招标投标方式选择投资者"，同时还要满足新机制文件对于本级国有企业不能参与投标的要求。

需要强调的是：无论是否是政府和社会资本合作项目，如果改扩建之后相应延长收费期限的，应该按照行业规定履行收费期限延长程序。

第六节
特许经营者招标工作组织

一、招标文件合法性与异议处理

招投标的目的是订立合同，《民法典》第一百五十三条第一款规定："违反法律、行政法规的强制性规定的民事法律行为无效。但是，该强制规定不导致该民事法律行为无效的除外。"因此招标文件也必须满足法律、行政法规的强制性规定。

实践中，收费公路特许经营项目特许经营者招标文件需严格按照批准的实施方案编制，并经交通运输主管部门备案、公共资源交易中心备案（或预公示）等环节。此外，《招标投标法》率先提出了招投标活动中的异议制度，根据《招标投标法》第六十五条规定："投标人和其他利害关系人认为招标投标活动不符合本法有关规定的，有权向招标人提出异议或者依法向有关行政监督部门投诉。"《招标投标法实施条例》（2019年修订）对异议制度又做了进一步明确。《招标投标法实施条例》第二十二条规定："潜在投标人或者其他利害关系人对资格预审文件有异议的，应当在提交资格预审申请文件截止时间2日前提出；对招标文件有异议的，应当在投标截止时间10日前提出。招标人应当自收到异议之日起3日内作出答复；作出答复前，应当暂停招标投标活动。"设立异议制度的本意在于加强当事人之间的相互监督，鼓励当事人之间加强沟通，及早友好地解决争议，避免矛盾激化，从而提高招标投标活动的效率。正因为如此，实名提出异议，有利于招标人与异议人及时进行充分沟通。根据对《招标投标法实施条例》的梳理，异议人提出异议主要分3种情况：对资格预审文件或招标文件的异议、对开标情况的异议以及对评标结果的异议。

首先，提出异议的主体是潜在投标人和其他利害关系人，包括资格预审申请人。就有关招标投标活动的异议主体而言，其他利害关系人是指投标人以外的，与招标项目或者招标活动有直接或者间接利益关系的法人、其他组织和自然人。主要有：一是有意参加资格预审或者投标的潜在投标人。在资格预审公告或者招标公告存在排斥潜在投标人等情况，致使其不能参加投标时，其合法权益即受到侵害，是招标投标活动的利害关系人。二是在市场经济条件下，只要符合招标文件规定，投标人为控制投标风险，在准备投标文件时可能采用订立附条件生效协议的方式与符合招标项目要求的特定分包人和供应商绑定投标，这些分包人和供应商和投标人有共同的利益，与招标投标活动存在利害关系。三是投标人的项目负责人一般是投标工作的组织者，其个人的付出相对较大，中标与否与其个人职业发展等存在相对较大关系，是招标投标活动的利害关系人。特许经营项目中还包括可能在后续为项目提供融资的金融机构等。

其次，招标人应当在限期内履行对异议作出答复。为保障异议人的合法权益和招标项目的实施进度，招标人应当自收到异议之日起3日内作出答复，避免激化矛盾，下面说明3个问题。一是虽然《招标投标法实施条例》要求招标人在规定时限内答复，但对答复质量未做要求。主要考虑是，《招标投标法实施条例》对异议人提出异议并没有质量要求，异议回复应当体现效率原则，重在及时消除异议人的疑惑，过于强调回复的质量将延迟招标人的回复时间；异议并不是解决有关招标投标争议的最终手段，除非当事人接受有关异议的回复，异议人还可以根据《招标投标法实施条例》第六十条规定寻求行政救济。二是未对异议和答复的形

108

式进行统一要求，主要也是考虑效率原则，鼓励当事人以异议方式消除分歧。实践中异议和回复的形式可以由当事人根据具体情况在资格预审文件或招标文件中事先给予明确，或者完全由当事人自主决定。为保障异议的可追溯性，异议的提出和答复应尽可能采用书面形式，并应当妥善保存备查。三是招标人对异议的答复构成对资格预审文件或者招标文件澄清或者修改的，招标人应当按照《招标投标法实施条例》第二十一条规定办理相关手续。

对异议作出答复前，招标人应当暂停招投标活动。如果异议所反映的问题确实存在又不及时给予纠正，将可能导致不可逆转的后果，因此招标人必须尽快进行核实，采取必要措施给予纠正并回复异议人。异议人不满意的，可以向行政监督部门提出投诉以维护自己的合法权益。要求暂停招投标活动的规定可以进一步强化招标人及时回复异议的义务，防止招标人故意拖延。

需要说明的是，暂停的具体期限取决于异议的性质、对资格预审文件和招标文件的影响以及招标人处理异议的效率。具体到异议成立时招标人采取的纠正措施，则取决于资格预审文件或者招标文件存在的问题。例如，有关资格预审文件或者招标文件存在排斥潜在投标人、对投标人实行歧视待遇的异议成立的，应当在规定的时间内作出回复，并不得组织对资格预审申请文件评审或组织开标活动；招标人修改招标文件或者资格预审文件，且修改内容影响投标文件或者资格预审申请文件编制的，招标人应当按照《招标投标法实施条例》第二十一条规定顺延提交资格预审申请文件或者投标文件的截止时间，修改内容不影响投标文件或者资格预审申请文件编制的，则不需要顺延提交资格预审申请文件或者投标文件的截止时间；有关资格预审文件或招标文件的内容存在违反法律、行政法规的强制性规定，违反公开、公平、公正和诚实信用原则，影响资格预审结果或者潜在投标人投标的，那么就涉及文件的合法性存在问题，招标人应当按照《招标投标法实施条例》第二十三条规定修改文件内容后重新组织招标。

二、排斥和限制潜在投标人行为

招投标实践中有的招标人为了达到特定的目的，在报名、资格条件审查、评审等环节对潜在投标人区别对待或有倾向性地设置一些要求和条款，《招标投标法实施条例》（2019年修订）对限制或者排斥投标人的行为予以禁止，并列举了常见的几种情形，其中第三十二条规定："招标人不得以不合理的条件限制、排斥潜在投标人或者投标人。招标人有下列行为之一的，属于以不合理条件限制、排斥潜在投标人或者投标人：（一）就同一招标项目向潜在投标人或者投标人提供有差别的项目信息；（二）设定的资格、技术、商务条件与招标项目的具体特点和实际需要不相适应或者与合同履行无关；（三）依法必须进行招标的项目以特定行政区域或者特定行业的业绩、奖项作为加分条件或者中标条件；（四）对潜在投标人或者控标人采取不同的资格审查或者评标标准；（五）限定或者指定特定的专利、商标、品牌、原产地或者供应商；（六）依法必须进行招标的项目非法限定潜在投标人或者投标人的所有制形式或者组织形式；（七）以其他不合理条件限制、排斥潜在投标人或者投标人。"

允许潜在投标人公平地参与投标竞争，是招标制度发挥资源配置基础性作用的前提和保障。在实践中，受地方、部门利益影响，甚至招标人为谋取不正当利益，存在着以各种方式排斥、限制潜在投标人的现象，阻碍了统一开放、竞争有序的招投标大市场的形成。针对这一情况，《招标投标法实施条例》（2019年修订）在《招标投标法》第十八条规定的基础上，对限制、排斥潜在投标人的行为做了细化规定，为行政监督部门依法查处提供了明确的依据。以不合理条件限制或者排斥潜在投标人或投标人的7种情形如下。

1.向潜在投标人或者投标人有差别地提供招标项目信息

向投标人一视同仁地提供项目信息，是保证公平竞争的前提。在实践中，一些招标人通过提供差别化的信息排斥、限制潜在投标人。这种情形可能发生在项目推介、现场踏勘、投标预备会、招标文件的澄清修改以及投标文件的澄清说明等环节。例如，招标人在两个以上媒介发布的同一招标项目的招标公告内容不一致；招标人对单独某个项目潜在社会资本单独组织组织踏勘项目现场和举行投标预备会；有差别地提供招标文件的澄清与修改内容，评标委员会有差别地提供投标文件的澄清和说明的机会。这些有差别的信息会导致各投标人竞争基础的不平等，影响和限制了投标人之间的公平竞争。

2.设定的资格、技术、商务条件与招标项目的具体特点和实际需要不相适应或者与合同履行无关

招标人可以在招标公告、投标邀请书和招标文件中要求潜在投标人具有相应的资格、技术和商务条件，但不得脱离招标项目的具体特点和实际需要，随意和盲目地设定投标人要求，否则既可能排斥合格的潜在投标人，也可能导致社会资源的浪费。例如，某一级公路施工招标，却要求投标人具有高速公路施工业绩；估算投资50亿元的公路工程PPP项目投资人招标要求投标人具有100亿元的融资能力等。

3.依法必须进行招标的项目以特定行政区域或者特定行业的业绩、奖项作为评标加分条件或者中标条件

投标人来自不同地区和行业，其所积累的业绩和获得的奖项通常具有地域性和行业性，如果以特定行政区域和特定行业的业绩、奖项作为评标加分条件，会限制或排斥本地区、本行业之外的潜在投标人。此处的"加分"泛指评标中各种形式的优惠、倾斜等特殊待遇。例如，某公路工程政府和社会资本合作项目招标仅对某市级地方奖项（非全国性奖项且不具有行业代表性）进行加分，这都是地方保护和行业封锁的典型表现，如果招标项目需要以投标人的类似项目的业绩、奖项作为评标加分条件，则可以设置全国性的奖项作为评标加分条件。招标人可以从项目本身具有的技术管理特点需要和所处自然环境条件的角度对潜在投标人提出类似项目业绩要求或评标加分标准。例如，要求具有与招标项目类似规模的投融资业绩，或与招标项目里程、结构相当的建设管理业绩等。同时，应注意考虑具有类似项目业绩条件的潜在投标人数量，以保证足够的竞争性。

4.对不同的潜在投标人或者投标人采取不同的资格审查或者评标标准

这种情形通常表现为招标人在资格预审文件和招标文件中载明的资格审查标准和评标标准模棱两可或内外有别，在具体资格审查和评标过程中，通过另行制定倾向性或排斥性的操作细则，对本地区和本行业之外或者意向中标人之外的投标人采取更加苛刻的资格审查或评标标准，达到限制排斥潜在投标人的目的。

5.限定或者指定特定的专利、商标、品牌、原产地或者供应商这种情形通常发生在货物招标中

招标人在招标公告、资格预审文件或招标文件中限定或者指定特定的专利、商标、品牌、原产地或者供应商，倾向和保护意向中的投标人，限制或排斥其他潜在投标人。根据《招标投标法》和有关规定，招标文件中规定的各项技术标准应当满足项目技术需求，保证公平竞争，不得指定、标明某一个或者某几个特定的专利、商标、品牌、设计、原产地或生产供应商，不得含有倾向或排斥潜在投标人的其他内容。如果必须引用某一品牌或生产供应商才能准确、清楚地说明招标项目的技术标准和要求，则应当在引用的品牌或生产供应商名称前加上"参照或相当于"的字样，而且引用的货物品牌或生产供应商在市场上具有可选择性。

6.依法必须进行招标的项目非法限定潜在投标人或者投标人所有制形式或者组织形式

潜在投标人的所有制形式分为公有制和非公有制两种。其中公有制又可以分为国家所有制和集体所有制；非公有制包括个体、私营企业和外商投资企业。此外，随着企业股份制改革的推进，产生了一种混合所有制经济，即一个企业包含国有、集体、个体、私营、外资等不同所有制的投资主体。投标人的组织形式，除依法招标的科研项目允许个人参加投标外，一般指法人或者其他组织。其中，法人主要是依法组建的公司，包括有限责任公司和股份有限公司。其他组织指不具备法人资格、能够独立承担民事责任的组织，如合伙企业、个体工商户等。除法律法规对工程承包人和货物、服务供应商的所有制形式或组织形式提出要求外，招标人不得限定潜在投标人或者投标人的所有制形式或者组织形式，不得歧视、排斥不同所有制性质、不同组织形式的企业参加投标竞争。

7.以其他不合理条件限制、排斥潜在投标人或者投标人

实践中可能出现的情形有：资格预审公告或者招标公告中获取资格预审文件或者招标文件的要求不合理的；以各种借口阻挠潜在投标人取得资格预审文件或者招标文件的；资格预审文件和招标文件的发售期限、投标截止时间和招标文件澄清或者修改的通知时间不符合规定的；要求投标人递交超过规定比例的投标保证金的；要求投标人在项目所在地设立分子公司的；要求投标人法人代表必须出席开标会议的等。

三、特许经营者投标串标行为

《中华人民共和国招标投标法》（2017年修正）等现行法律对串通投标均有比较严格的规定。《中华人民共和国招标投标法》（2017年修正）第三十二条第一款禁止投标人相互串通投标报价，禁止招标人与投标人串通投标，第五十三条规定了串通投标的法律责任。《中华人民共和国反不正当竞争法》（2019年修正）第十六条和第二十七条对串通投标也有相应规定。《中华人民共和国刑法》（简称《刑法》）第二百二十三条还规定了投标人相互串通投标报价的刑事责任。串通投标破坏招投标的竞争性，影响招投标制度作用的发挥。需要说明两点：一是串通投标不仅是指串通投标报价。《招标投标法》第三十二条规定的"串通投标报价"与第五十三条规定的"串通投标"表明，《招标投标法》禁止的串通投标并不限于投标报价方面的串通；二是串通投标不一定为谋取中标，也不能以中标作为串通投标的构成要件。

《招标投标法实施条例》（2019年修订）第三十九条规定："禁止投标人相互串通投标。有下列情形之一的，属于投标人相互串通投标：（一）投标人之间协商投标报价等投标文件的实质性内容；（二）投标人之间约定中标人；（三）投标人之间约定部分投标人放弃投标或者中标；（四）属于同一集团、协会、商会等组织成员的投标人按照该组织要求协同投标；（五）投标人之间为谋取中标或者排斥特定投标人而采取的其他联合行动。"

《招标投标法实施条例》（2019年修订）第四十条规定："有下列情形之一的，视为投标人相互串通投标：（一）不同投标人的投标文件由同一单位或者个人编制；（二）不同投标人委托同一单位或者个人办理投标事宜；（三）不同投标人的投标文件载明的项目管理成员为同一人；（四）不同投标人的投标文件异常一致或者投标报价呈规律性差异；（五）不同投标人的投标文件相互混装；（六）不同投标人的投标保证金从同一单位或者个人的账户转出。"

投标人相互串通投标是当前招投标实践中的突出问题之一，严重损害了招投标制度的严肃性和招投标活动当事人的合法权益。上述规定在总结实践经验的基础上，列举了投标人串通投标和视为串通投标的几种表现形式，为监督部门认定和查处串通投标行为提供依据。

（1）投标人之间协商投标报价等投标文件的实质性内容。该项规定不仅指投标人协商抬高、压低报价，或者以高、中、低价格等报价策略分别投标，还可能包括对一些重要技术方案、技术指标等实质性内容的协商。除此之外，同一招标项目的投标人还可能分成两个或两个以上的小集团，分别按照各自协商的原则和利益分配机制串通投标，轮流中标。

（2）投标人之间约定中标人。投标人之间约定中标人是串通投标的一个极端表现，也即围标。实现这一目的的途径有多种，包括按照招标文件规定的评标标准和方法制定不同的投标方案，故意非实质性响应招标文件等。

（3）投标人之间约定部分投标人放弃投标或者中标。包括购买招标文件的潜在投标人根据约定不按招标文件要求准备和提交投标文件，提交了投标文件的投标人根据约定放弃（撤销）投标，排名第一的中标候选人或者被宣布为中标的投标人按照约定放弃中标等。

（4）属于同一集团、协会、商会等组织成员的投标人按照该组织要求协同投标。构成本项规定的串通投标需要同时满足两个条件：一是同一招标项目的不同投标人属于同一组织成员；二是这些不同的投标人按照该组织要求在同一招标项目中采取了协同行动。所谓协同行动是指按照预先确定的策略投标，确保由该组织的成员或者特定成员中标。需要指出的是，同一组织的成员在同一招标项目中投标并不必然属于串通投标。

（5）投标人之间为谋取中标或者排斥特定投标人而采取其他联合行动。该项为兜底性规定，实践中可能发生的情形如：共同放弃投标或者不提交资格预审申请文件致使投标人不足三家而导致招标失败等。

需要说明四点：一是投标人除主动串通投标外，还可能被动串通投标。例如将资质证书、印章出借给他人用于串通投标；二是串通投标的主体不仅是递交投标文件的投标人，有可能是"黄牛党"，以及为实现串通目的而不参与投标的人；三是串通投标也不局限于具体招标项目，投标人之间可能结成相互串通投标的伙伴关系或者俱乐部；四是串通投标可能发生在投标以及投标前的准备阶段，也可能发生在开标、评标甚至中标候选人公示阶段。

串通投标隐蔽性强，认定难，查处难，这是串通投标屡禁不止的原因之一。为有效打击串通投标行为，《招标投标法实施条例》采用了"视为"这一立法技术。对于有某种客观外在表现形式的行为，评标委员会、行政监督部门、司法机关和仲裁机构可以直接认定投标人之间存在串通。

（1）同一项目中不同投标人的投标文件由同一单位或者个人编制。不同投标人的投标文件由同一单位或者个人编制属于《招标投标法实施条例》第三十九条第一项所规定的情形，是投标人相互串通投标报价的极端表现。如不同单位的投标文件出自同一台电脑，不同单位的投标文件的编制者为同一人等。现在全国推行电子开评标系统的背景下，该类情况比较好识别。

（2）不同投标人委托同一单位或者个人办理投标事宜。此处所称的投标事宜包括领取或者购买资格预审文件、招标文件、编制资格预审申请文件和投标文件、踏勘现场、出席投标预备会、提交资格预审文件和投标文件、出席开标会等。根据《招标投标法》第二十二条和第三十六条规定，投标人的名称、数量以及投标文件的内容等属于应当保密的信息，以保证招投标活动的公正和公平。不同投标人委托同一单位或者个人办理投标事宜违背了上述规定，可能导致投标人相互串通投标。需要说明三点：一是委托同一单位或者同一人办理同一项目投标的不同环节的，亦属于本项所规定的情形，例如某单位或个人领取招标文件代表甲投标人，出席开标会时又代表乙投标人；二是投标人委托他人办理投标事宜的，应当要求受托人出具书面承诺，声明受托人不存在受托承担同一项目的招标或者投标，以避免构成违法；三是采用电子招投标的，从同一个投标单位或者同一个自然人的IP地址下载招标文件或者上传投标文件也属于本项规定的情形。

（3）不同投标人的投标文件载明的项目管理成员为同一人。项目管理机构及其人员配置是勘察、设计、监理和施工等招标项目普遍要求的投标文件组成内容，不同投标文件中载明的项目管理成员出现同一人可能出于3种原因：一是不同投标文件由同一个单位或者个人编制，也即构成串通投标；二是同一单位挂靠其他单位，以不同单位的名义分别投标并编制投标文件，该情形不但违背了其他相关法律法规规定，同时也构成串通投标；三是同一人受聘于不同的单位，由于人员特别是有注册执业资格的主要管理人员与受聘单位本应存在一一对应关系，在具体投标项目中项目管理成员中出现同一人的，其最大的可能性就是串标，应当先行给予认定，除非投标人能够证明其不存在串通投标的行为。需要说明的是，串通投标与弄虚作假竞合时，行政监督部门应当依照有关规定从重处罚。

（4）不同投标人的投标文件异常一致或者报价呈规律性差异。所谓异常一致是指极小概率或者完全不可能一致的内容在不同投标文件中同时出现，实践中典型的表现包括：投标文件内容错误或者打印错误雷同，由投标人自行编制文件的格式完全一致，属于某一投标人特有的业绩、标准、编号、标识等在其他投标人的投标文件中后时出现等。需要说明的是，实践中确有由于投标人之间曾就类似工程有过联合投标经历导致投标文件的技术方案异常一致的情况，可以由评标委员会通过澄清、说明机制予以排除。

除国家有规定收费标准的勘察、设计和监理等服务招标外，不同投标人的报价呈现规律性差异则是不同投标人的投标文件异常一致的特殊表现。实践中的典型表现包括：不同投标人的投标报价呈等差数列、不同投标人的投标报价的差额本身呈等差数列或者规律性的百分比等。在通过市场竞争形成投标报价的条件下，不同投标人的报价的规律性差异只有在投标人相互串通投标的情况下才会出现。

（5）不同投标人的投标文件相互混装。在实践中分两种情况：一是不同投标人的投标文件由同一个单位或者个人编制，在打印装订时出现相互混装的情况，构成串通投标；二是不同投标人先分别编制投标文件，再按照预先协商的原则集中统一，装订时出现相互混装的情况，构成串通投标。

（6）不同投标人的投标保证金从同一单位或者个人的账户转出。《招标投标法实施条例》第二十六条规定，现金或者支票形式的投标保证金应当从投标人的基本账户转出，主要目的是遏制围标串标行为。本项是与第二十六条配套的规定。如果不同投标人的投标保证金从同一单位或者个人的账户转出，包括虽然经由投标人自己的基本账户转出但所需资金均是来自同一投标人或者个人的账户的，构成投标人相互串通投标。

需要说明两点：一是"视为"是一种将具有不同客观外在表现的现象等同视之的立法技术，是一种法律上的拟制，尽管如此，"视为"的结论并非不可推翻和不可纠正，为避免适用法律错误，评标过程中评标委员会可以视情况给予投标人澄清、说明的机会，评标结束后投标人可以通过投诉寻求行政救济，由行政监督部门作出认定；二是"视为"必须具备一定的客观外在表现，不宜设立兜底条款，但有其他证据证明投标人串通投标的，评标委员会、行政监督部门、仲裁机构和法院可以依法作出认定，不限于上面所罗列的情形。

四、评标工作组织

招投标制度施行二十几年来，各行业招标项目的开评标组织都慢慢有了固定的程序，交通领域很早就注重规范评标工作环节，最早的"清标"做法也是来自交通项目的招标工作实际。在评标现场出现的多数违法违规行为是因为招标活动的各个参与方对自己的责任和权利模糊，对招投标的基本法律法规和规范性文件不熟悉。例如：招标代理在回复投标人投标前的问题时错误地认为自己是评标专家、开标阶段对投标文件内容进行定性记录并否决投标、招标人在评标现场阐述明显具有倾向性的言论、监督机构超越备案权限要求修改资格条件和评标办法、部分专家用双标评审投标文件、监督机构干预专家独立客观评审、评标委员会出现意见不一致时未按规定表决等。

评标工作应当遵循公平、公正、科学、择优的原则。任何单位和个人不得非法干预或者影响评标过程和结果。在实践中，有的监督机构或交易中心要求招标人在开评标活动中邀请公证机关进行公证，从《公路工程标准施工招标文件》（2018年版）开始，招标文件中已经取消了关于公证的有关要求，《公路工程建设项目招标投标管理办法》（交通运输部令2015年第24号）第三条明确规定："交通运输部负责全国公路工程建设项目招标投标活动的监督管理工作。省级人民政府交通运输主管部门负责本行政区域内公路工程建设项目招标投标活动的监督管理工作。"交通运输主管部门是公路工程建设项目招标活动的监督管理部门，同时要求招标人或者其指定机构应当对资格审查、开标、评标等过程录音录像并存档备查，首先，公证机关并不具备法定的对招投标活动的监督职能，其次，从诉讼角度来说，公证机关对于开评标活动的公证文件也不能作为查处违法违规行为的直接证据。因此在实务中对开评标环节邀请公证没有必要。

根据交通运输部2017年10月1日起施行的《公路工程建设项目评标工作细则》规定，招标人负责组织评标工作并履行下列职责。

（1）按照国家有关规定组建评标委员会；办理评标专家的抽取、通知等事宜；为参与评标工作的招标人代表提供授权函；实务中随着各地公共资源交易中心电子化的进程，专家的抽取、通知事项已基本实现系统化，避免了评标专家名单泄露的风险。评标委员会成员和招标人选派的协助评标人员应当实行回避制度。根据《公路工程建设项目评标工作细则》规定，属于下列情况之一的人员，不得进入评标委员会或者协助评标：

①负责招标项目监督管理的交通运输主管部门的工作人员；

②与投标人法定代表人或者授权参与投标的代理人有近亲属关系的人员；

③投标人的工作人员或者退休人员；

④与投标人有其他利害关系，可能影响评标活动公正性的人员；

⑤在与招标投标有关的活动中有过违法违规行为、曾受过行政处罚或者刑事处罚的人员。

（2）向评标委员会提供评标所必需的工作环境、资料和信息以及必要的服务。招标人协助评标的，应当在评标委员会开始评标工作的同时或者之前进行评标的协助工作。协助评标工作应当以招标文件规定的评标标准和方法为依据，不得故意遗漏或者片面摘录，不得对投标文件作出任何评价，不得在评标委员会对所有偏差定性之前透露存有偏差的投标人名称；不得明示或者暗示其倾向或者排斥特定投标人。

（3）向评标委员会成员发放合理的评标劳务报酬。

（4）在招标投标情况书面报告中载明评标委员会成员在评标活动中的履职情况。实务中有的投标人"神通广大"，可以在评标之前联系到评标专家，甚至对其进行贿赂谋求中标，对此，招标人虽不能干涉评标专家的独立评审活动，但可以在招标投标情况书面报告中载明评标委员会成员在评标活动中的履职情况，用以事后追查，另外，监督部门也有权及时制止和纠正招标人代表、评标专家和其他参加评标活动工作人员的不当言论或者违法违规行为。因此，评标现场如遇到个别专家打分倾向性明显且有证据线索表明其存在违法违规行为时，正确做法是通知监督部门及时制止和纠正，并将该行为记录在评标报告和招标投标情况书面报告中，待事后调查认定后依法追究相关责任。

（5）保障评标工作的安全性和保密性。此处的保密不仅指评标现场的保密，有的评标专家评标结束后将自己记录的一些笔记的打分情况留存带走，这些都是不规范的做法。根据《公路工程建设项目评标工作细则》规定，评标工作中使用的文件、表格以及其他资料应当同时归还招标人。评标委员会成员不得记录、复制或者从评标现场带离任何评标资料。同时要求评标委员会成员和其他参加评标活动的工作人员，不得向他人透露对投标文件的评审、中标候选人的推荐情况以及与评标有关的其他情况。现实中有的地方资源交易中心在第一信封评审结束后要求招标人向所有投标人公布商务及技术得分细节的做法不妥，是与上述规定相悖的。

公路工程建设项目实行委托招标的，招标代理机构在招标人委托的范围内组织评标工作，但不能代替招标人承担组织评标工作的责任。实践中专业的招标代理机构可以利用自己的专业能力协助评标工作的顺利组织，例如对专家现场提出的评审有关问题进行解释说明，但不能以自己的主观臆断回复专家的提问，招标代理提供的应该是客观的事实以及招标文件、评标办法清晰的意思表示，评审的决策权在专家本身。评标活动中经常由招标人或招标代理协助评标，对投标文件的问题进行清查并向评标委员会汇报，评标委员会应当根据招标文件规定，对投标文件相对于招标文件的所有偏差依法逐类进行定性，对招标人提供的评标工作用表和评标内容进行认真核对，对与招标文件不一致、存在错误或者遗漏的内容要进行修正。但协助评标工作的内容及信息仅作为评标的参考，评标委员会也不能以招标人在协助评标过程中未发现投标文件存在偏差或者招标人协助评标工作存在疏忽为由规避评标责任。

评标专家一般从国家、省、市级评标专家库中随机抽取，根据《公路工程建设项目招标投标管理办法》（交通运输部令2015年第24号）规定，国家审批或者核准的高速公路、一级公路、独立桥梁和独立隧道项目，评标委员会专家应当由招标人从国家重点公路工程建设项目评标专家库相关专业中随机抽取；其他公路工程建设项目的评标委员会专家可以从省级公路工程建设项目评标专家库相关专业中随机抽取，也可以从国家重点公路工程建设项目评标专家库相关专业中随机抽取。评标委员会负责评标工作并履行下列职责：

（1）审查、评价投标文件是否符合招标文件的实质性要求。评标委员会应当按照招标文件确定的评标标准和方法进行评标。招标文件没有规定的评标标准和方法不得作为评标的依据。在实务中有的专家基于个人观点认为将投标文件的一些细微偏差按否决投标处理是不对的，一定要对应评标办法中明示的相应条款才可以做出否决投标的评审意见。

（2）要求投标人对投标文件有关事项作出澄清或者说明（如需要）。专家评标时对于投标文件存在的偏差，应当根据招标文件规定的评标标准和方法进行评审，依法判定其属于重大偏差还是细微偏差。凡属于招标文件评标标准和方法中规定的重大偏差，或者招标文件评标标准和方法中未做强制性规定，但出现了法律、行政法规规定的否决投标情形的，评标委员会应当否决投标人的投标文件。澄清、说明并不是否决投标的必要流程，在实务中，有的地方交易中心为了降低被否决投标的投标人投诉风险，要求评标活动中所有被否决投标的投标人签字确认，这种做法不妥。根据《公路工程建设项目评标工作细则》规定，在投标文件中存在含义不明确的内容或者明显文字错误、投标报价有算术性错误、投标报价可能低于成本价、招标文件规定的细微偏差这4种情形之一，且评标委员会认为需要投标人作出必要澄清、说明的，才进行澄清或者说明。投标标的、投标函文字报价、质量标准、履行期限均视为投标文件的实质性内容，评标委员会不得要求投标人进行澄清。此外，评标委员会也不得暗示或者诱导投标人作出澄清、说明，不得接受投标人主动提出的澄清、说明。对于评标委员会发现投标人的投标报价明显低于其他投标人报价或者在设有标底时明显低于标底的情况，应当要求该投标人对相应投标报价作出书面说明，并提供相关证明材料。投标人不能证明可以按照其报价以及招标文件规定的质量标准和履行期限完成招标项目的，评标委员会再按程序认定该投标人以低于成本价竞标，并否决其投标。

（3）对投标文件进行比较和评价。根据《公路工程建设项目评标工作细则》规定，除评标价和履约信誉评分项外，评标委员会成员对投标人商务和技术各项因素的评分一般不得低于招标文件规定该因素满分值的60%；评分低于满分值60%的，评标委员会成员应当在评标报告中作出说明。投标文件各项评分因素得分应以评标委员会各成员的打分平均值确定，评标委员会成员总数为7人以上时，该平均值以去掉一个最高分和一个最低分后计算。一些为地方交易中心服务的软件公司在开发电子开评标系统时经常忽略此项要求。

值得注意的是，对于评标过程中，否决部分投标文件后，并不一定是有效投标人不足3个就必须重新招标。首先，根据《公路工程建设项目招标投标管理办法》（交通运输部令2015年第24号）第五十一条规定：

"评标委员会对投标文件进行评审后，因有效投标不足3个使得投标明显缺乏竞争的，可以否决全部投标。未否决全部投标的，评标委员会应当在评标报告中阐明理由并推荐中标候选人。"

"投标文件按照招标文件规定采用双信封形式密封的，通过第一信封商务文件和技术文件评审的投标人在3个以上的，招标人应当按照本办法第三十七条规定的程序进行第二信封报价文件开标；在对报价文件进行评审后，有效投标不足3个的，评标委员会应当按照本条第一款规定执行。"

"通过第一信封商务文件和技术文件评审的投标人少于3个的，评标委员会可以否决全部投标；未否决全部投标的，评标委员会应当在评标报告中阐明理由，招标人应当按照本办法第三十七条规定的程序进行第二信封报价文件开标，但评标委员会在进行报价文件评审时仍有权否决全部投标；评标委员会未在报价文件评审时否决全部投标的，应当在评标报告中阐明理由并推荐中标候选人。"

《公路工程建设项目评标工作细则》沿用了上述规定："在评标过程中，如有效投标不足3个，评标委员会应当对有效投标是否仍具有竞争性进行评审。评标委员会一致认为有效投标仍具有竞争性的，应当继续推荐中标候选人，并在评标报告中予以说明。"但补充规定了"评标委员会对有效投标是否仍具有竞争性无法达成一致意见的，应当否决全部投标"，使上述规定更有操作性。

（4）撰写评标报告，推荐中标候选人，或者根据招标人授权直接确定中标人。对评标监督人员或者招标人代表干预正常评标活动，以及对招标投标活动的其他不正当言行，评标委员会应当在评标报告中如实记录。评标委员会成员对需要共同认定的事项存在争议的，应当按照少数服从多数的原则作出结论。持不同意见的评标委员会成员应当在评标报告上以书面形式说明其不同意见和理由并签字确认。评标委员会成员拒绝在评标报告上签字又不书面说明其不同意见和理由的，视为同意评标结果。

（5）向交通运输主管部门报告评标过程中发现的其他违法违规行为。评标委员会向招标人提交书面评标报告后自动解散，但不意味着工作责任的结束，评标结束后，如招标人发现提供给评标委员会的信息、数据有误或者不完整，或者由于评标委员会的原因导致评标结果出现重大偏差，招标人应当及时邀请原评标委员会成员按照招标文件规定的评标标准和方法对评标报告内容进行审查确认，并形成书面审查确认报告，原评标委员会成员也有配合审查确认的义务。此外，投标人或者其他利害关系人对招标项目的评标结果提出异议或者投诉的，评标委员会成员有义务针对异议或者投诉的事项进行审查确认，并形成书面审查确认报告。

交通运输主管部门负责监督评标工作并履行下列职责：

（1）按照规定的招标监督职责分工，对评标委员会成员的确定方式、评标专家的抽取和评标活动进行监督。

（2）对评标程序、评标委员会使用的评标标准和方法进行监督，注意是对程序和是否按照评标办法进行评标，并不意味着监督部门可以干预评标专家的打分高低。

（3）及时制止和纠正招标人代表、评标专家和其他参加评标活动工作人员的不当言论或者违法违规行为。

（4）对招标人、招标代理机构、投标人以及评标委员会成员等当事人在评标活动中的违法违规行为进行行政处理并依法公告，同时将上述违法违规行为记入相应当事人的信用档案。

了解评标活动中的细节性要求和行为规范应基于熟悉整个招标投标法律法规体系，因篇幅有限，这里不再展开。

五、资格预审后投标人发生合并、分立等情形的处置

招投标活动需要经历一定的时间，在此过程中投标人可能会发生合并、分立、破产等影响其资格条件或者招标公正性的变化，危害招标人的利益。为保证招投标活动的顺利进行及其公正性，有必要对投标人课以告知义务。所谓合并，是指两家以上的法人或者其他组织依照法律规定，归并为一个法人或者其他组织的行为。分立是指一个法人或者其他组织依照法律的规定，分成两个以上的法人或者其他组织的行为。破产一般是指债务人不能清偿债务的事实状态，也称事实上的破产。法律意义上的破产是指债务人不能清偿债务时所适用的偿债程序和该程序终结后债务人的身份地位受限制的法律状态。除合并、分立、破产之外，影响资格条件的重大变化还有：投标人的重大财务变化、项目经理等主要人员的变

化、被责令关闭、被吊销营业执照、一定期限内被禁止参加依法必须招标项目的投标等情形。对于上述情形，一旦发生，投标人也应依照本条规定履行通知招标人的义务。

需要说明的是，联合体投标的，联合体任何成员发生本条规定情形的，也应履行通知招标人的义务。《招标投标法实施条例》（2019年修订）第三十八条规定："投标人发生合并、分立、破产等重大变化的，应当及时书面告知招标人。投标人不再具备资格预审文件、招标文件规定的资格条件或者其投标影响招标公正性的，其投标无效。"

特许经营项目招标采用资格预审方式通常招标周期在两个月左右，履行告知义务的主体是通过资格预审的申请人，或者投标人。具体履行告知义务的主体取决于招投标活动所处的阶段。提交资格预审文件截止时间后到资格预审结束前，是提交资格预审申请文件的申请人。资格预审结束后和提交投标文件截止时间前履行告知义务的是通过资格预审的申请人。在此阶段，通过资格预审的申请人虽然还不是投标人，要求其及时将重大变化告知招标人，有利于招标人提前做好相关准备，避免因投标人少于3个而导致招标失败。在提交投标文件截止时间后履行告知义务的主体是投标人。该阶段从投标截止后一直延续到合同签订前，投标人发生可能影响其资格条件和招标公正性的重大变化，都应当告知招标人。合同签订后一方当事人的重大变化，按照《民法典》相关规定处理。告知应当采用书面形式。资格预审申请人和投标人发生可能影响其资格条件和招标公正性的重大变化，会导致竞争格局的改变，甚至影响中标结果，属于招投标活动中的重大事项，因此必须采用书面形式。

通过资格预审的申请人在提交投标文件前发生本条规定的重大变化的，招标人可以通过复核确认是否需要邀请其他参与资格预审的潜在投标人投标，以保证竞争的充分性。在评标阶段投标人发生本条规定的重大变化的，招标人可以及时告知评标委员会，由评标委员会依据资格预审文件或者招标文件对投标人的资格条件进行复核，并对是否影响招标的公正性进行评估。评标结束后投标人发生本条规定的重大变化的，招标人可以根据《招标投标法实施条例》（2019年修订）第五十六条的规定，尽快组织原评标委员会根据资格预审文件或者招标文件，对中标候选人的履约能力进行审查，依法维持原评标结果或者重新确定中标候选人。

重大变化可能影响资格条件和招标公正性的投标无效，应注意以下两点：

（1）通过资格预审的申请人或者投标人发生《招标投标法实施条例》（2019年修订）第三十八条规定的重大变化，是否影响其资格条件，应当由招标人组织资格审查委员会（限于国有资金占控股或主导地位的依法必须进行招标的项目）或者评标委员会进行评审并作出认定。资格审查委员会或者评标委员会应当依据资格预审文件（已进行资格预审的）或者招标文件（未进行资格预审的）规定的标准进行复核，既不能降低也不能提高审查标准，否则不公平。资格复核不合格的投标无效包括两层意思：一是采用资格预审方式的，投标人在提交投标文件前发生本条规定的重大变化，资格复核不合格的，该投标人失去投标资格；二是已经提交了投标文件的投标人，在确定中标前发生可能影响资格条件的重大变化，经复核确认后其投标无效。

（2）即便资格复核合格但影响招标公正性的，其投标也无效。例如：投标人与受委托编制该招标项目标底的中介机构、招标代理机构或者参与该项目设计咨询的其他机构合并；投标人被招标人收购成为招标人子公司影响招标公正性；以有限数量制进行资格预审的，投标人发生分立后虽仍符合资格预审文件的要求，但其资格条件降低至与因择优而未能通过资格预审的其他申请人相同或者更低等。上述重大变化是否影响招标公正性，应当区别招标阶段分别由资格审查委员会（限于国有资金占控股或者主导地位的依法必须进行招标的项目）和评标委员会进行评判。

案例

规范招标人代表评标工作

某市交通局作为政府和社会资本合作项目实施机构，鉴于政府和社会资本合作项目评标工作技术难度大、工作要求高，交通局为规范招标人代表在评标工作期间的行为，依法依规开展PPP社会资本合作人招标工作，委托××咨询机构，结合《中华人民共和国招标投标法》（2017年修正）、《中华人民共和国招标投标法实施条例》（2019年修订）、《公路工程建设项目评标工作细则》（2017年）进行培训并制定了《××市公路工程招标项目招标人代表评标工作管理办法》如下。

××市公路工程招标项目招标人代表评标工作管理办法

第一章 总 则

第一条 为规范××市公路工程建设项目招标人代表评标活动，维护招标投标活动当事人的合法权益，依据《中华人民共和国招标投标法》《中华人民共和国招标投标法实施条例》《公路工程建设项目招标投标管理办法》《公路工程建设项目评标工作细则》及国家有关法律法规，制定本管理办法。

第二条 依法必须进行招标的公路工程建设项目，其招标人代表的评标（包括资格预审）活动适用本办法；其他项目招标人代表的评标及资格审查活动可参照本办法执行。

第三条 招标人代表的评标工作应当遵循公平、公正、科学、择优的原则。任何单位和个人不得非法干预或者影响其评标行为。

第二章 招标人代表的选择

第四条 参与评标的招标人代表由招标人确定，招标人代表应熟悉招标工作、政治素质高，原则上应具备高级及以上职称，并具备八年以上相关工作经验。

第五条 评标专家抽取前1个工作日，招标人应在监督部门的监督下，按照1∶2比例随机从招标人熟悉相关业务的人员中抽取1人作为招标人代表，未抽中的人员作为备选。招标人代表抽取情况登记样表详见附表1。

第六条 招标人应在投标截止日前3个工作日内，向公共资源交易管理机构提交评标专家选聘表并出具评标授权书。

第七条 招标人代表出现下列情形之一的，应当主动回避：

（1）为负责招标项目监督管理的主管部门的工作人员；

（2）与投标人法定代表人或其委托代理人有近亲属关系；

（3）为投标人的工作人员或退休人员；

（4）与投标人有其他利害关系，可能影响评标活动公正性；

（5）在与招标投标有关的活动中有过违法违规行为、曾受过行政处罚或刑事处罚。

招标人代表回避后，由备选人员接替评标工作并记录存档。

第八条　招标人应当采取必要措施，严格保密招标人代表的个人信息。

第三章　工 作 职 责

第九条　招标人代表在开始评标工作之前，应当充分熟悉评标所必需的信息，主要包括招标文件、招标文件的澄清或者修改、开标记录、投标文件、资格预审文件。

第十条　评标开始前，招标人代表的手机、电脑、录音录像等电子设备按当地公共资源交易中心要求统一集中保管，确保评标工作现场处于通信屏蔽状态。

第十一条　评标开始前，招标人代表应主动出示加盖招标人单位公章的授权书及身份证，向评标委员会其他成员表明身份，并核对评标委员会其他成员的身份信息及有无根据本办法第七条规定回避评标工作的情况。

第十二条　评标委员会主任委员由招标人代表与评标委员会其他成员共同推选，负责组织评标委员会成员开展评标工作。评标委员会主任委员与评标委员会的其他成员享有同等权利与义务。招标人代表原则上不得担任评标委员会主任委员。

第十三条　评标委员会主任委员负责主持评标会议，招标人代表应配合介绍项目概况、招标文件中与评标相关的关键内容及协助评标工作（如有）相关情况。

第十四条　除《公路工程建设项目评标工作细则》第二十二条规定的允许修改评标办法或停止评标的情况以外，招标人代表应当严格按照评标程序、招标文件规定的评标标准和方法对所有投标文件的全面、客观、独立评审，确保评标工作质量，并接受交通运输主管部门的监督。招标文件没有规定的评标标准和方法不得作为评标的依据。

第十五条　招标人代表评标工作应当如实、准确反映投标文件对招标文件规定的响应情况；不得故意遗漏或者片面评审，不得明示或者暗示其倾向或者排斥特定投标人。

第十六条 招标人代表应当对全部投标文件进行认真审查，招标人提供的协助评标工作内容及信息仅作为评标的参考。招标人代表不得以招标人在协助评标过程中未发现投标文件存有偏差或者招标人协助评标工作存在疏忽为由规避评标责任。

第十七条 评标过程中，招标人代表有回避事由、擅离职守或者因健康等原因不能继续评标的，应当及时更换备选。被更换的招标人代表作出的评审结论无效，由更换后的招标人代表重新进行评审。更换招标人代表的情况应当在评标报告中予以记录。

无法及时更换招标人代表导致评标委员会构成不满足法定要求的，评标委员会应当停止评标活动，已作出的评审结论无效。由招标人封存所有投标文件和开标、评标资料，依法重新组建评标委员会进行评标。招标人应当将重新组建评标委员会的情况在招标投标情况书面报告中予以说明。

第十八条 对于投标文件存在的偏差，应当根据招标文件规定的评标标准和方法进行评审，依法判定其属于重大偏差还是细微偏差。凡属于招标文件评标标准和方法中规定的重大偏差，或者招标文件评标标准和方法中未做强制性规定，但出现了法律、行政法规规定的否决投标情形的，评标委员会应当否决投标人的投标文件。

第十九条 对于投标文件涉及的投标标的、投标函文字报价、质量标准、履行期限等实质性内容的重大偏差，评标委员会不得要求投标人进行澄清，招标人代表不得暗示或者诱导投标人作出澄清、说明，也不得接受投标人主动提出的澄清、说明。

第二十条 招标人代表不得发表有倾向性或者诱导、影响其他评审成员的言论，不得对不同投标人采取不同的审查标准。

第二十一条 对主观评审因素的评审应在招标文件评标办法规定的评分范围内做到独立、公平评审，招标人代表不得对主观评审因素与其他评标委员会成员协商评分，不得向评标委员会作倾向性、误导性的解释或者说明。

第二十二条 评标委员会成员对需要共同认定的事项存在争议的，应当按照少数服从多数的原则作出结论。持不同意见的招标人代表或其他评标委员会成员应当在评标报告上以书面形式说明其不同意见和理由并签字确认，拒绝在评标报告上签字又不书面说明其不同意见和理由的，视为同意评标结果。

第二十三条　招标人代表或者其他工作人员不得干预正常评标活动，不得以不正当言行诱导评标委员会形成倾向性意见，如有上述情形评标委员会应当在评标报告中如实记录。

第二十四条　评标委员会编制完成并签署评标报告后，招标人代表应对评标报告进行形式检查，提请评标委员会进行修改完善。形式检查仅限于以下内容：

（1）评标报告正文以及所附文件、表格是否完整、清晰；

（2）报告正文和附表等内容是否有涂改，涂改处是否有做出涂改的评标委员会成员签名；

（3）投标报价修正和评分计算是否有算术性错误；

（4）评标委员会成员对客观评审因素评分是否一致；

（5）投标文件各项评分因素得分是否符合本细则第二十八条相关要求；

（6）评标委员会成员签字是否齐全。

评标报告经形式检查无误后，评标委员会主任委员宣布评标工作结束。

第四章　纪　　律

第二十五条　招标人代表应当客观、公正、审慎地履行职责，遵守职业道德；应当依据评标办法规定的评审顺序和内容逐项完成评标工作，对本人提出的评审意见以及评分的公正性、客观性、准确性负责。

第二十六条　招标人代表向招标人提交书面评标报告后自动解散。评标工作中使用的文件、表格以及其他资料应当同时归还招标人，不得记录、复制或者从评标现场带离任何评标资料。

第二十七条　招标人代表及备选人员确定后，不得与任何投标人或者与投标人有利害关系的人进行私下接触，不得收受投标人和其他与投标有利害关系的人的财物或者其他好处。

第二十八条　招标人代表不得向他人透露对投标文件的评审、中标候选人的推荐情况以及与评标有关的其他情况，且对在评标过程中获悉的国家秘密、商业秘密负有保密责任。

第五章 附 则

　　第二十九条　对招标人代表在评标活动中出现的违法违规行为，按照《中华人民共和国招标投标法》及《中华人民共和国招标投标法实施条例》相关规定处理并依法公告，同时将上述违法违规行为记入相应当事人的信用档案；情节严重构成犯罪的，移送司法机关处理。

　　第三十条　本办法自印发之日起施行。

　　附表1

招标人代表抽取情况登记样表

招标人（盖章）	
招标代理机构（盖章）	
招标项目名称	
开标时间	

招标人代表抽取结果						
序号	姓名	部门	专业	职称	联系方式	备注

备选人员：

第七节
投诉处理

一、国家部委招投标管理导向

公路建设行业是较早全面开放建设市场、实行招投标制度的行业之一，早在1989年，交通部就首次发布了《公路工程施工招标投标管理办法》。尤其是自2000年1月1日起《招标投标法》实施以来，交通部先后制定颁发了一系列规范公路工程建设项目招标投标活动的部门规章和规范性文件，涵盖了公路工程施工、勘察设计、监理等多个方面，对于维护公开、公平、公正的公路建设市场竞争秩序发挥了重要作用。

但是，随着我国经济社会发展，公路工程建设项目招标投标活动的外部环境和内在要素正在发生重大变化，主要体现在4个方面。一是国务院于2011年颁布了《招标投标法实施条例》（后2019年进行修订），需要结合公路行业特点对其中的条款进行补充细化。二是党的十八大和十八届三中、四中全会提出"简政放权""使市场在资源配置中起决定性作用和更好发挥政府作用""法定职责必须为、法无授权不可为"等改革思路，对交通运输部在招标投标监管中应发挥的作用提出了明确的路径。三是交通运输部提出了公路建设管理体制改革的总体思路，招标投标作为其重要环节，需充分考虑"择优导向""加强信用评价结果在招投标中的应用""坚持信息公开"等原则。四是目前公路建设市场招标投标领域出现了一些新情况、新问题，如招标人通过故意提高对投标人的资格条件要求等不合理的条件限制、排斥某些单位参与投标；一些招标投标活动当事人相互串通、围标串标，严重扰乱招标投标活动正常秩序，破坏公平竞争；评标时存在的疏忽、错漏情况等影响了评标结果的公正性；涉及招标投标方面的腐败问题时有发生等。基于此，交通运输部发布了《公路工程建设项目招标投标管理办法》（交通运输部令2015年第24号），自2016年2月1日起施行，并一次性清理和废止了不再适用的13个规章和规范性文件，建议公路行业招标从业人员仔细学习。该部令第三条规定："交通运输部负责全国公路工程建设项目招标投标活动的监督管理工作。省级人民政府交通运输主管部门负责本行政区域内公路工程建设项目招标投标活动的监督管理工作。"将公路工程招标备案权限下放省级交通运输主管部门。该部令同时还提出了"五公开""三记录"原则。

自1989年起，公路工程建设项目招标投标制度经历了初步形成、逐步发展完善等多个阶段，交通部一直秉承"公开、公平、公正、诚实信用"的基本原则，针对各个不同阶段公路建设市场上存在的招标投标突出问题采取了相应的解决措施。例如，自2004年起交通部在公路工程施工招标中全面推行合理低价法、鼓励无标底招标，就是要对评标办法进行改进，尽可能减少人为因素对评标工作的影响。可以说，交通部历次在招标投标制度设计上的重大变革，都是在与公路建设市场上出现的各种违法违规行为和新问题进行博弈。

但是，由于个别省份交通运输厅领导或其他干部插手干预公路工程建设项目招标活动，导致部分社会公众对公路行业的招标投标现状不甚了解或者存在以偏概全的误解。究其原因，主要是因为政府与社会公众的信息不对称、招标人与投标人的信息不对称。为彻底扭转这种局面，借鉴上市公司的信息披露制度，交通运输部决定进一步提高招标投标信息的公开程度，确保公路工程建设项目招标投标活动的每一步均在阳光下运行。阳光是最好的杀菌剂，在招标投标信息披露过程中，鼓励招投标活动的当事人乃至社会公众对其中可能存在的违法违规行为进行监督。

该部令首次在工程建设领域提出对资格预审文件和招标文件的关键内容、中标候选人关键信息、评标信息、投诉处理决定、不良行为信息的"五公开"要求，全面接受社会监督，从而进一步规范招标人、投标人、评标专家等招投标当事人的相关行为：

一是资格预审文件和招标文件的关键内容要公开。公开内容包括项目概况、对申请人或者投标人的资格条件要求、资格审查办法、评标办法、招标人联系方式等，避免招标人以不合理的条件限制、排斥潜在投标人或者投标人，进一步规范招标人的招标行为。

二是中标候选人在投标文件中的关键信息要公示。除中标候选人排序、名称、投标报价等常规公示信息外，中标候选人在投标文件中承诺的主要人员姓名、个人业绩、相关证书编号，中标候选人在投标文件中填报的项目业绩等也纳入公示的范围，增强投标单位之间的互相监督，进一步规范投标人的投标行为。

三是评标信息要公示。在中标候选人公示过程中，同时公示被否决投标的投标人名称、否决依据和原因，实行资格预审的招标项目，要向未通过资格预审的申请人告知其未通过资格预审的依据和原因，进一步规范评标专家的评标行为。

四是交通运输主管部门的投诉处理决定要公告。包括投诉的事由、调查结果、处理决定、处罚依据以及处罚意见等内容，加强交通运输主管部门依法行政的透明性。

五是招投标当事人的不良行为信息要公告。对于招标人、招标代理机构、投标人以及评标委员会成员等当事人在公路工程建设项目招标投标活动中出现的违法违规或者恶意投诉等行为，交通运输主管部门应当依法公告处理决定并将其作为不良行为信息记入相应当事人的信用档案。

"三记录"有据可循，避免人为因素干预。做好开标评标活动的音像记录，并在参与评标活动的人员之间建立相互监督机制。公路工程建设项目开标活动直接关系到投标人的投标文件能否被接收、参与评标，评标活动则直接关系到投标人能否被推荐为中标候选人，因此这两项活动尤其是评标活动成为所有投标人关注的焦点，也是最易受到人为因素干预、引起投标人投诉的关键环节。交通运输主管部门在处理投诉的过程中发现，由于开标评标具有很强的时效性和无法重复的特点，调查取证非常困难，行业监管难度很大。

根据公路工程建设项目的招标实践来看，对评标活动的人为干预因素有可能来自招标人代表、评标专家和评标监督人员。因此，有必要做好开标评标活动的音像记录，并在参与评标活动的人员之间建立相互监督机制，采用多种措施规范开标评标行为。

一是明确要求招标人对资格审查、开标以及评标全过程录音录像，加强对招标人代表、评标专家、评标监督人员的行为约束，防止参加资格审查或评标的人员发布倾向性言论，同时使得"强化事中事后监管"制度做到有据可循。

二是强调招标人应当对评标专家在评标活动中的职责履行情况予以记录，并在招标投标情况的书面报告中载明，这样既有利于增强评标专家"客观、公正、独立、审慎"的责任意识，又便于交通运输主管部门及时了解评标专家行为，对评标专家进行信用管理。

三是强调评标委员会对参与评标工作的其他人员的间接监督作用，如评标监督人员或者招标人代表干预正常评标活动，或者有其他不正当言行，评标委员会应当在评标报告中如实记录，以此加强对评标监督人员、招标人代表的行为约束。

坚持"公开公平公正"，增加"择优"的导向性。

加强信用评价结果在资格审查和评标工作中的应用，新增技术评分最低标价法，禁止抽签、摇号直接确定中标候选人。

公路工程建设项目实行招投标制度，为降低公路建设成本、选择最优的参建队伍和促进市场公平竞争，创造了良好的制度环境。交通运输部在公路建设管理体制改革调研中发现，由于各种外部因素的影响和制约，一些省份招投标程序和制度设计出现了偏差，没有充分考虑工程特点和技术要求，简单地以"抓阄"方式定标，没有将投标人的业务专长和建设能力作为重点考量因素，偏离了"择优"的基本价值导向，不利于公平竞争、良性竞争，没有充分发挥市场在资源配置中的作用。

《交通运输部关于深化公路建设管理体制改革的若干意见》（交公路发〔2015〕54号）也明确指出，坚持依法择优导向。遵循"公开、公平、公正、择优"原则，尊重项目建设管理法人依法选择参建单位的自主权。

提高"择优"的导向性。从部令角度明确提出以下要求：

一是加强信用评价结果在资格审查和评标工作中的应用，鼓励和支持招标人优先选择信用等级高的从业企业。对于信用等级高的单位，可以给予增加参与投标的标段数量，减免投标保证金，减少履约保证金、质量保证金等优惠措施；可以将信用评价结果作为资格审查或者评标中履约信誉项的评分因素。

二是公路工程施工招标评标新增技术评分最低标价法，对通过初步评审的投标人的施工组织设计、项目管理机构、技术能力等因素进行评分，按照得分由高到低排序，对排名在招标文件规定数量以内的投标人的报价文件进行评审，按照评标价由低到高的顺序推荐中标候选人。该方法可在一定程度上解决市场上现存的围标串标问题，并增加了综合实力强、实行现代企业管理的投标人中标概率。同时在公路工程施工招标中增加"技术能力"作为评标时的评分因素，也有利于招标人选择到综合实力强的企业。

三是明确禁止采用抽签、摇号等博彩性方式直接确定中标候选人。

同时重拳打击投标人围标串标、弄虚作假。在制度设计上"下猛药"，原则上采用资格后审方式进行招标，充分利用电子化信息和社会监督手段，营造出"一处失信、处处受限"的市场氛围。

近年来，投标人围标串标、弄虚作假现象成为我国各行业招标投标过程中最令人头痛的顽疾，且有愈演愈烈的趋势。投标人围标串标、弄虚作假的危害极大，不仅严重扰乱了正常的招投标市场秩序，而且侵害了招标人和其他投标人的合法权益，甚至损害到国家和社会公众的切身利益。各级交通运输主管部门曾采取种种措施打击违法违规行为，例如要求投标人从基本账户汇出投标保证金，要求评标专家评标时对存在大面积内容雷同的投标文件进行重点审查，这些举措未从根本上消除上述顽疾，部分投标人为了满足自己的利益需求仍不惜冒险，而且目前的围标串标、弄虚作假现象与以往相比更具有隐蔽性和危害性。同时，投标人围标串标的表现形式也趋于多元化，包括投标人之间相互串通投标、投标人与招标人串通投标、投标人与评标专家串通投标、投标人与招标代理机构串通投标等多种形式。要想从根本上杜绝围标串标、弄虚作假行为，必须要在制度设计上"下猛药"。

一是通过招投标程序的设置削弱招投标当事人形成利益集团的可能性。明确公路工程建设项目原则上采用资格后审方式进行招标，采用资格预审方式进行招标的，原则上采用合格制而不是有限数量制进行资格审查，采用资格后审方式进行招标的，无论采用何种评标方法，投标文件必须采用双信封形式密封。这样规定既有效避免了投标人与招标人的串通投标行为，使得招标人无法通过采用有限数量制的资格预审圈定参与投标的投标人名单，又在很大程度上防止了投标人之间的相互串通行为，使得投标人无法确定能够通过投标文件第一信封"商务文件和技术文件"的名单，无法再形成围绕"评标基准价"的利益团体。

二是明确要求评标委员会对在评标过程中发现的投标人与投标人之间、投标人与招标人之间存在的串通投标的情形进行评审和认定，切实发挥评标专家在打击围标串标活动中的作用。

三是充分利用电子化信息和社会监督手段遏制投标人的弄虚作假行为。投标人在投标文件中填报的资质、业绩、主要人员资历和目前在岗情况、信用等级等信息，可以通过交通运输主管部门建立的公路建设市场信用信息管理系统进行核实，如发布的相关信息存在不一致，使得投标人的资格条件不符合招标文件规定的，评标委员会应当否决其投标；通过公示中标候选人在投标文件中的关键信息，充分利用社会公众的力量进行监督。

四是在法律责任中增加了对投标人围标串标、弄虚作假等违法行为的处罚条款。除依照有关法律、法规进行处罚外，省级交通运输主管部门还可以扣减其年度信用评价分数或者降低年度信用评价等级，提高了处罚措施的可操作性。同时，交通运输主管部门应当对投标人不良行为的行政处理决定进行公告并记入其信用档案。交通运输主管部门将采取倍数递增的处罚措施；对于屡教不改、执意碰触招投标道德底线的投标人，坚决将其清除出公路建设市场；通过对投标人不良信息的公告，营造出"一处失信、处处受限"的市场氛围，促使投标人回归正常的竞争轨道。

二、异议与投诉

在实务中，招标人往往将异议和投诉混为一谈，实际上异议和投诉从受理主体、各自内容、处理方式和争议解决途径上均存在区别。

设立异议制度的本意在于加强当事人之间的相互监督，鼓励当事人之间加强沟通，及早友好地解决争议，避免矛盾激化，从而提高招标投标活动的效率。正因为如此，实名提出异议，有利于招标人与异议人及时进行充分的沟通。《招标投标法》第六十五条规定："投标人和其他利害关系人认为招标投标活动不符合本法有关规定的，有权向招标人提出异议或者依法向有关行政监督部门投诉。"《招标投标法实施条例》（2019年修订）第二十二条规定："潜在投标人或者其他利害关系人对资格预审文件有异议的，应当在提交资格预审申请文件截止时间2日前提出；对招标文件有异议的，应当在投标截止时间10日前提出。招标人应当自收到异议之日起3日内作出答复；作出答复前，应当暂停招标投标活动。"提出异议的主体是潜在投标人和其他利害关系人，本条所称潜在投标人包括资格预审申请人。就有关招标投标活动的异议主体而言，其他利害关系人是指投标人以外的，与招标项目或者招标活动有直接或者间接利益关系的法人、其他组织和自然人，主要有：一是有意参加资格预审或者投标的潜在投标人，在资格预审公告或者招标公告存在排斥潜在投标人等情况，致使其不能参加投标时，其合法权益即受到侵害，是招标投标活动的利害关系人；二是在市场经济条件下，只要符合招标文件规定，投标人为控制投标风险，在准备投标文件时可能采用订立附条件生效协议的方式与符合招标项目要求的特定分包人和供应商绑定投标，这些分包人和供应商、投标人有共同的利益，与招标投标活动存在利害关系，例如在特许经营项目中，某金融机构虽未参与投标，但其作为投标社会资本的贷款银行，也可以理解为是招标投标活动的利害关系人；三是投标人的项目负责人一般是投标工作的组织者，其个人的付出相对较大，中标与否与其个人职业发展等存在较大关系，也可以是招投标活动的利害关系人。

招标人应当自收到异议之日起3日内作出答复，避免激化矛盾。根据国家发改委对《招标投标法实施条例》（2019年修订）的释义理解，需要说明3点。一是要求招标人在规定时限内答复，但对答复质量未做要求。主要考虑是，异议回复应当体现效率原则，重在及时消除异议人的疑惑，过于强调回复的质量将延迟招标人的回复时间；异议并不是解决有关招标投标争议的最终手段，除非当事人接受有关异议的回复，异议人可以根据《招标投标法实施条例》（2019年修订）第六十条规定通过投诉寻求行政救济。二是未对异议和答复的形式进行统一要求，主要也是考虑效率原则，鼓励当事人以异议方式消除分歧。实践中异议和回复的形式可以由当事人根据具体情况在资格预审文件或招标文件中事先给予明确，或者完全由当事人自主决定。在实务中，为保障异议的可追溯性，异议的提出和答复应尽可能采用书面形式，并应当妥善保存备查。三是招标人对异议的答复构成对资格预审文件或者招标文件澄清或者修改的，还涉及开标时间的延后，《招标投标法实施条例》（2019年修订）第二十一条规定："招标人可以对已发出的资格预审文件或者招标文件进行必要的澄清或者修改。澄清或者修改的内容可能影响资格预审申请文件或者投标文件编制的，招标人应当在提交资格预审申请文件截止时间至少3日前，或者投标截止时间至少15日前，以书面形式通知所有获取资格预审文件或者招标文件的潜在投标人；不足3日或者15日的，招标人应当顺延提交资格预审申请文件或者投标文件的截止时间。"

对异议作出答复前，招标人应当暂停招投标活动。如果异议所反映的问题确实存在又不及时给予纠正，将可能导致不可逆转的后果，因此招标人必须尽快进行核实，采取必要措施给予纠正并回复异议人。异议人不满意的，可能导致下一步的投诉。因此招标人应重视并尽快处理回复异议。

具体到异议成立时招标人采取的纠正措施，则取决于资格预审文件或者招标文件存在的问题。例如，有关资格预审文件或者招标文件存在排斥潜在投标人、对投标人实行歧视待遇的异议成立的，应当在规定的时间内回复，并不得组织对资格预审申请文件评审或组织开标活动；招标人修改招标文件或者资格预审文件，且修改内容影响投标文件或者资格预审申请文件编制的，招标人应当按照《招标投标法实施条例》（2019年修订）第二十一条规定顺延提交资格预审申请文件或者投标文件的截止时间，修改内容不影响投标文件或者资格预审申请文件编制的，则不需要顺延提交资格预审申请文件或者投标文件的截止时间；有关资格预审文件或招标文件的内容存在《招标投标法实施条例》（2019年修订）第二十三条规定的"违反法律、行政法规的强制性规定，违反公开、公平、公正和诚实信用原则"情形的异议成立，而又未及时给予纠正，以致影响了资格预审结果或者潜在投标人投标的，招标人应当修改文件内容后重新组织招标。

投诉主体与异议主体的区别在于，投诉主体还包括招标人。招标人是招投标活动的主要当事人，是招标项目和招标活动毫无疑义的利害关系人，但是招标人不得滥用投诉。招标人能够投诉的应当限于那些不能自行处理，必须通过行政救济途径才能解决的问题。典型的是投标人串通投标、弄虚作假，资格审查委员会未严格按照资格预审文件规定的标准和方法评审，评标委员会未严格按照招标文件规定的标准和方法评标、投标人或者其他利害关系人的异议成立但招标人无法自行采取措施予以纠正等情形。例如，投标人或者其他利害关系人有关某中标候选人存在业绩弄虚作假的异议，经招标人核实后情况属实，而评标委员会又无法根据投标文件的内容给予认定，评标时又缺少进行查证的必要手段，如果由招标人自行决定或者自行否决又容易被滥用，必须向行政监督部门提出投诉，由行政监督部门依法作出认定。

投诉与异议的区别还体现在投诉应当有明确的请求和必要的证明材料，投诉不能仅因为投诉人认为招投标活动不符合有关规定，还必须有明确的要求并附必要的证明材料。依据在于：一是投诉属于行政救济手段，行政监督部门作出投诉处理决定必须经由法定的调查处理程序，明确的请求和相关证据有利于保证行政效率；二是根据《招标投标法实施条例》（2019年修订）第六十二条"行政监督部门处理投诉，有权查阅、复制有关文件、资料，调查有关情况，相关单位和人员应当予以配合"，"必要时，行政监督部门可以责令暂停招标投标活动"的规定，行政监督部门在调查处理投诉的过程中有权责令暂停招投标活动，因此投诉不能空穴来风，更不能捏造事实恶意投诉，必须基于投诉人有相应材料证明的事实。《工程建设项目招标投标活动投诉处理办法》（2004年国家发展和改革委员会、建设部、铁道部、交通部、信息产业部、水利部、中国民用航空总局第11号令）明确规定了投诉人投诉时，应当提交投诉书。投诉书应当包括下列内容：

（1）投诉人的名称、地址及有效联系方式；

（2）被投诉人的名称、地址及有效联系方式；

（3）投诉事项的基本事实；

（4）相关请求及主张；

（5）有效线索和相关证明材料。

投诉人是法人的，投诉书必须由其法定代表人或者授权代表签字并盖章；其他组织或者自然人投诉的，投诉书必须由其主要负责人或者投诉人本人签字，并附有效身份证明复印件。投诉书有关材料是外文的，投诉人应当同时提供其中文译本。当然实务中也存在投标人通过恶意投诉来达到拖延招标时间、试图改变招标条款等不法目的的，对此，依据《工程建设项目招标投标活动投诉处理办法》（2004年国家发展和改革委员会、建设部、铁道部、交通部、信息产业部、水利部、中国民用航空总局第11号令）第二十六条规定："投诉人故意捏造事实、伪造证明材料或者以非法手段取得证明材料进行投诉，给他人造成损失的，依法承担赔偿责任。"招标人也可以通过民事诉讼方式请求赔偿责任。

　　区别于异议的提出时间要求，投诉应当在投诉人知道或者应当知道之日起10日内提出。所谓"应当知道"，应当区别不同的环节，一般认为：资格预审公告或者招标公告发布后，投诉人应当知道资格预审公告或者招标公告是否存在排斥潜在投标人等违法违规情形；投诉人获取资格预审文件、招标文件一定时间后应当知道其中是否存在违反现行法律法规规定的内容；开标后投诉人即应当知道投标人的数量、名称、投标文件提交、标底等情况，特别是是否存在《招标投标法实施条例》（2019年修订）第三十四条规定的情形；中标候选人公示后应当知道评标结果是否存在违反法律法规和招标文件规定的情形；招标人委派代表参加资格审查或者评标的，资格预审评审或者评标结束后，即应知道资格审查委员会或者评标委员会是否存在未按照规定的标准和方法评审或者评标的情况；招标人未委派代表参加资格审查或者评标的，招标人收到资格预审评审报告或者评标报告后，即应知道资格审查委员会或者评标委员会是否存在未按照规定的标准和方法评审或者评标的情况等。

　　受理时间方面，招标人应当自收到异议之日起3日内作出答复；行政监督部门应当自收到投诉之日起3个工作日内决定是否受理投诉，并自受理投诉之日起30个工作日内作出书面处理决定；需要检验、检测、鉴定、专家评审的，所需时间不计算在内。

　　受理主体方面，异议的受理主体是招标人；受理投诉的机关为有管辖权的行政监督部门。

　　实务中投诉人往往并不是十分专业，投诉书也经常抄送到包括招标人在内的好几个部门。《国务院办公厅关于印发国务院有关部门实施招标投标活动行政监督的职责分工的意见的通知》（国办发〔2004〕34号）对国务院各部门有明确的职责分工，地方政府也有类似职责分工，投诉人应当据此确定有管辖权的行政监督部门并向其提出投诉。我国目前的行政体系决定了对招投标的投诉存在两个以上有权受理的行政监督部门。例如，在横向层级上，根据《国务院办公厅关于印发国务院有关部门实施招标投标活动行政监督的职责分工的意见的通知》（国办发〔2004〕34号），国家重大建设项目的招投标活动既接受行业管理部门的监督，同时接受国家发展和改革委员会的监督。因此，对国家重大建设项目，存在同一事项有两个以上有权受理投诉的行政监督部门。各省级人民政府确定的地方重大建设项目也存在类似的情况。在纵向层级上，投诉人就同一事项同时向不同层级的行政监督部门投诉的现象也比较普遍，而不同层级的行政监督部门均有权受理有关投诉。为防止行政监督部门推诿扯皮，按照高效便民原则，《招标投标法实施条例》（2019年修订）第六十一条规定："投诉人就同一事项向两个以上有权受理的行政监督部门投诉的，由最先收到投诉的行政监督部门负责处理。"而非最先受理的部门负责处理。"收到"是行政监督部门接收投诉人提交的投诉书及相关材料的行为。"受理"是行政监督部门对投诉人的投诉进行审查后，对符合法定受理条件的投诉决定立案调查处理，并启动投诉调查处理程序的行为。收到投诉和受理投诉是两种不同性质却又密切联系的行为，前者是受理的前提，后者是收到投诉后的处理结果。投诉由最先收到投诉的行政监督部门负责处理意味着，最先收到投诉的行政监督部门不得以尚未作出受理决定拒绝处理。需要说明的是，投诉人在向有关行政监督部门递交投诉书时，应当保存好相关签收记录，以便确认最先收到投诉的行政监督部门，确保投诉得到及时处理。

第八节
特许经营者招标失败的处理

一、招标失败的原因及法律分析

《关于规范实施政府和社会资本合作新机制的指导意见》（国办函〔2023〕115号）规定："项目实施机构应根据经批准的特许经营方案，通过公开竞争方式依法依规选择特许经营者（含特许经营者联合体）。"《经营性公路建设项目投资人招标投标管理规定》（2015年修订）第九条规定："经营性公路建设项目投资人招标应当采用公开招标方式。"一些目前尚未废止的PPP政策文件也有相关规定，要求通过公开招标的方式选择特许经营者〔例如国家发改委《传统基础设施领域实施政府和社会资本合作项目工作导则》的通知（发改投资〔2016〕2231号）、交通运输部《收费公路政府和社会资本合作操作指南》的通知（交办财审〔2017〕173号）等文件〕。而公路工程特许经营项目普遍投资大、建设运营周期长，存在政府征地拆迁政策处理不及时、市场材料价格波动风险和实际通行费收入预期相较工可阶段预测偏低的可能，基于各种原因，是会可能出现流标或招标失败的情况。

实务中导致招标失败的原因有很多，例如投标资格条件设置过高市场响应不足、评标期间否决部分投标文件后竞争性不充分、中标人及其他中标候选人基于各种原因均无法签订合同等等，除了客观上投标响应不充分导致的招标失败，实践中也遇到过招标人为达到选择特定意向投资人的目的而故意"制造招标失败"的行为。根据《经营性公路建设项目投资人招标投标管理规定》（2015年修订）第九条规定："经营性公路建设项目投资人招标应当采用公开招标方式"，实践中还遇到潜在投标人从主观上不愿意通过招标方式订立特许经营协议等情况，此种做法违反了《招标投标法》规定的公开、公平、公正和诚实信用的原则，根据《招标投标法》第四十九条规定："违反本法规定，必须进行招标的项目而不招标的，将必须进行招标的项目化整为零或者以其他任何方式规避招标的，责令限期改正，可以处项目合同金额千分之五以上千分之十以下的罚款；对全部或者部分使用国有资金的项目，可以暂停项目执行或者暂停资金拨付；对单位直接负责的主管人员和其他直接责任人员依法给予处分。"对于属于国家工作人员的招标人工作人员，还应根据《刑法》第三百九十七条第一款"国家机关工作人员滥用职权或者玩忽职守、致使公共财产、国家和人民利益遭受重大损失的，处三年以下有期徒刑或者拘役；情节特别严重的，处三年以上七年以下有期徒刑"，追究其相应刑事责任。还有些招标人对招标结果不满意，想通过重新招标重新选择投资人，这是非常不专业的想法。一旦进入招投标程序，即受《招标投标法》和其他相关法律约束，除非有正当理由，招标人启动招标程序后不得擅自终止招标。主要原因在于：一是招标人擅自终止招标不符合《招标投标法》规定的诚实信用原则。招投标的过程是形成和订立合同的过程，招标人启动招标程序意味着向潜在投标人发出了要约邀请，没有正当、合理的理由，招标人就应当依法完成招标工作。二是允许招标人擅自终止招标难以保障招投标活动的公正和公平。如果允许招标人在没有正当理由的情况下擅自终止招标，招标人随时可以根据参与投标竞争的情况，通过决定是否终止招标来实现非法目的，为先定后招、虚假招标、排斥潜在投标人提供了便利。三是允许招标人擅自终止招标将挫伤潜在投标人参与投标的积极性，最终削弱招标竞争的充分性。招标程序一旦启动，潜在投标人为响应招标即着手投标准备工作，产生相应的人力和物力的投入，终止招标对潜在投标人将造成损失。长此以往，必将打击潜在投标人参与投标的信心和积极性。四是不允许招标人擅自终止招标有利于促使招标人做好招标前的计划和准备工作，提高工作效率。实践中比较常见的是招标人因重新调整标段划分、改变投标人资格条件或者招标范围、已发布的招标项目基本信息不准确等原因而终止招标，这些情形反映了招标准备工作的不充分。不允许招标人擅自终止招标，有利于督促招标人充分重视招标准备工作。

尽管如此，招标过程中出现了非招标人原因无法继续招标的特殊情况的，招标人也是可以终止招标。这些特殊情况主要有：一是招标项目所必需的条件发生了变化。《招标投标法》第九条规定："招标项目按照国家有关规定需要履行项目审批手续的，应当先履行项目审批手续，取得批准。招标人应当有进行招标项目的相应资金或者资金来源已经落实，并应当在招标文件中如实载明"。据此规定，招标人启动招标程序必须具备一定的先决条件。需要审批或者核准的项目，必须履行了审批和核准手续；招标项目所需的资金是招标人开展招标并最终完成招标项目的物质保证，招标人必须在招标前落实招标项目所需的资金；在法定规划区内的工程建设项目，还应当取得规划管理部门核发的规划许可证。上述这些条件具备后，招标人才能够启动招标工作。在招标过程中，上述条件可能因国家产业政策调整、规划改变、用地性质变更等非招标人原因而发生变化，导致招标工作不得不终止。二是因不可抗力取消招标项目，否则继续招标将使当事人遭受更大损失。这类原因包括自然因素和社会因素，其中自然因素包括地震、洪水、海啸、火灾；社会因素包括颁布新的法律、政策、行政措施以及罢工、骚乱等。

二、第一次招标失败后的处置

基于正当原因，公路特许经营项目在招投标活动中出现招标失败情况应如何处理？《招标投标法实施条例》第十九条规定："资格预审结束后，招标人应当及时向资格预审申请人发出资格预审结果通知书。未通过资格预审的申请人不具有投标资格。通过资格预审的申请人少于3个的，应当重新招标。"第四十四条规定："招标人应当按照招标文件规定的时间、地点开标。投标人少于3个的，不得开标；招标人应当重新招标。"《经营性公路建设项目投资人招标投标管理规定》（2015年修订）第三十条规定："提交投标文件的投标人少于三个或者因其他原因导致招标失败的，招标人应当依法重新招标。重新招标前，应当根据前次的招标情况，对招标文件进行适当调整。"也即是第一次招标失败后，应组织重新招标，不能仅以一次招标失败结果规避招标程序。在此情况下，招标人还应当分析导致这种结果的原因并予以纠正。实践中在重新招标备案时应提供情况分析说明，包括第一次招标失败原因、资格条件合理性、市场潜在投标人摸底情况、招标文件是否存在《招标投标法条例》第二十三条规定情形等说明，并结合分析结论修改完善招标文件进行重新招标。实务中建议招标人最好能够获取已经通过资格预审的潜在投标人出具的投标放弃函（载明放弃投标原因），更有利于后续工作开展。

需要注意的是，招标人修改完善招标文件进行重新招标所做的修改内容不得与已批准的特许经营方案条款冲突或不一致。

三、重新招标失败后的处置

如果按照规定备案后进行的重新招标仍然失败的该如何处理？《招标投标法》和《招标投标法条例》没有具体规定。根据《公路工程建设项目招标投标管理办法》（交通运输部令2015年第24号）第六十条规定："依法必须进行招标的公路工程建设项目，有下列情形之一的，招标人在分析招标失败的原因并采取相应措施后，应当依照本办法重新招标：（一）通过资格预审的申请人少于3个的；（二）投标人少于3个的；（三）所有投标均被否决的；（四）中标候选人均未与招标人订立书面合同的。重新招标的，资格预审文件、招标文件和招标投标情况的书面报告应当按照本办法的规定重新报交通运输主管部门备案。重新招标后投标人仍少于3个的，属于按照国家有关规定需要履行项目审批、核准手续的依法必须进行招标的公路工程建设项目，报经项目审批、核准部门批准后可以不再进行招标；其他项目可由招标人自行决定不再进行招标。依照规定不再进行招标的，招标人可以邀请已提交资格预审申请文件的申请人或者已提交投标文件的投标人进行谈判，确定项目承担单位，并将谈判报告报对该项目具有招标监督职责的交通运输主管部门备案。"

地方省份条例也有类似规定，例如《浙江省招标投标条例》（2005年12月23日经浙江省第十届人民代表大会常务委员会第二十二次会议通过）规定："投标截止时间届满时，投标人少于三个的，招标人应当依法重新招标。重新招标后投标人仍少于三个的，报经有关行政监督部门批准后可以不再进行招标。"

但是对于公路特许经营项目，项目实施机构作为招标人不能简单地套用上述法规条款简单粗暴地在两次招标失败后采用其他方式选择特许经营者，需要认真梳理招标失败的原因，尤其是是否在项目可行性论证环节出现了问题。如果是因为招投标工作本身导致的招标失败，例如投标人投标失误导致被否决投标后无法推荐中标人，或投标保证金未按时缴纳导致开标时不足三家投标人等，则可以考虑重新再次选择特许经营者。如果是因为项目经营收入不能够覆盖建设投资和运营成本、项目不具备一定投资回报或者因采用政府和社会资本合作模式额外新增了地方财政未来支出责任等原因导致政策合规性和市场响应方面出了问题，即使两次招标均失败，也不能采取其他方式选择特许经营者，而是应暂时终止相关程序，变更特许经营者选择方式并不能解决问题，此时应该返回到实施方案编制、论证和审核环节。待条件成熟后，特许经营方案可再次启动报批并招标。例如《浙江省高速公路特许经营工作管理办法（试行）》（讨论稿）中就提出："对于连续两次招标失败的，视为特许经营方案不具备市场吸引力，终止相关招投标程序。在项目边界条件发生变化后，实施机构可修改特许经营方案，重新报批后再次招标。"

第九节

合同谈判

　　招标的目的是订立合同，基于招投标活动订立的合同，属于《民法典》第四百七十一条规定的以邀约、承诺方式订立的合同。公路工程建设项目通过招标方式选定中标人的，在签订合同前，招标人和中标人可以为更好地履行合同而进行合同谈判，在不改变合同实质性条款的前提下明确有关履约细节，例如《公路工程建设项目招标投标管理办法》（交通运输部令2015年第24号）第二十二条规定："招标人应当根据国家有关规定，结合招标项目的具体特点和实际需要，合理确定对投标人主要人员以及其他管理和技术人员的数量和资格要求。投标人拟投入的主要人员应当在投标文件中进行填报，其他管理和技术人员的具体人选由招标人和中标人在合同谈判阶段确定……"但合同谈判时不得违背招投标文件已经明确的实质性条款。

　　实务中存在常见的错误理解是，招标人往往寄希望于将招标文件不便写明的事项在合同谈判中解决，例如某地方政府为了增加地方税收，希望中标人是当地企业或是外地企业中标后能够在当地设立分子公司，以达到把税款交给当地政府的目的。根据《招标投标法》第十八条规定，"招标人可以根据招标项目本身的要求，在招标公告或者投标邀请书中，要求潜在投标人提供有关资质证明文件和业绩情况，并对潜在投标人进行资格审查"，同时"国家对投标人的资格条件有规定的，依照其规定，招标人不得以不合理的条件限制或者排斥潜在投标人，不得对潜在投标人实行歧视待遇"，要求投标人设有特定分子公司的行为构成了上述规定的"对潜在投标人实行歧视待遇"。根据《招标投标法实施条例》（2019年修订）第五十七条规定："招标人和中标人应当依照招标投标法和本条例的规定签订书面合同，合同的标的、价款、质量、履行期限等主要条款应当与招标文件和中标人的投标文件的内容一致。招标人和中标人不得再行订立背离合同实质性内容的其他协议。"对于超出合同实质性内容的条款，即使在合同谈判中双方未达成一致意见，招标人也不能因此取消中标人的中标资格。此外，近年建筑业市场也在大力营造有序竞争的市场环境，坚决打破区域市场准入壁垒。《关于开展建筑企业跨地区承揽业务要求设立分（子）公司问题治理工作的通知》（建办市函〔2021〕36号）也要求各级住房和城乡建设主管部门要严格执行《住房城乡建设部关于印发推动建筑市场统一开放若干规定的通知》（建市〔2015〕140号）第八条规定，不得要求或变相要求建筑企业跨地区承揽业务在当地设立分（子）公司，对于存在相关问题的，要立即整改。

收费公路特许经营项目特许经营期一般长达二十几年，招标阶段的合同文本必然存在考虑不周或约定不明的事项，招标阶段社会资本处于弱势地位，出于各种考虑可能不会提出过多的异议，但在中标后合同签订前往往会反馈出很多合同条款的问题，诸如建设期甲方要求的成本费用承担、运营期的各项具体养护职责不明、工程资金成本的承担及利息如何计取等。合同谈判形成的成果文件（谈判备忘录）在特许经营协议合同体系中具有优先解释地位，通过招标选定的中标特许经营者在成立项目公司后，与政府签订的特许经营协议一般应约定各类文件的优先解释顺序，通常下列文件应视为构成并作为阅读和理解特许经营协议的组成部分。

（1）合同协议书及附件（含投标人在评标期间递交和确认并经招标人同意的对有关问题的补充资料、澄清文件、合同谈判备忘录等，如有）；

（2）特许经营协议条款及其合同附件（谈判后确定）；

（3）中标通知书；

（4）投标函；

（5）联合体协议书（如有）；

（6）投标文件附表；

（7）项目实施计划；

（8）招标文件；

（9）构成特许经营协议组成部分的其他文件。

在合同订立及履行过程中形成的与合同有关的文件均构成合同文件组成部

分，并根据其性质确定优先解释顺序。上述文件互相补充，对于不明确或不一致之处，应以上述组成部分中次序在先者为准。

《传统基础设施领域实施政府和社会资本合作项目工作导则》（发改投资〔2016〕2231号）规定："PPP项目实施机构根据需要组织项目谈判小组，必要时邀请第三方专业机构提供专业支持。谈判小组按照候选社会资本方的排名，依次与候选社会资本方进行合同确认谈判，率先达成一致的即为中选社会资本方。"《收费公路政府和社会资本合作操作指南》（交办财审〔2017〕173号）也明确规定："公示结束后，项目实施机构可根据需要组织项目谈判小组，必要时邀请第三方提供专业支持。谈判小组按照候选社会资本方的排名，依次与候选社会资本方进行合同确认谈判，率先达成一致的即为中选社会资本方。"《关于加强中央企业PPP业务风险管控的通知》（国资发财管〔2017〕192号）要求央企集团加强投标管理及合同谈判，严格执行合规审查程序，切实防范PPP业务中的违法违规风险，妥善处理并及时报备重大法律纠纷案件。以上文件所指的"合同确认谈判"，意指对于合同约定不明的事项进行补充约定，合同谈判应严格遵守《招标投标法实施条例》（2019年修订）第五十七条的规定："招标人和中标人应当依照招标投标法和本条例的规定签订书面合同，合同的标的、价款、质量、履行期限等主要条款应当与招标文件和中标人的投标文件的内容一致。招标人和中标人不得再行订立背离合同实质性内容的其他协议。"招标人和中标人不得再行订立背离合同实质性内容的其他协议这一规定包括两层含义：一是招标人和中标人订立的合同的主要条款，包括合同标的、价款、质量、履行期限等实质内容，应当与招标文件和中标人的投标文件一致；二是招标人和中标人按照招标文件和中标人的投标文件签订合同后，不得再行订立背离合同实质性内容的其他协议。以上规定的目的，是为了保证招投标结果能够落到实处，防止招标人或投标人迫使对方在合同价格、工期等实质性条款上做出让步，或者招标人与中标人串通影响公平竞争，损害国家利益和社会公共利益。

收费公路特许经营项目的合同谈判不应背离实施方案和招投标文件实质性内容，但通常可以就特许经营者中标后具体实施工作的细节问题进行补充说明或做出承诺。例如在协议条款并未写明但为了执行特许经营协议约定的工作内容双方达成的一致意见。实务中通常会对项目公司主要管理人员到岗时间、施工合同的最迟签订时间、征迁工作的具体节点完成时间、政府方代为完成的前期工作移交等进行进一步明确。

|第四章|

特许经营协议签订阶段

第一节
特许经营协议成立的法律分析

一、中标通知书法律效力

为什么要关注特许经营协议成立的时间，实务中诸多争议发生在特许经营者收到中标通知书之后且特许经营协议签订前的合同谈判阶段，这个阶段谈判各方对于特许经营协议是否成立意见不一。往往是中标投资人一方认为根据《中华人民共和国民法典》第四百九十条规定："当事人采用合同书形式订立合同的，自当事人均签名、盖章或者按指印时合同成立。在签名、盖章或者按指印之前，当事人一方已经履行主要义务，对方接受时，该合同成立。"谈判阶段合同尚未最终签署，还可以在谈判阶段予以修改，实务中也有实施机构（招标人）一方也想在合同谈判阶段明确项目执行的细节要求。对于此争议问题在2023年之前各地法院的判例中存在不同理解的判定，律师界也众说纷纭。

公路特许经营项目往往采用招标方式选择特许经营者，如果投标人中标后基于自身考虑拒绝签订特许权协议，需向相对方承担何种法律责任？这一问题的关键还是在于明确合同成立的时间及性质。对此，《民法典》第473条虽然明确拍卖公告、招标公告属于要约邀请，但究竟中标通知书以及后续签订书面合同属于何种性质并未明确规定，因而实践中对于合同成立时间出现了不同观点。直到《最高人民法院关于适用〈中华人民共和国民法典〉合同编通则若干问题的解释》（简称《解释》）于2023年5月23日由最高人民法院审判委员会第1889次会议通过并自2023年12月5日起施行，该问题的处理意见得以统一。《解释》第四条规定："采取招标方式订立合同，当事人请求确认合同自中标通知书到达中标人时成立的，人民法院应予支持。合同成立后，当事人拒绝签订书面合同的，人民法院应当依据招标文件、投标文件和中标通知书等确定合同内容……"在合同订立方面,《解释》文件明确,当事人对合同是否成立存在争议,人民法院能够确定当事人姓名或者名称、标的和数量的,一般应当认定合同成立。但是,法律另有规定或者当事人另有约定的除外。当事人主张合同无效或者请求撤销、解除合同等,人民法院认为合同不成立的,应当依据《最高人民法院关于民事诉讼证据的若干规定》第五十三条的规定将合同是否成立作为焦点问题进行审理,并可以根据案件的具体情况重新指定举证期限。采取招标方式订立合同,当事人请求确认合同自中标通知书到达中标人时成立的,人民法院应予支持。合同的变更和转让方面,《解释》明晰,当事人一方以通知方式解除合同,并以对方未在约定的异议期限或者其他合理期限内提出异议为由主张合同已经解除的,人民法院应当对其是否享有法律规定或者合同约定的解除权进行审查。经审查,享有解除权的,合同自通知到达对方时解除;不享有解除权的,不发生合同解除的效力。

招标投标是缔结合同的一种特殊程序,通过招标投标方式缔结的合同适用有关法律、行政法规对招标投标活动的特殊规定。对招标投标行为进行规范的法律和行政法规主要为《招标投标法》和《招标投标法实施条例》。但《招标投标法》及《招标投标法实施条例》主要解决招标投标缔约涉及的程序性问题,对于合同的成立、效力、实质性条款等实体性问题,仍需根据《民法典》合同编的相关规定来认定和处理。此前《招标投标法》第45条虽规定中标通知书发出后一方悔标的应承担法律责任,但未明确此法律责任为缔约过失责任还是违约责任,《最高人民法院关于适用〈中华人民共和国民法典〉合同编通则若干问题的解释》明确了当事人拒绝签订书面合同的法律后果是承担不履行合同的违约责任。

二、招投标情形下对书面形式合同的理解

在司法实践中,有法院对于交易过程中的要约承诺判断不准确。有的法院将招投标和拍卖合同等要式合同狭义地理解为应采取合同书形式签订合同,因此若未签订书面合同则否认合同成立。例如,在"北京汇丰兆达科技有限公司松原分公司与中国石油天然气股份有限公司吉林油田分公司技术服务合同纠纷案"中,法院认为《招标投标法》规定,在中标通知书发出后,招标人和中标人应按照招标文件和中标人的投标文件订立书面合同。届时的《中华人民共和国合同法》

（简称《合同法》）第32条规定："当事人采用合同书形式订立合同的，自双方当事人签字或者盖章时合同成立。"可见，中标时，北京汇丰兆达科技有限公司松原分公司与中国石油天然气股份有限公司吉林油田分公司之间的合同尚未成立。在中标后，双方签订的《技术服务合同》方为有效合同（参见吉林省高级人民法院（2020）吉民终255号二审民事判决书）。显然，这不利于保护相对人的合理信赖。有的法院从要式合同未满足书面形式后果的角度予以反驳，认为不采用书面形式并不意味着合同不成立。还有的法院引入了预约合同规则，认为中标通知书到达中标人后，当事人之间已经成立预约合同关系，应承担违反预约的违约责任，通常体现为信赖利益赔偿，如缔约过程中的差旅费等，基本未见要求强制继续履行的判决，与前述认定违反本约的缔约过失责任在赔偿范围上具有类似之处。以上论证方式虽然有所创新，但仍存在问题。预约合同是当事人约定将来一定期限内订立本约合同，而非法律规定当事人在一定期限内订立书面合同，且从实践来看，当事人在招投标环节已经明确了合同主要条款，如当事人、价款、履行方式、履行期限等，这并不符合预约合同以订立本约为合同内容的特征，而应属于典型的本约。因此，《解释》提供了一个解释路径，招投标和竞买过程中的招标公告、中标通知书或成交确认书等本身即构成书面形式，无须另行签订书面合同。《民法典》第469条第2款规定："书面形式是合同书、信件、电报、电传、传真等可以有形地表现所载内容的形式。"其不仅限于书面合同，还包括双方的书面交易文件。从内容上来看这两者也并不存在区别，多份交易文件相叠加便是对合同主要条款的书面呈现。作者认为，投标人发出的投标文件（要约）和招标人发出的中标通知书（承诺）显然均已符合书面形式的要求，招投标双方当事人未签订书面合同并不影响双方之间成立特许经营协议的法律关系，任何一方拒绝履行都应承担违约责任。此外，采用电子招投标方式下以邮件方式进行的文件传送也属于书面形式。

《招标投标法》第45条第2款规定："中标通知书对招标人和中标人具有法律效力。中标通知书发出后，招标人改变中标结果的，或者中标人放弃中标项目的，应当依法承担法律责任。"第46条规定："招标人和中标人应当自中标通知书发出之日起三十日内，按照招标文件和中标人的投标文件订立书面合同……"但在实践中，常常发生招标人或者中标人在中标通知书发出后拒绝签订书面合同的情形。那么需要解决的问题是，中标通知书发出后合同是否成立，成立的时间点如何确认，拒绝签订书面合同的招标人或者中标人应承担何种性质的民事责任。围绕《招标投标法》上述两条规定以及上述问题，理论界及实务界产生很大争议。主要存在以下几种观点：第一种观点为合同未成立说。该说认为，招标人发出中标通知书时（另一观点：中标通知书到达中标人时）合同尚未成立，不产生约束招标人、中标人的法律后果；在招标人和中标人签署书面合同之后，合同才成立并同时生效。因此，拒绝签订书面合同的招标人或者中标人仅需承担缔约过失责任。作者认为，该观点难以成立。如果通过招标投标和中标，最终却是在招标人、中标人之间不产生任何合意，那么招标、投标程序就失去了存在的意义。第二种观点为合同成立但未生效说。该说认为，中标通知书发出时（另一观点：中标通知书到达中标人时）合同成立但未生效，招标人、中标人按照招标文件、投标文件、中标通知书签订合同书后，通过招投标程序成立的合同方才生效。该说将合同书的签订视为招标人、中标人通过招标投标程序成立的合同的生效要件。对此，作者认为，与第一种观点相类似，如果合意达成，但合同未生效需要法律的特别规定，目前没有此类规定，故该说没有法律依据，且与《招标投标法》第45条、第46条规定的中标后的法律效力存在冲突，实际上是否认了招投标程序的约束力。第三种观点为成立预约合同说。该说认为，发出中标通知书后（另一观点：中标通知书到达中标人时），招标人和投标人之间已经成立书面合同并生效，但双方成立的是预约合同，违反合同应承担预约合同的违约责任。作者认为，这一观点较前述观点更有利于保护当事人的交易安全和合理预期，也更符合合同成立的基本理论，但忽视了预约合同是当事人约定将来在一定期限内订立本约合同，而非法律规定当事人在一定期限内订立书面合同，且在招投标的过程中，当事人并没有先订立预约合同再订立本约合同的意思。实践中之所以常常将书面合同理解为合同（本约）的成立要件，是因为误将这里的书面合同认为是《民法典》第469条规定的书面形式或者《民法典》第135条规定的特定形式。事实上，投标文件、中标通知书都是书面形式，因此，即使法律、行政法规规定某种合同应当采用书面形式（如建设工程合同），投标文件和中标通知书也已经满足书面形式的要求。第四种观点为合同成立并生效说。该说认为，通过招标投标以及发出中标通知书，招标人和投标人在要约和承诺方面已经达成一致，书面合同成立并生效，当事人悔标、拒不承认中标结果、拒不签订合同书的，应当承担未按合同约定履行的违约责任。《解释》第四条规定便是该种观点。

关联规定：

《中华人民共和国民法典》

第四百七十二条 要约是希望与他人订立合同的意思表示，该意思表示应当符合下列条件：

（一）内容具体确定；

（二）表明经受要约人承诺，要约人即受该意思表示约束。

第四百七十三条要约邀请是希望他人向自己发出要约的表示。拍卖公告、招标公告、招股说明书、债券募集办法、基金招募说明书、商业广告和宣传、寄送的价目表等为要约邀请。

商业广告和宣传的内容符合要约条件的，构成要约。

第四百八十条 承诺应当以通知的方式作出；但是，根据交易习惯或者要约表明可以通过行为作出承诺的除外。

《中华人民共和国招标投标法》

第四十五条 中标人确定后，招标人应当向中标人发出中标通知书，并同时将中标结果通知所有未中标的投标人。

中标通知书对招标人和中标人具有法律效力。中标通知书发出后，招标人改变中标结果的，或者中标人放弃中标项目的，应当依法承担法律责任。

第四十六条 招标人和中标人应当自中标通知书发出之日起三十日内，按照招标文件和中标人的投标文件订立书面合同。招标人和中标人不得再行订立背离合同实质性内容的其他协议。

招标文件要求中标人提交履约保证金的，中标人应当提交。

第二节
示范文本与格式条款的适用

一、相关示范文本

2014年，财政部曾通过《关于规范政府和社会资本合作合同管理工作的通知》（财金〔2014〕156号，现已废止）发布了《PPP项目合同指南（试行）》，国家发改委通过《关于开展政府和社会资本合作的指导意见》（发改投资〔2014〕2724号）发布了《政府和社会资本合作项目通用合同指南（2014年版）》，两份合同指南文件提出了PPP合同条款的基本框架，但因为均未与公路行业特点相结合，在公路工程PPP项目上不建议使用。PPP模式推广初期，各地咨询单位水平参差不齐，有的甚至从未接触过公路项目咨询，套用上面两个指南文件编制的PPP项目合同文本漏洞百出，由于合同内涉及实质性内容的多项条款没有约定或约定不明，给履约阶段的谈判带来巨大工作量和压力，有时甚至到了无法收拾的局面，有的项目也因为长达一年甚至更久没有实质性进展而遭到财政部退库处理。

中国招标投标协会在2021年发布了公路行业的PPP项目合同示范文本，相比较此前财政部和发改委的合同示范文本，此版本结合公路行业特点丰富了相关条款内容，并考虑到各地情况不同，参考相关部委颁布的标准施工招标文件的做法，将合同文本分为了通用条款和专用条款。

交通运输部《关于印发全面深化交通运输改革试点方案的通知》（交政研发〔2015〕26号）提出要研究制定特许经营合同范本，逐步建立起收费价格动态调整机制、超额收益分成和超低收益补贴制度，保障投资者有长期稳定合理的收益。

2024年5月，新机制文件发布后国家发改委发布了《政府和社会资本合作项目特许经营协议（编制）范本》（2024年试行版），同时此版本征求意见稿也强调：由于实践中特许经营项目内容多样、情况复杂，范本中部分条款列示特定行业应用内容，部分条款包含通用参考性较弱的内容。因此此版协议文本并未特别考虑公路行业具体实际，在收费公路特许经营项目中，还需在通用框架的基础上，根据公路行业特点和项目实际情况修改完善协议文本。

实务中虽然并未排斥当事人对合同条款的选择自由，但大多特许经营协议也是在此类范本上修改编制使用。那么对于协议履行期间出现的合同条款争议问题，就涉及是否适用格式条款的相关司法解释。如果涉及格式条款的适用，根据《民法典》第498条之规定，对格式条款的理解发生争议的，应当按照通常理解予以解释。对格式条款有两种以上解释的，应当作出不利于提供格式条款一方的解释。根据上述不利解释规则，在争议问题的处置时明显对格式条款的提供方也就是政府一方不利。

二、合同示范为本是否属于格式条款的争议处置原则

《民法典》对采用格式条款订立合同进行了严格的规制：第496条对格式条款的定义及其订入合同的控制问题做了规定；第497条对格式条款的效力认定作了特别规定；第498条对格式条款的解释作了特别规定。实践中，存在当事人以未实际重复使用、双方已明确约定该条款不是格式条款，或者合同系根据行政机关、行业协会等制定的合同示范文本订立等为由，主张一方事先拟定且未经对方协商的条款不是格式条款。对此，最高院的相关司法解释认为，《民法典》第496条第1款规定的"为了重复使用"，是指当事人拟定格式条款系为了重复使用之目的，并非要求实际被重复使用。一方当事人仅以未实际重复使用为由主张合同条款不是格式条款的，人民法院不予支持，当事人需要证明合同条款的可协商性。

格式条款的基本特征是"预先拟定，并在订立合同时未与对方协商"，依规范意旨，"预先拟定"包含了合同相对人无法对条款的内容进行变更之意，拟定的方法为自己拟定或采用示范文本，并无不同，均不改变条款未经磋商而预先形成的事实。因此，即使合同依据合同示范文本制作，也不意味着不是格式合同。实践中，有的当事人为规避法律关于格式条款的规定，在合同中明确约定某

些合同条款不属于格式条款。最高院的相关司法解释认为，法律关于格式条款的规定属于强制性规定，当事人不得排除其适用，故当事人的以上约定不发生法律效力。

《最高人民法院关于适用〈中华人民共和国民法典〉合同编通则若干问题的解释》第九条规定："合同条款符合民法典第四百九十六条第一款规定的情形，当事人仅以合同系依据合同示范文本制作或者双方已经明确约定合同条款不属于格式条款为由主张该条款不是格式条款的，人民法院不予支持。

从事经营活动的当事人一方仅以未实际重复使用为由主张其预先拟定且未与对方协商的合同条款不是格式条款的，人民法院不予支持。但是，有证据证明该条款不是为了重复使用而预先拟定的除外。"

合同示范文本一般通过有关行政部门或行业协会主导而制定，为当事人订立合同时提供参考的合同文本，例如此次国家发改委发布的特许经营协议示范文本。合同示范文本的推广对完善合同条款、明确当事人权利义务、减少因当事人欠缺合同法知识而产生的纠纷均具有积极意义。但这并不意味着合同提供方采用合同示范文本一定不属于格式条款。合同示范文本虽为缔约之示范，为行业协会或相关政府部门拟定，但合同条款未必全部做到了公平、公正。格式条款的"预先拟定"在于合同提供方在合同条款磋商之前已经拟定好了合同条款的具体内容。至于格式条款是合同提供方本人拟定还是由行政机关、行业协会、公证机关等第三方制定并不影响对预先拟定因素的判断。换言之，合同提供方采用第三方的合同条款并不影响对该合同条款性质的认定。在认定合同示范文本是否格式条款的问题上，仍应回到格式条款本身的法律属性上来。例如，在签订合同示范文本时，合同相对人是否可以协商这些合同条款。如果合同示范文本不具有可协商性，合同相对人不能够自由地协商合同条款，那么，合同示范文本就属于格式条款。反之，合同示范文本不属于格式条款。因此，当事人仅以合同系依据合同示范文本制作为由主张该条款不是格式条款的，人民法院不予支持。

基于以上解释，公路工程特许经营项目采用招标方式选择特许经营者，实施机构在组织推进特许经营项目时应注重以下三方面工作。一是在项目推介和市场测试阶段，对于重要的合作边界条件和协议双方的权利义务条款充分听取潜在特许经营者合理且有价值的意见，并做好解释和沟通工作，尽到提示和说明义务；

二是在特许经营招标阶段，对于特许经营投标文件中体现出来的相较于招标文件约定有细微偏差的情况，应及时在评标阶段以澄清方式明确是否接受其投标文件，避免中标后产生争议时招标方相对被动；三是中标后签订特许经营协议前的谈判阶段，应在不对协议进行实质性变更的前提下尽可能明确为顺利履行协议的细化约定，以谈判备忘录等形式作为合同的补充文件。

三、格式条款认定的举证责任分配

举证责任分配是指按照一定的标准，将事实真伪不明的风险在当事人之间进行分配的制度。一般而言，凡主张权利或法律关系存在的当事人，需对产生权利或法律关系的特别要件事实负举证责任。否认权利或法律关系存在的对方当事人，则需对阻碍权利或法律关系发生的事实负举证责任。主张已发生的权利或法律关系变更或消灭的当事人，需就存在变更或消灭的特别要件事实负证明责任。在大多数案件中，按照以上标准分配举证责任能够获得公平合理的结果，但对于少数例外情形，需对证明责任实行举证责任倒置或者调整。

格式条款双方往往在信息掌握程度和经济地位上均存在巨大差距，合同相对人修改条款的交易成本有时远超合同价值，如消费者与经营者之间的消费合同。此时格式条款认定的举证责任分配需要倒置，以此保护弱势相对人的实际权益。具体从证明责任而言，格式条款的相对方若主张条款不成为合同的内容或未订入合同，需要证明相关条款为格式条款。而从证明标准而言，此时相对方通常只需就"预先拟定""为了重复使用""不能协商"提供初步证据即可达到证明的要求。转而应由主张合同条款并非格式条款的合同提供方，承担证明合同条款并非预先拟定、不是为了重复使用、可以进行协商的责任。如合同提供方能证明其愿意协商合同条款并将此告知了合同相对人，合同相对人能协商修改但其放弃协商修改，致使作为合同谈判基础的格式条款未经任何修改的，不应认定为格式条款。反之，即使合同条款经过了部分修改，但因欠缺自由协商，仍应适用格式条款的规定。

此外，《民法典》第497条规定了格式条款无效的情形。具体内容包括：若格式条款存在免除或不合理地减轻提供方责任、加重对方责任，以及排除或限制对方主要权利的情况，那么这些格式条款将被视为无效。

第三节
项目保函保证体系

　　《国务院办公厅关于清理规范工程建设领域保证金的通知》（国办发〔2016〕49号）明确要求："对建筑业企业在工程建设中需缴纳的保证金，除依法依规设立的投标保证金、履约保证金、工程质量保证金、农民工工资保证金外，其他保证金一律取消。对取消的保证金，自本通知印发之日起，一律停止收取。"根据文件要求，招标人在资格预审阶段要求申请人提交"诚信保证金"（用以约束申请人在资格预审通过后必须参与项目投标）的做法就属于本次清理范围。

　　收费公路特许经营项目的保函保证体系主要包括投标保证金、投资人履约保证金、建设期履约保证金和运营期履约保证金。

一、投标保证金

　　《招标投标法实施条例》（2019年修订）第二十六条规定："招标人在招标文件中要求投标人提交投标保证金的，投标保证金不得超过招标项目估算价的2%。投标保证金有效期应当与投标有效期一致。依法必须进行招标的项目的境内投标单位，以现金或者支票形式提交的投标保证金应当从其基本账户转出。招标人不得挪用投标保证金。"

　　《中华人民共和国政府采购法实施条例》（国务院令第658号）第三十三条规定："招标文件要求投标人提交投标保证金的，投标保证金不得超过采购项目预算金额的2%。投标保证金应当以支票、汇票、本票或者金融机构、担保机构出具的保函等非现金形式提交。投标人未按照招标文件要求提交投标保证金的，投标无效。采购人或者采购代理机构应当自中标通知书发出之日起5个工作日内退还未

159

中标供应商的投标保证金，自政府采购合同签订之日起5个工作日内退还中标供应商的投标保证金。竞争性谈判或者询价采购中要求参加谈判或者询价的供应商提交保证金的，参照前两款的规定执行。"

《公路工程建设项目招标投标管理办法》（交通运输部令2015年第24号）也明确提出，不得以任何名义增设保证金，明确保证金的最高收取比例，强调合同风险合理分担制度。同时要求规范各类保证金的收取和退还程序，切实减轻企业负担。一是将规范各类保证金收取行为作为交通运输主管部门的监管内容；除法律、行政法规的规定外，招标人不得以任何名义增设或者变相增设保证金或者随意更改招标文件载明的保证金收取形式、金额以及返还时间。招标人不得在资格预审期间收取任何形式的保证金。二是明确了投标保证金的最高收取比例。

投标保证金是投标人按照招标文件规定的形式和金额向招标人递交的，约束投标人履行其投标义务的担保。招投标作为一种特殊的合同缔结过程，投标保证金所担保的主要是合同缔结过程中招标人的权利。为有效约束投标人的投标行为，有必要设立投标保证金制度。国际规则均对投标保证金给予了明确规定。世界银行《货物、工程和非咨询服务采购指南》第2.14款规定，借款人可以选择是否要求投标人提交投标保证金。如果要求投标保证金，投标保证金应按招标文件规定的金额和格式提交。《亚洲开发银行贷款采购指南》和联合国贸易法委员会《货物、工程和服务采购示范法》第三十二条均有类似规定。

投标保证金一般采用银行保函，其他常见的投标保证金形式还有现钞、银行汇票、银行电汇、支票、信用证、专业担保公司的保证担保等，其中现钞、银行汇票、银行电汇、支票等属于广义的现金。由于工程建设项目招标标的金额普遍较大，为减轻投标人负担，简化招标人财务管理手续，鼓励更多的投标人参与投标竞争，同时为防止投标保证金被挪用和滥用，投标保证金一般应优先选用银行保函或者专业担保公司的保证担保形式。招标人应当在招标文件中载明对保函或者保证担保的要求，投标人应当严格按照招标文件的规定准备和提交。需要注意两点：一是如果招标过程中招标人修改过提交投标文件的截止时间，投标人应当注意是否需要调整已经提前开具的保函或者保证担保的有效期，否则有可能导致否决投标；二是以现金形式提交的投标保证金不属于《中华人民共和国担保法》（简称《担保法》）规定的定金，而是质押。《最高人民法院关于适用〈中华人民共和国担保法〉若干问题的解释》第八十五条规定："债务人或者第三人将其金钱以特户、封金、保证金等形式特定化后，移交债权人占有作为债权的担保，债务人不履行债务时，债权人可以以该金钱优先受偿。"

具体到交通行业，主管部门通过出台标准文件或其他规范性文件细化在招投标活动中关于投标保证金的具体要求，例如交通运输部《公路工程标准施工招标文件》（2018年版）投标人须知前附表中载明："招标人可根据招标项目所在地省级交通运输主管部门的有关规定，对信用等级高的投标人，给予减免投标保证金金额的优惠。招标人不得强制限定投标保证金必须采用现金或支票方式缴纳，不得拒绝银行保函形式的投标保证金。"

投标保证金不得挪用。不得挪用投标保证金的义务主体是招标人。招标人委托招标代理机构代其收取投标保证金的，招标代理机构当然也不得挪用。该禁止性规定意味着，如果招标人或其委托的招标代理机构挪用投标保证金，应承担相应的法律责任，投标人依法享有追偿挪用收益的权利。投标保证金采用银行保函、保证等担保方式的，在兑付前一般不存在挪作他用的情况，挪用的情形多出现在现金、支票等担保方式。根据最高人民法院有关《担保法》的司法解释，即便是以现金方式提交的投标保证金，也属于特定化形式的质押，只是转移了对该动产的占有，在投标人出现不予返还的情形之前，其所有权仍属于投标人，如果招标人挪用于投资等其他目的，所获得的收益应当归投标人所有。

根据《招标投标法实施条例》（2019年修订）规定，投标保证金不予退还的情形主要包括：

（1）投标人在投标有效期内撤销投标文件；

（2）中标人在收到中标通知书后，无正当理由不与招标人订立合同，在签订合同时向招标人提出附加条件，或不按照招标文件要求提交履约保证金。

当然招标人也可以在不违反法律法规的前提下在招标文件中补充约定投标保证金不予退还的情形，例如中标人在签订投资协议时向招标人提出附加条件；投标人不接受依据评标办法的规定对其投标文件中的细微偏差进行澄清和补正；投标人提交了虚假资料；有证据显示投标人以他人名义投标、与他人串通投标、以非法手段谋取中标等。

二、履约保证金

在收费公路特许经营项目实践中，最常见、最有效的履约担保方式是保函。保函是指金融机构（通常是银行）应申请人的请求，向第三方（即受益人）开立的一种书面信用担保凭证，用以保证在申请人未能按双方协议履行其责任或义务时，由该金融机构代其履行一定金额、一定期限范围内的某种支付责任或经济赔偿责任。在出具保函时，金融机构有可能要求申请人向金融机构提供抵押或者质押。

为了担保项目公司根据特许经营协议约定的时间、质量实施项目、履行义务，政府可以要求项目公司提供一个或多个保函，具体可能包括建设期履约保函、维护保函、移交维修保函等。在收费公路特许经营项目中，保函既包括项目公司向政府提供的保函，也包括项目承包人、分包商或供应商为担保其合同义务履行而向项目公司或直接向政府提供的保函。

按照赔付（索赔）条件的有无，保函可分为有条件保函和无条件保函两种：有条件是指担保人的赔付需基于被担保人的违约责任，债权人需证明债务人违约方可获得以实际损失为限的赔偿；无条件是指债权人在提出索赔时，担保人无须确认债务人是否违约，债务人只需按照保函上的索赔程序出示相关文件（表明债务人违约情况的书面索赔要求）即可，担保人在确认债务人提出的索赔时间与金额在保函的有效期和担保金额范围内后，需无条件地付款。厘清两种保函的应用场景，对于工程参建各方而言至关重要。

有条件保函的特点是担保人对保函承担违约风险：一旦债务人违约，则直接与担保人构成利益团体。担保人出于自身利益考虑，会在担保过程中充分调动所有力量，对履约全周期进行动态监控；一旦出现偏离基础合同条款的状况，担保人会督促债务人规范履约行为，以最大限度降低违约风险。就担保内容而言，有条件保函是我国投标担保、履约担保以及质量担保的主要形式。就担保主体而言，建设工程担保公司和保险公司更多采用有条件担保模式。建设工程担保公司作为专业的担保公司，风险管控是其立业之本；保险公司虽是金融机构，但需在建筑工程质量风险管理（TIS）机构的帮助下，完成风险管控与查勘定损工作。这一模式在美国发展得较为成熟。在美国，保险公司和建设工程担保公司承担了90%以上的建设工程担保业务，美国也普遍实行高保额有条件担保（其履约担保和付款担保的保额均为100%）。该模式促使担保人督促债权人严格履约，对于建筑市场的健康发展起到了重要作用。

无条件保函属于独立保函。根据《最高人民法院关于审理独立保函纠纷案件若干问题的规定》第三条第一款，保函载明见索即付时，独立保函即成立。因此，无条件保函独立于基础合同，一经开立便具有独立效力，其效力是无条件的、不可撤销的和见索即付的。无条件保函的特点是担保人对保函承担承保风险。因此一般而言，鉴于保函的"见索即付"形式，担保人为规避自身风险，往往会采取较为严格的反担保措施。工程担保中常见的反担保措施主要有信用担保、抵押（质押）担保、保证金担保3种，在无条件保函中主要体现为现金质押。

就担保内容而言，"见索即付"机制主要应用于解决工程款拖欠、农民工工资拖欠问题，因此多见于工程款支付担保以及农民工工资支付担保中。就担保主体而言，银行业的运作特性决定了其更多采用无条件担保模式：由于银行普遍缺乏工程风险管理经验，为避免因卷入工程合同纠纷而使自身利益和利益受损，因此广泛采用无条件保函形式。

我国目前采用最多的是低保额无条件担保模式。即由债权人掌握债务人一定比例的资金，而保函的真正作用在于时刻提醒承包商按照合同规定履约。

从受益对象来看，有条件保函倾向于担保债权人的利益，如在投标担保中保护招标人利益、在履约担保和质量担保中保护业主的利益。无条件保函倾向于担保债务人的利益，如在农民工工资支付担保中保护农民工利益、在工程款支付担保中保护施工企业利益。

从担保效果来看，有条件保函的担保人需为债务人的发展提供必要的支持，以帮助其提高履约能力；在债务人未完全履约时，担保人也会向债务人提供资金或技术等方面的支持，帮助其继续完成合同义务。见索即付的特殊性避免了债务人提出各种原因来对抗索赔请求，可以确保债权人权益不会因合同纠纷而受到损害；但担保人只负责在担保额度范围对债权人进行经济赔偿，并不能保证债务人继续履约。

从公平性角度而言，有条件保函模式由于有利益关系牵制，相对而言更为公平；无条件保函模式下业主方可以提出不公平索赔要求，对承包人可能造成不利。

体现在保单中，两者主要表现为这一差异：无条件保函仅在保单中约定赔付时限，而不要求索赔依据；有条件保函则在保单中载明索赔需提供的证明材料，并约定材料审核时限以及赔偿金支付时限。

当前，在我国信用体系建设相对落后、工程建设领域信用评价机制尚不成熟的大环境下，低保额无条件保函是现实之选。而随着建设市场接轨国际脚步的加快，以及工程担保主体实力的不断增强，我国将逐渐提高担保综合性，因势利导地开展工程担保工作。

收费公路特许经营项目中政府根据项目的实际情况，要求项目公司在不同时间提供不同的保函，常见的保函包括以下几项。

1.投资人履约保证金

投资人履约保证金是对社会资本中标后履行其对特许经营项目投融资义务的保证，交通运输部《经营性公路建设项目投资人招标文件示范文本》（2011年版）的投标人须知中规定：在收到中标通知书后30个工作日内，并在签订投资协议之前，中标人应按"投标人须知前附表"规定的金额、担保形式和招标文件第四章"投资协议"规定的投资人履约担保格式向招标人提交投资人履约担保；联合体中标的，其投资人履约担保由牵头人递交，并应符合"投标人须知前附表"规定的金额、担保形式和招标文件第四章"投资协议"规定的投资人履约担保格式要求；采用银行保函时，出具银行保函的银行级别在"投标人须知前附表"中说明，所需的费用由中标人承担，中标人应保证银行保函有效。

对于投资人履约保证金的额度设置，交通运输部《经营性公路建设项目投资人招标文件示范文本》（2011年版）给出建议是，投资人履约担保的金额一般为项目资本金出资额的10%。

根据行业惯例，投资人履约保证金有效期一般自招标人与社会资本签订的投资协议签订之日起至项目交工验收合格之日后30日止。实务中部分银行在办理保函时需要填写明确的日期，那么投资人可根据项目计划工期推算填写。

在实操中，考虑到投资人履约保证金和建设期履约保证金都是由中标社会资本办理，因此有社会资本提出将投资人履约保证金和建设期履约保证金合并。这一要求是不现实的，一方面投资人履约保证金和建设期履约保证金各自保证的义务范围不一样，另一方面从法律主体上区分，投资人履约保证金的提交主体是中标社会资本，虽然建设期履约保函通常是社会资本方与银行对接办理，但建设期履约保证金的保证的是项目公司的建设期履约义务，其提交主体是项目公司，二者不可混淆，否则将导致政府方难以追责，失去了保函保证的意义。

此外，投资人如采用银行保函方式提交，应在保函中注明："在本担保有效期内，因社会资本违反投资协议约定的义务给你方造成经济损失时，我方在收到你方以书面形式提出的在担保金额内的赔偿要求后，在7日内无条件支付，无须你方出具证明或陈述理由。"投资人履约保证金保证的事项包括不限于：中标社会资本按投资协议约定履行的项目公司注册登记、办理项目公司融资交割、对项目建设资金专款专用不得抽回挪用、资金链保障、按时提交建设期履约担保以及其他基于社会资本方工作保障投资协议有效履行的义务。具体应在投资协议条款中载明。

2.建设期履约保证金

对于由项目公司签订特许经营协议的项目，建设期履约保证金由项目公司提交。基于收费公路特许经营项目是在项目建设任务完成后由项目公司通过收取通行费收入来获得收益，特许经营者付出"真金白银"完成建设任务在先、获得合理收益在后，因此在实务中为切实减轻不必要的企业压力、降低保函争议纠纷，建议建设期履约保证金不宜超过项目建安费的5%，同时要求出具履约担保的银行级别为国有或股份制商业银行区县（市）级及以上银行。随着项目建设进度推进、项目公司已完成投资的增加，建设期履约担保将按工程进度分批退还给项目公司，具体退还方式应在特许经营协议中约定。例如：项目开工后，甲方应根据乙方每半年完成的工程量以固定比例退还建设期履约担保（即每完成项目总工程量的10%，退还建设期履约担保的5%）；项目交工验收合格之日起30日内，甲方应向乙方退还建设期履约担保的25%；项目通过竣工验收，且甲方在收到乙方提交的首期运营期履约担保后30日内应将建设期履约担保的剩余部分（25%）退还给乙方。如建设期履约担保采用现金形式，甲方还应将建设期履约担保产生的利息（按中国人民银行公布的同期活期存款利率标准支付）一并退还给乙方。反之，建设期履约担保由于乙方违约而被扣除的金额，乙方也应在该事项发生之后补足。

根据行业惯例，建设期履约保证金的有效期一般自特许经营协议生效之日起至项目通过竣工验收且项目公司按协议约定提交首期运营期履约担保30日后止。

3.运营期履约保证金

运营期履约保证金一般自交工验收鉴定书签发后次年起，由项目公司在合同约定的时间点之前按上一年度通行费收入的一定比例向政府方交纳，直至累计金额达到一次公路大修预算金额为止。同时为避免争议，建议特许经营协议约定如下条款：如政府方因项目公司违约或绩效考核等原因而从运营期履约保证金中扣除违约金，使得履约担保总额少于合同约定的金额，项目公司应在该事项发生之后予以补足，否则政府方有权继续从项目公司的运营收入中扣减相应金额，以保证履约担保总金额维持在合同约定的额度。在特许经营期满12个月后，并在项目公司履行了特许经营协议约定的各项义务之后，政府方在30日内将运营期履约担保退还给项目公司。如运营期履约担保采用现金形式，政府方还应将运营期履约担保产生的利息（按中国人民银行公布的同期活期存款利率标准支付）一并退还给项目公司。

根据行业惯例，运营期履约保证金有效期自运营期开始之日起至项目移交满1年后止。

第四节
补充协议的签订

一、再谈判的合规性和原则

没有完美的合同，在特许经营模式下长达几十年的合作协议更是如此，我们在编制合同的时候对于不确定的风险因素不应是"一刀切"地都由乙方承担了事，而应为后续的谈判或纠偏留有余地。作者也曾遇到过合同写得过于死板和绝对，以至于后期即使项目实施机构想为项目公司弥补一些实际亏损都无法找到合同依据的情况，谈判工作技术性固然重要，但是谈判的开展并非只是政府方和社会资本重新签订补充协议的简单过程。为保障谈判成果的有效落实，谈判的过程也必须满足法律法规和特许经营项目相关规范性文件所要求的合规性要件，同时应当遵循若干基本原则。

首先是实质性内容不可变更原则，《招标投标法》第四十六条明确规定："招标人和中标人应当自中标通知书发出之日起三十日内，按照招标文件和中标人的投标文件订立书面合同。招标人和中标人不得再行订立背离合同实质性内容的其他协议。"因此在谈判中，政府和社会资本双方仍然应当受到不可实质性变更原则的约束，谈判前有必要对特许经营协议中不可变更的实质性条款进行全面梳理。否则，不但有合法性审核通不过的可能，也有补充协议无效的风险。

其次是风险合理分配原则，谈判工作不能与政府批准的纲领性文件即项目实施方案中明确的风险分配原则相悖。

在政府和社会资本的谈判过程中，由于双方主体诉求不一致、谈判地位不对等以及信息不对称，加之各方对项目财务模型、市场风险预测等方面的认识具有一定差异，因此建议积极引入第三方专业机构（包含法律、财务、金融、项目管理等专业人员）参与谈判，引导双方在保障合规性的前提下提高谈判效率。

二、对补充协议不得违背合同实质性内容的理解

《民法典》第七百九十条规定，建设工程的招标投标活动，应当依照有关法律的规定公开、公平、公正进行，其中的"有关法律"即《招标投标法》。《招标投标法》是民商事单行法，是合同法律制度的特别法。《招标投标法》涉及合同制度较多，但最为重要的条款是《招标投标法》第四十六条第一款："招标人和中标人应当自中标通知书发出之日起三十日内，按照招标文件和中标人的投标文件订立书面合同。招标人和中标人不得再行订立背离合同实质性内容的其他协议。"该条款中的"合同实质性内容"具体含义，未见立法解释，亦未见其他有效权威解释。

从招投标活动的角度理解"合同实质性内容"，主要从以下两方面考虑：

1.是否影响其他投标人中标

《招标投标法》规定的招标投标程序，既是为了保证招标人能够通过招标投标程序确定理想的中标人，也是为了保证竞标人之间存在一个公开、公正、公平的竞争环境。如果允许招标人和中标人可以再行订立背离合同实质性内容的其他协议，则违背了招标投标制度的初衷，整个招标过程也就失去了意义，对参与招标投标的其他竞标人有失公平，所以法律不得不禁止这类行为的存在。基于这一点考虑，招标人和中标人在另行签订的协议中改变双方根据招标文件和投标文件所订立的书面合同的内容是否属于背离合同实质性内容，取决于这些改变是否足以影响其他投标人能够中标或者以何种条件中标。凡是排除其他投标人中标的可能或者提高其他投标人中标条件的内容，都构成《招标投标法》第四十六条第一款中的"实质性内容"。

2.是否较大影响招标人与中标人的权利义务

招标人与中标人另行订立其他协议时，如果较大地改变了双方的权利义务关系，则构成背离合同的"实质性内容"。招标人与中标人所享有的权利义务体现在招标文件、中标文件、中标通知书以及合同中，虽然依据合同法律制度规定，当事人享有变更合同之权利，但这种变更受制于招标投标文件及特许经营协议。公路工程实务中，在招标投标程序之后，双方订立背离合同实质性内容的其他协议要注重合法性审核工作，避免在审计阶段被认定为造成国有资产流失或构成渎职行为。

特许经营项目在招投标之后进入项目履约阶段，在签订补充协议时对"实质性内容"的理解要注意以下3个方面：

（1）合同实质性内容不是指合同的主要条款，而是指合同必须具备的条款。欠缺主要条款任何项，合同就不能成立。《民法典》第四百七十条规定，合同的内容由当事人约定，一般包括当事人的姓名或者名称和住所、标的、数量质量等。合同的主要条款，有的是由法律直接规定的，如借款合同中有关借款币种的条款；有的是由合同的性质决定的，如买卖合同标的物价款的条款；有的则由当事人的约定而产生，如演出合同中的演员条款。法律规定或者合同性质决定的主要条款决定着合同的类型，并确定了当事人各方权利义务。由当事人约定而形成的主要条款，一般不能决定合同的类型。除法律另有规定或者当事人另有约定外，合同的主要条款包括合同主体即当事人名称或者姓名、标的和数量三方面的条款。通常情况下，当事人达成的任何协议只要包括这三方面的内容，即可认定合同成立。合同具备主要条款而欠缺其他内容的，当事人可以协商补充，也可以依照合同法律制度规定或者解释规则予以补充。

（2）合同实质性内容不等同于构成新要约的内容。《民法典》第四百八十八条规定："承诺的内容应当与要约的内容一致。受要约人对要约的内容作出实质性变更的，为新要约。有关合同标的、数量、质量、价款或者报酬、履行期限、履行地点和方式、违约责任和解决争议方法等的变更，是对要约内容的实质性变更。"承诺的内容必须与要约的内容完全一致，不得做任何更改，否则视为新的要约。但在解释上也并非铁板一块，因为现实中的承诺往往不是简单地回答"是"或者"同意"，承诺是否与要约完全一致，也是需要进行判断的。承诺在形式上虽然对要约内容有变更，但实质上并没有变更的，仍然可以认为与要约一致，承诺仍为有效。比如，与要约的主要内容意思一致，仅就要约的附随事项附以条件或者作出其他变更，承诺仍为有效。要求承诺与要约的内容绝对一致，不利于合同的成立，不利于鼓励交易。现在英美法系也突破了所谓的镜像原则。但是，除了列举的这些内容，其他内容如合同的标的、合同所适用的法律等是不是实质内容？就列出的项目而言，是否任何一点改变就是实质性改变呢？什么能构成实质性变更，对此无法抽象确定，必须视每一具体情况而定。如果添加条款或者改变条款的内容涉及价格或支付方式、非金钱债务的履行地点和时间、一方当事人对其他人承担责任的限度或争议的解决等问题，则通常（但不是必然）构成对要约的实质性变更。对此应考虑的一个重要因素是，变更条款或差异条款在有关的行业领域中必须是常用的，而不能出乎要约人的意料之外。《民法典》第四百八十八条对合同的实质性条款作了列举，但实质性条款不限于所列各项，如对法律适用的选择也应是实质性的条款。《民法典》第四百八十八条所列实质性条款在实际合同履行中还需要就个案进行具体分析。不同的合同类型，实质性条款并不完全相同。

（3）公路工程特许经营协议中除了建设工程范围、建设工期、工程质量与考核机制外，在特定情形下，也可能存在背离按照招标文件和中标文件签订的合同的实质性内容的协议。这只能根据工程及当事人的具体情况确定。凡是可能限制或者排除其他竞标人的条件都可能构成《招标投标法》第四十六条第一款中的"合同实质性内容"。所以，对于实质性内容通常只是列举工程范围、建设工期、工程质量与考核机制，而未排除其他可能的因素，如设计变更、材料调差、延期补偿等。

在实务中常见项目公司刚组建后，为了应政府方要求尽快开工完成本年度投资，先行与施工单位签订施工框架协议，仅明确合同额和项目负责人等关键条款，这里需注意的是，该框架协议不能与项目招标文件相冲突，同时因为框架协议中仅有合同总价而没有工程量清单，在后续施工图预算批复后签订施工合同时可能会突破上述框架协议。

三、常见补充协议签订事由

由企业发起的再谈判通常源于项目收益不足原因，具体原因包括建设成本增加、工期延期、政府未按合同约定交付土地以及法律政策变更等；由政府发起的再谈判，往往由于资金到位问题、项目建设质量问题、项目运营不达标以及由以上两点引发的大规模的民众反对等原因导致。而实务中，作者参与的公路工程PPP项目在谈判中引发争议的原因除了上述内容，还包括项目延期、融资政策变化、建设期资金成本增加、设计变更、工程范围调整、材料价格上涨、土地征迁费用结余或不足、绩效考核指标修正、运营期养护工作范围争议等因素。

公路工程特许经营项目补充协议的签订集中在3个阶段最容易发生。一是项目公司组建后组织签订施工合同阶段，常常因为投资人在投标阶段未对承包人施工范围及工程量划分清楚、施工图优化设计未完成、建安费下浮情况未达成一致意见等原因导致项目公司与施工单位的合同签订工作进展缓慢，在签订施工合同的过程中如遇到对特许经营协议的条款存在冲突或等事项，这些事项可能涉及签订特许经营协议补充合同。二是项目延期阶段，公路特许经营项目常常因征地拆迁延误等原因而延期，延期必然引发原特许经营协议中未有约定的事项，例如延期带来的资金成本补偿、项目公司融资贷款的调整、延期期间的材料调差方式、建设单位管理费的增加等。即使原特许经营协议中对上述事项有相应条款表述，在实际发生延期的项目中是否仍能保证合同的公平公正、条款是否仍具有效力也是常常引发争议的焦点。三是建设期结束运营期刚刚开始的阶段，项目已交工，建设期主要管理人员经历了几年项目建设管理工作，逐步成长为具有一定经验和能力的项目管理人才，接下来项目公司面临长达十几年二十几年的运营养护工作，项目公司主要管理人员一般在这个阶段也有所调整，被集团公司派驻到新的项目上承担建设管理任务，项目公司管理工作则以运营养护和财务、合同工作为主。对于建设期阶段遗留的一些争议问题、社会资本招标时未明确的具体养护责任及费用争议、运营期绩效考核指标调整、部分特许经营者退出等事项也需要签订补充合同。

《民法典》第五百一十条规定："合同生效后，当事人就质量、价款或者报酬、履行地点等内容没有约定或者约定不明确的，可以协议补充；不能达成补充协议的，按照合同相关条款或者交易习惯确定。"《民法典》第四百七十条对合同的一般内容做了规定，比如，当事人的姓名或者名称和住所，标的、数量、质量、价款或者报酬、履行期限、地点和方式、违约责任、解决争议的方法等内容。但是该内容属于倡导性质，不具有强制性，目的是提示合同的当事人对合同主要条款作出明确约定，以利于合同的顺利履行，避免或者减少合同纠纷。

《收费公路政府和社会资本合作操作指南》（交办财审〔2017〕173号）第四十二条规定："在收费公路PPP项目合同有效期内，合同内容确需变更的，协议当事人应当在协商一致的基础上签订补充合同，并报原审批机构审批。"如补充合同可能对特许经营项目的存续债务产生重大影响的，应当事先征求债权人同意。特许经营项目涉及直接融资行为的，应当及时做好相关信息披露。特许经营期限届满后确有必要延长的，按照有关规定经充分评估论证，协商一致并报批准后，可以延长。

四、无法达成特许经营补充协议的处理

在有些情况下，项目公司和政府方对质量要求、考核机制、材料调差条款或变更新增费用认定等条款没有约定或约定不明，事后因争议太大，无法达成补充协议。在此情况下，如何使合同得以继续履行？根据《民法典》第五百一十条规定，可以按照合同相关条款或者交易习惯确定。

　　首先，作为体现合同内容的合同条款，是一个有机整体，相互关联，互为解释，从合同上下文中往往可以对合同的其他内容做出推定。这样做，首先是为了尊重当事人的合同意志，贯彻合同自由原则，尽量结合合同的上下文，来推定当事人没有约定或约定不明条款的真意，故首先应当以体系解释为出发点进行合同内容的补充。

　　其次，根据交易习惯确定合同没有约定或者约定不明确的内容参照习惯和行业惯例，是指在合同文字或条款的含义发生歧义时，按照习惯和惯例的含义予以明确；在合同存在漏洞，致使合同当事人的权利义务不明确时，参照习惯和惯例加以补充。

　　《〈合同法〉司法解释（二）》第七条规定，下列情形，不违反法律、行政法规强制性规定的，人民法院可以认定为《合同法》所称"交易习惯"：（1）在交易行为当地或者某一领域、某一行业通常采用并为交易对方订立合同时所知道或者应当知道的做法；（2）当事人双方经常使用的习惯做法。对于交易习惯，由提出主张的一方当事人承担举证责任。很多公路项目在合同争议处置时，咨询律师往往从正常的交易习惯去理解，这没问题，但更要熟悉公路行业的建设管理做法和惯例，这有助于双方达成一致意见。以上是司法解释对"交易惯例"这一概念作出的解释。前提是交易习惯不得违反法律、行政法规的强制性规定，即交易习惯必须适法。在此前提下，交易习惯，实际上也是当事人意思自治原则的另一种体现。如果是地域性或者行业性的交易习惯，那么这种交易习惯是合同当事人双方在订立合同时所知道或者应当知道的，彼此"心照不宣"，所以没有以书面形式体现在合同内容中；如果是双方当事人经常使用的习惯做法，那么双方主观上对此肯定是有意思联络的。

　　包含"交易习惯"这一概念的法条，除了《民法典》第五百一十条之外，第四百八十条关于承诺的方式、第四百八十四条关于承诺的生效、第五百零九条关于合同履行中的随附义务、第五百五十八条关于后合同义务中也均涉及"交易习惯"。包含"交易习惯"这一概念的第五百一十条，在《民法典》中又多次被其他法条引用，共计24个法条，即还有24个法条中间接包含了"交易习惯"这一概念。说明《民法典》很注重用交易习惯来填补合同漏洞，实际上也是用交易习惯在最大限度上确定合同当事人的真实意思表示。《民法典》中引用

第五百一十条的法条具体如下：第五百八十二条关于履行不符合约定的违约责任、第六百零二条关于交付期限、第六百零三条关于交付地点、第六百一十六条关于质量、第六百一十九条关于包装方式、第六百二十六条关于价款和支付方式、第六百二十七条关于价款支付地点、第六百二十八条关于价款支付时间、第六百七十四条关于借款利息的支付期限、第六百七十五条关于借款期限、第七百零九条关于租赁物的使用方法、第七百二十一条关于租金支付期限、第七百三十条关于租赁期限、第七百五十七条关于租赁期限届满租赁物的归属、第七百八十二条关于定做人支付报酬的期限、第八百三十一条关于检验货物期限、第八百三十三条关于运输货物毁损及灭失赔偿额、第八百五十八条关于技术研究开发失败风险、第八百七十五条关于实施专利及使用技术秘密后续改进的技术成果的分享办法、第八百八十九条关于保管费、第九百零二条关于保管费支付期限、第九百五十五条关于行纪活动中增加的利益归属、第九百六十三条关于中介人报酬、第九百七十六条关于合伙期限。概言之，基于对当事人意思自治原则的尊重，对于合同履行中当事人发现没有约定或约定不明的合同内容：首先是鼓励双方当事人继续协商，争取达成补充协议，如果达不成补充协议，则按照合同条款、合同性质、合同目的或者交易习惯确定；其次，如果仍然不能确定合同内容，则按照《民法典》第五百一十一条的规定予以确定，即按照法律所确定的相对公平公正的原则对合同内容进行补充，以促进合同的继续履行，最终实现当事人的合同目的。

《民法典》第五百一十一条规定："当事人就有关合同内容约定不明确，依据前条规定仍不能确定的，适用下列规定：（一）质量要求不明确的，按照强制性国家标准履行；没有强制性国家标准的，按照推荐性国家标准履行；没有推荐性国家标准的，按照行业标准履行；没有国家标准、行业标准的，按照通常标准或者符合合同目的的特定标准履行。（二）价款或者报酬不明确的，按照订立合同时履行地的市场价格履行；依法应当执行政府定价或者政府指导价的，依照规定履行。（三）履行地点不明确，给付货币的，在接受货币一方所在地履行；交付不动产的，在不动产所在地履行；其他标的，在履行义务一方所在地履行。（四）履行期限不明确的，债务人可以随时履行，债权人也可以随时请求履行，但是应当给对方必要的准备时间。（五）履行方式不明确的，按照有利于实现合同目的的方式履行。（六）履行费用的负担不明确的，由履行义务一方负担；因债权人原因增加的履行费用，由债权人负担。"

第五节

特许经营协议文件组成及解释规则

特许经营协议体系主要包括投资协议（初步协议）、特许经营协议、融资合同、工程施工合同、运营服务合同、特许经营者招投标文件等。特许经营协议是整个合同体系的基础和核心，政府方与特许经营者的权利义务关系以及项目的交易结构、风险分配机制等均通过特许经营协议确定，并以此作为各方主张权利、履行义务的依据和项目全生命周期顺利实施的保障。但特许经营协议并不是唯一用于处理争议的合同文件，实务中项目争议的处置应建立在整体特许经营协议体系之上。

通过招标方式选择特许经营者的项目，其特许经营协议内部涉及的相关文件及优先解释顺序如下：

（1）合同协议书及附件（含投标人在评标期间递交和确认并经招标人同意的对有关问题的补充资料、澄清文件、合同谈判备忘录等，如有）；

（2）特许经营协议条款及其合同附件（谈判后确定）；

（3）中标通知书；

（4）投标函；

（5）联合体协议书（如有）；

（6）投标文件附表；

（7）项目实施计划；

（8）招标文件；

（9）构成特许经营协议组成部分的其他文件。

常见的误区是，在合同履行阶段出现约定不明或其他争议问题时，政府方经常按照当初的招标文件要求来理解或解释，我们知道，基于招投标签订的合同是属于《民法典》第四百七十一条规定的采取要约、承诺方式订立的合同。以要约、承诺的逻辑关系来理解，投标文件作为招标文件的响应，即使招投标文件对同一事项有不同约定，但招标人在评标环节接受了该投标文件，并没有选择澄清或否决投标文件，即意味着招标人接受了投标人的新要约，并发出了中标通知书作为承诺。

在整个招投标过程中，招标是要约邀请，投标是要约，发出中标通知书为承诺。根据《招标投标法》第四十六条第一款规定，招标人和中标人应当自中标通知书发出之日期30日内，按照招标文件和中标人的投标文件订立书面合同。招标人和中标人不得再行订立背离合同实质性内容的其他协议。由此可知，招标人发出中标通知书后，不能再实质性地修改，书面合同文本只是一种进一步的确认形式。因此，发出中标通知书应认定合同实质上已经成立。

简而言之，对于招投标文件中已载明的事项，投标文件载明的条款优先解释；对于投标文件没有载明的事项，实务中视为投标时未对该事项提出不同约定，即投标文件是基于招标文件要求做出的响应，因此应以招标文件载明的条款为准。

第六节
特许经营协议与施工合同的关系

一、特许经营协议体系

项目参与方通过签订一系列合同来确立彼此之间的权利义务关系，构成了特许经营项目的合同体系。收费公路特许经营项目的合同通常包括投资协议、特许经营协议、股东协议、工程施工合同、运营服务合同、货物采购合同、融资合同、保险合同、监理、检测、造价咨询、跟踪审计、管理咨询等第三方服务合同等。其中，特许经营协议是整个特许经营协议体系的基础和核心。在特许经营协议中应明确："特许经营协议对双方之间关于项目的任何方面及全部合同关系均有效力。项目公司应保证其签订并履行其他项目合同将不导致其违反或不履行其在合同项下的义务，一旦特许经营协议与任何项目合同之间出现冲突，包括解释特许经营协议中的全部问题，特许经营协议应在双方之间优先于其他合同。"

在特许经营协议体系中，各个合同之间并非完全独立、互不影响，而是紧密衔接、相互贯通甚至互为解释的，作为一线操作人员一定要全面细致了解特许经营协议体系，才可以对特许经营协议进行更加全面准确的把握。因为对于争议问题的处置首先是基于已签订的合同判断当事人真实意思的表示，这其中涉及前文所讲的合同解释规则，对于合同中未尽事宜或表述存在矛盾、歧义的内容才涉及在合同之外基于法律、法规、行业惯例等来解释。

通常情况下，收费公路特许经营项目在特许经营者招标后，由政府方和中标特许经营者先行签订投资协议，主要用于约定协议各方的出资责任和对项目建设资金链的保障义务，在项目公司成立后再由项目公司与政府方签订特许经营协议。2021年财政部起草相关文件时有专家建议为了加快项目建设，减少特许经营协议谈判工作风险，先由中标特许经营者签订特许经营协议，在项目公司成立后再由项目公司继受已签订的特许经营协议中的权利义务。在征求意见阶段，一种观点是这种考虑存在混淆投资协议与特许经营协议法律主体关系的可能，中标的特许经营者仅是参与项目的投资主体，并不是承担建设任务的法人主体，因此根据合同的相对性原则，投资协议中是不能约定合同之外的第三方即项目公司的权利和义务的，同时也不能将项目公司的项目法人主体责任归到中标特许经营者名下，况且两个合同项下的保函保证体系也是完全不同的担保范围，除非项目不需要成立项目公司，直接由政府和特许经营者签订特许经营协议。

二、特许经营项目中的施工与传统模式的施工异同

在基本建设程序方面，《公路工程建设项目招标投标管理办法》（交通运

输部令2015年第24号）已明确规定："公路工程建设项目履行项目审批或者核准手续后，方可开展勘察设计招标；初步设计文件批准后，方可开展施工监理、设计施工总承包招标；施工图设计文件批准后，方可开展施工招标。"因此，在传统模式下，施工图设计文件批准后，方可开展施工招标。在政府和社会资本合作模式下，《招标投标法实施条例》（中华人民共和国国务院令第709号）第九条规定："除招标投标法第六十六条规定的可以不进行招标的特殊情况外，有下列情形之一的，可以不进行招标：（一）需要采用不可替代的专利或者专有技术；（二）采购人依法能够自行建设、生产或者提供；（三）已通过招标方式选定的特许经营项目投资人依法能够自行建设、生产或者提供；（四）需要向原中标人采购工程、货物或者服务，否则将影响施工或者功能配套要求；（五）国家规定的其他特殊情形。"施工任务是可以直接由具备相应资质和能力的中标特许经营者来完成的，而不需要对施工任务单独另行招标，虽然两种方式下的施工合同均受《招标投标法》保护，但后期对于清单计价计量、不平衡报价引发的施工合同价款、设计变更费用争议的处理逻辑是有区别的。现实中政府方为了完成年度投资目标，项目公司为了尽早动工，可能在尚未具备准确的工程量清单的情况下项目公司与施工单位先行签订一个施工框架协议（不含工程量清单，仅明确合同价格），又或者是按照未批准的预算清单先行签订施工合同，待施工图预算批准后再通过补充协议方式完善修改，但不论哪种做法，工程量清单的确认都不是通过招投标行为竞争而得来，也就是说《招标投标法》保护的是中标社会资本可以承担施工任务的主体资格，并不是双方在后期另行明确的工程量清单，后期另行明确的工程量清单引发的争议问题只能从《民法典》角度分析处理。

另外，对于"两招并一招"的收费公路特许经营项目，施工并未单独招标，为保证后续签订施工合同的规范性，特许经营协议中应约定项目公司必须按照交通运输部《公路工程标准施工招标文件》（2018年版）中的合同格式与施工单位签订施工合同，同时应约定签订的施工合同价格不能超过批准概算的相应部分费用，施工招标文件、工程量清单及最高投标限价等需经实施机构进行审查（或备案）。〔注：《公路工程建设项目招标投标管理办法》（交通运输部令2015年第24号）第十六条规定："对依法必须进行招标的公路工程建设项目，招标人应当根据交通运输部制定的标准文本，结合招标项目具体特点和实际需要，编制资格预审文件和招标文件。"交通运输部于2018年颁布实施了《公路工程标准施工招标文件》（2018年版），自2018年3月1日起施行，原《公路工程标准文件》（交公路发〔2009〕221号）同时废止，之前根据《公路工程标准文件》（2009年版）完成招标工作的项目仍按原合同执行。〕

实务中，项目公司应加强施工合同造价控制、计量支付条款审定、防范工程建设合同风险和纠纷。

首先，项目公司应注重招标阶段工程量清单和预算文件的准确性。招标阶段招标人随招标文件发出的设计图纸、技术规范、计量规则、工程量清单作为承发包双方缔约建设工程施工合同的基础，也是合同实际履约的计量支付依据，直接影响业主单位造价管理与控制的质量和工作效率，诸多项目管理实际中遇到的成本超支、调价、索赔、变更甚至工程质量、安全风险问题也是与招标阶段工程量清单编制的准确性息息相关。

那么，如何提高招标阶段清单的准确性以有效避免上述履约风险呢？建议：一是从设计源头抓起，选择行业内专业设计队伍，落实设计负责人及驻场团队人员，建立设计与各参建单位部门有效及时的沟通协同机制，杜绝设计违法转分包情况，保证设计服务质量，在设计和清单预算、限价编制各个阶段随机抽查、检查各个环节和阶段性成果文件，以便及时纠偏；二是明确清单各子目计量单位、计量方式及工程内容，工作内容描述、工程数量计算规则等应与施工图内容唯一对应，工程量清单、设计图纸、技术规范、计量规则作为施工标准招标文件第五章至第八章内容，互为补充解释又具有不同的优先解释顺序，按现行招标投标法律法规和最新《民法典》有关解释规则，由于上述章节在招投标阶段前后不一致造成的争议处理结果均不利于招标人一方，因此设计院、招标代理或第三方造价咨询机构应对清单和预算文件互相复核、对比，提倡集中办公确保成果文件准确无误；三是科学套用预算定额、认真调查材料价格，要求造价人员须熟悉设计文件，熟悉定额及定额所含工程内容与施工工艺，避免不合理套用，对于复杂项目，还应深入了解施工现场实际的消耗，合同部门应组织项目管理人员、预算编制人员对造价信息与市场实际价格进行比较、分析，结合造价管理机构发布的市场价格信息，深入摸底、多方询价，考虑当地市场因素对材料价格的影响，确保价格反映实际市场水平，也从源头上有效降低招投标阶段出现的不平衡报价情况。

其次，合理编制调价、变更、计量支付等相关条款。伴随交通运输部2018年标准施工招标文件的发布施行，施工合同通用条款和公路工程专用合同条款已被广大业主和承包人熟悉和使用，但没有任何一个项目管理可以完全复制，调价、变更、计量支付等核心条款需要结合项目实际特点、施工组织设计、业主团队技术力量、管理思路、地方政策要求等进行编制。上述条款编制应注重以下方面。一是在合同中明确可调价的主要材料范围，合理约定主要材料价格波动的风险幅度及超出幅度后的调整办法，清晰准确表述调价条款，避免造成理解上的歧义导致合同纠纷（例如"基期价格"和"当期价格"的认定），公平分担主要材料价格波动造成的风险，以保障工程的顺利实施。对于涉及建设工程人工、材料、施工机具台班价格波动异常，超出发承包双方按以往经验所能预见与避免的范围的，可参照《建设工程工程量清单计价规范》（GB 50500—2013）第9条原则制定合同价款调整方法。二是提高图纸和清单准确性，减少因图纸清单缺漏错项导致的变更数量，合理编制变更带来的新增单价认定方式，注重变更条款与工期、费用索赔的联系，尽量基于合同本身解决变更，而不是上升到争议和纠纷，变更估价原则应结合业主单位实际管理经验，尽可能考虑到实际履约的多种可能，例如对于承包人已完成的但合同工程量清单无对应子目的实体工程和非实体工程。按照实际工程管理需要，可组织指挥部相关职能部门、监理、设计等相关方成立工作专班，采用集中办公方式，严格按合同约定及程序处理工程变更，规范审批程序，进行多方案比选，择优确定变更方案，依据合同约定确定变更费用。变更程序条款设置应鼓励对符合变更条件的及时完成变更手续，达到计量条件的及时给予计量。三是编制和审定计量支付条款应熟悉定额内容及计算规则，深入理解相关规范，计量支付条款设置在满足省市政策文件对于施工合同计量支付比例的相关要求前提下应与工程实际进度匹配。开工预付款和材料预付款的支付与扣回设置应与承包人在所在标段实际投资进度、专业承包合同支付条款相匹配，安全生产费和暂估价项目的计量支付应清晰界定总承包合同和专业承包合同的责任划分和支付界面，避免重复计量。此外，应及时履行计量支付手续，减轻承包人压力，确保按时计量支付、工程进度有效推进。

最后，要重视工程建设合同风险和纠纷防范。工程建设合同普遍施工周期长、造价高、这就对合同管理提出较高要求。为捋顺合同管理权利义务、加强合同履约风险管控、提高合同期内合同管理工作效率和管理质量，业主单位应做好以下几方面工作。一是加强学习相关法律法规和行业管理文件，与时俱进。时代在进步，合同风险管理也需要不断进步和优化，这就需要合同管理人员紧跟工程项目管理实际，在熟悉合同条款的基础上，不断学习更新出台的行业相关法律法规和政策文件等，例如伴随2021年开始实施的《民法典》出台，原《合同法》废止，最高院对建设工程合同的司法解释也随之进行了更新，其中涉及多处建设工程合同的条款约定均发生了变化，合同管理人员不能仅用老思路看待新问题。二是不断提高合同文件编制质量。世界上没有两片相同的树叶，更没有两个相同的项目，合同管理就是不断优化的过程，在一次次合同条款编制和履约管理的实践中，不断总结学习，合理约定当事人的权利义务、按照适宜原则划分风险或合理转移风险、引入优秀行业咨询单位参与建设管理。三是强调事前与事中风险控制。建立健全合同履约管理制度，细化到合同评审、起草、会商、审核、审批制度，明确合同履约管理部门及个人职责。强化合同履约的计划管理，重视月度施工计划及完成情况报表的编制，认真分析承包人报表数据及存在问题并及时解决，以确保合同履约顺利进行，此外还应注重在合同履约管理过程中加强信息化建设，提升合同风险管理效率。四是做好合同履约证据管理，加强合同管理有效性。对双方来往函件、事实证据档案规范化管理，多层次、各方面协同配合把合同履约证据管理做成合同履约过程中的一项系统化工程，具体包括合同交底、专人专管及过程检查等环节，以便总结项目成功经验和教训，不断优化合同管理制度和规范化管理理念。

|第五章|

项目实施与监管阶段

第一节

政府监管

在收费公路特许经营项目的实施过程中，基于本书前述政府的双重角色，政府，尤其是交通运输主管部门作为特许经营项目的重要参与方，需要明确政府在特许经营项目准备、建设、运营、移交阶段的监管重点，以便更好地指导项目的顺利实施。收费公路特许经营项目政府监管重点如下。

一、工程质量监管

工程质量监管是指在收费公路建设阶段，交通运输主管部门为确保项目公司按照相关法规规定及特许经营协议约定的工程质量标准实施项目，通过组织定期或不定期检查、委托第三方进行质量检测、行政审批等方式对收费公路工程建设全过程实施的监管。

工程质量监管主要包括工程勘察设计过程中的质量监管以及工程施工过程中的质量监管。

对于工程勘察设计，交通运输主管部门应加强对于勘察成果文件、初步设计文件及施工图设计文件的审查，确保勘察设计文件满足国家、行业、地方等相关标准及规范的要求。

对于工程施工，交通运输主管部门及其质监部门应加强施工过程中的质量控制，确保项目公司按照相关法规、规范及标准的规定，以及经批准的施工图设计文件的要求组织实施。

对于投资收益相对较差的项目，项目公司为了追求利润，可能会降低工程勘察设计技术标准及工程施工质量。因此，政府有必要对收费公路特许经营项目的工程质量实行监管。

二、投融资监管

投融资监管是指在项目建设过程中，政府相关部门按照相关法规规定及特许经营协议的约定，对项目公司的建设资金使用情况进行的监管，以及对特许经营者的资本金到位情况及项目公司的融资资金到位情况所实施的监管。

收费公路特许经营项目事关公共利益，为了防止特许经营者抽逃资本金，或者项目公司未经政府同意进行其他融资活动等，在工程实施过程中，交通运输主管部门可以通过与项目公司、银行共同签署建设资金监管协议、委托审计机构进行跟踪审计等方式，对项目公司建设资金的使用情况进行有效监管，确保项目公司在工程实施过程中正确、合理地使用建设资金，从而确保项目的顺利实施。实施机构在特许经营协议中明确其有权通过过程审计以及引入金融机构参与资金管理等手段和方式加强监管，保证资金专款专用。

项目公司融资的成功与否对于收费公路项目的建设至关重要，交通运输主管部门应要求社会资本及项目公司按照特许经营协议的约定保证资金及时到位，并将资金到账的相关证明文件及时提交交通运输主管部门核查，确保工程按照计划进度顺利实施。

三、其他履约监管

其他履约监管是指为了确保收费公路特许经营项目的顺利实施，交通运输主管部门还应通过组织定期或不定期检查、设定目标考核及奖惩机制等方式，对项目的工程进度、安全、环保等进行监管。

在项目公司对项目建设、运营全过程负责的前提下，政府（项目实施机构）应在项目实施方案和特许经营协议体系中清晰明确地划分政府、项目公司、特许经营者、出资人代表、监理及第三方试验检测单位等参加各方的权利和责任界面。

为了保证特许经营者和项目公司在履约的全过程（投融资、建设、运营、移交）对政府方存在必要的担保，特许经营者和项目公司履约保障边界须明确强制保险方案以及由投资人履约保证金、建设期履约担保、运营期履约担保组成的履约保函体系，并建立事前设定绩效目标、事中进行绩效跟踪、事后进行运营评价的全生命周期绩效管理机制，确保项目公司严格按照特许经营协议履约，实现公共利益最大化。

特许经营项目的一切行为无不涉及合同管理，合同管理贯穿于工程投资、建设、运营、移交的全过程。特许经营协议体系主要包括项目特许经营协议、股东协议、履约合同（包括工程承包合同、运营服务合同）、融资合同和保险合同等。其中，项目特许经营协议是整个特许经营协议体系的基础和核心。

对于特许经营协议、股东协议、履约合同（包括工程承包合同、运营服务合同）、融资合同和保险合同等，政府（项目实施机构）须采取不同的管控力度，包括批准或者备案等思路。

以设计变更管理为例，项目公司应当建立项目设计变更管理程序和项目设计变更管理台账，定期对设计变更情况进行汇总，其内容应当包括但不限于：

（1）设计变更说明；

（2）设计变更的勘察设计图纸及原设计相应图纸；

（3）工程量、投资变化对照清单和分项概、预算文件；

（4）设计变更对阶段性控制节点的影响以及调整要求；

（5）监理及第三方造价咨询机构的审查意见。

政府方在履约监管的过程中，应结合自身技术能力，充分借助第三方咨询、审计等专业团队技术力量，清晰明确监管范围和手段措施。

实务中设计变更应符合相关技术标准和设计规范要求，并按照交通主管部门颁发的设计变更管理办法履行审批手续。对于较大、重大设计变更，建议事先经政府方同意后，再根据交通工程建设相关规定报相关部门审批。由于招标特许经营者时一般工可并未报批完成，投资概算尚未确定，且投资估算投资相比较最终批准的概算投资额略高，因此收费公路特许经营项目特许经营协议中可以约定在交工日前的任何时候，实施机构有权对已经政府相关部门批准的设计方案在不改变设计标准、使用功能、主要控制点、互通立交数量等前提下进行适当的修改。由于上述原因导致建设费用增加金额未超过批复概算总投资一定比例（通常为2%）的，由项目公司承担，超过批复概算总投资一定比例以外的部分由政府承担。

第二节
项目公司治理

一、项目公司治理结构

项目公司治理结构若设置不合理，存在的主要风险为：对于控股项目，大股东不能实现项目的有效控制；对于参股项目，小股东的权益无法得到有效保障，并且政府方对于项目公司的日常经营管理干涉过多，经营管理可能出现较多分歧和隐患。

因此，在项目公司治理结构设计时要注意：一是要在合同中合理设置股东会、董事会、监事会、经理层的职权分配、委派人数及议事规则，做到特许经营者各方同股同权确保控股方在项目公司决策和经营过程中的主导权，尽量避免在决策和经营过程中被其他小股东牵制，影响项目公司决策效率。二是基于《公司法》规定，根据各方股比，在股东会、董事会、监事会和经理层的人员选派、议事规则设置时，应尽量争取股东会和董事会所有事项或重大事项一致决议，以保障小股东的权益。尤其是对建设期涉及工程事项的表决项，要争取一致决议。对于不能委派董事、监事的小股东，要保留一定的知情权，对项目经营、财务报表等信息保留相应知情权。三是对政府参股不分红的项目，要注意在特许经营协议中明确，并在公司治理表决机制以及公司章程中有所体现。四是对政府在股东会、董事会中要求的一票否决权的项目，要非常明确地提出一票否决的范围，且仅限于安全、质量等关系社会公共利益方面，而不能关系到投资人经济利益的预算确定、变更索赔、合同价款支付和采购价格确定等日常经营工作。

二、主要管理人员要求

项目公司的组建及治理应在招标阶段应予以明确。合同履约过程中，项目公司主要管理人员的管理能力和业务素质极大影响着与政府部门沟通的效率。项目公司机构设置和技术、管理、财务人员资格条件，必须满足投标时所提交的项目实施计划中所承诺的条件，同时应满足项目建设、运营管理的需要，符合国家规定的公路建设市场准入条件；项目公司应设置项目建设管理机构，履行建设单位职责，依法承担建设工程质量安全生产责任。

根据《关于进一步加强公路项目建设单位管理的若干意见》（交公路发〔2011〕438号）要求，公路项目建设单位履行建设管理职责，应具备相应的管理能力和建设经验，按规定组建机构、配备人员，制定完善工程管理各项规章制度。对于高速公路新建（改扩建）项目或独立特大型桥梁、隧道项目，派驻工程现场的建设管理机构、管理人员应符合以下资格条件。各省级交通运输主管部门可根据本地区实际制定具体标准，但不应低于以下资格条件：

（1）管理机构：应设有计划、合同、技术、质量、安全、财务、纪检等职能部门。

（2）管理人员：总人数视工程项目建设规模和专业技术要求确定，其中工程技术人员应不少于管理人员总数的65%，具有高、中级以上专业技术职称的人员应占工程技术人员总数的70%以上。

（3）人员资格：管理机构负责人及其关键岗位人员应具有良好的社会信用和职业道德，具备相应工程组织管理能力，严格执行国家有关法律和规定，熟悉、掌握公路建设规章、政策，其中：

机构负责人：具有中级以上专业技术职称，具备2个及以上高速公路项目的建设管理经历。

技术负责人：熟悉、掌握公路工程技术标准、规范和规程，具有高级及以上专业技术职称，具备2个及以上高速公路项目的技术管理经历。

财务负责人：熟悉、掌握财经法规和财务制度，具有中级及以上职称，具备1个及以上高速公路项目的财务管理经历。

关键岗位人员：计划、合同、技术、质量、安全等部门负责人应具备相应岗位的专业技术和任职资格，并分别具备1个及以上高速公路项目的建设管理经历。

其他技术等级公路项目建设单位及其派驻工程现场的管理机构、管理人员及资格条件由省级交通运输主管部门根据本地区实际确定。

在报批项目初步设计文件时，公路项目建设单位应将派驻工程现场的管理机构、管理人员及资格条件报有关交通运输主管部门核备。交通运输主管部门应及时审核，对未达到资格标准的，要责成其补充完善，或责成其按规定委托具备相应管理能力的代建单位负责建设管理。

通常对于投资额较大的交通基础设施建设项目的项目公司，在招标阶段，应明确提出对于拟任项目公司主要管理人员的具体要求。主要管理人员包括但不限于项目总协调人、项目公司董事长、总经理、技术负责人、财务负责人、征迁负责人、合同负责人等。在实务中经常遇到的问题是，资格预审文件中往往要求上述主要管理人员必须为投标人企业的自有人员，并需提供近期社会保险缴费证明材料来证实其为企业自有人员。但实际情况是很多大型的央企集团分子公司众多，结合属地化经营的需要，就存在部门集团员工的社会保险可能缴纳在其经营工作所在地子公司的情况，对于这种情况应具体情况具体分析，不建议盲目地只通过社保缴费证明材料来判断其是否为企业自有人员。主要管理人员的设置建议是：对于重大投资或省市重点工程项目，需设置项目总协调人，用以协调加大投标人企业投入项目的资源、提高项目公司内部决策效率，总协调人建议是投标人在职在岗的副总裁/副总经理级别及以上领导。项目公司董事长及总经理要注重其同类项目的建设管理经验和能力，并以此作为招标资格条件。考虑到上述主要管理人员的资格要求比一般施工招标项目的资格条件要高，为方便投标人企业调配及降低人员不到位的违约风险，资格预审文件中的人员要求中可允许申请人填报备选人，申请人如填报了备选人，则备选人应满足和主选人同样的资格条件，否则资格预审不予通过，同时，在特许经营协议中也要载明，项目公司的主要管理人员应与投标文件中载明的主要管理人员名单一致，并保持相对稳定，实务中若确实无法到位或需替换，需经政府方审核批准后，用具备不低于被替换的主要管理人员的资质和能力的人员替换，同时约定违约罚则和批准程序。

三、项目公司股东会

根据《公司法》规定，项目公司设股东会，由全体股东组成，股东会是项目公司的最高权力机构。通常情况，建议设置收费公路特许经营项目的项目公司股东会行使下列职权：

（1）决定公司的经营方针和投资计划；

（2）选举和更换董事，决定有关董事的报酬事项；

（3）选举和更换由股东代表出任的监事，决定有关监事的报酬事项；

（4）审议批准公司的年度财务预算方案、决算方案；

（5）审议批准公司的利润分配方案和弥补亏损方案；

（6）对股东转让股权或以股权提供质押作出决议；

（7）申请经营期限的延长；

（8）修改项目公司章程、增加或者减少注册资本；

（9）项目公司合并、分立、解散、清算或者变更公司形式；

（10）决定项目公司的经营计划和投资方案；

（11）批准发行项目公司债券或资产证券化产品；

（12）批准项目公司对外重大担保事宜；

（13）涉及影响公共利益或公共安全的事项；

（14）对项目公司拥有的土地使用权或土地使用的权利、重大资产进行任何形式的处置行为；

（15）设立党组织；

（16）公司章程约定的其他事项。

除另有约定外，一般与上述第（1）~（15）项职权相关的决议事项为重大事项，须经全体股东一致同意。其他职权相关的决议事项为一般事项，须经代表全体股东所持表决权的2/3（包括本数）以上股东同意。合同各方可在公司章程中另行约定股东会职权的其他事项。公司章程须经政府方同意。

股东会会议分为定期会议和临时会议。股东会会议每年召开一次定期会议。股东会会议因下列情形之一的，应当在1个月内召开临时会议：

（1）任意股东提议；

（2）1/3以上董事提议；

（3）监事会提议。

召开股东会会议，应当于会议召开15日前，将会议日期、地点和议题以书面形式通知各股东。股东会会议由董事会召集，董事长主持；董事长不能履行职务或不履行职务的，由1/2以上董事共同推举1名董事主持；董事会不能履行或者不履行召集股东会会议职责的，由监事会召集和主持；监事会不召集和主持的，代表1/10以上表决权的股东可以召集和主持。召开临时股东会的，可不受前述规定的召集时间限制。

实务中经常有项目公司各股东所在的集团公司决策效率低下从而导致项目公司股东会议决策受阻或时间过长，因此建议在投标阶段各特许经营者联合体成员需建立明确的投资决策机制，并通过联合体协议予以明确，以免在后续几年的建设期影响项目公司决策和治理效率。

四、项目公司董事会

一般项目公司营业执照的签发之日为公司董事会成立之日。董事会人数应考虑各投资人实际参与决策的需要，主要由特许经营者股东委派，政府方股东因不参与日常经营事务，建议只委派一名董事即可。董事长一般由社会投资方股东提名、副董事长由政府方股东提名，并报经董事会选举产生。

根据《公司法》和特许经营项目实际需要，董事会对股东会负责，行使下列职权：

（1）负责召集股东会，并向股东会报告工作；

（2）执行股东会的决议；

（3）选举公司的董事长、副董事长；

（4）拟定公司的经营方针；

（5）制定公司年度投资计划、财务预算方案、决算方案；

（6）制定利润分配方案和弥补亏损方案；

（7）制定增加或者减少注册资本方案；

（8）拟定公司合并、分立、变更公司组织形式、解散方案；

（9）聘任或解聘公司总经理。根据总经理提名，聘任或者解聘公司副总经理、财务总监等高级管理人员，决定其报酬；

（10）决定公司内部管理机构的设置。

（11）决定公司的基本管理制度；

（12）决定公司的员工薪酬、福利及奖励制度；

（13）审议批准与公司股东发生的关联交易；

（14）对公司聘用、解聘会计师事务所作出决议；

（15）决定公司的具体组织机构及对应人员职责、管理模式；

（16）公司资金的使用、管理规则；

（17）其他股东会授予的职责或者委托管理协议约定应由董事会决定的事项。

董事会会议实行一人一票的表决制度。董事会行使职权时需要董事会表决的，第（3）、（5）~（10）、（13）、（16）项决议事项需经全体董事表决同意通过后生效。其他由董事会拟定或决定的事项经过全体董事1/2（包括本数）以上董事同意通过即生效。

政府方股东委派的董事对影响公共利益或公共安全及严重影响路地稳定的事项享有一票否决权，具体事项包括但不限于：股权结构变化，项目建设标准和规模的调整，存在重大安全、质量、环保隐患的潜在风险，项目建设工期发生较大出入，发生重大扰民及群体性上访事件等可能影响公共利益或公共安全及严重影响路地稳定的事项。发生上述具体事项时，应在决策之前事先上报政府方股东委派的董事，政府方股东委派的董事有权提议召开董事会并享有一票否决权。

第三节
收费公路改扩建项目建设补偿及运营合作安排

一、建设补偿及运营合作协议的签订

《2022年交通运输行业发展统计公报》显示截至2022年末全国公路里程

535.48万km，全国四级及以上等级公路里程516.25万km，二级及以上等级公路里程74.36万km，高速公路里程17.73万km，其中国家高速公路里程11.99万km。根据最新版《国家公路网规划》，截至2021年底，国家高速公路已建成12.4万km。

2002年，我国沈大高速公路进行改扩建，2004年9月竣工，沈大高速改扩建工程是我国首例里程最长、标准最高的高速公路改扩建工程。近年来，随着交通量持续增长，早期修建的高速公路车流量逐渐饱和，道路服务水平逐年下降，路基路面的损坏日趋严重，安全问题逐渐暴露出来，影响道路的正常使用，预计未来约有3万km繁忙路段需要扩容改造，约占当时高速公路里程的四分之一。

多数改扩建高速公路项目在开始改扩建时，原有高速公路的收费期并未到期，新组建的项目公司改扩建施工将占（利）用原有车道业主的运营管理原有高速公路，即"边通车边运营"，甚至出现"断流施工"的情况，以上情形下，应提前做好与原有车道业主在建设施工配合、通行费收入分成原则等事项上的协商并达成一致意见。以浙江为例，《浙江省公路条例》第四十五条规定："建设施工配合、通行费收入分成原则等事项，应当事先征求现有车道业主单位的意见。"依据该条规定，浙江省对于高速公路改扩建项目，若采取特许经营模式，实施机构在改扩建项目招标前与原有车道业主签订建设补偿及运营合作协议，且建设补偿协议、安全管理协议、运营合作协议作为附件，待投资人招标完成并组建项目公司后，由项目公司与原有车道业主签订建设补偿协议、安全管理协议、运营合作协议。

二、建设补偿及运营合作协议主要内容

以甬台温改扩建项目宁波段为例，供读者参考。

1.建设补偿协议主要内容

1）路产设施损坏赔（补）偿

在建设期，项目公司改扩建施工及将占（利）用原有车道造成原有车道路产设施损坏的，应由项目公司恢复其使用功能并满足不低于原有车道建设运营标准；需临时过渡的，项目公司应建设临时设施，并负责拆除和恢复工作。

项目公司因改扩建施工需要拆除原有车道路产设施的，应符合有权机构审

批同意的施工图设计或施工组织方案等要求，提前向原有车道业主提供拆除方案和需拆除的路产设施清单，经原有车道业主确认后实施，拆除的路产设施由项目公司按规定处置。路产设施拆除后，需恢复的路产设施，应由项目公司恢复其使用功能并满足不低于原有车道建设运营标准；经原有车道业主与项目公司确认无须恢复的路产设施，视为原有车道业主已经交通运输主管部门同意移交给项目公司，项目公司不予补偿。

项目公司未能恢复使用功能或未能满足原有车道建设运营标准的，原有车道业主有权委托第三方代为实施，相关费用由项目公司承担。

项目公司负责拆除的路产设施处置工作，并配合原有车道业主做好对拆除路产设施的资产处置管理工作。

2）通行费收入补偿方式

（1）若不断流则不予补偿、断流按照段予以补偿。

（2）在不断流的原则下，补偿因改扩建施工造成改扩建路段原有车道通行费收入的损失。评估因改扩建施工造成改扩建路段原有车道通行费收入的损失最大值（B），根据交工日期计算具体补偿方式及补偿金额，具体如下：

①在计划交工日全线建成通车的条件下，项目公司给予原有车道业主补偿为B；

②在计划交工日及之前全线建成通车的条件下，项目公司给予项目公司补偿金额为$A=B×$（全线开工日至全线建成通车日期间的收费天数/全线开工日至计划交工日期间的收费天数）。

2.安全管理协议主要内容

《中华人民共和国安全生产法》《建设工程安全生产管理条例》等国家有关安全生产的法律法规，《公路水运工程安全生产监督管理办法》《浙江省交通建设工程质量和安全生产管理条例》《公路工程施工安全技术规程》《公路养护安全作业规程》和《公路筑养路机械操作规程》等文件，对施工安全提出了要求，在改扩建过程中应遵循如下要求：

（1）坚持"安全第一、预防为主"和"管生产必须管安全"的原则，加强安全生产宣传教育，增强全员安全生产意识，建立健全各项安全生产的管理机构和安全生产管理制度，配备专职安全检查人员，有组织有领导地开展安全生产活动。各级领导、工程技术人员、生产管理人员和具体操作人员，必须熟悉和遵守各项规定，做到生产与安全工作同时计划、布置、检查、总结和评比。

（2）在任何时候都应采取各种合理的预防措施，防止发生任何违法、违禁、暴力或妨碍治安的行为。

（3）改扩建工程实施应保证高速公路行车安全。

（4）工程进入涉路施工时，项目公司须按经有权部门审批同意的专项施工方案及有关法律法规实施，保证车辆在改扩建施工路段能安全、顺利通行。

（5）施工时，项目公司须保护好施工区域两侧隔离栅或防撞护栏等设施，禁止车辆和行人通过施工区域进出高速公路，防止安全事故和逃费行为发生；项目公司还须采取相应措施，防止跨越（穿越）高速公路的设施坠落，消除安全隐患；跨越（穿越）高速公路主线的工程设施四周应设置立面反光标识。

（6）项目公司应落实施工过程中的安全防护措施、安全技术交底等；项目公司应按约定落实安全措施费，不得挪作他用。

3.运营合作协议主要内容

1）合作运营期限的界定

改扩建工程交工验收通过并开放交通日期早于原有车道的收费到期日时，则存在合作运营期。合作运营起始日期以项目通过交工验收并开放交通次日的日期为准；运营合作截止日期以原有车道业主原有车道的经营期限届满日（指收费到期日）为准。改扩建工程交工验收通过并开放交通日期晚于原有车道的收费到期日时，则不存在合作运营期。

2）养护责任划分

合作运营期内，原有车道业主负责全路段运营管理及养护维修工作。因改扩建工程质量缺陷原因引起的责任由项目公司负责并承担相关费用。合作运营期内，原有车道业主负责全路段通行费收取工作。

3）收益分享机制

合作运营期内，当符合以下条件时，进行收益分享：

分享基准值=（该年度实际车辆通行费收入−该年度运营、养护维修费）−

（该年度不改扩建情况下原有车道业主通行费收入测算值－项目交工前前三年度运营、养护维修费平均值）。

当分享基准值>0时，原有车道业主将向项目公司支付收益分享金（B），收益分享金金额=分享基准值。

当分享基准值≤0时，原有车道业主不向项目公司进行收益分享，项目公司也无需向原有车道业主支付运营费、养护维修费等费用。

第四节
施工标段划分

收费公路特许经营项目中，基于法律规定具有相应资质和能力的中标特许经营者可以自行承担施工任务，当然国内也有一些省份要求特许经营项目中的施工任务必须由项目公司另行招标。政府方在特许经营者招标时往往也注重特许经营者的建设、运营管理能力。虽然《收费公路政府和社会资本合作操作指南》（交办财审〔2017〕173号）规定了"项目实施机构应当接受具备投融资能力的潜在社会资本方参与投标，不得将具备设计或施工资格能力作为参与投标的强制性条件"，但现实中招标人仍然乐于在评标办法中体现对投标人公路建设项目建设和运营管理经验、能力的加分，况且施工利润也是特许经营者投资决策的考虑因素之一，目前国内已有的众多收费公路特许经营项目从结果上来看，也大多是由中标特许经营者承担施工任务。

因此，对于后续施工标段的划分，有必要在特许经营者招标阶段即作出明确，但考虑到由特许经营者牵头组建的项目公司才是项目建设的法人主体，而且要结合自身联合体施工单位的能力和资源安排施工任务，因此建议将施工标段的权力交由项目公司决策，实施机构也可以在招标文件中提出初步标段划分建议，投标人可以根据自身情况在投标文件中作出优化建议，招标人可以在评标阶段接受该优化建议。

《招标投标法》第二十四条规定："招标人对招标项目划分标段的，应当遵守招标投标法的有关规定，不得利用划分标段限制或者排斥潜在投标人。依法必须进行招标的项目的招标人不得利用划分标段规避招标。"《招标投标法》和《招标投标法实施条例》所指的标段划分，是指招标人在充分考虑合同规模、技术标准规格分类要求、潜在投标人状况，以及合同履行期限等因素的基础上，将一项工程、服务，或者一个批次的货物拆分为若干个合同进行招标的行为。因此政府方在社会资本招标时进行标段划分既要满足招标项目技术经济和管理的客观需要，又要遵守《招标投标法》等相关法律法规规定。

《公路建设四项制度实施办法》（中华人民共和国交通部令2000年第7号，现已废止）规定："高速公路标段路基工程一般应不少于10km，路面工程一般应不少于15km。其他等级公路标段工作量一般应不少于5000万元。边远地区和特殊地段可视实际情况调整。监理标段的划分应不低于施工标段标准。"

项目公司在标段划分时也要考虑其他法律法规规定和技术、经济、管理等现实情况。

1.法律法规依据

《民法典》第七百九十一条规定："发包人可以与总承包人订立建设工程合同，也可以分别与勘察人、设计人、施工人订立勘察、设计、施工承包合同。发包人不得将应当由一个承包人完成的建设工程支解成若干部分发包给数个承包人。"

《建设工程质量管理条例》第七条规定："建设单位应当将工程发包给具有相应资质等级的单位。建设单位不得将建设工程肢解发包。"同时，该条例对于"肢解"做出一个说明式的解释，即："本条例所称肢解发包，是指建设单位将应当由一个承包单位完成的建设工程分解成若干部分发包给不同的承包单位的行为。"但是，可以看出，关于什么是"应当由一个承包单位完成的建设工程"，其实还是没有明确的解释。原则上，还是要按照具体工程的性质和技术方面的因素来判断是否是应当由一个承包单位完成的建设工程。

2.经济因素

通过科学划分标段，使标段具有合理适度规模，既要避免规模过小，单位固定成本上升，导致大型施工企业失去参与特许经营项目投标竞争的积极性，又要避免规模过大，可能因符合施工组织和管理能力条件的单位减少而不能满足充分竞争的要求，或者具有资格能力条件的单位因受资源投入限制，而无法保质保量按期完成招标项目，并由此增加合同履行的风险。

3.项目公司的合同管理能力

标段数量增加，必将增加实施合同管理的工作量，因此标段划分需要考虑项目公司组织实施和合同履行管理的能力。

4.项目技术和管理要求

项目划分标段时既要满足项目技术关联配套及其不可分割性要求，又要考虑不同承包人在不同标段同时施工及其协调管理的可行性和可靠性。

浙江省做法是通过交通行业主管部门发布的公路工程施工招标示范文本的方式明确了公路工程的路基、路面、桥梁、隧道等主体工程各标段宜按以下额度（施工图预算金额或工程量清单预算金额）控制：高速公路不超过25亿元，一级公路不超过10亿元，二级公路不超过3亿元，跨海通道等特殊项目除外。公路工程的交通安全设施、机电、房建等附属工程可分别划分独立标段。

第五节

设计变更管理

一、设计变更管理方式

长期以来，收费公路投资超概是困扰政府投资项目的难题，虽然随着招投标行为的不断规范和建设单位工程管理水平的不断提高，项目超概现象大为减少，但仍屡有发生。在政府和社会资本合作模式下，政府同样面临项目建设过程中变更难以管理与控制的风险，而工程变更正是造成项目投资超概的重要原因。工程变更往往带来投资的增加，进而影响工程投资控制目标，甚至引起争议或索赔。因此，能否有效地对工程变更进行管理，是政府能否实现投资控制目标的关键。

政府不参与项目的直接管理，项目实施机构应从以下几个阶段严格加强公路特许经营项目的全过程工程变更管理。

1.设计阶段

明确公路项目的技术标准、投资规模等，设计方案一经选定，原则上不应该更改。

2.施工合同签订阶段

项目公司应编制全面、完整、清晰的招标文件和工程量清单报项目实施机构审查，尽量减少施工过程中因为需求描述不清晰、材料和设备更换、施工工艺和施工方法改变以及工程量不准确或者漏项等引起的工程变更。

3.施工阶段

施工阶段是工程变更实际发生的期间，政府及相关监管单位应高度重视工程变更管理工作，尤其是房建、机电工程在施工期间存在优化设计的环节。在这个环节，应充分依靠但是绝不能依赖设计单位、监理单位的专业能力和职业判断能力，必要时应邀请、组织相关专家论证工程变更的必要性。建设管理部门、财务部门、审计部门等都应该参与工程变更审批。

4.竣工结算阶段

竣工结算阶段，项目公司应认真核定、必要时委托造价审计单位审核工程变更的工程量，根据合同确定的工程变更计价标准确定工程变更结算金额。

政府对设计变更的管理方式一般在特许经营协议中以政府方监管的条款实现。以宁波市为例，宁波地区收费公路特许经营项目的建设监管依托于宁波市交通运输局下属事业单位宁波市高等级公路建设管理中心，其具有多年项目建设管理经验，通过在建设期的项目建设监管，对设计变更的管理具体实现方式如下：

工程施工前或施工期间，项目公司为优化完善设计、提高工程质量、加快工程进度、节约工程投资等目的，可对已经政府相关部门批准的设计方案进行适当的修改，如果发生上述情况的修改，应由项目公司对已经由政府相关部门批准的设计方案进行适当的修改，并就修改部分承担全部责任，设计变更应符合相关技术标准和设计规范要求，并按照交通运输主管部门颁发的设计变更管理办法履行审批手续。

同时，较大及以上设计变更前需将变更方案通过宁波市高等级公路建设管理中心（简称"市高建中心"）审查，市高建中心出具审查意见；对于一般变更，项目公司在完成审批后要报市高建中心备案。

对于工程施工前或施工期间，政府方对已经由相关部门批准的设计方案在不改变设计标准、建设规模、使用功能、主要控制点、互通立交数量等前提下进行的必要修改，应由政府方主动负责提出变更方案，由于上述原因导致建设费用增加金额未超过批复概算总投资2%的，由项目公司承担，超过批复概算总投资2%以外的部分由政府承担。具体承担方式建议如下：设计变更单价按交通运输部《公路工程预算定额》、省公路工程预算补充定额及规定和材料信息价（变更发生当月）进行认定，并由第三方造价咨询机构审查。

二、政府方设计变更程序

交通运输部《公路工程设计变更管理办法》（交通部令2005年第5号）及各省交通主管部门对设计变更的程序和责任主体都进行了明确的规定。对传统的政府还债模式下的设计变更管理这里无须多讲。收费公路特许经营项目中，因为法人主体是项目公司，政府方（项目实施机构）主要是从合同履约监管的角度进行设计变更管理，因此从设计变更具体程序上区别于政府还债模式。

交通运输部批准的公路特许经营项目的设计变更，结合《公路工程设计变更管理办法》（交通部令2005年第5号）的要求，建议管理流程如下：

（1）提出设计变更。

（2）项目公司对设计变更进行审查。

（3）对一般设计变更，由政府方进行审查或备案；对施工阶段较大及以上设计变更，政府方委托相关机构根据勘察设计咨询单位设计变更咨询意见进行审查，并出具审核意见。

（4）对一般设计变更建议，由项目公司根据审查核实情况或者论证结果决定是否开展设计变更的勘察设计工作；对较大设计变更和重大设计变更建议，经项目公司审查论证确认后，向交通行政主管部门提出公路工程设计变更的申请，并提交以下材料：

①设计变更申请书，包括拟变更设计的公路工程名称、公路工程的基本情况、原设计单位、设计变更的类别、变更的主要内容、变更的主要理由等；

②对设计变更申请的调查核实情况、合理性论证情况；

③交通行政主管部门要求提交的其他相关材料。

（5）项目公司应当建立项目设计变更管理程序和项目设计变更管理台账，定期对设计变更情况进行汇总，并应当每半年将汇总情况及相关设计变更文件报政府方或政府方指定机构备案。

（6）设计变更勘察设计单位应当及时完成勘察设计，形成设计变更文件。

（7）设计变更文件完成后，项目公司应当组织人员对设计变更文件进行审查。

（8）一般设计变更文件由项目公司审查确认后决定是否实施；较大设计变更

文件由交通行政主管部门批准，并报交通部备案；重大设计变更文件由交通行政主管部门审查后报交通部批准。项目公司在报审设计变更文件时，应当提交设计变更说明、设计变更的勘察设计图纸及原设计相应图纸、工程量、投资变化对照清单和分项概、预算文件；若设计变更与可行性研究报告批复内容不一致，应征得原可行性研究报告批复部门的同意。

（9）设计变更文件的审批应当在20日内完成。无正当理由，超过审批时间未对设计变更文件的审查予以答复的，视为同意。需要专家评审的，所需时间不计算在上述期限内。审批机关应当将所需时间书面告知申请人。

国内一些省级交通主管部门也会对省内公路项目的设计变更管理做出规定，如《关于进一步加强我省高速公路工程重大较大设计变更管理的通知》（浙交〔2009〕151号）、《河南省公路工程设计变更管理办法》（豫交文〔2014〕28号）、《云南省公路工程设计变更管理办法》（云交基建〔2003〕826号）等。以浙江省为例，由省交通运输厅批准的收费公路特许经营项目的设计变更，管理流程如下：

（1）提出设计变更。

（2）对一般设计变更由政府方进行审查或备案；对施工阶段较大及以上设计变更，政府方委托相关机构根据勘察设计咨询单位设计变更咨询意见进行审查，并出具审查意见。

（3）对一般设计变更建议，由项目公司根据审查核实情况或者论证结果决定是否开展设计变更的勘察设计工作；跨设区市的高速公路项目的重大、较大设计变更直接由项目公司上报省交通运输厅；市辖区内的高速公路项目的重大、较大设计变更由项目公司报市交通主管部门初审后，由市交通主管部门转报省交通运输厅，省交通运输厅按其职责进行审核转报或批复。

（4）对初步设计的重大变更，由初步设计原审批单位负责审批，对初步设计的较大变更由省交通运输厅负责审批，并向原初步设计审批单位备案（初步设计文件的变更通过审批并备案后，设计单位应将相应的设计变更内容整理汇总并纳入施工图设计送审文件，由项目公司报省交通运输厅审批或转报）。

（5）需要对施工图设计作重大、较大设计变更的，项目公司应组织有关专家、有关部门代表对设计变更方案的必要性和可行性等进行审查，并形成书面审查意见。向省交通运输厅提出书面申请及相关资料，变更设计申请应同时提交以下资料：

①变更说明，包括设计变更的工程概况、变更理由（说明变更的必要性和变更方案的可行性）、原设计方案、变更后设计方案、增减费用等内容；

②原方案设计图、变更后方案设计图、变更前后工程、数量、费用对照表及其他相关资料；

③专家审查意见和相关部门书面意见。

（6）省交通运输厅自受理申请之日起15日内作出是否同意开展设计变更的勘察设计工作决定，并书面通知申请人。

（7）申请经确认同意后，项目公司正式行文上报设计变更文件。

（8）省交通运输厅按其职责直接审批或审核后转报原初步设计批复单位审批。设计变更应达到施工图设计深度（包括比较方案）。

（9）施工图设计变更批准后，项目公司应及时组织设计单位编制单项设计变更及增减概算文件，报省交通运输厅审查后转报原初步设计批复单位审批。

第六节
征地拆迁工作

项目前期工作主要包括但不限于：规划选址、立项报批、土地预审、可研编制、实施方案编制、特许经营者招标、征拆及补偿、勘察设计、初设、施工图设计、监理及第三方检测选择、施工许可阶段的各项审批及备案，协调项目建设所必需的水、电、气等对接内容。应充分了解项目前期工作的内容及现状，在合同中明确需要完成的前期工作内容、深度、控制性进度要求，以及需要采用的技术标准和规范要求，对于超出现行技术标准和规范的特殊约定，应予以特别说明。同时应明确前期工作的费用承担主体、违约责任等事项。对于政府方已承担、可承担或由政府方协调更能有效完成的工作建议明确由政府方承担，其他前期工作则由政府方协调或协助完成。

一、项目用地

我国土地所有权都属于国家和集体所有，国家是指国务院及被授权的政府，集体是指村镇集体，也就是镇政府和村委。在所有权基础之上，国有土地又设立了土地使用权、抵押权和承租权等，这三者都属于建设用地；集体土地设立了土地承包经营权、宅基地使用权、乡村公益用地使用权和乡镇企业用地使用权，后三者属于建设用地，土地承包经营权属于农用地。土地涉及的权能通过土地登记进行确权。

根据用途的不同，土地分为建设用地、农用地和未利用地，为了防止建设用地的无序扩张，保护耕地，土地使用必须按照土地总体规划确定的用途使用。用途管制制度对项目建设的影响包括：一是必须按照建设地块规定的用途使用土地，每个地块在规划中都明确了用途，比如商业用地就不能去建住宅，而且地块供应时也附有建设条件（建设密度、容积率等）；二是如果涉及占用耕地的建设项目，必须进行农用地转用后方可进行建设，也就是将农用地变为建设用地，将集体土地变为国有土地，转用过程中涉及耕地的占补平衡问题，为了保证耕地的总量，占用耕地的必须补充同等质量、数量的耕地，耕地保护制度的背后则是国家粮食安全问题。

根据建设项目的性质不同（营利性还是非营利性），建设用地可以分为"有偿"和"无偿"，无偿的方式主要是针对非营利性项目的基础设施供地方式，采用划拨方式，划拨的特点是无偿、没有使用期限、不能流转，基础设施大多属于公益类性质，以划拨方式供地，但因划拨方式的无偿使用导致土地利用效率不高，未来的趋势是减少划拨的范围，鼓励采用有偿方式。

有偿方式是针对营利性项目的，方式可以是出让（分为协议出让和招拍挂）、租赁和作价入股等，出让是有偿的主要方式，因协议出让不公开、不透明，目前受限制条件太多，招拍挂是出让的主要方式；租赁因期限受到限制（不超过20年），对项目的长期稳定性有不利影响，而且租赁存在土地使用权和资产权属分离问题，因此租赁一般较少采用；作价入股与《公司法》中"土地使用权可出作价出资设立公司"是相对应的，但作价入股实质是变相协议出让，因而仅在少数特定领域（公租房和农贸市场）中有提及。

划拨作为公益性项目获得土地常用方式，因具有无偿性，能够减轻基础设施的投资压力，在传统政府投资模式下，因基础设施的投资主体为政府或平台公司，土地都是直接划拨至建设单位名下，但在政府和社会资本合作模式下，政府实质是引入社会资本作为建设单位，对于企业投资项目，一般明确由项目公司作为本项目用地持证人。

二、征拆拆迁处理方式

对于公路项目，项目公司需将工程造价控制在概算范围内，国家部委及我国行业管理要求均是以概算为界，《中共中央　国务院关于深化投融资体制改革的意见》（中发〔2016〕18号）要求："加强政府投资项目建设管理，严格投资概算、建设标准、建设工期等要求。严格按照项目建设进度下达投资计划，确保政府投资及时发挥效益。严格概算执行和造价控制，健全概算审批、调整等管理制度。"征地拆迁费是概算费用的重要组成部分，往往也是实践中难以把控的部分，在建设过程中，经常伴随着因征地和拆迁而引起的农民与政府间的利益冲突，最常见的表现为农民因补偿标准、补偿资金到位时间等问题而上访、申诉甚至引发群体性事件。特许经营协议应结合项目所在地区实际情况，充分考虑外来特许经营者承担项目征地拆迁工作的实际困难，明确约定征地、拆迁、安置的范围、进度、实施责任主体及费用负担，并对维护社会稳定、妥善处理后续遗留问题提出明确要求。

交通运输部《经营性公路建设项目投资人招标文件示范文本》（2011年版）投标人须知中给出了可供参考的两种处理方式：

方式一：项目公司负责项目范围内的工程建设用地及所需的施工临时用地的征用及拆迁工作，招标人应协助项目公司办理相关手续，项目公司应及时足额支付相关费用（包括公路建设用地的土地补偿费，安置补助费，地上附着物和青苗的补偿费，通信、广播电视、供水、供电等管线管缆和其他物品的迁移费用，以及各项税费等），费用标准按照招标人届时公布的标准执行，数量以实际发生为准。

方式二：招标人将负责项目工程建设用地的征用及拆迁工作，征地拆迁的有关费用（包括公路建设用地的土地补偿费，安置补助费，地上附着物和青苗的补偿费，按设计要求迁移通信、广播电视、供水、供电等管线管缆和其他物品的费用，各项税费，以及招标人必要的工作费用等）为＿＿＿＿万元，由招标人包干使用。项目公司应在特许权协议规定的期限内，将上述费用足额支付给招标人。项目公司应在特许权协议规定的期限内向招标人提出施工临时用地申请（包括临时用地的位置、数量和使用期限等），招标人负责完成其征用及拆迁工作，但项目公司应向招标人及时足额支付与此有关的一切费用。设计图纸未能预见的项目用地范围内的通信、广播电视、供水、供电等管线（缆）和其他物品，如果需要迁移，项目公司应负责办理相关手续并承担全部责任和费用。

基于以往项目征地拆迁的实际情况，除省（区、市）内部分实际实施过县市区征地拆迁工作的地方交投企业以外，潜在特许经营者在与项目实施机构对接洽谈的过程中大多希望政府能承担项目的征地拆迁工作，同时实务中特许经营者也愿意将批复概算的土地征迁费用由政府包干使用。

对于项目公司负责征地拆迁工作的收费公路特许经营项目，建议在特许经营协议中明确如下条款：

（1）在项目公司组建前如需要开展用地报批工作，由甲方代为组织开展，并在项目公司组建后移交；在项目公司组建后，未完成的用地报批工作由乙方负责。

（2）项目征地拆迁等政策处理工作由沿线区（县、市）政府实施，乙方会同沿线区（县、市）政府做好征地拆迁工作，甲方做好指导工作。乙方应及时足额支付与征地拆迁有关的费用，若因乙方支付不及时，影响征地拆迁进度而造成的责任由乙方承担。

（3）项目征地拆迁费用由乙方承担，最终以竣工决算经审计审定的金额为准，并列入项目总投资。对于高速公路改扩建项目，原有车道路产设施补偿等由乙方负责，不属于本项目征地拆迁范畴，相关费用不在征地拆迁费中列支。

（4）乙方应及时足额支付与征地拆迁有关的费用，若因乙方支付不及时，影响征地拆迁进度而造成的责任由乙方承担。

（5）明确由乙方作为本项目用地持证人。

（6）项目临时用地不得占用土地利用总体规划确定的基本农田，确需占用的，必须严格控制，且需报自然资源部门批准后方可执行。

临时用地涉及永久基本农田的，项目公司要组织选址论证，未通过论证的，不得临时使用，并按照相关法律法规及规范性文件落实土地复垦措施，期满复垦到位，确保永久基本农田面积不减少、质量不降低。

三、与属地政府的征迁委托协议

以由政府方负责完成征地拆迁的项目为例，往往是由项目实施机构、属地政府政策处理指挥部、项目公司三方签订征地拆迁工作委托协议，费用通常采用包干方式。在协议中建议明确各方职责如下。

1.项目实施机构职责

（1）与属地政府共同做好耕地占补平衡指标落实等相关事宜，积极联系国土部门解决耕地占补平衡指标；

（2）配合属地政府做好征地拆迁工作计划的实施和重大问题的协调处理工作；

（3）协助资规部门组织项目建设用地征地拆迁工作的专项验收；

（4）协调费用调整等重大事项；

（5）负责全过程跟踪审计，并有权对征地拆迁经费的使用情况进行检查和监督；

（6）督促项目公司及时做好资金筹集及支付工作。

2.属地政府职责

（1）协调项目沿线街道办事处和相关部门。指导属地街道制定相关政策及具体征地拆迁安置补偿标准，统筹做好土地征收、房屋及企业拆迁、"三电"及管线迁改等工作；配合项目用地勘测调查和放样等工作，并做好相关征迁资料收集保全和汇总移交。

（2）负责办理土地、林地等报批工作。负责涉及地方的土地、林地等报批工作，与项目实施机构共同协调资规部门解决落实耕地占补平衡指标。

（3）负责协调处理施工单位与地方之间的关系。协助施工单位解决用电、用水、地方道路使用等事宜；及时完成因设计不足、工程变更等原因造成的补征地等工作；协调处理好施工对沿线群众生产、生活等方面造成难以避免的干扰纠纷。

（4）协助做好施工临时用地工作。在施工单位提供施工临时用地资料后，及时落实人员协助做好借地工作。

（5）按国家基本建设财务管理规定，设立征迁专用账户，按有关凭证支付征迁费用，确保征迁资金专户存储、专项核算，同时督促沿线乡镇专款专用；积极配合项目实施机构委托的全过程跟踪审计，按时如实提供有关材料。

（6）协助完成单项验收和资料移交。在政策处理单项验收前，及时完成扫尾工作；协助项目业主办理土地使用证；及时移交征迁资料。

（7）负责抓好内部廉政建设。在项目征地拆迁工程中，强化内部管理，抓好廉政建设，不发生违法、违规和违纪现象。

（8）负责做好项目信访、维稳工作。及时处置建设过程中涉及地方的信访、维稳和突发事件的处置工作，妥善处理项目建设过程中涉及的政策处理、征地拆迁等引起的法律纠纷。

（9）负责联络当地公安部门。对垄断地材、阻挠施工等影响项目推进的违法行为及时处理，保障项目顺利推进。

3.项目公司职责

（1）按项目实施机构出具的委托支付意见，按时足额支付项目征地拆迁等各类费用给属地政府政策处理指挥部。

（2）负责督促施工单位落实临时用地的复垦工作。

（3）负责督促施工单位完成"三改"工程。

（4）负责督促施工单位避免施工过程中对沿线群众生产、生活、通行等造成的影响。

此外，在合同中建议明确引入双方认可的审计机构，对征拆成本进行过程跟踪审计。为了避免过程审计与最终审计之间出现过大偏差，在实务中上述过程审计机构与最终审计机构一般存在一定的关联关系或业务联系。例如河北省某公路项目：2021年实施，全长58km，总投资11亿元，"使用者付费+可行性缺口补助"模式。招标PPP项目合同约定：项目征地拆迁费用包括项目用地的征地拆迁补偿费、地上附着物补偿费、青苗补偿费等，如经审计确认前述部分有关费用并未实际发生，则相应费用不计在内。该项目征地拆迁费用20000万元，征地拆迁费用包干使用。由政府方及政府相关部门支付的政府拆迁费用，不计入社会资本方建设投资金额。通过合同谈判，进一步约定征拆费用上限，并据实结算，同时在增值税部分留有操作空间，合理合法保护社会资本方权益，最终签订的PPP项目合同约定：政府方负责协调项目所在地县市人民政府项目用地的征地拆迁工作。政府方应按照建设进度计划分期向社会资本方提供满足开工条件的项目用地；项目征地拆迁费用包括项目用地的征地拆迁补偿费、地上附着物补偿费、青苗补偿费、按设计要求迁移用水、用电、能源、通信、广电媒体等管线和其他物品的费用，项目用地报批费用、勘界费用以及当地政府必要的工作费用等，如经审计确认前述部分有关费用并未实际发生，则相应费用不计在内。该项目征地拆迁费用20000万元，征地拆迁费用以20000万元为上限，据实计算并计入项目总投资。因征拆费用无法取得增值税专用发票导致项目公司在运营期内额外承担增值税问题，由于本合同签署时依据财税有关规定将征拆费用认定为不属于项目公司价外费用，所以对应征拆费用的额外增值税暂由项目公司承担；若在项目合作期内，税务政策或政策执行口径发生变化，则双方可依照届时有效的法律法规通过合法途径调整该增值税的解决方式。由政府方及政府相关部门支付的政府拆迁费用，不计入社会资本方建设投资金额。

第七节
特许经营项目承包人变更

公路项目履约过程中，由于施工单位资金链断裂、安全生产许可证被吊销、施工合同补充合同未达成一致意见等原因，有时会遇到对施工合同进行解除的情况。需要注意的是，解除施工合同另行选择施工单位的程序和涉及的违约责任承担问题，《民法典》第五百七十七条规定："当事人一方不履行合同义务或者履行合同义务不符合约定的，应当承担继续履行、采取补救措施或者赔偿损失等违约责任。"如果是施工单位拒绝履行合同，不论是通过明示方式，还是通过默示方式，只要构成拒绝履行违约责任的要件，即一是存在有效的合同，二是有拒绝履行的意思表示，三是有履行合同的能力，四是违反了合同约定的义务，那么对于因施工单位拒绝履行合同导致的合同解除，施工单位应承担相应的违约责任。当然，在司法实务中还需具体判断施工单位是否有权拒绝履行，例如其享有同时履行抗辩权、先履行抗辩权、不安抗辩权、时效完成抗辩权，以及条件不成熟、履行期限尚未届至等，则不构成拒绝履行。

如果是施工单位不能履行，即在客观上已经没有履行能力，包括事实上的不能履行、法律上的履行不能，还需区分为自始不能履行与事后不能履行、全部不能履行与部分不能履行、永久不能履行与一时不能履行。不能履行违约责任的承担，应根据不能履行的具体情形，采用不同的责任方式。但如果在施工合同履约过程中，因项目公司单方过错使施工单位未能履行合同，施工单位是否应该承担违约责任呢？根据合同分配风险规则，履行障碍的风险由造成障碍者承担，即债权人造成了履行障碍，其过错行为致使债务人履行不了合同，当然应由债权人承担合同未能履行的法律后果。例如，我国《民法典》第八百三十二条规定"由于托运人、收货人的过错造成运输过程中货物的毁损、灭失的，承运人不承担赔偿责任"；又如，《民法典》第八百九十三条规定"寄存人交付的保管物有瑕疵或者根据保管物的性质需要采取特殊保管措施的，寄存人应当将有关情况告知保管人"，"寄存人未告知，致使保管物受损失的，保管人不承担赔偿责任"。寄存人未将有关情况告诉保管人属于有过错的情形，是保管人不负责任的前提。

另外，对于解除合同后再行选择施工单位的问题，要注意程序的合法性。这个问题可以借助下面的案例来理解。

208

某市公路 PPP 项目变更施工单位

2017年7月，某项目实施机构通过公开招标的方式选择A公司（牵头人）、B公司、C公司以及某股权投资基金合伙企业（有限合伙）联合体作为该PPP项目社会资本投资人。本级政府授权出资人代表与中标社会资本合资组建×××公路工程建设有限公司作为项目公司，负责项目的投资、融资、建设、运营维护和移交。2017年9月，项目实施机构与中标社会资本签订投资协议，11月，项目实施机构与项目公司签订PPP项目合同。2018年4月，项目公司分别与联合体成员B公司、A公司签订了《×××公路工程PPP项目第一合同段施工合同》《×××公路工程PPP项目第二合同段施工合同》。2021年2月，B公司向项目公司递交《关于商谈×××互通、×××隧道等工程问题的意向函》，反映了以下几项问题：×××海底隧道存在用海批复不到位的政策处理问题、项目外堤施工滞后和其外堤坍塌导致项目隧道基坑加固等问题，一直不具备进场条件；部分段存在管线迁移、土地征用、地方村庄上访要求改线等政策处理问题，处于停滞状态；全线机电工程随着主体土建延期而将滞后实施。B公司认为上述几处工程延期将对其造成较大的经营困难，故向项目公司申请将几项延期工程另行安排施工单位，2021年3月，为加快推进项目实施，项目公司就B公司提出的部分工程内容施工单位调整的事项，向A公司发出《关于调整部分工程承包任务的意向征询函》，A公司回函表明有意向将上述部分工程内容纳入其所在合同段施工范围，项目公司遂将上述调整上报请示项目实施机构，并委托第三方咨询进行合法性论证。

在上述案例中，作者提出咨询意见如下。

1. 总体建议

本次PPP项目施工合同内容的调整工作应由项目公司牵头组织实施。

本项目社会资本通过公开招标选定，且社会资本中拟承担施工任务的B公司和C公司均符合承担本项目施工任务的资质和能力。项目公司有权自行选择联合体协议书中明确承担本项目施工任务的社会资本作为本项目的施工单位。

为加快和顺利推进项目建设，项目公司有权对已签订的施工合同内容进行调整，调整后如仍由联合体内具备相应资质和能力的投资人来承担施工任务，则不需要对该施工任务另行招标。

机电工程采购、合同文件核备、项目公司内部决议等相关事项，建议按照现行法律法规规定及合同文件的约定，合法合规地执行。

2. 招投标及主体资格合法性

本项目已批复的实施方案第五部分"2.投资回报机制"中提到"项目公司回报机制：本项目不属于收费公路，不具备收取车辆通行费许可，因此本项目回报机制为政府付费，对建设投资、运营成本及其合理回报由政府向项目公司支付可用性付费及运营维护费"。本项目为政府付费项目，资金来源为财政预算资金，按资金穿透原则来看，本项目属于《政府投资条例》和规定和定义的政府投资项目。

《国家发展改革委关于印发〈传统基础设施领域实施政府和社会资本合作项目工作导则〉的通知》（发改投资〔2016〕2231号）第十三条规定："依法通过公开招标、邀请招标、两阶段招标、竞争性谈判等方式，公平择优选择具有相应投资能力、管理经验、专业水平、融资实力以及信用状况良好的社会资本方作为合作伙伴。其中，拟由社会资本方自行承担工程项目勘察、设计、施工、监理以及与工程建设有关的重要设备、材料等采购的，必须按照《招标投标法》的规定，通过招标方式选择社会资本方。"

本项目于2017年6月在×××公共资源交易平台发布了招标公告，招标范围为社会资本投资人，并接受联合体投标。经对本项目招标过程性资料的复核和审查，本项目招标程序合法合规。

本项目在招标文件中载明的招标范围是"×××公路工程PPP项目实施范围内的社会投资人"，同时也接受具有相应资质和能力的中标社会资本自行承担施工任务，即已通过招标方式选定的社会资本中有能够承担施工任务且符合招标文件中资质业绩要求的施工单位，可直接承担施工任务并与项目公司签订施工合同，不需另行招标，符合《招标投标法实施条例》（中华人民共和国国务院令第709号）第九条规定的不需另行招标即可明确施工单位的情形。

本项目中标社会资本是由A公司（牵头人）、B公司、C公司以及某股权投资基金合伙企业（有限合伙）组建的联合体，且中标社会资本递交的联合体协议书第4条中约定："（2）联合体中B公司、C公司负责本项目的施工建设的单位"。

上述文件表明，本次PPP项目招标范围仅为社会资本，同时约定了待中标后由项目公司签订施工合同，但在招投标环节并未明确约定两家施工单位具体的施工范围，在社会资本的投标文件（含联合体协议书）中亦未明确其各自拟承担的施工范围，因此，项目公司作为项目法人可以在两家资质和业绩均符合要求的投资人中选择其作为施工单位，其自主选择权是由其项目法人主体地位和招标文件共同授予的，不违背现行PPP政策法规和招投标相关规定。

招标文件第二章"投标人须知"中附表第10.5项规定："施工总承包内部每个合同段承包人均须具备与其承建工程相匹配的施工资质。本项目招标文件对施工单位资质业绩要求为：1）具备公路工程施工总承包一级及以上资质，具备有效的安全生产许可证；2）自2012年1月1日至投标文件递交截止日，在中国境内完成过一个合同价不低于人民币3亿元的一级及以上公路工程施工项目业绩和一个单洞长度1000m及以上的公路隧道工程施工业绩。"

经查阅本项目中标社会资本的投标文件，C公司递交的资质证明材料中已明确具备公路工程施工总承包一级资质（目前已调整为公路工程施工总承包特级资质）、有效的安全生产许可证以及相关业绩证明材料，其资质、业绩、人员、信誉等方面均符合招标文件的要求；B公司同样也符合招标文件的要求。

结合招标文件规定及投标文件的响应情况，C公司和B公司均具备承担本项目施工任务的资质和能力，即项目公司可自行决策与上述两家单位签订施工总承包合同，并明确各自的施工任务。因此，此次施工任务的调整并未与本项目的招投标环节相冲突，项目公司作为项目法人也具有自主安排施工合同中施工范围的权利。

3. 合同范围调整的合法性

《中华人民共和国民法典》第五条规定："民事主体从事民事活动，应当遵循自愿原则，按照自己的意思设立、变更、终止民事法律关系。"本项目招标文件第二章"投标人须知"第7.8项规定："按照《中华人民共和国招标投标法实施条例》等相关规定，项目公司有权与中标人（如为联合体，指联合体协议中明确的施工单位）直接签订本项目的施工总承包合同。"

根据《中华人民共和国民法典》的规定，中国境内合法存续的民事主体，在不违反法律、法规的情况下，可遵循各自意愿按照平等协商的原则订立和解除合同。因此，项目公司对于其合同范围内的施工任务，遵循合法自愿的原则，对施工合同部分内容进行调整和变更，并不违反现行法律法规和招标文件约定。

4. 下一步工作建议

1）机电工程采购方式

《必须招标的工程项目规定》（中华人民共和国国家发展和改革委员会令第16号）第一条"使用预算资金200万元人民币以上，并且该资金占投资额10%以上的项目"以及第五条"施工单项合同估算价在400万元人民币以上"的规定，政府投资项目符合上述条件的，应当采用公开招标的采购方式。

基于本报告中关于项目性质的论证意见，本项目是政府投资项目。在"国家企业信用信息公示系统"查询得知，本项目政府出资人代表持股比例总和为10%、认缴出资额总和1000万元，属于依法必须招标项目范畴。机电工程属于本项目的专项工程，若其施工预算金额超过400万元的，应当进行招标。

PPP项目合同第5.15款约定："乙方必须严格执行国家规定的基本建设程序，对社会资本方股东自身不具备资质条件的专项工程应按规定程序和方式招标确定。"

根据《建筑业企业资质标准》第30.5款、第12.4款中机电工程资质的承包范围规定，承担一级及以上公路机电工程施工的单位须具备公路工程机电工程分项一级资质；承担机电工程施工合同额3000万元以上的单位资质须具备机电工程施工总承包一级资质。

由于本项目公路等级为一级，且PPP项目合同签订时合同双方已确认的工程量清单中机电工程预算价格约为5460万元，建议本项目机电工程施工单位的资质要求为公路工程机电工程分项一级资质或机电工程施工总承包一级资质。因此，项目公司中社会资本方股东若不具备上述资质，则建议按照PPP项目合同的要求，通过招标的方式选择具备相应资质和能力的施工单位承担本项目机电工程施工。

2）合同文件报备

根据本项目PPP合同第6.4.1.7项约定："乙方须按照附件二相关要求与中标社

会资本（如为联合体，指投标时明确负责本项目施工的施工单位）签订施工总承包合同，并报甲方核备"，本项目调整后的施工总承包合同需重新报项目实施机构核备。

3）履行项目公司内部决议程序

项目公司章程第二十八条规定："公司设股东会。股东会由全体股东组成，是公司的权力机构，行使下列职权：（1）决定公司的经营方针和投资计划；（2）决定有关董事的报酬事项；（3）决定有关监事的报酬事项；（4）审议批准董事会的报告；（5）审议批准监事会的报告；（6）审议批准公司的年度财务预算方案、决算方案；（7）审议批准公司的利润分配方案和弥补亏损方案；（8）对公司增加或减少注册资本作出决议；（9）对发行公司债券或其他公司融资方案作出决议；（10）对股东向股东以外的人转让出资作出决议；（11）对公司合并、分立、变更公司形式、解散和清算等事项作出决议；（12）修改公司章程；（13）经营期运营维护服务实现形式及具体方式；（14）涉及公共利益、公共安全、重大投资决策。"

本次施工合同调涉及金额较大，涉及调整的工程量占比高，且调整事项须由项目公司上报立项单位或审核单位批准，项目公司可以结合上述公司章程第（14）点中"重大投资决策"的情形，由相关股东主持召开股东大会，对本项目施工合同调整事项进行决议。

第八节
监理和监测单位的管理

《工程建设监理规定》（于2016年2月18日废止）第三条规定："本规定

213

所称工程建设监理是指监理单位受项目法人的委托，依据国家批准的工程项目建设文件、有关工程建设的法律、法规和工程建设监理合同及其他工程建设合同，对工程建设实施的监督管理。"2016年7月22日，交通运输部发布了新修订的公路工程行业标准《公路工程施工监理规范》（JTG G10—2016，简称新版《监理规范》），是对原《公路工程施工监理规范》（JTG G10—2006）的全面修订。新版《监理规范》在术语中将监理定义为监督管理及咨询服务活动，总监办的职责包括提供建设单位委托的其他工程管理咨询服务，在基本规定中明确代表建设单位实施监理及实行总监负责制。因此，在通常情况下，公路工程建设项目的施工监理受项目法人委托，由建设单位即项目公司进行招标和管理。

工程监理制实施以来，在调整完善监理工作机制的同时，交通行业也在不断探索创新监理单位的管理模式，《交通运输部关于深化公路建设管理体制改革的若干意见》（交公路发〔2015〕54号）提出："坚持和完善工程监理制，更好地发挥监理作用。按照项目的投资类型及建设管理模式，由项目建设管理法人自主决定工程监理的实现形式……要研究制定针对新的项目管理模式和新的融资方式的建设项目的监管模式、重点和措施，对社会资本投资的项目，要制定相应的监管方案，明确监管单位、人员、职责和监管措施，提高监管的针对性。要认真审核特许经营协议中关于质量、安全、工期、环保、检测频率等内容条款，明确项目建设管理法人的相关责任、义务和权利。严格审查技术标准、建设规模和重大技术方案，重点加强对建设程序执行、建设资金使用、质量安全等措施的监管。必要时政府可通过招标等方式选择第三方专业机构，提供技术审查咨询、试验检测等相关技术服务，丰富监管手段，有效发挥监管作用。"

目前，在实务中，公路工程特许经营项目的监理及第三方竣交工检测的招标与管理主要分为由项目实施机构负责以及由项目公司负责。作者认为两种做法各有利弊，要结合项目实际来考虑。对于传统政府还债模式公路建设项目，建设单位通过公开招标方式选择施工单位并基于工程量清单计价模式签订施工合同，监理受项目法人单位委托根据监理规范实施监理服务，因此通常由建设单位作为监理的招标主体并支付监理费用，对于代建模式下也可根据对代建单位的授权范围考虑交由代建单位负责。但对于特许经营模式下的公路工程建设项目，施工单位往往在社会资本招标阶段就以联合体投标人的身份进入项目公司股东会，再根据《招标投标法实施条例》（2019年修订）相关规定直接承担施工任务，无须另行通过招投标方式确定。这些施工单位往往同时也是社会资本集团公司旗下的施工单位，这就导致施工单位同时也是委托监理工作的项目公司的股东，这种特定关系在实践中容易破坏监理工作的客观性。对此，交通运输部《关于加强公路水运工程质量安全监督管理工作的指导意见》（交办安监〔2017〕162号）也提出"针对特许经营等PPP项目的项目公司与施工单位存在特定关系的特点，细化PPP项目管理要求，交通运输主管部门或有关单位可以接受政府授权作为项目实施机构，可以采取对项目监理单位或中心试验室试验检测服务进行直接招标等措施，对工程质量进行监控，明确界定监理单位、中心试验室与项目公司、施工单位在项目中的管理关系和管理职责。加大监督管理力度，强化与安监、财政、审计、环保等部门的协同监管机制，确保工程质量安全。"因此，在这种情况下，建议由项目实施机构负责监理的招标与管理，更能发挥监理工作的独立性、客观性、公正性。例如《浙江省交通建设工程质量和安全生产管理条例》（2018年9月30日经浙江省第十三届人民代表大会常务委员会第五次会议通过，自2018年12月1日起施行）就明确规定："交通建设工程依法由特许经营投资人自行施工的，应当由项目实施机构依法确定工程监理单位和交工、竣工验收检测单位。项目实施机构应当对监理单位的履约行为实施监督管理和考核。"

根据《公路工程建设项目概算预算编制办法》（JTG 3830—2018）规定："建设项目管理费包括建设单位（业主）管理费、建设项目信息化费、工程监理费、设计文件审查费、竣（交）工验收试验检测费。其中建设单位（业主）管理费、建设项目信息化费和工程监理费均为实施建设项目管理的费用，可根据建设单位（业主）、施工、监理单位所实际承担的工作内容和工作量统筹使用。"在实践中，监理招标后相比较概算监理费的结余通常和建设单位管理费统筹使用。

第九节
农民工工资管理

一、项目法人应贯彻落实《保障农民工工资支付条例》要求

解决拖欠农民工工资问题，事关广大农民工切身利益，事关社会公平正义和社会和谐稳定。《保障农民工工资支付条例》（中华人民共和国国务院令第724号）自2020年5月1日起施行。为规范农民工工资支付行为，保障农民工按时足额获得工资，《保障农民工工资支付条例》从落实主体责任、规范工资支付行为、明确工资清偿责任、细化重点领域治理措施、强化监管手段等方面对保障农民工工资支付做出规定。各省也相继颁布相关配套政策措施，例如：《浙江省企业工资支付管理办法》《湖南省实施〈工程建设领域农民工工资专用账户管理暂行办法〉办法》等。

公路项目的项目公司应督促承包人贯彻落实《保障农民工工资支付条例》要求，并在特许经营协议中明确项目公司应加强对承包人工程款使用情况的监督检查管理，督促承包人不得拖欠分包人的工程款和农民工工资，要求承包人按照《保障农民工工资支付条例》以及项目所在地的有关规定，建立人工费用与其他工程款分账管理制度，在工程项目所在地银行开设工资专用账户，专项用于支付农民工工资。同时，特许经营协议中还应明确项目公司应加强对承包人使用农民工的管理，对不签订劳动合同、非法使用农民工、拖延和克扣农民工工资以及其他违反国家对农民工相应保障规定的，应予以纠正。承包人拒不纠正的，应及时将有关情况报有关部门调查处理。

二、施工合同相关条款的补充完善

《保障农民工工资支付条例》的颁布实施在《公路工程标准施工招标文件》（2018年版）发布实施之后，目前交通运输部尚未在《公路工程标准施工招标文件》（2018年版）中的施工合同部分补充加入关于落实《保障农民工工资支付条例》的具体要求，各省级公路招标文件示范为本中也未见具体体现，作者所在单位通过梳理《保障农民工工资支付条例》相关规定，以国家9部委发布的2007年版《标准施工招标文件》中的通用合同条款为基础，将《保障农民工工资支付条例》中有必要补充至具体工程建设项目施工招标文件专用合同条款中的条款一一列出，供从业人员借鉴和使用。需要注意的是，在此新增的专用合同条款编号系结合《公路工程标准施工招标文件》（2018年版）中通用合同条款编号统一编排。

1.关于规范劳动用工管理，补充第4.1.10.1目

（1）承包人（包括其分包人）应依法与所招用的农民工订立劳动合同并进行用工实名登记，通过相应的管理服务信息平台（如有）进行用工实名登记、管理。未与承包人（包括其分包人）订立劳动合同并进行用工实名登记的人员，不得进入项目现场施工。

（2）承包人应在工程项目部配备劳资专管员，对分包人劳动用工实施监督管理，掌握施工现场用工、考勤、工资支付等情况，审核分包人编制的农民工工资支付表。

（3）承包人（包括其分包人）应建立用工管理台账，并保存至工程完工且工资全部结清后至少3年。

条款说明：上述合同条款系依据《保障农民工工资支付条例》第二十八条编制，作为承包人的一项合同义务，强调承包人与农民工先签订劳动合同后进场施工，强调对农民工实行实名制管理，要求承包人加强对分包人劳动用工和工资发放的监督管理，从而做到严格规范劳动用工管理。

2.关于明确农民工工资支付形式与周期，补充第4.1.10.2目

（1）农民工工资应以货币形式，通过银行转账或者现金支付给农民工本人，

不得以实物或者有价证券等其他形式替代。

（2）承包人（包括其分包人）应按照与农民工订立的劳动合同中约定的工资支付周期和具体支付日期足额支付工资。

条款说明：上述合同条款系依据《保障农民工工资支付条例》第十一条和第十二条编制，强调以货币形式、按期足额支付农民工工资，属于承包人必须履行的合同义务。

3.关于工程款支付担保对通用合同条款第2.6款的补充内容

发包人应在签订合同后_____天内向承包人提供工程款支付担保。工程款支付担保可采用银行保函、担保公司担保或现金、支票等形式，金额为_____。提供工程款支付担保所需的费用由发包人承担。承包人应在收到发包人支付的最终结清款后_____天内将工程款支付担保退还给发包人。

条款说明：上述合同条款系依据《保障农民工工资支付条例》第二十四条编制，向承包人提供工程款支付担保，属于发包人必须履行的合同义务。发包人应在专用合同条款中具体约定工程款支付担保的形式、金额和有效期，必要时还需在合同附件中提供担保格式。

4.关于农民工工资专用账户管理，补充第4.1.10.3目

（1）承包人应分解工程价款中的人工费用，在签订合同后_____天内在工程项目所在地银行开设农民工工资专用账户，专项用于支付本工程项目的农民工工资。发包人应按照本合同约定的比例或承包人提供的人工费用数额，将应付工程款中的人工费用及时足额拨付至农民工工资专用账户，人工费用拨付周期为1个月。农民工工资专用账户应向人力资源和社会保障部门和工程项目行业主管部门备案，并委托开户银行负责日常监管，确保专款专用。

（2）开设、使用农民工工资专用账户有关资料应由承包人妥善保存备查。

条款说明：上述合同条款系依据《保障农民工工资支付条例》第二十六条、第二十四条、第二十九条和《国务院办公厅关于全面治理拖欠农民工工资问题的意见》（国办发〔2016〕1号）第（八）条编制。强制要求承包人开设专项用于农民工工资支付的银行账户，发包人可以从源头上将人工费用从工程款中剥离出

来，确保人工费优先拨付到位，防止人工费与材料费、管理费等资金混同或者被挤占。

5.关于承包人代发分包人农民工工资，补充第4.3.6项

（1）承包人应与分包人依法订立书面分包合同，约定工程款计量周期、工程款进度结算办法。

（2）承包人应在分包合同中要求分包人按月考核农民工工作量并编制工资支付表，经农民工本人签字确认后，与当月工程进度等情况一并交承包人。

（3）承包人根据分包人编制的工资支付表，通过农民工工资专用账户直接将工资支付到农民工本人的银行账户，并向分包人提供代发工资凭证。

（4）用于支付农民工工资的银行账户所绑定的农民工本人社会保障卡或者银行卡，承包人（包括其分包人）不得以任何理由扣押或者变相扣押。

条款说明：上述合同条款系依据《保障农民工工资支付条例》第二十五条和第三十一条编制。分包人委托承包人代发农民工的工资，承包人通过专用账户直接将工资发到农民工本人的银行账户，能有效防止农民工工资被截留，确保工资发到农民工本人手里。

6.关于存储农民工工资保证金，补充第4.12款

（1）为确保施工过程中农民工工资实时、足额发放到位，承包人应在签订合同后_____天内向发包人缴存农民工工资保证金，金额为_____。

（2）农民工工资保证金可采用银行保函、担保公司担保或现金、支票等形式。采用银行保函时，出具保函的银行须具有相应担保能力，且按照发包人批准的格式出具，所需费用由承包人承担。

（3）农民工工资保证金的使用条件为：_____。返还时间为：_____。

条款说明：上述合同条款系依据《保障农民工工资支付条例》第三十二条编制。目前关于农民工工资保证金的存储比例、存储形式、减免措施等具体要求，一般由项目所在省（市）人力资源和社会保障行政部门会同其他相关部门联合制定，例如，北京市工程建设项目须执行《关于印发〈北京市工程建设领域农民工工资保证金管理办法〉的通知》（京人社监发〔2018〕157号）相关规定。因此，

发包人应根据各省（市）相关政策文件补充完善上述合同条款有关内容。

7. 关于维权信息公示，补充第 4.1.10.4 目

承包人应在施工现场醒目位置设立维权信息告示牌，明示下列事项：

（1）发包人、承包人及所在项目部、分包人、工程建设主管部门、劳资专管员等基本信息；

（2）当地最低工资标准、工资支付日期等基本信息；

（3）工程建设主管部门和劳动保障监察投诉举报电话、劳动争议调解仲裁申请渠道、法律援助申请渠道、公共法律服务热线等信息。

条款说明：上述合同条款系依据《保障农民工工资支付条例》第三十四条编制。建立现场维权公示制度，有利于提高农民工的维权意识，有利于督促施工单位进行自我监督和自我管理。

第十节
材料调差

在公路工程项目管理中，工程造价管理与成本的控制对于确保项目的利润至关重要，与施工企业的利润息息相关。公路工程造价的影响因素众多，其中材料价格是占比最大的一部分，而材料价格的波动也会直接影响公路工程的整体造价。因此，在公路工程造价控制当中，必须严格把控材料价格，深入材料市场，建立动态监控机制，有效规避材料价格风险，有效把控工程造价和成本，推动工程顺利开展。公路工程项目建设周期长，通常高速公路建设期长达4年，国省道公路一般也要2~3年，合同中的材料调差条款尤为重要，也直接关系到项目公司的建安成本，规范材料价格调整是提高合同抗风险能力的重要管理举措。材料价格调整涉及施工合同和特许经营协议两个合同。

在实务中，公路工程材料价格的波动风险主要来自以下几个方面。一是预算文件编制的准确性风险。尤其对于一些非常规结构或跨海大桥的项目缺少专项定额，材料价格在信息价中体现得并不是特别准确，此外，设计周期较长也会带来施工期材料价格和设计文件中的材料价格有所变化。例如，某公路工程PPP项目概算约180亿元，由于初步设计是2016年7月完成，而PPP前期程序受政策影响进展较为缓慢，直至2017年6月才完成社会资本招标工作，这期间仅钢材价格的上涨就将近10亿元。二是投标材料报价存在的风险。由于在招投标环节中，投标单位对于材料市场的调研不够充分细致，对材料价格的分析与把控不准确，参与报价核算的人员在专业水平上存在一定的欠缺，这就使得投标单位在材料报价方面与实际的材料市场价格存在着一定的偏差。三是材料供应市场存在的风险。因材料供应市场所导致的材料价格风险也是工程造价控制中的难点，这是由于公路项目施工周期相对较长，施工过程中所需的材料种类和数量较多，在长期施工的过程中材料市场的价格必然会发生一定的波动，例如周边矿山石料的供应价格、运输成本以及其他因素的影响，导致材料价格出现不同程度的上浮，从而与预期的工程预算存在较大偏差，甚至造成了项目资金短缺和项目亏损的情况。四是设计、施工方案变更引起的材料价格风险。设计方案的频繁变更会造成工程工期的拖延，增加工程建设的成本，同时由于设计方案的变更所导致的返工也会增加材料的用量和费用，造成材料价格风险；此外，如果在工程施工中存在质量和安全问题，造成工期拖延，也会造成材料用量增加，带来材料成本的大幅提高。

一、施工合同材料调差

从国家部委层面看，施工合同中的材料价格波动风险可以由施工企业合理分担，但不能完全转嫁给施工企业。

《公路工程设计施工总承包管理办法》（中华人民共和国交通运输部令2015年第10号）第十三条规定："项目法人和总承包单位应当在招标文件或者合同中约定总承包风险的合理分担。风险分担可以参照以下因素约定：项目法人承担的风险一般包括：（一）项目法人提出的工期调整、重大或者较大设计变更、建设标准或者工程规模的调整；（二）因国家税收等政策调整引起的税费变化；

（三）钢材、水泥、沥青、燃油等主要工程材料价格与招标时基价相比，波动幅度超过合同约定幅度的部分……"

此外，交通运输部《关于减轻公路施工企业负担的若干意见》（交公路发〔2012〕245号）也明确要求："严格执行价差调整规定。项目建设单位不得通过设置不合理条款等手段将材料、人工价格上涨风险完全转嫁给施工企业，要本着公正合理的原则，严格按照相关价差调整规定及时处理由于人工、材料涨价造成的工程款变更，按时支付工程款，减轻人工、材料价格上涨给施工企业造成的生产经营压力。"

对于材料价格是否调整、如何调整的问题，在施工合同中采取材料价格不调整的手段本质上是将材料价格风险转嫁给承包人，这就要求承包人必须深入材料市场，建立动态化的材料价格监控机制，合理地评估材料价格的波动范围，从而有效抵御材料价格上涨给工程造价带来的影响。但是这种手段很难抵御材料价格的大幅度上涨，尤其是在公路建设市场施工利润相对透明也并不高的现状下，因此仅适用于施工周期短、材料价格相对稳定的项目；材料价格按实调整则需要预先根据材料价格波动的趋势制定材料价格上涨的应对措施。这种方法虽然表面上看相对比较公平，但事实上还是将大部分的材料价格风险转嫁到了建设单位身上，也不利于对承包人进行管理，并且材料价格的上涨也会造成工程结算环节的诸多困难；材料价格有限制调整是当材料价格涨幅或跌幅超过报价的一定范围（例如5%或10%）后，需要对超出的价格进行调控。通过有限制调整措施，保护了建设单位、投资人和承包人的利益，符合风险共担原则。同时，也能够督促各参建单位加强对材料市场的深度调研，掌握材料价格变化趋势，从而做好工程预算编制，减少材料价格风险。

为规范施工材料价格风险管理、建立价格调整机制，各省份也陆续发布规范性文件鼓励建立合理的价格调整分担机制，例如：广东省交通厅印发《关于印发我省交通建设项目主要材料价差调整指导性意见的通知》（粤交基〔2008〕563号），要求招标文件应明确材料价差调整的相关条款，并按指导性意见中的风险幅度、调整原则和计算方法进行涨价补差、降价减差。浙江省住建厅发布的《关于做好建筑材料价格异常波动风险防范化解工作的通知》中明确：建设工程发承包双方在招投标和合同签订过程中，应明确建筑材料价格的风险内容、风险幅度，以及超过风险范围以外的调整办法。发承包双方可按《浙江省建设工程计价规则》（2018版）的规定分担风险，并在合同中约定：承包人可承担±5%以内的人工和单项材料价格风险，超过部分应由发包方承担或受益。合同工期内，主要建筑材料价格异常波动时，为缓解承包人的资金压力，建设工程发承包双方可协商在工程进度款支付时，将建筑材料调差部分作为工程进度款一并支付，并签订补充协议。宁海发布《关于明确政府投资建设工程要素价格风险的通知》（宁发改〔2014〕24号），规定建设工程5%以内的材料价格风险由施工企业承担，即涨跌幅度在5%及以内的，其价差由施工企业承担或受益；在5%以上的，其超出部分的价差由建设单位承担或受益。

交通运输部《公路工程标准施工招标文件》（2018年版）施工合同通用条款第十六条给出了"采用价格指数调整价格差额"和"采用造价信息调整价格差额"两种方式，在实务中第二种方式应用较多。

案例

施工合同材料调差条款

案例1：杭州湾地区环线并行线G92N（杭甬高速公路复线）宁波段二期甬绍界至小曹娥互通段土建工程施工合同材料调差条款

施工合同基于交通运输部《公路工程标准施工招标文件》（2018年版）施工合同编写，材料调差条款如下：

16 价格调整

16.1 物价波动引起的价格调整

通用合同条款16.1.2项约定为：

16.1.2 采用造价信息调整价格差额

（1）调差材料范围。

在本合同执行期间，仅对用于永久性工程混凝土（超高性能混凝土用材料不调价）中的中粗砂、碎石、水泥、钢筋、钢绞线进行价格调差。

（2）调差幅度。

若差价不超过基期价格的±5%（含），则不进行调差，若差价超过基期价格的±5%，则进行调差，调整差价为差价超过±5%部分。

（3）调差方法。

①数量。

中粗砂、碎石、水泥的调差数量采用永久性工程混凝土（超高性能混凝土用材料不调价）施工所在月消耗的相应数量。混凝土体积以工程量清单计量的体积为准；混凝土未以体积方式列入工程量清单计量的，如以长度为单位计量的桩基础则其混凝土体积按设计的桩径及列入工程量清单计量的桩长计算，以长度为单位计量的涵洞（通道）其混凝土体积按施工图设计的体积计算。各种材料的消耗量按表5-1的方式计算。

各种材料的消耗量　　　　　　　　　　　　　　　　表5-1

混凝土标号	调差材料名称	每立方米混凝土采用的材料消耗量	混凝土标号	调差材料名称	每立方米混凝土采用的材料消耗量
C15	中粗砂	0.5m³	C30	碎石	0.73m³
	碎石	0.85m³		水泥	0.4t
	水泥	0.25t	C40	中粗砂	0.55m³
C20	中粗砂	0.49m³		碎石	0.71m³
	碎石	0.84m³		水泥	0.42t
	水泥	0.28t	C50	中粗砂	0.55m³
C25	中粗砂	0.48m³		碎石	0.67m³
	碎石	0.83m³		水泥	0.505t
	水泥	0.32t	泡沫混凝土	水泥	0.28t
C30	中粗砂	0.56m³			

注：中粗砂、碎石的密度为1.5t/m³。

钢筋、钢绞线的调差数量采用列入工程量清单计量的钢筋、钢绞线的数量，并以施工所在月的数量为准。

②差价：差价＝当期价格—基期价格。

a.基期价格（含税）。

基期价格为投标截止时间前28天所在月份的信息价，按照《宁波建设工程造价信息》（综合版）市区信息价计取。各调差材料基期价格对应的材料型号及规格与价格约定见表5-2。

各调差材料基期价格对应的材料型号及规格与价格　　　表 5-2

调差材料名称	基期价格对应的材料型号及规格与价格（含税信息价）	调差材料名称	基期价格对应的材料型号及规格与价格（含税信息价）
中粗砂	天然砂净砂（中粗砂）（代码：040300013）	钢筋	HRB400 综合（代码：010100019）
碎石	碎石综合（代码：040530073）	钢绞线	HRB400 综合（代码：010100019）
水泥	PO42.5 综合（代码：040100007）		

　　b.当期价格（含税）。

　　当期价格为中粗砂、碎石、水泥、钢筋、钢绞线施工所在月的信息价，按照《宁波建设工程造价信息》（综合版）市区信息价计取。各调差材料当期价格对应的材料型号及规格与价格约定见表5-3。

各调差材料当期价格对应的材料型号及规格与价格　　　表 5-3

调差材料名称	当期价格对应的材料型号及规格与价格（含税信息价）	调差材料名称	当期价格对应的材料型号及规格与价格（含税信息价）
中粗砂	天然砂净砂（中粗砂）（代码：040300013）	钢筋	HRB400 综合（代码：010100019）
碎石	碎石综合（代码：040530073）	钢绞线	HRB400 综合（代码：010100019）
水泥	PO42.5 综合（代码：040100007）		

　　（4）调差周期。

　　施工过程中每季度调整一次。

　　（5）调差程序。

　　由承包人提出价格调差计算表，报监理人审核，由发包人审定。最终以审计机关核定为准。

　　（6）发包人仅对上述约定的材料价格进行调差，其他费用（包括税金）不再调整。

　　16.2　法律变化引起的价格调整

　　通用合同条款第16.2款细化为：

　　在基准日后，因法律、标准、规范变化导致承包人在合同履行中所需要的工程费用发生除第16.1款约定以外的增减时，合同价格不予调整。

案例2： 余姚经济开发区西南园区配套道路（一期）工程施工合同材料调差条款

施工合同基于交通运输部《公路工程标准施工招标文件》（2018年版）施工合同编写，材料调差条款如下：

16 价格调整

16.1 物价波动引起的价格调整

第16.1.2项约定为：

16.1.2 采用造价信息调整价格差额

（1）调差材料范围。

在本合同执行期间，对用于永久性工程的以下材料调价：

①混凝土（不含超高性能混凝土、水泥混凝土管材等水泥混凝土成品）、水泥稳定碎石、软基处理桩、泡沫混凝土中的各种砂、各种碎石、水泥、钢筋、钢绞线和钢箱组合梁中的钢板等（表5-4~表5-6）进行价格调差。

钢材采用浙江省交通工程管理中心发布的《质监与造价》宁波价　　表 5-4

序号	材料类别	调差材料名称		代号	规格型号
1	钢材及加工件	光圆钢筋	光圆钢筋综合价	2001001 2003006	按线材占80%，圆钢20%加权平均
2		带肋钢筋	带肋钢筋综合价	2001002	按 $\phi10$ 占3%，$\phi12$~$\phi14$ 占38%，$\phi16$~$\phi25$ 占27%，$\phi28$~$\phi32$ 占32%加权平均
3		钢板（Q345D）		2003005	12~30mm
4		预应力粗钢筋		2001006	
5		钢绞线		2001008	ϕ j15.24,1860MPa

注：钢箱组合梁中的钢板按照钢板（Q345D）进行调差。

水泥采用浙江省交通工程管理中心发布的《质监与造价》余姚价　　表 5-5

序号	材料类别	调差材料名称	代号	规格型号
1	水泥	32.5 级水泥	5509001	散装
2		42.5 级水泥	5509002	
3		52.5 级水泥	5509003	

地方材料采用浙江省交通工程管理中心发布的《质监与造价》余姚价　表 5-6

序号	材料类别	材料名称	代号	规格型号
1	砂石料	宕渣		堆方
2		中粗砂	5503005	
3		砂砾	5503007	
4		碎石 2cm	5505012	最大粒径 2cm 堆方
5		碎石 4cm	5505013	最大粒径 4cm 堆方
6		碎石	5505016	未筛分碎石统料
7		片石	5505005	码方
8		块石	5505025	码方

②借宕渣、垫层、台背回填料按表 5-6 调价。

③柴油按表 5-7 调差。

柴油采用浙江省交通工程管理中心发布的《质监与造价》信息　表 5-7

标号	单位	标号	单位
0 号柴油	元 /t	–10 号柴油	元 /t
（Ⅵ）	元 /L	（Ⅵ）	元 /L

注：柴油采用本月 0 号柴油最高零售价的平均价。

④沥青混凝土按商品沥青混凝土（表 5-8）价格调差。

沥青混凝土采用宁波建设工程造价管理协会发布的建设工程《造价信息》　表 5-8

代码	材料名称	型号及规格	单位
042101010001	普通沥青混凝土	粗粒式 AC-25	m^3
042101010003	普通沥青混凝土	中粒式 AC-20	m^3
042101010005	普通沥青混凝土	中粒式 AC-16	m^3
042101010007	普通沥青混凝土	细粒式 AC-13	m^3
042101010009	普通沥青混凝土	细粒式 AC-10	m^3
042103010001	改性沥青混凝土	细粒式 AC-25	m^3
042103010003	改性沥青混凝土	中粒式 AC-20	m^3
042103010005	改性沥青混凝土	中粒式 AC-16	m^3
042103010007	改性沥青混凝土	细粒式 AC-13	m^3
042103010009	改性沥青混凝土	细粒式 AC-10	m^3
042105050003	沥青玛琋脂碎石混合料	SMA-16（凝灰岩）	m^3
042105050005	沥青玛琋脂碎石混合料	SMA-13（凝灰岩）	m^3
042105050007	沥青玛琋脂碎石混合料	SMA-10（凝灰岩）	m^3

代码	材料名称	型号及规格	单位
042105050011	沥青玛琋脂碎石混合料	SMA-16（玄武岩）	m³
042105050013	沥青玛琋脂碎石混合料	SMA-13（玄武岩）	m³
042105050015	沥青玛琋脂碎石混合料	SMA-10（玄武岩）	m³

注：橡胶沥青玛琋脂碎石混合料面层（SMA）按相应沥青玛琋脂碎石混合料进行调价。

⑤管道连接、检查井、平侧石等零星砂浆，青红砖、木材、钢模板、铁件等零星材料和辅材不调价。超高性能混凝土、水泥混凝土管材等水泥混凝土成品构件材料不调价。

各调差材料型号及规格采用的信息价及编号约定见表5-4。

（2）调差幅度。

若差价不超过基期价格的±5%（含），则不进行调差，若差价超过基期价格的±5%，则进行调差，调整差价为差价超过±5%部分。

（3）调差方法。

①数量。

中粗砂、碎石、水泥的调差数量采用永久性工程混凝土类（包括水泥稳定碎石、软基处理桩、泡沫混凝土）消耗的相应数量。混凝土类体积以工程量清单计量的体积为准；混凝土类未以体积方式列入工程量清单计量的，如以长度为单位计量的桩基础，则其混凝土体积按设计的桩径及列入工程量清单计量的桩长计算，以长度为单位计量的涵洞（通道），其混凝土体积按施工图设计的体积计算。

宕渣、垫层、回填料、钢筋、钢绞线、钢板的调差数量采用列入工程量清单计量的相应数量。

沥青混凝土以工程量清单计量的体积为准；

柴油仅调整特定清单，详见表5-9。

柴油调价特定清单　　　　表5-9

清单名称	子目号	单位	单位体积的材料消耗量（kg）
铣刨（含挖除）	202-2-2-3	m³	4.888
挖除	202-2-3-2	m³	1.567
土石混合料（宕渣）填筑及二次开挖	204-1-13-6	m³	0.927
沥青路面冷再生（泡沫沥青厂拌基层）	312-1	m³	4.44

清单名称	子目号	单位	单位体积的材料消耗量（kg）
桩径 1.2m	405-3-4	m	12.35
桩径 1.5m	405-3-7	m	17.531
C35 混凝土	410-1-5	m³	2.378
C50 混凝土	411-7-1-3	m³	7.813
小箱梁	411-8-6	m³	1.685
C50 混凝土	411-9-3	m³	5.951

各种材料的消耗量按表5-10中的方式计算。

各种材料的消耗量　　　　表 5-10

材料名称	调差材料名称	单位	每单位材料消耗量	备注
C15	32.5 级水泥	kg	267	
	中粗砂	m³	0.5	
	4cm 碎石	m³	0.85	
C20	32.5 级水泥	kg	298	
	中粗砂	m³	0.49	
	4cm 碎石	m³	0.84	
C25	32.5 级水泥	kg	335	
	中粗砂	m³	0.48	
	4cm 碎石	m³	0.83	
C30	42.5 级水泥	kg	355	注：（1）承包人无论投标或实际采用哪种配比，在调价时各标号水泥混凝土的单位体积材料消耗量均分别按照本表格列明的消耗量进行调差，碎石按照 4cm 的碎石进行调差；（2）"单位体积"均指 1m³
	中粗砂	m³	0.46	
	4cm 碎石	m³	0.84	
C35	42.5 级水泥	kg	372	
	中粗砂	m³	0.46	
	4cm 碎石	m³	0.83	
C40	42.5 级水泥	kg	415	
	中粗砂	m³	0.44	
	4cm 碎石	m³	0.83	
C45	52.5 级水泥	kg	399	
	中粗砂	m³	0.44	
	4cm 碎石	m³	0.84	
C50	52.5 级水泥	kg	430	
	中粗砂	m³	0.41	
	碎石	m³	0.84	

材料名称	调差材料名称	单位	每单位材料消耗量	备注
C55	52.5级水泥	kg	451	注：（1）承包人无论投标或实际采用哪种配比，在调价时各标号水泥混凝土的单位体积材料消耗量均分别按照本表格列明的消耗量进行调差，碎石按照4cm的碎石进行调差；（2）"单位体积"均指1m³
	中粗砂	m³	0.41	
	4cm碎石	m³	0.83	
底基层水泥稳定碎石	42.5级水泥	kg	67.7	注：（1）承包人无论投标或实际采用哪种水泥，水泥按照42.5级水泥进行调差；（2）"单位体积"指1m³
	碎石	m³	1.515	
基层水泥稳定碎石	42.5级水泥	kg	84.62	
	碎石	m³	1.503	
泡沫混凝土	42.5级水泥	kg	300	
高压旋喷桩	42.5级水泥	kg	232	注：（1）承包人无论投标或实际采用哪种水泥，水泥按照42.5级水泥进行调差；（2）每米用量
双向水泥搅拌桩D500	42.5级水泥	kg	47.3	

②调差金额：当期价格高于基期价格的105%时，调差金额=［当期价格–基期价格×（1+5%）］×（1+调差当期的建筑业增值税税率）；当期价格低于基期价格的95%时，调差金额=［当期价格–基期价格×（1–5%）］×（1+调差当期的建筑业增值税税率）。

a.基期价格（除税信息价）。

基期价格为2022年7月的信息价。

b.当期价格（除税信息价）。

当期价格为计量上报时间前42天所在月份。

（4）调差周期。

施工过程中每月计算调差额，累计到下季度首月支付上季度调差额。

（5）调差程序。

由承包人提出价格调差计算表，报监理人审核，由发包人审定。最终以审计核定为准。

（6）调差价格采用。

光圆钢筋、带肋钢筋统一采用综合价，混凝土用砂统一采用"中粗砂"的价格，混凝土用碎石统一采用"碎石4cm"的价格。其他材料采用相应信息价。

16.2　法律变化引起的价格调整

第16.2款补充：

在基准日后，因法律、标准、规范变化导致承包人在合同履行中所需要的工程费用发生除本合同第16.1款约定以外的增减或法律、标准、规范明确要求调整时，合同价款不予调整。

案例3：G228宁海西店至桃源段公路工程施工合同材料调差条款

施工合同基于《浙江省公路工程施工招标文件示范文本》（2022年版）施工合同编写，材料调差条款如下。

16　价格调整

16.1　物价波动引起的价格调整

本项目在合同实施期间，仅对用于永久性工程的沥青、水泥、钢材、砂石料（指石屑、碎石、片石、块石、中粗砂）、燃油（汽油、柴油、重油）、炸药、绿化苗木、电缆电线进行价格调差。

16.1.1　基期价格

按先后顺序采用2017年5月份宁波市交通工程造价管理站网站上发布的宁海县材料信息价，宁海县未发布的采用宁波市材料信息价、2017年第五期浙江省交通建设工程质监与造价价格信息专辑的材料信息价、2017年第5期《宁波建设工程造价信息》刊综合版宁海县材料信息价（宁海县市场信息价未及材料按同期宁波市区材料市场信息价）、2017年第3期《宁波建设工程造价信息》（园林苗木专刊）（上述价格均为除税信息价，如当期信息价无除税信息价的，按有关规定折算成除税信息价）作为基期价格。

16.1.2　数量

沥青、水泥、钢材、砂石料（指石屑、碎石、片石、块石、中粗砂）、燃油（汽油、柴油、重油）、炸药、绿化苗木、电缆电线根据《公路工程预算定额》（JTG/T B06-20—2007）、《浙江省公路工程四新技术预算定额》（浙交〔2010〕133号）、《浙江省公路工程补充定额》《浙江省市政工程预算定额（2010）版》消耗量进行计算。

16.1.3 差价

本工程按宁发改〔2014〕24号文的规定执行。按照基期价格与合同工期内桥梁、路基、路面等单位工程实施月份宁波市交通工程造价定额站发布的宁海县部分市场材料信息价格，宁海县未发布的采用浙江省交通工程造价管理站同期发布的材料信息价格（若材料品种或规格不全时，可采用宁波市材料信息价）的算术平均值相比较，在合同履行过程中，上述主要材料价格涨跌幅度在5%及以内的，其价差由施企业承担或收益；涨跌幅度在5%及以上的，其超出部分的价差由建设单位承担或收益。上述价格均为除税信息价，如当期信息价无除税信息价的，按有关规定折算成除税信息价。炸药的材料单价中未考虑矿产资源费和采保等费用，参照定额用量进行补差。

16.1.4 工期延误

工期延误造成的材料价格调整采用宁发改〔2014〕24号文件执行。

16.1.5 仅对材料价格和税金进行调差，其他费用不再调整。

16.1.6 结算程序

单位工程中间交工验收后，由承包人提出价格调差计算表，报监理工程师审核，由发包人审定后予以计量补差，最后结算时审查确认（如列入年度审计项目计划，应当以审计机关依法作出审核结果，作为价款结算依据）。

16.2 法律变化引起的价格调整

通用合同条款第16.2款细化为：

在基准日内，因法律变化导致承包人在合同履约中所需要的工程费用发生除16.1款约定以外的增减时，一律不予调整。

二、特许经营协议材料调差

公路特许经营项目中，施工合同中的材料调差方式不一定完全相同地体现在特许经营协议中。因为不论是否采用PPP模式，施工单位都是基于交通运输部或各省份发布的示范文本签订的常规施工合同，其履行施工合同的责权利并没有因为项目采用何种投资方式而改变。

对于使用者付费模式下的收费公路特许经营项目，都是本身具有一定特许经营收益的项目，特许经营协议中是否要对项目公司进行材料调差，作者认为：项目公司作为项目法人主体，经投资主管部门或者其他有关部门核定的投资概算是其控制项目总投资的依据。项目未超概，意味着项目公司为完成建设任务所发生的投资在其可以预见且合理的范围内，并没有打破基于招投标所确定的交易结构，也意味着项目特许权收入仍在弥补项目公司的建设投资后按"原设想"提供着合理收益，再加上项目公司作为法人主体应承担相应的建设风险，因此未超概情况下政府方无需对概算个别科目的变化予以补偿，如因材料价格上涨而导致项目超概，则可以按照调整概算程序办理。

作者参与咨询的项目中也遇到过项目公司想通过"情势变更"条款主张材料价格调整，实践中均未成功，关于情势变更的司法解释和适用情形在第六章第八节阐述。

第十一节
施工分包管理

一、违法转分包认定

目前，我国公路工程施工分包主要存在以下4种情况：一是正常的工程分包，即合法分包，主要体现为经业主同意后依法进行专业分包或劳务作业分包；二是业主违法指定分包；三是施工单位违法分包，即施工单位未经业主同意私自分包，特别是以劳务合作、劳务作业分包、设备租赁等形式分包给不具备相应施工资质的施工单位或"包工头"；四是分包单位非法再分包或转包。做好工程分包行为管理有助于规范建设市场秩序，提高工程质量和安全管理水平，根治违法转包分包等工程建设领域突出问题，有效预防腐败。住建部2021年3月19日发布的《住建部关于2020年度建筑工程施工转包违法分包等违法违规行为查处情况的通报》中的数据显示，各地共排查出9725个项目存在各类建筑市场违法违规行为。就目前实际情况来看，公路工程施工需要分包，特别是部分专业性较强的专业工程，无论是从质量、安全上考虑，还是从进度、费用上考虑，都更适合由专业分包人完成。

就其本质而言，分包意味着承包人将其对合同的部分权利义务让与第三人，但与合同权利义务的概括转让所不同的是，承包人并不因此免除其对分包部分的合同义务。建设工程施工合同在性质上属于承揽合同，履行建设工程合同需要投入大量资金、具备众多专业技能，承包人往往并不具备独立完成施工的能力，工程分包行为难以避免。因此、合法分包行为受到法律保护，《民法典》和《建筑法》均规定，工程总承包人在经发包人同意或认可，并且自行完成工程主体结构施工的情况下，可以将自己承包的部分工作交由第三人完成。《民法典》虽未规定违法分包的具体内容，但从反面解释的角度，合法分包行为以外的分包行为，均属于《民法典》与《建筑法》所禁止的违法行为。转包虽也是承包人将其承包的工程交由第三人施工的行为，但转包与分包存在显著的区别，从行为模式看，转包是将其承建的工程施工任务全部交由第三人施工，或者将工程进行肢解以后，各自分包给多家单位进行施工。分包尚有合法与违法的区分，而承包人的转包行为则完全不受法律保护，转包本身完全属于违法的行为。这主要是因为，承包人将工程进行转包，是对合同信赖关系和稳定性的严重破坏，是缺乏诚信的表现；在实践中，承包人将工程进行转包以后，因其已获得利润，往往放弃对工程进行任何管理，对工程质量和施工安全具有极大的危害性。

目前，我国法律法规中并没有明确的施工分包定义，《民法典》第七百九十一条第二款规定："总承包人或者勘察、设计、施工承包人经发包人同意，可以将自己承包的部分工作交由第三人完成。第三人就其完成的工作成果与总承包人或者勘察、设计、施工承包人向发包人承担连带责任。承包人不得将其承包的全部建设工程转包给第三人或者将其承包的全部建设工程支解以后以分包的名义分别转包给第三人。"可以借鉴交通运输部部《公路工程标准施工招标文件》（2018版）公路工程专用合同条款对转包、专业分包和劳务分包的定义，即：

转包指承包人违反法律和不履行合同规定的责任和义务，将中标工程全部委托或以专业分包的名义将中标工程肢解后全部委托给其他施工企业施工的行为。

专业分包指承包人与具有相应资格的施工企业签订专业分包合同，由分包人承担承包人委托的分部工程、分项工程或适合专业化队伍施工的其他工程，整体结算，并能独立控制工程质量、施工进度、材料采购、生产安全的施工行为。

劳务分包指承包人与具有施工劳务资质的劳务企业签订劳务分包合同，由劳务企业提供劳务人员及机具，由承包人统一组织施工、统一控制工程质量、施工进度、材料采购、生产安全的施工行为。

项目公司与施工单位签订施工合同，有义务督促施工单位做好施工分包管理，交通运输部2011年发布《公路工程施工分包管理办法》（交公路发〔2011〕685号），并于2021年以交公路规〔2021〕5号文件对其进行了修订。文件中首次提出如下对转包和违法分包的认定条款：

"承包人未在施工现场设立项目管理机构和派驻相应人员对分包工程的施工活动实施有效管理，并且有下列情形之一的，属于转包：（1）承包人将承包的全部工程发包给他人的；（2）承包人将承包的全部工程肢解后以分包的名义分别发包给他人的；（3）法律、法规规定的其他转包行为。

"有下列情形之一的，属于违法分包：（1）承包人未在施工现场设立项目管理机构和派驻相应人员对分包工程的施工活动实施有效管理的；（2）承包人将工程分包给不具备相应资格的企业或者个人的；（3）分包人以他人名义承揽分包工程的；（4）承包人将合同文件中明确不得分包的专项工程进行分包的；（5）承包人未与分包人依法签订分包合同或者分包合同未遵循承包合同的各项原则，不满足承包合同中相应要求的；（6）分包合同未报发包人备案的；（7）分包人将分包工程再进行分包的；（8）法律、法规规定的其他违法分包行为。"

同时，为有效防止"以劳务合作之名行专业分包之实"这一现象愈演愈烈，《公路工程施工分包管理办法》对劳务合作做出规定并加以有效引导，明确劳务合作不属于分包，由承包人负全责。同时，劳务合作不计入分包人业绩。关于分包的工作量，原《公路建设市场管理办法》（交通部令2004年第14号，现已废止）曾规定"分包的工程不得超过总工程量的30%"。在立法调研中，几乎所有的被调研对象均建议对《公路建设市场管理办法》中"分包的工程不得超过总工程量的30%"的规定进行调整。为此，交通运输部通过了《关于修改〈公路建设市场管理办法〉的决定》，取消了"分包的工程不得超过总工程量的30%"的规定，为《公路工程施工分包管理办法》的实施解除了障碍。

住建部在《建筑工程施工发包与承包违法行为认定查处管理办法》（建市规〔2019〕1号）中同样以列举形式提出了对转包和违法分包的认定条款：

"存在下列情形之一的，应当认定为转包，但有证据证明属于挂靠或者其他违法行为的除外：（1）承包单位将其承包的全部工程转给其他单位（包括母公司承接建筑工程后将所承接工程交由具有独立法人资格的子公司施工的情形）或个人施工的；（2）承包单位将其承包的全部工程肢解以后，以分包的名义分别转给其他单位或个人施工的；（3）施工总承包单位或专业承包单位未派驻项目负责人、技术负责人、质量管理负责人、安全管理负责人等主要管理人员，或派驻的项目负责人、技术负责人、质量管理负责人、安全管理负责人中一人及以上与施工单位没有订立劳动合同且没有建立劳动工资和社会养老保险关系，或派驻的项目负责人未对该工程的施工活动进行组织管理，又不能进行合理解释并提供相应证明的；（4）合同约定由承包单位负责采购的主要建筑材料、构配件及工程设备或租赁的施工机械设备，由其他单位或个人采购、租赁，或施工单位不能提供有关采购、租赁合同及发票等证明，又不能进行合理解释并提供相应证明的；（5）专业作业承包人承包的范围是承包单位承包的全部工程，专业作业承包人计取的是除上缴给承包单位"管理费"之外的全部工程价款的；（6）承包单位通过采取合作、联营、个人承包等形式或名义，直接或变相将其承包的全部工程转给其他单位或个人施工的；（7）专业工程的发包单位不是该工程的施工总承包或专业承包单位的，但建设单位依约作为发包单位的除外；（8）专业作业的发包单位不是该工程承包单位的；（9）施工合同主体之间没有工程款收付关系，或者承包单位收到款项后又将款项转拨给其他单位和个人，又不能进行合理解释并提供材料证明的。

"两个以上的单位组成联合体承包工程，在联合体分工协议中约定或者在项目实际实施过程中，联合体一方不进行施工也未对施工活动进行组织管理的，并且向联合体其他方收取管理费或者其他类似费用的，视为联合体一方将承包的工程转包给联合体其他方。

"存在下列情形之一的，属于违法分包：（1）承包单位将其承包的工程分包给个人的；（2）施工总承包单位或专业承包单位将工程分包给不具备相应资质单位的；（3）施工总承包单位将施工总承包合同范围内工程主体结构的施工分包给其他单位的，钢结构工程除外；（4）专业分包单位将其承包的专业工程中非劳务作业部分再分包的；（5）专业作业承包人将其承包的劳务再分包的；（6）专业作业承包人除计取劳务还计取主要建筑材料款和大中型施工机械设备、主要周转材料费用的。"

对于劳务分包和违法分包，只要我们准确把握劳务分包与违法分包之间的共同之处，便能准确区分违法分包和劳务分包。具体表现为：

（1）承包单位将劳务作业分包给个人或不具备相应资质单位的，属于违法分包；

（2）专业作业承包人将其承包的劳务再分包，属于违法分包；

（3）专业作业承包人还计取主要建筑材料款和大中型施工机械设备、主要周转材料费用的，属于违法分包。

实务中因第3种情形产生纠纷的较多，此种情形，实际就是我们常说的"包工包料包机械"，但是需要注意的是，是否只要专业作业承包人计取了材料费或机械费就是属于违法分包？答案是否定的。《建筑工程施工发包与承包违法行为认定查处管理办法》（建市规〔2019〕1号）明确规定了只有在专业作业承包人同时计取的是"主要"建筑材料款、"大中型"施工机械设备和"主要"周转材料费用时，才能认定为违法分包。换言之，如计取的仅是劳务作业费用和辅助性建材、小型施工机械设备款，则仍应认定为属于合法的劳务分包，而不应划入违法分包范畴。此外，从法律责任方面，专业分包单位就工程质量和总承包单位承担连带责任，劳务分包不承担工程质量责任。

项目公司要切实做好施工单位的分包管理工作，并根据《公路工程施工分包管理办法》规定，在工程实施前，对经监理审查同意后的分包合同进行备案管理。工程质量安全要从源头抓起，合同管理的不规范会为日后的质量事故埋下巨大隐患，例如2010年11月15日，上海市静安区胶州路728号公寓大楼发生特别重大火灾事故，事故总计造成58人死亡，71人受伤，直接经济损失1.58亿元。根据事故调查组的报告显示，该项目是由上海市静安区建设总公司总承包后，转交由其全资子公司上海佳艺建筑装饰工程公司实施，上海佳艺建筑装饰工程公司又将工程拆分违法分包给7家施工企业。最终，事故调查组在事故的调查报告中对此认定为转包，并将项目虚假招投标、转包、违法分包、项目管理混乱认定为事故发生的主要间接原因。

在实务中应注意关于转包与挂靠行为的区分。有证据证明属于挂靠或者其他违法行为的，不应认定为转包。因转包行为和挂靠施工行为存在交叉，二者在现实中不易区分，甚至有意见认为，因二者均属违法行为，在本质上没有区别，不用加以区分。作者认为，从逻辑上讲，挂靠施工和转包行为不仅可以区分，且因涉及民事责任的承担主体与承担方式，必须对二者加以区分。对比挂靠和转包的特征，二者在部分构成要件上存在重合，但也存在明显区别：

（1）二者发生的时间不同。转包行为通常发生在转包人取得承包权之后，而挂靠一般是在被挂靠人订立合同之前或同时就形成借用资质的意思表示。从本质上讲，被挂靠人的"名""实"分离才是形成挂靠的根本原因。

（2）二者涉及的工程范围不同。转包既可能是将工程整体转包，也可能是肢解后另行分包，而挂靠是挂靠人以被挂靠人的名义承包整体的工程。

（3）挂靠人以借用资质的行为承接到工程后，还可能发生转包等情形，而承包人将工程转包之后，却不具备再挂靠的基础。

（4）在挂靠施工中，因存在借名行为，对外表现为发包人和被挂靠人之间的合同关系。而在转包行为中，转包人一般以自己的名义实施行为，对外表现为其自身与相对人的关系。

（5）转包行为无效的，不影响发包人与承包人之间的合同效力，而挂靠施工的行为，通常会直接导致建设工程施工合同无效。

二、分包的组织和管理

公路工程施工分包活动实行统一管理、分级负责。在公路工程的其他法规文件中也多次提到了"统一管理、分级负责"的原则。如《公路建设市场管理办法》（中华人民共和国交通运输部令2015年第11号）规定：公路建设市场管理实行统一管理、分级负责。《公路建设项目评标专家库管理办法》（交公路发〔2011〕797号）规定：公路建设项目评标专家库管理实行统一管理、分级负责。《公路施工企业信用评价规则》（交公路发〔2009〕733号）规定：信用评价管理工作实行统一管理、分级负责。《公路建设市场信用信息管理办法》（交公路发〔2009〕731号）规定：公路建设市场信用信息管理实行统一管理、分级负责。这里的"统一管理、分级负责"展开来讲，是指国务院交通运输主管部门负责制定全国公路工程施工分包管理的规章制度，对省级人民政府交通运输主管部门的公路工程施工分包活动进行指导和监督检查。省级人民政府交通运输主管部门负责本行政区域内公路工程施工分包活动的监督与管理工作；制定本行政区域公路工程施工分包管理的实施细则、分包专项类别以及相应的资格条件、统一的分包合同格式和劳务合作合同格式等。

收费公路特许经营在特许经营者招标时通常应明确，特许经营者如具备相应专业工程的施工资质（如交安设施、机电工程、房建工程等施工资质），可自行承担相应专业工程的施工；如特许经营者不具备专业工程的施工资质，应将相应专业工程由项目公司依法招标确定。这里强调一点，对于钢结构施工资质，在当前资质序列中其并不属于公路工程施工总承包资质下面的专业工程施工资质，因此，在中标特许经营者仅具备公路工程施工总承包资质但不具备钢结构施工资质的情况下，需要由项目公司另行依法对钢结构施工单位的选择组织招标。

在责任主体方面，《公路工程施工分包管理办法》和各地实施细则均规定了发包人的责任，主要包括加强对施工分包活动的管理，建立健全项目分包管理制度；负责对分包的合同签订与履行、进度管理、质量与安全管理、计量支付等活动监督检查，并建立台账，及时制止承包人的违法分包行为。同时，监理人也应尽到对所监理合同段的施工分包活动的管理责任，及时发现并制止承包人的违法分包行为，并通知发包人。承包人和分包人在分包工程中均应建立项目管理机构，项目管理机构应当具有与承包或者分包工程的规模、技术复杂程度相适应的技术、经济管理人员，其中项目负责人和技术、财务、计量、质量、安全等主要管理人员必须是本单位人员，实务中一般会通过查验社保缴纳单位的方式来认定。此外多个省份结合当地情况出台了实施细则，进一步明确了分包的范围、资质要求、程序管理等，例如《浙江省公路水运工程施工分包管理办法（试行）》规定下列工程内容不得分包：

（1）滑坡体的预应力结构和抗滑桩。

（2）单独招标路面合同段的沥青面层结构。

（3）桥梁索塔、锚碇、沉井基础等结构；浇筑高度≥30m的非柱式混凝土墩；预应力混凝土桥梁上部承重结构（购买专业化生产的符合相关要求的梁板除外）；拱桥、斜拉桥、悬索桥等特殊桥梁上部承重结构（钢结构除外）。

（4）水底隧道；采用盾构法或隧道掘进机（TBM）施工的隧道；设计明确的高风险和技术特别复杂的隧道；单独招标隧道合同段的二次衬砌。

（5）船闸闸首与闸室混凝土结构；高桩码头现浇混凝土靠船上部结构；码头工程预应力混凝土构件预制（购买专业化生产的符合相关要求的梁板除外）。

（6）其他高风险和技术复杂的工程内容。

发包人可以结合项目实际在招标文件中按合同段明确不得分包的工程内容（这里无须列明可以分包的工程内容，把审查分包的权利充分还给发包人）。未经发包人书面同意，构成主体工程的钢材、水泥、混凝土等主要材料、半成品、构（配）件（钢结构以及购买的梁板、商品混凝土等除外）的采购供应，应当由承包人完成，不得由分包人实施。同时详细规定了施工分包专项类别划分与资格条件（表5-11），在施工分包规范化管理方面起到了很好的示范作用。

浙江省公路水运工程施工分包专项类别划分与资格条件　　表5-11

编号	工程类别	资格条件（最低要求）			
		分包人	人员	业绩	机械设备
一、专项工程（公路工程）					
ZX1	土石方工程（土方和石方开挖、运输、填筑等）	具有经注册登记的法人资格，具有履行合同的能力	现场负责人1人；具有分包工程类似工程业绩的技术（质量）、安全管理人员	分包人与现场负责人具有1个及以上类似项目工程业绩	压路机、推土机、挖掘机、空压机和风钻（或潜孔钻机）、自卸汽车等满足实际施工需要的机械设备
ZX2	软基处理工程（湿喷桩、粉喷桩、喷浆桩、塑料排水板、沙井、砂桩、碎石桩、水泥搅拌桩、打入桩、土工合成材料处治层等）				相应成桩（孔）或打设设备等满足实际施工需要的机械设备

编号	工程类别	资格条件（最低要求）			
		分包人	人员	业绩	机械设备
ZX3	排水及防护工程［边沟、排水沟、截水沟、盲沟、渗沟、跌水、急流槽、水簸箕、检查（雨水）井、路面排水等以及护坡、护面墙、挡土墙、河道防护、桥台锥坡、植物护坡、锚索边坡加固等］	具有经注册登记的法人资格，具有履行合同的能力	现场负责人1人；具有与分包工程类似工程业绩的技术（质量）、安全管理人员	分包人与现场负责人具有1个及以上类似项目工程业绩	挖掘机、空压机、风钻、卷扬机、潜孔钻机、张拉压浆设备、喷压机等满足实际施工需要的机械设备
ZX4	小型构造物（圆管涵、排水泵站、箱涵、渡槽、倒虹吸、通道等）				挖掘机等满足实际施工需要的机械设备
ZX5	路面基层及底基层工程（碎石底基层、各类稳定土、混合料底基层、混合料基层）				摊铺机、压路机等满足实际施工需要的机械设备
ZX6	水泥混凝土路面工程（基层、底基层、水泥混凝土面层、桥面铺装水泥混凝土层等）				水泥路面设备等满足实际施工需要的机械设备
ZX7	路面附属工程（路缘石、路肩、人行道旧路面拆除等其他附属工程）				根据施工特点配置设备，满足实际施工要求
ZX8	桥梁基础工程（扩大基础、桩基、承台、桩的制作、钢筋加工及安装等）				挖掘机、钻机、钢筋加工设备等满足实际施工需要的机械设备
ZX9	桥梁下部构造工程［墩台身（砌体）浇筑、钢筋加工及安装、墩台身安装、墩台帽、组合桥台、支座垫石和挡块等］				吊机、铲车等满足实际施工需要的机械设备
ZX10	非预应力上部构造工程（预制和安装、现浇等）				门式起重机（如承包人提供不需要）、汽车起重机、平板车等满足实际施工需要的机械设备
ZX11	桥面系和附属工程（水泥混凝土桥面铺装、桥面排水设施、搭板、伸缩缝安装、混凝土护栏、人行道等）				抛丸机、洒布机、叉车或吊机等满足实际施工需要的机械设备

编号	工程类别	资格条件（最低要求）			
		分包人	人员	业绩	机械设备
ZX12	隧道开挖及支护工程(开挖运输、钢纤维喷射混凝土支护、锚杆支护、钢筋网支护、超前锚杆等)	具有经注册登记的法人资格，具有履行合同的能力	现场负责人1人；具有与分包工程类似工程业绩的技术（质量）、安全管理人员	分包人与现场负责人具有1个及以上类似项目工程业绩	挖掘机、铲车、钻机、空压机、喷浆机、自卸汽车等满足实际施工需要的机械设备
ZX13	隧道衬砌及防排水工程（混凝土衬砌、钢支撑、衬砌钢筋、水层、止水带、棒水沟等）				台车、喷射泵、喷浆机、运输车等满足实际施工需要的机械设备
ZX14	隧道附属工程（沟槽、检修道、隧道瓷砖、涂装等）				根据施工特点配置设备，满足实际施工要求
ZX15	绿化工程（中央分隔带绿化、路侧绿化、互通交叉绿化、服务区绿化、取弃土场绿化等）				挖掘机等满足实际施工需要的机械设备
ZX16	环境保护工程（声屏障等）				吊机、挖掘机等满足实际施工需要的机械设备
ZX17	与工程施工方案相关的临时工程（钢便桥、隧道支洞、大临工程等）				根据施工特点配置设备，满足实际施工要求
二、专项工程（水运工程）					
ZX18	土石方工程［土石方围堰、便道等修建与拆除、陆域（堆场）填筑、陆上土石方工程、航道疏浚土方、炸礁及水下石方爆破、防波堤土石方等］	具有经注册登记的法人资格，具有履行合同的能力	现场负责人1人；具有与分包工程类似工程业绩的技术（质量）、安全管理人员	分包人与现场负责人具有1个及以上类似项目工程业绩	推土机、挖掘机、挖泥船、驳船、自卸汽车、压实机等满足实际施工需要的机械设备
ZX19	地基处理工程(粉喷桩、塑排桩、真空预压等)				根据施工特点配置设备，满足实际施工要求
ZX20	桩基工程(钻孔灌注桩、PHC桩、钢管桩、方桩、预制型嵌岩桩等)				钻机、打桩机（船）、运桩车（船）等满足实际施工需要的机械设备
ZX21	码头及护岸混凝土工程（除码头靠船结构外的码头胸墙及墙身等混凝土结构、防波堤和护岸混凝土，混凝土构件安装、非预应力混凝土构件制作）				混凝土拌和设备、浇筑设备、运输车等满足实际施工需要的机械设备

续上表

编号	工程类别	资格条件（最低要求）			
		分包人	人员	业绩	机械设备
ZX22	船闸混凝土工程（除船闸闸首与闸室结构外的混凝土结构，混凝土构件安装、非预应力混凝土构件制作）	具有经注册登记的法人资格，具有履行合同的能力	现场负责人1人；具有与分包工程类似工程业绩的技术（质量）、安全管理人员	分包人与现场负责人具有1个及以上类似项目工程业绩	混凝土拌和设备、浇筑设备、运输车等满足实际施工需要的机械设备
ZX23	砌筑工程（码头和护岸基础、墙身及附属结构等的砌筑、其他简易附属砌筑工程等）				砂浆搅拌机等满足实际施工需要的机械设备
ZX24	钢构件工程（钢构件、压型板、钢引桥、钢结构涂装、钢趸船、其他简易钢结构构件等）				钢构件加工、安装、起吊等满足实际施工需要的机械设备
ZX25	疏浚及吹填工程（基建性疏浚、维护性疏浚、吹填、围埝等）				根据施工特点配置设备，满足实际施工要求
ZX26	设备安装工程（港口、码头等大型机械设备安装，小型设备、管道及附属设备安装、供电、给排水、照明设备、消防系统、环保系统等）				起重、安装等满足实际施工需要的机械设备
ZX27	航标工程（航道标志、标牌安装及附属设施等）				打桩或焊接设备、起重设备等满足实际施工需要的机械设备
ZX28	绿化工程				推土机、挖掘机等满足实际施工需要的机械设备
ZX29	与工程施工方案相关的临时工程（钢便桥、大临工程等）				根据施工特点配置设备，满足实际施工要求

注：1.专项工程中如采用外购商品混凝土、沥青混凝土、基层混合料，相应的拌和设备可不作要求。

2.表中未列明的工程类别（除规定不得分包的工程内容及沥青面层结构外），可参照类似类别的要求增列，无可参照的，根据工程实际需要，由发包人确定。

3.分包人及其相关人员的工程业绩证明可按经发包人认可的工程分包合同进行认定。

通过梳理政策法规文件，结合项目实践经验，作者提出实务中公路特许经营项目实施机构对施工分包合同管理检查的事项大纲如下，供大家参考使用：

（1）建设单位是否制定了分包管理制度；

（2）对分包合同的签订与履行、进度管理、质量与安全管理、计量支付等是否定期检查并建立台账；

（3）监理单位是否有效对施工分包活动进行管理；

（4）建设单位是否设立相应合同管理部门并配备相关管理人员，对施工分包进行日常管理；

（5）总包和分包单位设立的项目管理机构是否配备了与分包工程的规模、技术复杂程度相适应的技术、经济管理人员，且主要管理人员均为本单位人员；

（6）合同段项目部是否及时提交合同考核确认表，经监理人核查后由发包人确认；

（7）主体工程、关键性工程是否分包（钢结构除外）；

（8）专业工程分包是否符合招标文件约定；

（9）分包合同是否采用项目所在省份指定的公路水运施工分包合同统一格式；

（10）分包单位资质是否与专业工程相适应并符合地方省、市文件规定；

（11）依法必须招标的专业工程分包是否规避招标；

（12）是否存在建设单位或总包违规指定分包情形；

（13）分包单位是否存在挂靠资质行为；

（14）分包工程是否存在再次分包情形；

（15）总包单位是否按规定报监理人审查分包合同；

（16）监理单位是够将符合审查要求的分包合同报建设单位备案；

（17）是否以劳务合作的名义签订专业分包合同（除计取劳务费外还计取主要建筑材料款和大中型施工机械设备、主要周转材料费用）；

（18）总包单位是否在施工现场设立项目管理机构和派驻相应人员对分包工程的施工活动实施有效管理；

（19）分包合同条款是否与总包合同约定的不一致；

（20）分包合同是否按合同约定履约；

（21）是否合法开展对分包人的履约信用评价管理；

（22）分包合同档案管理是否规范。

三、实际施工人可以向项目公司主张权利

公路特许经营项目在转包和违法分包的情况下，存在三方当事人，以及两个法律关系：一是承包人与项目公司之间的施工合同关系；二是承包人作为转包人或者违法分包人与转包或者违法分包中的承包人之间的转包和违法分包关系。通常来说，合同具有相对性，实际施工人不能突破合同相对性向发包人主张权利。但是，在实践中转包或违法分包的承包人即实际施工人向转包人、违法分包人主张权利时往往因多种原因（包括项目公司的原因或转包人、违法分包人自身原因）受阻，其权利往往不能及时实现，而实际施工人主张权利渠道不畅又会直接导致工人的工资不能得到及时发放。为了保护处于弱势地位的工人的权益，最高人民法院在2004年出台的《建设工程施工合同司法解释》（现已废止）中突破了合同相对性，规定了实际施工人可以直接向发包人主张权利。该解释第二十六条规定：“实际施工人以转包人、违法分包人为被告起诉的，人民法院应当依法受理。实际施工人以发包人为被告主张权利的，人民法院可以追加转包人或者违法分包人为本案当事人。发包人只在欠付工程价款范围内对实际施工人承担责任。”总的来说，该条司法解释规定对于保护工人权利，解决曾经普遍存在的拖欠农民工工资问题，发挥了十分重要的作用，在审判实践中取得了良好的法律效果和社会效果。但是，在实践中也出现了一定的问题，主要是有的法院并未查明发包人欠付承包人的工程价款情况，直接判决发包人在欠付工程款范围内承担责任，导致执行中发包人向实际施工人承担责任的范围无法确定。为了解决这一问题，2018年出台的《建设工程施工合同司法解释（二）》（现已废止）对《建设工程施工合同司法解释》第二十六条的规定进行了修正。《建设工程施工合同司法解释（二）》第二十四条规定：“实际施工人以发包人为被告主张权利的，人民法院应当追加转包人或者违法分包人为本案第三人，在查明发包人欠付转包人或者违法分包人建设工程价款的数额后，判决发包人在欠付建设工程价款范围内对实际施工人承担责任。”《建设工程施工合同司法解释（二）》第二十四条规定与《建设工程施工合同司法解释》第二十六条规定的不同之处在于：一是将“人民法院可以追加转包人或者违法分包人为本案当事人”改为“人民法院应当追加转包人或者违法分包人为本案第三人”；二是增加判决发包人在欠付建设工

程价款范围内对实际施工人承担责任的条件，即应当查明发包人欠付转包人或者违法分包人建设工程价款的数额。后来，最高人民法院在2020年出台的《关于审理建设工程施工合同纠纷案件适用法律问题的解释（一）》（法释〔2020〕25号）中的第四十三条继续沿用了这个条款。

在实务中判定项目公司对实际施工人承担责任，要注意两个前提条件：一是实际施工人对转包人或者违法分包人享有债权，该债权可能是因转包合同或者违法分包合同无效引起的折价补偿请求权，也可能是赔偿损失请求权；二是承包人与实际施工人完成的建设工程质量应当经验收合格。实际施工人向项目公司主张权利，源自承包人对项目公司享有的债权，该债权在施工合同有效的情况下是工程款请求权，在施工合同无效情况下是参照合同约定的工程价款的折价补偿请求权。如果承包人与实际施工人完成的公路工程质量不合格，则承包人对项目公司不享有工程款请求权或折价补偿请求权，实际施工人也就不能向项目公司主张权利。

实际施工人除可依据上述司法解释规定突破合同相对性向发包人直接主张权利，还可以依据《民法典》第五百三十五条第一款"因债务人怠于行使其债权或者与该债权有关的从权利，影响债权人的到期债权实现的，债权人可以向人民法院请求以自己的名义代位行使债务人对相对人的权利，但是该权利专属于债务人自身的除外"的规定，突破合同相对性向项目公司主张权利。对此，《关于审理建设工程施工合同纠纷案件适用法律问题的解释（一）》（法释〔2020〕25号）也有明确规定，其中第四十四条规定："实际施工人依据民法典第五百三十五条规定，以转包人或者违法分包人怠于向发包人行使到期债权或者与该债权有关的从权利，影响其到期债权实现，提起代位权诉讼的，人民法院应予支持。"依据上述法律和司法解释，实际施工人以行使代位权方式向项目公司主张权利同样需要具备以下几个条件：第一，实际施工人完成的建设工程质量合格，如果实际施工人完成的建设工程质量不合格，其对转包人、违法分包人就不享有合法债权，其自然就不能行使代位权；第二，转包人或者违法分包人怠于向发包人行使其到期债权，对实际施工人造成损害；第三，转包人或者违法分包人的债权不是专属于其自身的债权。

四、国有企业投资项目是否必须进入平台交易

先说结论，使用预算资金达200万元以上，并且该资金占投资额10%以上或使用国有企业事业单位资金，并且该资金占控股或者主导地位的项目，上述项目的施工招标预算如达400万元以上，则必须依法进入平台交易。

依据如下：

2016年《公共资源交易平台管理暂行办法》第八条规定：依法必须招标的工程建设项目招标投标、国有土地使用权和矿业权出让、国有产权交易、政府采购等应当纳入公共资源交易平台。

那么，什么是"依法必须招标的工程建设项目"，现行《招标投标法》第三条规定："在中华人民共和国境内进行下列工程建设项目包括项目的勘察、设计、施工、监理以及与工程建设有关的重要设备、材料等的采购，必须进行招标：（一）大型基础设施、公用事业等关系社会公共利益、公众安全的项目；（二）全部或者部分使用国有资金投资或者国家融资的项目；（三）使用国际组织或者外国政府贷款、援助资金的项目。前款所列项目的具体范围和规模标准，由国务院发展计划部门会同国务院有关部门制订，报国务院批准。"

经国务院批准，于2018年3月27日公布，自2018年6月1日起施行《必须招标的工程项目规定》，在第二条中对上述《招标投标法》第三条第二款中提到的"全部或者部分使用国有资金投资或者国家融资的项目"进行了明确约定，即"全部或者部分使用国有资金投资或者国家融资的项目包括：（一）使用预算资金200万元人民币以上，并且该资金占投资额10%以上的项目；（二）使用国有企业事业单位资金，并且该资金占控股或者主导地位的项目"。同时第五条规定："本规定第二条至第四条规定范围内的项目，其勘察、设计、施工、监理以及与工程建设有关的重要设备、材料等的采购达到下列标准之一的，必须招标：（一）施工单项合同估算价在400万元人民币以上；（二）重要设备、材料等货物的采购，单项合同估算价在200万元人民币以上；（三）勘察、设计、监理等服务的采购，单项合同估算价在100万元人民币以上。同一项目中可以合并进行的勘察、设计、施工、监理以及与工程建设有关的重要设备、材料等的采购，合同估算价合计达到前款规定标准的，必须招标。"

五、"内部招标"方式的合法性

《招标投标法》第十条规定，招标分为公开招标和邀请招标，在实践中还存在一种叫作"内部招标"的情形。内部招标活动中，招标人的自主性强，一般招标人自己编制招标文件并组织评标，不在公共交易市场内进行，很多情况下招投标活动也不在招投标行政主管部门备案。

内部招标一般包括分包或转包中的招标、自行组织的招标以及内部单位之间的竞争性招标等类型。那么，对于企业通过内部招标方式签订的工程施工合同，随后又另行签订背离"中标合同"的实质性内容，应如何处理？

一种观点是，《招标投标法》规定的招投标是指公共交易平台进行的"场内招标"，企业内部组织的招投标系企业内部行为，并非招标投标法意义上的公开招标行为，当事人可以自由协商变更相关合同条款，即使背离"中标合同"实质性内容，也不必然要以中标合同作为依据结算工程价款。另一种观点是，《招标投标法》规定在中华人民共和国境内进行的招标投标活动，适用本法。虽然内部招标在业界被广泛使用，然而何为内部招标以及内部招标与《招标投标法》规定的招标有何区别，在立法以及相关行政管理法规、规章中都没有明确规定，以至于内部招标成为很多招投标单位逃避监管、滥用招标、不规范操作的惯用术语。因此，此种情形下，内部招标应当适用《招标投标法》的规定。

作者认为，所谓内部招标在多数情况下并非限于企业内部，有一定的公开性，投标人也具有一定的不特定性，只是招标人自认为其招标行为属于内部行为，不应受到《招标投标法》以及监管部门约束。由于内部招标并不是严谨的法律术语，实践中无论内部招标冠以何种名称，都要严格审查其是否属于《招标投标法》规定的招投标活动，在符合《招标投标法》规定的情况下，内部招标中的自主招标、场外招标等活动属于《招标投标法》规范的招投标活动，发生相关争议时，应适用《招标投标法》及其实施条例的规定。但是，招投标活动完全局限于企业或单位内部、不涉及企业之外第三人信赖利益、未扰乱基本的招投标市场秩序的情况则可以除外。

六、招标文件明确约定不可分包的内容，中标后通过合同谈判或签订补充协议是否可以约定分包

合同谈判是在发出中标通知书之后，招标人和中标人对于招标文件和投标文件未明确的合同事项进行谈判的过程，但是仅限于需要明确合同细节、方便合同履行之目的的合同非实质性内容（一般包括专业工程师、机械设备的配备等）；对于合同价款、主要技术参数、合同标的等实质性内容不得进行谈判。《招标投标法》第四十六条规定："招标人和中标人应当自中标通知书发出之日起三十日内，按照招标文件和中标人的投标文件订立书面合同。招标人和中标人不得再行订立背离合同实质性内容的其他协议。"根据上述规定，招标人和中标人不得再行订立背离合同实质性内容的其他协议。对于"合同实质性内容"，《民法典》做出了解释，在第四百八十八条规定："承诺的内容应当与要约的内容一致。受要约人对要约的内容作出实质性变更的，为新要约。有关合同标的、数量、质量、价款或者报酬、履行期限、履行地点和方式、违约责任和解决争议方法等的变更，是对要约内容的实质性变更。"那么，招标文件明确约定不可分包的内容，中标后通过合同谈判或签订补充协议再约定可以分包呢？

对于分包的问题，《招标投标法》和《民法典》给出了特别规定，《招标投标法》第四十八条规定："中标人按照合同约定或者经招标人同意，可以将中标项目的部分非主体、非关键性工作分包给他人完成。接受分包的人应当具备相应的资格条件，并不得再次分包。"《民法典》合同编第七百九十一条规定："总承包人或者勘察、设计、施工承包人经发包人同意，可以将自己承包的部分工作交由第三人完成。第三人就其完成的工作成果与总承包人或者勘察、设计、施工承包人向发包人承担连带责任。"根据特别规定优先于一般规定的法律解释原则，在实务中即使招标文件明确约定了不可分包的内容，中标后根据项目需要，确需分包的，经招标人同意再依法分包也是有上位法依据的。

第十二节
暂估价工程的招标

　　《招标投标法实施条例》（2019年修订）第二十九条规定："招标人可以依法对工程以及与工程建设有关的货物、服务全部或者部分实行总承包招标。以暂估价形式包括在总承包范围内的工程、货物、服务属于依法必须进行招标的项目范围且达到国家规定规模标准的，应当依法进行招标。前款所称暂估价，是指总承包招标时不能确定价格而由招标人在招标文件中暂时估定的工程、货物、服务的金额。"本条进一步明确了暂估价的定义，将暂估价定义为总承包招标时不能确定价格而由招标人在招标文件中暂时估定的工程、货物、服务的金额。其含义为：一是必然要发生的工程、货物或者服务；二是暂时不能确定价格；三是由招标人暂估给定的金额。总承包招标文件中设立暂估价是国际国内工程实践中的常见做法。国际咨询工程师联合会（FIDIC）合同条款中设有暂估价管理的相关内容，并就暂估价管理设立了相应机制。在实践中设立暂估价一般基于下列原因：一是招标人自己的功能需求仍未最终明确，对一些专业工程或者设备材料无法提出具体的标准和要求，无法纳入投标竞争；二是因设计深度不够，招标时部分工程、货物或者服务的技术标准和要求仍不明确，无法纳入竞争，例如公路特许经营项目特许经营者招标阶段往往机电和房建工程等专项设计还未完成，或在实施前将有较大调整；三是部分专业工程必须由专业承包人设计才能保证质量、使用功能，或者一些对项目质量、使用功能和设计美学非常关键的工程需要由经验丰富的专业承包人完成；四是一些重要材料设备价格因品牌和质量差异很大，且对工程使用功能十分重要，为防止过度竞争而降低品质，也设为暂估价，以便在履约过程中以专项采购方式给予适度的控制。

　　在实践中，存在着招标人滥用暂估价或者不具备招标所需的图纸等技术文件即启动招标的情况，这些情况对工程建设项目的质量、安全和进度构成了危害，应当加以规范。

暂估价的工作内容在一定条件下应当招标。以暂估价形式包括在总承包范围内的工程、货物和服务，达到国家规定规模标准的，应当依法进行招标。《招标投标法》第四条规定："任何单位和个人不得将依法必须进行招标的项目化整为零或者以其他方式规避招标。"强制招标的目的之一就是利用竞争机制提高投资使用效益。包括在总承包招标范围之内的暂估价事实上并没有经过竞争，如果应当招标而不招标，将在事实上构成规避招标。当然，必须招标的条件是"属于依法必须进行招标的项目范围且达到国家规定规模标准"，而不是所有的暂估价项目均必须进行招标。

公路特许经营项目中关于暂估价项目的招标，实践中相对成熟的做法主要有3种：一是项目公司和总承包单位共同招标；二是项目公司组织招标，给予总承包单位参与权和知情权；三是总承包单位招标，但须报经项目公司同意。3种做法的核心原则均离不开共同招标。之所以"共同招标"，是因为就暂估价项目的实施而言，项目公司和总承包单位双方都是利害关系人：一是暂估价项目包括在总承包范围内，依法应当由承包人承担工期、质量和安全责任；二是暂估价的实际开支最终由项目公司承担，其在关注质量的同时，更有关注价格的权利；三是共同招标是一个确保透明、公平的实现途径，可以避免项目公司和总承包单位之间的猜忌，从而有助于合同的顺利履行。但是，在实践中当事人往往将"共同招标"简单地理解为由项目公司和总承包单位双方共同作为暂估价项目的招标人，双方共同与暂估价项目中标人签订合同。这种做法并不是完全没有可操作性，也受到了一些有强力控制项目实施愿望的项目公司的推崇。但是，由于由此形成的合同法律关系不清晰，实践中出现了扯皮多、易投诉和进度慢等诸多问题，一定程度上影响了总承包合同的顺利履行。由项目公司自己作为暂估价项目的招标人是实践中最受招标人青睐的方式，尽管执行中项目公司可能会给予总承包单位一定的参与权和知情权，但这种方式最终是由项目公司与暂估价项目中标人签订合同，而暂估价项目属于总承包单位的承包范围，不但在实施过程中难以协调，一旦出现质量、安全、进度等问题，容易出现项目公司和承包人相互推诿。作者建议由承包人作为暂估价项目招标人，该做法同时给予项目公司足够的话语权，由承包人与暂估价项目中标人签订合同，有利于理顺合同关系，方便合同履行。

需要说明三点：一是广义的暂估价包括招标文件中规定的暂列金额，暂列金额是指招标文件中给定的，用于在签订协议书时尚未确定或不可预见变更的施工及其所需材料、工程设备、服务等的金额，暂列金额与暂估价的区别在于，前者不一定发生，而后者是必然要发生但因某种原因暂时无法确定最终的和准确的金额；二是暂估价项目必须招标的规定同样适用于以暂估价形式包括在分包工程招标范围内的货物；三是为避免暂估价项目招标时无法吸引足够多的潜在投标人投标导致招标失败，项目公司在启动总承包招标前应当充分重视招标规划工作，数量或者金额过小等可能无法以合理的标段进行招标的专业工程、货物或者服务应当纳入总承包招标竞价的范围，因设计深度不够等原因无法纳入竞争的，项目公司也应尽量在完善设计后再启动总承包招标。

实务中容易混同的是，对施工总承包在招标阶段已明确在工程量清单内的部分进行分包时，则可以不再另行招标。

第十三节
项 目 延 期

特许经营协议中仅约定政府方和项目公司之间的权利和义务，项目公司作为建设单位（项目法人主体）和施工单位签订施工合同。分清各方合同主体地位是准确理解两个合同中延期有关条款的前提。公路工程的建设施工组织和管理主体是项目公司，因此在特许经营协议中通常所指的项目延期条件不同于施工合同的延期条件，也即施工合同的工期顺延并不一定带来特许经营协议中的项目延期。除特别约定以外，公路特许经营协议中对项目公司可以提出项目延期的事由一般包括：

（1）甲方违反本合同；

（2）项目范围变动；

（3）为保护在建设用地范围内发现的历史文物；

（4）甲方提出的设计变更导致的完工延误；

（5）发生不可抗力。

而在施工合同中，项目公司作为建设单位有义务保证工程按期交工，通常合同中约定发包人原因导致的工期延误包括：

（1）增加合同工作内容；

（2）改变合同中任何一项工作的质量要求或其他特性；

（3）发包人迟延提供材料、工程设备或变更交货地点的；

（4）因发包人原因导致的暂停施工；

（5）提供图纸延误；

（6）未按合同约定及时支付预付款、进度款；

（7）发包人造成工期延误的其他原因。

但即使由于上述原因造成工期延误，如果受影响的工程并非处在工程施工进度网络计划的关键线路上，通常合同约定承包人无权要求延长总工期。对于由于承包人原因导致的工期延长，则需根据合同约定由承包人承担相应的延期交工责任和其他违约责任。

一、工期顺延申请确认

工期是否应予以顺延是公路工程特许经营协议纠纷中的常见争议，也是合同管理咨询实践中的难点。例如承包人因工程欠款提起诉讼，发包人往往以工期延误为由提起反诉，要求承包人承担相应责任，如逾期竣工违约金等。发包人主张的逾期竣工违约金额有时接近或者超过承包人主张的工程款。公路特许经营项目中，承包人对项目公司提出的工期顺延申请，往往导致项目公司对政府方提出项目工期顺延申请。

在施工合同中，承包人常以发包人延迟支付工程款、设计变更、工程量增加、政府政策变化等作为工期顺延的抗辩，但不能提供发包人或者监理单位确认的顺延工期签证来证明发包人同意顺延工期。工程签证是指在施工合同履行过程中，承发包双方根据合同的约定就合同价款之外的费用补偿、工期顺延以及各种原因造成的损失赔偿等形成的签认证明，其中非承包人原因停工造成工期拖延的工期签证是承包人证明工期顺延的重要依据，施工合同往往约定顺延工期应当将应当经发包人或监理人签证等方式确认。因此，合同双方约定顺延工期应当经发包人或者监理单位签证等方式确认，能够使工程中出现的事项及时得到处理和确认，避免后期因证据不足产生争议。但现实情况是，有些工程施工不规范，发包人对工程中出现的变动经常既无设计变更，也不办理现场签证，另外发包人往往借助其优势地位不对承包人工期顺延申请出具签证确认。如果仅以签证作为证明工期顺延的依据，则会使发包人对应否顺延工期问题有最终决定权，这将导致承包人与发包人之间的利益失衡。

公路工程特许经营项目中，项目公司仅证明政府方有设计变更或未按合同约定履行政府出资责任或其他政府方违约等行为，尚未完成工期顺延的举证责任，政府方或其指定机构出具的工程顺延签证是证明政府方同意顺延工期的直接依据。如果政府方或其指定机构未出具工期顺延签证，项目公司应举证证明其提出过延期申请，并且提供充分证据证明符合特许经营协议约定或者法律规定的延期事由，工期顺延申请并不一定采取固定形式的索赔意向书、索赔报告等，根据工程惯例，其他书面文件如会议纪要、洽商记录签证单或者联系单、报政府方批准的进度计划、双方往来函件等，只要其中包括对延期事件的表述，且表明项目公司主张了工程延期的内容，也可以证明项目公司向政府方提出过工期顺延申请。

二、诉讼中工期顺延申请时限及效力

索赔期限虽然能够有效促使合同双方及时主张权利，但是在实践操作中却引发诸多争议，在我国公路建设市场中，政府方一线管理人员和项目公司管理人员法律风险防控能力及合同履约意识、管理能力不强，以及合同相对方不予配合的情况经常遇到，即便存在项目中因政府方原因导致工期延误，项目公司也未必均能按照合同约定的时间提出索赔或者获得顺延工期的签证。那么，是否应直接按照当事人特许经营协议约定的索赔期限，处理工期顺延问题？

实践中有两种观点。一种观点是，实体性权利和程序性权利存在区别，除法律明确规定的诉讼时效制度，不宜通过约定方式让当事人放弃实体权利。而且根据《民法典》第497条第2项规定，提供格式条款一方不合理地免除或者减轻其责任、加重对方责任、限制对方主要权利，该格式条款无效。发包人在合同中约定索赔逾期失权，对承包人而言就属于加重对方责任和排除对方主要权利的做法，应属于无效条款。第二种观点是，从权利义务对等的民法原则来看，特许经营协议中如约定了合同相对方应及时确认或答复，就应承担"默认"的不利法律后果。当事人也应该根据合同条款的约定及时行使权利，否则将丧失胜诉权，这样才符合民法对等原则。当事人在延期事件发生时及时提出工期顺延要求，有利于相对方根据情况及时作出判断并予以答复，如果进入司法程序后才提出，司法机构将难以查清事实，因此，当事人未按约定期限和程序行使索赔权利，应视为工期不顺延。

为规范项目公司提出项目延期的程序，通常在特许经营协议中应当约定延期申请的时限和程序要求。根据民法的意思自治原则，当事人约定的条款，如果不违反国家法律行政法规的强制性规定，各方应予以遵守，索赔时限是依据双方真实意思在合同中约定的权利失效时间。该约定有利于督促当事人及时主张工期顺延，以免事后难以取证，进而难以对工期顺延事实进行认定。如果合同双方在特许经营协议中约定，项目公司未在约定时间内提出项目顺延工期的申请，视为工期不予顺延，或者项目公司丧失了要求项目工期顺延的权利，通常应该按照约定处理，也就是说项目公司未在约定期限内提出申请，则视为工期不顺延。然而在现实纠纷处理中，项目公司未及时申请工期顺延的原因可能很复杂，不能一概而论。有些时候，尽管项目公司没有在约定的时间内提出工期顺延申请，但这并不影响政府方对工期予以顺延的权利。有些情况下，项目公司有证据证明其未及时申请工期顺延有合理理由且有合理抗辩，因此在遵循特许经营协议约定的情况下，仍需进一步核实政府方是否以实际行为变更了特许经营协议约定，或者项目公司未及时申请工期顺延是否有合理抗辩（例如，在索赔期限内尚不能确定工期应予以顺延的具体时间、政府方默许了项目公司可在结算时主张工期顺延等），然后再基于公平、公正原则处理，避免产生不公平的法律后果。

在处理工期顺延争议时，应该明确当事人对申请工期顺延期限进行约定的目的主要是防止纠纷发生时事实真伪不明。如果项目公司未在约定时间提出工期顺延并不影响查明事实，通常法院对项目公司的工期顺延主张是准予审查的。此外，也要考虑项目公司在争议中主张工期顺延对政府方的影响，政府方是否会因为项目公司未予索赔，从而相信项目公司不再主张工期顺延，进而做了不予顺延工期的安排。工程实施过程中，政府方与项目公司应紧密配合，双方的权利义务交错，互相影响。咨询工作应尽量综合考虑双方的约定、事实履约行为、外界条件的变化正确判断工期逾期的原因并分配责任，避免出现不公平的后果。

三、工期顺延的常见事由

在现实争议中，即便存在政府方出资未按约定及时到位、设计变更、不可抗力、政府法律政策变化等因素，也并不足以构成工期顺延的充分理由。工程施工具有复杂性，对项目公司提出的工期顺延理由应进行具体分析。

1.政府方出资资金未按约定及时到位

公路特许经营项目中，政府方经常以资本金注入或建设期补助方式对项目进行出资。在投资协议中也应当对政府方和特许经营者的出资数额及到位计划作出明确约定。首先，应看特许经营协议的具体约定，在政府方出资未及时到位多长时间的情况下，项目公司可以顺延工期。政府方未及时到位出资资金，项目公司也可以请求政府方支付延迟到位资金的利息，未必停工或者顺延工期，尤其是在双方有垫资约定的情况下，延迟支付并不必然会成为工期顺延的理由。其次，如果政府方出资的延迟到位，是因为项目公司存在工期延误、建设质量问题、建设进度不属实等原因，则项目公司也不能因此顺延工期。

因政府方出资资金，项目公司主张工期顺延，应满足如下条件：一是政府方出资资金未及时到位，属于政府方原因，而非项目公司原因；二是特许经营协议中约定了政府方出资未及时到位构成了工期顺延事由；三是因政府方出资资金未及时到位，导致了工程无法正常进行，项目公司不能正常支付施工合同进度款、材料设备采购款，工程因此迟缓或者停工，并影响了整体的工期；四是项目公司提出了工期补偿申请，通常应该有书面证据，包括工期顺延申请报告、签证单、会议纪要、往来函件。总之对政府方未及时到位资金与工期顺延的关系应具体分析，不应简单地直接将发包人拖延支付工程款的时间作为工期顺延天数。

2.工程量增加

在公路特许经营协议中通常约定项目公司不得擅自修改设计标准和工程规模，对于政府相关部门已经预审或批准的项目初步设计的路线走向、设计标准和工程规模，项目公司不得擅自修改，也不能通过降低结构安全系数或其他途径试图缩减投资规模。项目投资概算应以政府相关部门批准的初步设计概算金额为准，项目公司不得恶意超概（指批复的概算）。在施工图批准后，为完善设计、提高工程质量、加快工程进度等目的，可对已经政府相关部门批准的设计方案进行适当的修改，但须经项目实施机构同意。在交工日前，政府方可以在不改变设计标准、建设规模、使用功能、主要控制点、互通立交数量等前提下，对已经政府相关部门批准的设计方案进行适当的修改，由于上述原因导致建设费用增加金额未超过批复概算总投资一定比例（一般不超过2%）的，由项目公司承担，超过批复概算总投资一定比例以外的部分由政府承担，并明确约定变更单价计价原则，例如按交通运输部《公路工程预算定额》、项目所在地公路工程预算补充定额及规定和材料信息价（变更发生当月）进行认定。此外，作者也遇到过在工程实施过程中，结合所在地规划需要，在原特许经营项目中新增工程实施范围的情况，这种情况则应通过签订补充协议方式来执行。

对于政府方提出的设计变更，或者因为政府方原因导致的设计变更。项目公司有权对增加的工作内容提出工期补偿。但有些工程量增加并不一定会影响总体工期，对于大量的工程变更，如果项目公司未向政府方提出顺延工期的书面申请并经政府方认可，则难以确定顺延天数，如果项目公司对其未申请工期顺延有合理解释，在现实中可酌情考虑工程变更对工期的影响。在没有具体工期签证或者其他证据证明工程量变更引起的实际增加天数时，在实践中有不同做法。从程序上建议结合增加工程的难易程度、行业惯例、具体施工组织管理、对总工期关键线路的影响等方面酌情考虑，并由项目公司组织论证后报政府方。

3.工程分包延误

在存在分包的情况下，工程延期的原因更为复杂。如果是承包人未履行总包职责，未能合理安排分配施工任务，承包人应当承担工期延误责任，继而项目公司不需要承担工期延误责任。如果是因为政府方自行指定分包人、未按合同约定

257

按时提供分包工程施工所需施工条件等原因导致了工期延误，则项目公司有权要求政府方承担工期延误责任。

4.不可抗力

不可抗力是法律规定的免责事由，如果项目公司因不可抗力未能在工期内完成建设任务，则有权主张顺延工期，对于不可抗力情形的处置，将在后文详述。

5.法律政策变更

法律的变化也可能导致工期顺延。例如在2001年12月31日竣工的小浪底枢纽工程合约履行过程中，国务院于1995年3月25日发布了《关于修改国务院关于职工工作时间的规定》，其中规定周工作时间缩短了1天，减少了8h，由原来的6天变为了5天，并从48h变成40h。1994年劳动法第41条中特别注明每月可以延长的工作时间以36h为限，工作时间缩短，给承包人带来极大工期延迟风险，遇到类似这种法律或地方政策变更的情况，项目公司可以申请顺延工期。

四、工期延期的连带问题

通常情况下，特许经营项目延期一定会随之带来由延期引起的一系列争议问题，这些问题构成了原特许经营协议中的"未尽事宜"，例如：工程延期后带来的原定工期外的材料价格调差是否适用原合同中的材料调差条款，延期后融资市场贷款利率变化是否导致投资人可用性付费计算公式中资金成本的变化，原合同建设单位管理费是否因工期延长而调整等。

在处理这些争议问题时需把握的逻辑是：合同对该类情形的发生有约定的从其约定；合同中没有明确约定的，按照《民法典》第四百六十六条和第一百四十二条的解释规则进行解释；解释不能达成合意的，依照法律、行政法规规定解释；法律、行政法规对其无具体规定的，双方可基于规范性文件协商达成合意，但须符合《民法典》和所属合同相关的特别法关于签订补充协议的相关规定。

根据《民法典》第四百六十六条和第一百四十二条的规定，当事人对合同条款的理解有争议的，应当按照合同所使用的词句、合同的有关余款、合同的目的、交易习惯以及诚实信用原则，确定该条款的真实意思。《民法典》总则编第一百四十二条规定的合同解释规则分为如下6种：

（1）文义解释规则。是指当事人对合同条款的理解有争议的，应当按照合同使用的词句确定该条款真实意思的解释规则。

（2）整体解释规则。也叫体系解释规则，是指将合同的所有条款和构成部分视为一个统一的整体，从合同的各条款之间以及各构成部分之间的相互联系和总体联系上，阐明争议条款含义的解释规则。

（3）习惯解释规则。是指在合同条款的含义不明或发生争议时，可以参照交易习惯或者惯例予以明确的解释规则。

（4）诚信解释规则。是指在合同用语有疑义时，应依诚实信用原则确定其正确意思，合同内容有漏洞时，应依诚实信用原则予以补充。当事人对合同条款的理解有争议的，应当按照诚实信用的原则确定该条款的真实意思。

（5）目的解释规则。是解释合同，应当首先判断当事人的目的，当事人对合同条款的理解有争议的，应当按照订立合同的目的确定该条款的真实意思。

（6）不利解释规则。是指对于合同的内容发生争议时，应当对合同起草者做不利解释的合同解释规则，这个解释规则主要是针对格式条款的解释，同时对其他非格式的条款的解释也有作用。

《最高人民法院关于适用〈中华人民共和国民法典〉合同编通则若干问题的解释》进一步明确："人民法院依据民法典第一百四十二条第一款、第四百六十六条第一款的规定解释合同条款时，应当以词句的通常含义为基础，结合相关条款、合同的性质和目的、习惯以及诚信原则，参考缔约背景、磋商过程、履行行为等因素确定争议条款的含义。有证据证明当事人之间对合同条款有不同于词句的通常含义的其他共同理解，一方主张按照词句的通常含义理解合同条款的，人民法院不予支持。对合同条款有两种以上解释，可能影响该条款效力的，人民法院应当选择有利于该条款有效的解释；属于无偿合同的，应当选择对债务人负担较轻的解释。"

此外，《民法典》第10条规定："处理民事纠纷，应当依照法律；法律没有规定的，可以适用习惯，但是不得违背公序良俗。"这一规定重申了"法律一习惯"二位阶法源体系，确立了习惯的法源地位。所谓交易习惯，是指在某时某地某一行业或者某一类交易关系中，被人们普遍采纳的惯常做法，或者特定当事人之间既往交易中的惯常做法。《最高人民法院关于适用〈中华人民共和国民法典〉合同编通则若干问题的解释》进一步明确："下列情形，不违反法律、行政法规的强制性规定且不违背公序良俗的，人民法院可以认定为民法典所称的'交易习惯'：（一）当事人之间在交易活动中的惯常做法；（二）在交易行为当地或者某一领域、某一行业通常采用并为交易对方订立合同时所知道或者应当知道的做法。对于交易习惯，由提出主张的当事人一方承担举证责任。"在《民法典》合同编中有12条条文明确涉及交易习惯，适用上也较为广泛，具体包括承诺方式、合同成立的时间、补充合同漏洞、解释合同、确定附随义务、后合同义务等。因此，从加强实操性的角度，在公路项目合同争议时对于交易习惯的明确很有必要。例如公路建设项目中常见的设计变更处理程序、计量计价方式、监理签认的工作程序等等都与后期争议的举证息息相关。

当事人举证责任的内容，通常要按照交易习惯的具体要求来确定。如果主张依据当事人之间的交易习惯，则提出主张的一方当事人应证明在争议案件前双方在交易活动中已经通过经常使用形成了所主张的惯常做法。如果主张依据特殊地区交易习惯或行业交易习惯，则提出主张的一方当事人不仅需要证明地方习惯或行业习惯的存在，还需要证明对方当事人在订立合同时知道或者应当知道该习惯，或者举证已经向对方告知、说明该交易习惯，否则，主张一方应负举证不能并不能强制对方接受此交易习惯的不利后果。证明特殊地区交易习惯或行业交易习惯存在的主要证据一般有六类：一是法律法规之外的规范性文件的规定，如行政主管机关颁布的在辖区内施行的规范性文件中的内容；二是规定在行业内部自治规范汇编中的内容及行业标准等；三是为生效判决或裁决所认可的涉及本地区、本行业的交易习惯；四是两个以上的同业或同区域从事相同交易的当事人认可该交易习惯的证据；五是交易当事人一方或双方曾以该交易习惯与他人进行同种交易的证据；六是当地行业协会、工商联合会或地方商会及市场管理等相关部门证明该交易习惯存在的证据。

五、工期延期与违约

我们处理的特许经营协议纠纷中，经常遇到项目公司将政府方原因引起的项目延期理解为政府方违约，或以政府方未履行合同约定的主要义务导致项目延期为由主张政府方的违约责任。这里需要厘清的是，延期是一种结果，其并不一定是因为合同一方违约所导致，二者属于两个范畴的概念，发生延期问题的解决思路也不是从合同违约条款中主张过错方承担违约责任，而是基于合同约定明确对于延期导致的一系列问题的处置，合同双方继续履行项目延期后各自相应的权利和义务。通常情况下，特许经营协议中应对延期事由及各自的承担方式做出明确约定，因此延期不能当作一方违约来处理，而是按照合同约定执行相应的条款，合同对延期事项及处置方式约定不明的，可以通过签订补充协议另行明确。按照《民法典》，违约行为的形态主要为不履行合同义务和履行合同义务不符合约定。违约行为的后果是承担违约责任。违约责任的方式是：

（1）继续履行；

（2）采取补救措施；

（3）赔偿损失；

（4）其他违约责任方式。

另外一个重要的区别是，项目延期导致的是，基于合同约定和民法的过错原则，政府方或项目公司应该承担的继续履行合同的相应费用，而违约行为产生的违约金的确定逻辑则不同。《民法典》合同编第五百八十五条规定："当事人可以约定一方违约时应当根据违约情况向对方支付一定数额的违约金，也可以约定因违约产生的损失赔偿额的计算方法。约定的违约金低于造成的损失的，人民法院或者仲裁机构可以根据当事人的请求予以增加；约定的违约金过分高于造成的损失的，人民法院或者仲裁机构可以根据当事人的请求予以适当减少。当事人就迟延履行约定违约金的，违约方支付违约金后，还应当履行债务。"在判断约定违约金是否过高以及决定调低的幅度时，一般应当以对债权人造成的损失为基准。司法实践中对此掌握的标准一般是，当事人约定的违约金超过造成损失的30%的，一般认定为"过分高于造成的损失"，但对此不应当机械适用，避免导致实质上的不公平。需要注意的是，违约金是指按照当事人的约定或者法律直接规定，一方当事人违约时应当向另一方支付的金钱，包括约定违约金和法定违约金。违约金具有多种性质，但主要性质是违约赔偿金，违约金的适用可能与违约损害赔偿的适用经常发生冲突。违约金与违约损害赔偿是一致的，适用违约金。在没有造成损害时就是惩罚性违约金，造成损害就是赔偿性违约金。既然是赔偿性违约金，就应当与违约的损失相结合，确定原则是：

（1）约定违约金的，就应当按照违约金的约定执行。

（2）约定的违约金低于造成损失的，可以请求增加，这是因为违约金具有损害赔偿性质，只要低于实际损失就应当找齐。

（3）约定的违约金过分高于造成的损失的，可以请求适当减少，过分高于的标准应是当事人约定的违约金超过造成损失的30%的，一般可以认定为过分高于造成的损失。

当事人在约定违约金条款中，如果对当事人延迟履行约定违约金的，应当按照约定承担违约金，但是承担了违约金责任之后，并不能因此而免除其继续履行的义务，违约方还需继续履行应当履行的债务。

案例

PPP 项目延期

××PPP项目自2018年4月1日正式开工建设，原计划于2022年3月建成通车。因本项目控制性××隧道进场施工滞后33个月，导致本项目预计延期30个月，并预计于2024年9月建成通车。现项目公司要求明确建设期顺延后相应缩短运营期，维持原合同中的特许经营期20年不变。

在上述案例中，咨询方提出咨询意见如下。

（1）PPP项目合同体系文件中对特许经营期的相关约定。

①《实施方案》第六部分第二条"交易边界条件"约定：

"合作期包括建设期和运营期，其中：

"建设期：建设期计划4年，自监理工程师下达开工令之日起至全部施工段交工验收通过之日止。本项目××隧道位于××工程的海堤内侧，工程结构相互依托，海底隧道应与××堤坝地基处理同步开工建设，且土建完工时间不晚于自建设期开始后2.5年。

"运营期：自所有施工段全部交工验收通过之次日起直至合作期满。

"鉴于公路项目当前要求保证每8年、争取每10年做一次大修，建议运营期暂定为16年。"

②《招标文件》第一章"招标公告"第2.3款规定："本项目采用PPP模式，BOT方式运作，项目合作期分为建设期和运营期。建设期不超过4年，运营期为16年。"《招标文件》第二章"投标人须知前附表"规定："项目特许经营期含建设期和运营期：（1）建设期：建设期不超过4年，自协议约定的开工日起算，至全部工程通过交工验收备案之日止。（2）运营期：运营期为16年，自建设期结束日次日起算。"

③《PPP项目合同》第一部分"协议书"第5条约定："本项目的特许经营期分为建设期和运营期两个阶段，其中：建设期：4年，自项目开工日起至通过交工日止；运营期16年：自通过交工日之次日起至项目移交日止。"

《PPP项目合同》第3.2.1项约定："建设期：建设期不超过4年，自监理工程师下达开工令之日起至全部施工段交工日止。……运营期：自交工日次日起至项目移交日止，运营期16年。"

《PPP项目合同》第6.4.11项约定："乙方通过交工验收备案日之次日为运营日，本项目自此进入运营期。"

基于以上事实，"特许经营期"含建设期和运营期两个阶段，运营期的起始时间为"通过交工验收备案日之次日"。

（2）PPP项目合同经过公开招标程序依法订立，签订的《PPP项目合同》受《中华人民共和国招标投标法》和《民法典》保护，经我公司梳理，未出现违反法律、行政法规的强制性规定的条款，亦未有违背社会公序良俗的条款。因此，不存在合同无效的情形。PPP项目合同真实有效，对合同双方均具有约束力。按《民法典》"文义解释规则"和"整体性解释规则"，PPP项目合同约定的运营期为16年，运营期起始时间为通过交工日之次日。

（3）咨询意见。

基于上述事实及分析，本项目《实施方案》《招标文件》《投标文件》《PPP项目合同》中特许经营期约定明确，特许经营期分为建设期和运营期两个阶段，运营期为16年，且起始时间为"自交工日次日"。基于合同条款约定，本项目建设期应予以顺延，但运营期在交工后应仍按16年考虑，特许经营期整体顺延。

第十四节
项目竣（交）工验收

《公路工程竣（交）工验收办法》（交通部令2004年第3号）第十四条规定：
"公路工程各合同段验收合格后，项目法人应按交通部规定的要求及时完成项目
交工验收报告，并向交通主管部门备案。国家、部重点公路工程项目中100km以
上的高速公路、独立特大型桥梁和特长隧道工程向省级人民政府交通主管部门备
案，其他公路工程按省级人民政府交通主管部门的规定向相应的交通主管部门备
案。公路工程各合同段验收合格后，质量监督机构应向交通主管部门提交项目的
检测报告。交通主管部门在15天内未对备案的项目交工验收报告提出异议，项目
法人可开放交通进入试运营期。试运营期不得超过3年。"公路工程PPP项目竣
（交）工采用备案制；项目竣（交）工检测方案和检测报告，项目公司应组织专
家评审，并邀请政府方代表、监督管理单位参加；相关检测参数、频率、方法应
按照交通运输部《公路工程竣（交）工验收办法》（交通部令2004年第3号）、
《公路工程竣交工验收办法实施细则》（交公路发〔2010〕65号）、《公路工
程质量检验评定标准　第一册　土建工程》（JTG F80/1—2017）、《高速公路
项目交工检测和竣工鉴定质量不符合项清单》（交安监发〔2015〕171号）要求
执行。

公路工程特许经营项目交工验收由项目公司主持，政府方派代表参加。项目
交工验收程序如下：

（1）施工单位完成合同约定的全部工程内容，且经施工自检和监理检验评定
均合格后，提出合同段交工验收申请报监理单位审查。交工验收申请应附自检评
定资料和施工总结报告。

（2）监理单位根据工程实际情况、抽检资料以及对合同段工程质量评定结

果，对施工单位交工验收申请及其所附资料进行审查并签署意见。监理单位审查同意后，应同时向项目公司提交独立抽检资料、质量评定资料和监理工作报告。

（3）项目公司对施工单位的交工验收申请、监理单位的质量评定资料进行核查，必要时可委托有相应资质的检测机构进行重点抽查检测，认为合同段满足交工验收条件时，应及时组织交工验收。

（4）对若干合同段完工时间相近的，项目公司可合并组织交工验收；对分段通车的项目，项目公司可按合同约定分段组织交工验收。

（5）对通过交工验收的合同段，项目公司应及时颁发"公路工程交工验收证书"。

（6）各合同段全部验收合格后，项目公司应及时完成"公路工程交工验收报告"。项目试运营第2年后至项目试运营第3年内，乙方应按有关规定向甲方申请进行项目的竣工验收。

竣工验收由政府方主持，综合评价项目建设成果，对工程质量、参建单位和建设项目进行综合评价。竣工验收不合格，项目不得进入正式运营，应进行整改直至验收合格。竣工验收准备工作程序如下：

（1）公路工程符合竣工验收条件后，项目公司应按照公路工程管理权限及时向相关交通运输主管部门提出验收申请，其主要内容包括：

①交工验收报告；

②项目执行报告、设计工作报告、施工总结报告和监理工作报告；

③项目基本建设程序的有关批复文件；

④档案、环保等单项验收意见；

⑤土地使用证或建设用地批复文件；

⑥竣工决算的核备意见、审计报告及认定意见。

（2）相关交通运输主管部门对验收申请进行审查，必要时可组织现场核查。审查同意后报负责竣工验收的交通运输主管部门。

（3）以上文件齐全且符合条件的项目，由负责竣工验收的交通运输主管部门通知所属的质量监督机构开展质量鉴定工作。

（4）质量监督机构按要求完成质量鉴定工作，出具工程质量鉴定报告，并审核交工验收对设计、施工、监理初步评价结果，报送交通运输主管部门。

（5）工程质量鉴定等级为合格及以上的项目，负责竣工验收的交通运输主管部门及时组织竣工验收。

参加竣工验收工作各方的主要职责如下：

①竣工验收委员会负责对工程实体质量及建设情况进行全面检查，对工程质量进行评分，对各参建单位及建设项目进行综合评价，确定工程质量和建设项目等级，形成工程竣工验收鉴定书；

②项目法人（项目公司）负责提交项目执行报告及验收工作所需资料，协助竣工验收委员会开展工作；

③设计单位负责提交设计工作报告，配合竣工验收检查工作；

④施工单位负责提交施工总结报告，提供各种资料，配合竣工验收检查工作；

⑤监理单位负责提交监理工作报告，提供工程监理资料，配合竣工验收检查工作；

⑥接管养护单位负责提交项目使用情况报告，配合竣工验收检查工作。

公路建设项目设计、施工、监理、接管养护等有多家单位的，项目法人（项目公司）应组织汇总设计工作报告、施工总结报告、监理工作报告、项目使用情况报告。竣工验收时选派代表向竣工验收委员会汇报。

第十五节
项目概算调整

从国家部委层面，对工程建设项目的造价控制是依据经批准的初步设计概算。《政府投资条例》（中华人民共和国国务院令第712号）第十二条规定："经投资主管部门或者其他有关部门核定的投资概算是控制政府投资项目总投资的依据。"《工程建设项目施工招标投标办法》（中华人民共和国国家发展委员会、建设部、铁道部、交通部、信息产业部、水利部、民用航空总局第30号令）第八条规定："依法必须招标的工程建设项目，应当具备下列条件才能进行施工招标：（一）招标人已经依法成立；（二）初步设计及概算应当履行审批手续的，已经批准；（三）有相应资金或资金来源已经落实；（四）有招标所需的设计图纸及技术资料。"施工合同中确定的建设规模、建设标准、建设内容、合同价格应当控制在批准的初步设计及概算文件范围内；确需超出规定范围的，应当在中标合同签订前，报原项目审批部门审查同意。凡应报经审查而未报的，在初步设计及概算调整时，原项目审批部门一律不予承认。交通运输部《公路工程建设项目招标投标管理办法》（中华人民共和国交通运输部令2015年第24号）也明确要求"初步设计文件批准后，方可开展施工监理、设计施工总承包招标"。因此，在公路工程项目选择施工单位前，必须有确定的经批准的初步设计概算金额。对于收费公路，交通运输部《收费公路政府和社会资本合作操作指南》（交办财审〔2017〕173号）第十三条规定："项目审批（核准）后，项目实施机构根据项目审批或核准意见对项目实施方案进行完善。各级交通运输主管部门或项目实施机构应重视项目初步设计方案的深化研究，细化工程技术方案和投资概算等内容，并作为确定项目实施方案的重要依据。"

公路工程特许经营项目通常将建设任务包含在特许权范围内。此外，项目公司应当进行标底或者最高投标限价与设计概算或者施工图预算的对比分析，基于概算对工程造价进行控制。此外，《中华人民共和国审计法》（2021年）、《基础设施和公用事业特许经营管理办法》（中华人民共和国国家发展和改革委员会 中华人民共和国财政部 中华人民共和国住房和城乡建设部 中华人民共和国交通运输部 中华人民共和国水利部 中国人民银行令第25号）及相关法规政策规定：政府投资和以政府投资为主的建设项目应进行审计监督。政府方一般会在特许经营协议中约定以审计结果作为结算依据，若部分成本不被审计认可或因审计结算时间拖延，致使款项支付不能按时到位，易产生审计结果与项目实际成本不一致的风险。在合同谈判过程中，建议明确政府方及时审计的义务并约定由双方共同聘请第三方社会审计机构代替政府审计机构进行审计，强化过程跟踪审计，将审计风险分散到整个建设期。

一、常见超概原因

实践中导致超概的常见原因如下。

1.工可准确性不足

有些项目工可的内容和数据不实，流于形式，结果造成项目投资估算缺项和漏算，项目仓促上马后，对设计方案又做较大改动，使投资增加；也有些项目前期为了顺利获得立项批准，刻意压缩规模和投资，项目获批后再作资金调整，客观上形成了"钓鱼工程"，使实际投资大大超过预算。

2. 工程设计变更

数据显示，由设计变更引起的投资增加的比例高达70%以上。设计变更在建设周期长、投资规模大的公路工程特许经营项目中在所难免，这就要求政府方择优选择勘察设计和勘察设计咨询单位来提高对初步设计文件的把控质量，项目公司作为项目法人承担公路工程项目造价控制的主体责任，严格履行基本建设程序，负责组织项目初步设计概算、施工图预算、标底或者最高投标限价、变更费用的编制。行业主管部门同时遵循客观科学、公平合理、诚实信用、厉行节约的原则审查批准施工图预算。另外，由于地质条件发生重大变化、设计方案变更等因素造成的较大、重大设计变更也是概算调整的重要影响因素。

3.合同管理风险

合同签订不严谨也是超概算的原因。招标阶段合同编制时法律意识淡薄，签订的合同内容不完整，涉及合同价格及其调整方法（工程量变化、不平衡报价的处理、新增单价的确定等）错漏及歧义较多，工程变更、现场签证、索赔处理等条款表达不清楚、不具体、缺乏操作性，导致后期争议纠纷较多，最终导致造价管理失控，造成结算价概算。

4.项目延期

政策处理、设计方案变更以及其他不可预见的原因，都有可能导致项目延期，项目延期必然带来建安成本、资金成本、管理成本的增加。

5.材料价格上涨

详见本章第十节。

6.征地拆迁费用超支

在实践中公路工程特许经营项目的征地拆迁工作一般委托属地政府来完成，征地拆迁工作具有很强的政策性，期间可能涉及影响拆迁进度的信访、维稳和社会性突发事件等，此外，政策处理工作涉及的各项指标费和补偿费也存在一定的可变性。因此征地拆迁费用超支是实务中时有发生的情况，此外也有项目为了获得批准而压低征地拆迁费的情况，后期也必然造成该科目的超支。

二、可以调整概算的情形

项目初步设计及概算批复核定后，应当严格执行，不得擅自增加建设内容、扩大建设规模、提高建设标准或改变设计方案。确需调整且将会突破投资概算的，必须事前向发展改革部门正式申报；未经批准的，不得擅自调整实施。

《政府投资条例》（中华人民共和国国务院令第712号）第二十三条规定："政府投资项目建设投资原则上不得超过经核定的投资概算。因国家政策调整、价格上涨、地质条件发生重大变化等原因确需增加投资概算的，项目单位应当提出调整方案及资金来源，按照规定的程序报原初步设计审批部门或者投资概算核定部门核定；涉及预算调整或者调剂的，依照有关预算的法律、行政法规和国家有关规定办理。"国家发改委《中央预算内直接投资项目概算管理暂行办法》（发改投资〔2015〕482号）第十四条规定："因项目建设期价格大幅上涨、政策调整、地质条件发生重大变化和自然灾害等不可抗力因素等原因导致原核定概算不能满足工程实际需要的，可以向国家发展改革委申请调整概算。"但由于价格上涨增加的投资不作为计算其他费用的取费基数。交通运输部对于概算调整的政策文件未对外公布，但其中对材料价格上涨、设计变更导致的超概也是允许调整的。需要注意的是，根据482号文件规定，申请调整概算的项目，对于使用预备费可以解决的，不予调整概算。交通运输部《公路工程建设项目概算预算编制办法》（JTG 3830—2018）中明确预备费由基本预备费和价差预备费两部分组成。基本预备费系指在初步设计和概算、施工图设计和施工图预算中难以预料的工程费用。其中，基本预备费包括：

（1）在进行技术设计、施工图设计和施工过程中，在批准的初步设计和概算范围内所增加的工程费用；

（2）在设备订货时，由于规格、型号改变的价差，材料货源变更、运输距离或方式的改变以及因规格不同而代换使用等原因发生的价差；

（3）在项目主管部门组织竣（交）工验收时，验收委员会（或小组）为鉴定工程质量必须开挖和修复隐蔽工程的费用。

基本预备费以建筑安装工程费、土地使用及拆迁补偿费、工程建设其他费之和为基数，设计概算按5%计列，修正概算按4%计列，施工图预算按3%计列。

价差预备费系指设计文件编制年至工程交工年期间，建筑安装工程费用的人工费、材料费、设备费、施工机械使用费、措施费、企业管理费等由于政策、价格变化可能发生上浮而预留的费用，及外资贷款汇率变动部分的费用。

对于擅自增加投资概算的，根据具体情况，暂停、停止拨付资金或者收回已拨付的资金，暂停或者停止建设活动，对负有责任的领导人员和直接责任人员依法给予处分。

在实务中，各地方省份也对准许项目调整概算（简称"调概"）的情形进行了细化规定，例如，《宁波市政府投资项目管理办法》（甬政办发〔2020〕31号）第二十四条规定："政府投资项目建设投资原则上不得超过经核定的投资概算。投资概算按照工程费、房屋和土地征收等政策处理费分别进行控制和调整。投资概算有下列情形之一，按照本级人民政府规定的有关程序，经投资主管部门批准后可予以调整：（一）因自然灾害等不可抗拒原因造成项目建设条件发生重大变化的；（二）因资源、水文、地质、考古和征迁政策处理等情况有重大变化，造成投资增加或需要调整建设方案的；（三）因国家、省、市重大政策变化或者材料价格波动超过规定的风险包干幅度，对项目造价影响较大的；（四）因项目建设实施过程中出现其他特殊情况，原设计方案或施工方案经批准已作重大修改的。除上述情形外，其他在建设过程中擅自改变建设方案、增加建设内容、扩大建设规模、提高建设标准等引起超出投资概算的，原则上不予调整。因特殊情况确需调整的，按相关程序报批实施并明确责任追究意见；未经批复调整的，项目单位不得组织实施。"

实务中申请调整概算需提交的材料包括：

（1）原初步设计及概算文件和批复核定文件；

（2）由具备相应资质单位编制的调整概算书，调整概算与原核定概算对比表，并分类定量说明调整概算的原因、依据和计算方法；

（3）与调整概算有关的招标及合同文件，包括变更洽商部分；

（4）施工图设计及预算文件等调整概算所需的其他材料。

三、项目概算涉及的几个要点问题

1. 调整概算流程

交通运输部2009年6月发布的《公路工程调整概算管理办法》（征求意见稿）中第十条规定："公路工程调整概算按以下程序进行：（一）项目法人向省级交通主管部门提出调整概算申请及调整概算文件；（二）省级交通主管部门对调整概算文件进行预审，提出预审意见；（三）项目法人根据预审意见，对调整概算文件进行修改完善；（四）省级交通主管部门将预审意见及修改后的调整概算文件报交通运输部；（五）交通运输部对调整概算进行审批。"

各省调概流程各有不同，在实务中调概工作需要提前与发改、财政部门沟通。例如《舟山市人民政府关于加强政府投资项目管理的若干意见》（舟政发〔2021〕6号）文件中第二条"计划管理"的第四项要求："经批准的投资概算是控制政府投资项目总投资的依据。经批复后，原则上不予调整。确需调整投资的，按照'先评估、后定责、再调整'的原则进行处理。"

第五项中针对概算调整的流程规定具体如下："概算调整按照以下流程进行审查审批：（1）由项目责任单位对调概原因和责任进行分析后提出申请；（2）由市发改委组织有关部门和专家进行审查并出具意见；（3）由市财政局提出项目资金来源落实意见和概算审核意见；（4）由市政府常务会议或省级以上主管部门出具意见；（5）市发改委按以上流程进行调概审批。"

2.调概超过10%涉及工可重新报批

依据《政府投资条例》（中华人民共和国国务院令第712号）规定："初步设计提出的投资概算超过经批准的可行性研究报告提出的投资估算10%的，项目单位应当向投资主管部门或者其他有关部门报告，投资主管部门或者其他有关部门可以要求项目单位重新报送可行性研究报告。"即调概超过10%需要重新上报工可。《中央预算内直接投资项目概算管理暂行办法》（发改投资〔2015〕482号）第十九条规定："向国家发展改革委申请概算调增幅度超过原核定概算百分之十及以上的，国家发展改革委原则上先商请审计机关进行审计。"《浙江省政府投资项目管理办法》（省政府令2018年第363号）第十八条规定："有下列情形之一的，项目可行性研究报告应当重新报请原审批机关批准：（一）项目概算与投资估算不符，差额在10%以上的；（二）项目概算与投资估算不符，差额在2000万元以上的，其中投资额50亿元以上的基础设施建设项目，差额在5000万元以上的；（三）项目单位、建设性质、建设地点、建设规模、技术方案等发生重大变更的；（四）用地规划选址、用地预审重新报批的。"

案例

总投资的构成及认定

河北省某公路项目于2021年实施，全长58km，总投资11亿元，采用"PPP+使用者付费+补贴"模式。招标PPP项目合同约定：

（1）社会资本方对项目总投资承担投资控制责任，最终投资额不得超出批复的投资概算金额如项目投资规模超过批复投资的10%，应当报请原审批、核准、备案机关重新履行项目审核备案程序。

（2）超支责任：法律、政策等不可抗力原因导致的投资超支双方按投资比例分担；政府方原因导致的投资超支由政府方承担；社会资本方原因导致的投资超支由社会资本方承担。

通过与政府方磋商谈判，补充总投资认定条款，进一步明确总投资的构成

部分及认定方式，避免了由于合同约定不明造成的总投资认定风险。最终签订的
PPP项目合同约定：

（1）项目总投资包含建安工程费用，工程建设其他费用、预备费及建设期利
息，其中：建安工程费用按照工程造价形成由分部分项工程费、措施项目费、其
他项目费、规费、税金等组成，分部分项工程费、措施项目费、其他项目费包含
人工费、材料费、施工机具使用费、企业管理费和利润等，本项目建安工程费用
是17个子项目建安工程费之和，具体包含内容及计价方法等以本项目施工总承包
合同相关内容为准。工程建设其他费用包括但不限于：土地征用及拆迁补偿费，
建设项目管理费（业主管理费、工程监理费、设计文件审查费、交竣工验收试验
检测费）、项目前期费用、勘察设计费、专项评估费、工程保险费、第三方试验
检测费及其他甲乙双方共同认可纳入项目总投资的其他费用等。预备费为按照公
路工程、市政工程相关概算编制规定应考虑的基本预备费和涨价预备费，根据实
际发生情况计入项目总投资。建设期利息计算：建设期内，以项目公司实际借贷
资金到位时间起算建设期利息。各期建设期利息计算时间为实际到账之日起至项
目交（竣）工验收之日止，利率暂按6.37%计算，最终以实际借贷利率为准，最高
不超过6.37%，超出部分由社会资本方自行承担。

（2）因本项目采用估算招标，为防止出现超估情况，本项目由社会资本方参
与概算编制工作，社会资本方对项目总投资承担投资控制责任，最终投资额原则
上不得超出批复的投资概算金额。如项目投资规模超过批复投资的10%，应当报
请原审批、核准、备案机关重新履行项目审核备案程序。

（3）超支责任：法律、政策等不可抗力原因导致的投资超支由甲乙双方按投
资比例分担；政府方原因导致的投资超支由政府方承担；社会资本方原因导致的
投资超支由社会资本方承担。

第十六节
合作期内股权转让问题

一、收费公路权益转让及条件

根据现行《公路法》《收费公路管理条例》和《收费公路权益转让办法》规定，我国收费公路分为政府还贷和经营性公路：政府还贷公路是指县级以上地方人民政府交通运输主管部门利用贷款或者向企业、个人有偿集资建成的收费公路；经营性公路是指国内外经济组织依法投资建设或者依法受让政府还贷公路收费权的收费公路。

收费公路权益转让的对象仅包括收费公路的收费权、广告经营权、服务设施经营权。请注意，这里所说的收费公路权益以及收费公路的特许经营权并不包括公路所有权。所有权是指所有人依法对自己财产所享有的占有、使用、收益和处分的权利。根据《民法典》第二百五十四条规定，国防资产属于国家所有。铁路、公路、电力设施、电信设施和油气管道等基础设施，依照法律规定为国家所有的，属于国家所有。转让方是指将合法取得的收费公路权益依法有偿转让给受让方的国内外经济组织，包括不以营利为目的的专门建设和管理政府还贷公路的法人组织和投资建设经营性公路的国内外经济组织，特许经营项目中负责建设运营收费公路的法人主体即项目公司也属其中。受让方是指依法从转让方有偿取得收费公路权益的国内外经济组织。

在规范收费公路权益转让交易方面，1996年交通运输部以部令形式发布了《公路经营权有偿转让管理办法》（交通运输部令1996年第9号），明确公路经营权的界定、转让公路经营权的组织管理、转让范围等规定；2008年交通运输部发布《关于加强收费公路权益转让管理有关问题的通知》（交财发〔2008〕315号，现已废止），明确《公路法》《收费公路管理条例》及《公路经营权有偿转让管理办法》是加强和规范收费公路权益转让管理的重要依据，同时要求各省级交通运输主管部门要切实承担起本地区范围内收费公路权益转让工作的监管职责，同年，交通运输部、国家发展和改革委员会、财政部联合发布《收费公路权益转让办法》（交通运输部、国家发展和改革委员会、财政部令2008年第11号）；2010年交通运输部发布《关于公路经营企业产权（股权）转让有关问题的通知》（交财发〔2010〕739号，现已废止），进一步根据《收费公路管理条例》细化要求有关操作程序、审批权限；为维护收费公路权益转让市场秩序，保护投资主体合法利益和社会公众合法权益，盘活收费公路存量资产，筹集公路发展资金，2017年交通运输部、国家发展改革委、财政部发布《关于进一步规范收费公路权益转让行为的通知》（交财审发〔2017〕80号）。

转让公路收费权需严格执行有关转让条件、转让程序、转让收入使用、转让后续管理及收回等规定。交通运输部主管全国收费公路权益转让监督管理工作，负责指导、督查省级交通运输主管部门的日常监管工作，各省级交通运输主管部门负责辖区内收费公路权益转让具体管理工作，承担国道收费权益转让监管的主体责任。根据《公路法》第五十九条、第六十一条的相关规定，县级以上地方人民政府交通运输主管部门筹资建成的公路，其收费权转让必须经相关政府部门批准，其中国道的收费权转让必须经交通运输部批准，国道以外的其他公路的收费权转让必须经省、自治区、直辖市人民政府批准，并报交通运输部备案。

近年来，为落实国家"放管服"要求，简化公路收费权转让的审批程序，将公路收费权转让的立项申请及审批申请等两项程序合并，有关申请材料在转让方提交审批申请时一并提交。根据《国务院关于第二批清理规范192项国务院部门行政审批中介服务事项的决定》（国发〔2016〕11号）规定，需提交的申请材料中取消经审计机关或者有资格的会计师事务所审计的上一年度会计报告、竣工财务决算和竣工审计报告等三项内容。各省级交通运输主管部门对申请材料中有关转让的原因和目的、转让条件、转让程序、转让收入使用管理、转让后续管理等相关具体内容进行审核并提出意见。省级交通运输主管部门的意见作为转让方提交审批申请的必要文件。转让收费权的公路，应当符合《收费公路管理条例》第十八条规定的技术等级和规模，即：

（1）高速公路连续里程30km以上。但是，城市市区至本地机场的高速公路除外。

（2）一级公路连续里程50km以上。

（3）二车道的独立桥梁、隧道，长度800m以上；四车道的独立桥梁、隧道，长度为500m以上。

技术等级为二级以下（含二级）的公路不得收费。但是，在国家确定的中西部省、自治区、直辖市建设的二级公路，其连续里程60km以上的，经依法批准，可以收取车辆通行费。

有下列情形之一的，收费公路权益中的收费权不得转让：

（1）长度小于1000m的二车道独立桥梁和隧道；

（2）二级公路；

（3）收费时间已超过批准收费期限2/3。

二、项目公司股权转让及条件

从法律层面上，《公司法》第七十一条规定："有限责任公司的股东之间可以相互转让其全部或者部分股权……公司章程对股权转让另有规定的，从其规定。"从法律层面上，有限责任公司股权转让无严格的限制性规定。但收费公路特许经营项目公司是有具体特殊目的的有限责任公司，公司的经营运作状况决定了项目基础设施建设与公共服务产出，关乎社会公共利益，其在遵照《公司法》的基础上，国家出台的政策也对项目公司股权变更做出一定限制。在2017年7月，国务院法制办、国家发展改革委、财政部起草的《基础设施和公共服务领域政府和社会资本合作条例》（征求意见稿）第二十六条规定："在合作项目建设期内，社会资本方不得转让其持有的项目公司股权。合作项目运营期内，在不影响公共服务提供的稳定性和持续性的前提下，经政府实施机构报本级人民政府同意，社会资本方可以转让其持有的项目公司股权。"虽然条例仅为征求意见稿，但是对政府和社会资本合作项目股权转让的实践操作以及相关条款的编制提供了思路。此外，根据《基础设施和公用事业特许经营管理办法》（2024年5月1日起施行）第二十一条规定："选定的特许经营者及其投融资、建设责任不得调整。确需调整的，应当重新履行特许经营者选择程序。"此条款在征求意见阶段还包括了运营期不得调整的提法，后来在正式稿中调整为现在的写法。

公路工程特许经营项目中，项目公司的股权设置不仅是从投资结构和交易结构的角度考虑，实施机构在编制实施方案股权转让条款时往往需要考虑到项目执行阶段建设、运营管理的现实需要。

从政府方建设管理的角度考虑，希望在项目进入运营期后一定年限内保持特许经营者股权结构的稳定性，这是由目前我国公路市场的现实情况决定的。PPP项目的初衷是刺激特许经营者在保证建设质量、提升运营服务水平的前提下获取合理的投资收益，对于由特许经营者自行完成施工任务的特许经营项目还包括施工利润。对政府方来说，不论是独立特许经营者还是联合体形式的特许经营者，其利益主体应该是唯一的，投资收益和施工利润均是特许经营项目收益的来源，应该有机融合的整体，特许经营者在投标阶段也应该考虑项目的各项收益来源综合做出投标决策和报价，但现实情况往往是在项目前期主导参与项目投标的是施工集团的经营管理团队，其内部对于施工利润和投资收益是分开考虑的，甚至还存在一些挂靠在央企施工资质下的地方建筑公司，其主要目的是套取特许经营项目中的施工利润，在项目建设期完成后希望在结算工程款后尽早地退出项目，这样一来，项目的建设质量和长达十几年甚至二十几年的运营服务质量便难以得到保证，运营期也极易出现项目公司内部运营养护工作和施工质量管理互相推诿扯皮的情况，给项目公司内部治理也带来极大麻烦。

从财政部、发改委、人民银行等部委文件角度来看，则是鼓励通过股权转让、资产交易、资产证券化等方式，盘活项目存量资产，丰富社会资本进入和退出渠道。对于政府和社会资本合作项目中合法的股权转让行为，除了需要经政府方同意以外，并未做出其他限制性规定。《关于切实做好传统基础设施领域政府和社会资本合作有关工作的通知》（发改投资〔2016〕1744号）指出："推动PPP项目与资本市场深化发展相结合，依托各类产权、股权交易市场，通过股权转让、资产证券化等方式，丰富PPP项目投资退出渠道。提高PPP项目收费权等未来收益变现能力，为社会资本提供多元化、规范化、市场化的退出机制，增强PPP项目的流动性，提升项目价值，吸引更多社会资本参与。"新机制文件也提出支持依法依规合理调整土地规划用途和开发强度，通过特许经营模式推动原有资产改造与转型，提高资产利用效率。探索分层设立国有建设用地使用权，支持项目依法依规加快办理前期手续。鼓励金融机构按照风险可控、商业可持续的原则，采用预期收益质押等方式为特许经营项目提供融资支持。积极支持符合条件的特许经营项目发行基础设施领域不动产投资信托基金（REITs）。

为了有效保障项目的顺利实施，平衡政府方与特许经营者的不同诉求，公路特许经营项目设定一个适当的股权变更限制机制显得尤为重要。在设置股权变更条款前，应充分地考虑、合理地平衡政府方与特许经营者的利益诉求点，确定适当的股权变更限制条款。基于上述考虑，通常情况公路特许经营项目公司特许经营者股权在投资协议生效之日起至项目运营满一定年限内宜予以锁定，除非转让为适用法律所要求，由司法机关裁定和执行。

股权锁定期结束后，特许经营者可书面申请转让股权，得到实施机构书面同意后方可进行股权转让，但受让方须具备有效承接项目运营管理的能力，且须概括承受原特许经营者在特许经营协议中的全部权利和义务。

案例

PPP 项目公司股权转让

因A公司全资子公司B公司、C公司等公司均从事建筑工程相关业务，与D公司及其附属企业主营业务之间存在同业竞争的情况。为此，按照相关规定，A公司在收购D公司过程中做出解决同业竞争措施承诺，即：在A公司取得D公司控制权之日起5年内整合B公司、C公司等公司与上市公司存在的部分重合业务；在适当时机，A公司将相关资产和业务注入上市公司，上市公司可采用发行股份购买资产等方式；若届时未能注入，A公司将采取法律法规允许的其他方式妥善解决潜在的同业竞争问题。

在2017—2018年，由B公司出面与E公司、F公司等公司组成联合体，并成功中标了本市两个PPP项目，占社会资本方投资比例分别为19%和37.1%。B公司合计持有上述2个PPP项目股权约10亿元。由于PPP项目自身的业务模式特点，导致其在运营前期盈利能力较低甚至产生亏损，将大幅拉低注入资产收益率，预计难以通过D公司股东表决大会（A公司回避表决）和证监会审批。

为在公开承诺期限内妥善解决同业竞争问题，A公司自2021年5月起，聘请了证券公司、律师及会计师事务所着手研究解决同业竞争方案。结合公司实际情况，拟采取的方案是将B公司、C公司等公司的建筑工程相关业务和资产注入D公司。实施该方案的难点是需要将B公司持有的收益较差的两个PPP项目股权予以剥离。但是，PPP项目合同约定："乙方（指社会资本）在本协议生效之日起至项目运营满10年（含）之内，不得转让其持有的项目公司的全部或部分股权，除非转让为适用法律所要求，由司法机关裁定和执行。自项目运营满10年后，经市人民政府事先书面同意，乙方可以转让其在项目公司中的全部或部分股份，但受让方应满足继续履行本项目的能力，并已经以书面形式明示，在其成为项目公司股东后，继续承担本协议项下的义务，督促并确保项目公司继续承担本协议项下的义务及项目合同项下的义务。"合同条款限制导致直接剥离存在障碍。

针对上述问题，A公司与证券公司、律师及会计师事务所进行了多次商谈与论证，初步拟定可行性方案，即采用"当前收益权转让+远期股权转让"将相关PPP项目剥离，具体剥离方案如下：

（1）B公司（转让方）与A公司（受让方）签署《股权转让协议》，以项目股权的初始投资成本作为转让对价，受让方将转让款全额支付给转让方。

（2）暂不进行股权交割，约定在项目运营满10年后，再办理工商变更。股权交割之前，如项目需增加投资金额，由转让方继续履行出资义务，受让方将增加的出资款支付给转让方。（相当于由转让方继续代持股权）

（3）合同执行期间，标的股权的各种收益、损失全部由受让方实际享有或承担。

（4）PPP项目公司的决策权由受让方实际享有，所有决策必须通知受让方，并根据其要求做出。

（5）通过签署远期股权转让协议，约定不可撤销交易条款，在条件允许时（即项目运营满10年后），转让方将标的股权过户至受让方名下，最终完成股权转让流程。

在上述案例中，咨询方提出咨询意见如下。

1.PPP项目对股权转让事宜的约定

PPP项目决策程序应严格履行国家及省市相关法律法规，该PPP项目依法经公开招标程序选择社会投资人，项目合同文件经市政府批准授权签订。《项目实施方案》《投资协议》《项目公司章程》《项目合同文件》等各项合同体系文件中对投资方股权转让事项均有明确约定，即："在投资协议生效之日起至项目运营满10年内（含），社会资本不得转让其持有的乙方的全部或部分股权，除非转让为适用法律所要求，由司法机关裁定和执行。自项目运营满10年后，经市人民政府事先书面同意，社会资本股东各方可以转让其在项目公司中的全部或部分股权，但受让方应满足继续履行本项目的能力，并已经以书面形式明示，在其成为项目公司股东后，继续承担本协议项下的义务，督促并确保项目公司继续承担本协议项下的义务及项目合同项下的义务。"

2. 股权转让的合法性及风险分析

根据上述PPP项目合同文件约定，B公司在项目运营期满10年前转让其PPP项目公司的股权存在两种可能的方式。一是在B公司发生经济纠纷并诉诸法院后，由司法机关裁定对其PPP项目内股权执行转让或对价支付。此种方式将严重影响B公司的经营状况和财务安全，显然得不偿失。二是经市政府同意后签订PPP项目《补充协议》明确放宽项目运营期满10年前不得股权转让的限制性条款，此种方式也将带来以下风险和问题：

（1）影响政府公信力。

股权转让事宜是PPP项目合同的实质性核心条款，PPP项目合同受《招标投标法》和《民法典》保护，如履约期间随意推翻政府决策事项，将对政府公信力带来负面影响。

（2）增加PPP项目建设管理风险。

目前，PPP项目实际履约中还存在设计变更、材料调差、超概算等诸多需要沟通解决的问题，但均是基于双方签订的合同依法依规解决的，如股权转让可以突破合同进行处理，则为其他投资方的各项合同之外的诉求也开了方便之门，行业建设管理工作也将乱作一团。

（3）项目运营服务质量难以保证。

PPP项目投资方的收益由施工利润和投资收益组成，但在招投标阶段投资方既是未来项目公司的股东，又是实际施工承包人，上述两项收益并未严格区分。项目合同约定项目运营期满10年前不得转让股权，正是充分利用投资方和施工方追求利益最大化的内部激励机制，提高施工质量保证，进而降低运营养护费用同时保障良好的运营服务水平，如在建设期股权转让，施工方获取施工利润后即退出，其收益不与运营期服务水平和养护成本挂钩，那么施工方有可能片面追求降低工程造价而难以保证工程质量，进而难以保证项目运营服务质量。

3.《剥离方案》风险分析

方案中"股权的各种收益、损失均由受让方实际享有或承担，PPP项目公司的决策权由受让方实际享有，项目运营期满10年后，转让方将标的股权过户至受让方名下"的做法存在如下风险：

（1）方案缺乏合法性。

未签订股权转让协议即实际履行股权转让行为、继而继承相关收益和权利的做法不具有合法性，B公司仍是项目公司股东方，根据合同相对性原则，未履行PPP项目政府方决策程序并签订股权转让协议、PPP补充协议前，该方案的约定不构成对PPP项目合同文件的改变。

（2）行政处罚风险。

《剥离方案》中的做法在上市前的证监会审批环节容易引发举报，PPP项目合同内B公司仍是股东方并未改变，如社会公众对交工集团持有的PPP项目股权未上报证监会而举报，将实质性影响上市计划，甚至带来行政处罚。

（3）不具备可操作性。

"先经市政府书面同意，运营期满10年后再将标的股权过户至受让方名下的"的方案不具备可操作性。首先，根据PPP法律法规和《××市人民政府办公厅关于进一步推进政府和社会资本合作规范发展的实施意见》，如需获取政府书面同意，经PPP联席部门（发改、财政、审计、司法等部门）审议后上报市政府会议审议，并经合法性审查后由市政府批准。《中华人民共和国地方各级人民代表大会和地方各级人民委员会组织法》规定，地方各级政府每届任期为5年，待到变更协议签订已历经两届政府，本届政府批准但并不签订转让协议，基于司法解释，仍无法改变当前B公司是PPP项目股东的事实。

4. 咨询意见

综合上述风险分析和论述，咨询方建议不予支持《剥离方案》。

第十七节
项目建设与运营评价

一、建设期评价

在项目建设期评价方面，项目实施机构应制定明确考核要求并将其作为特许经营协议的一部分。并约定具体考核频次和组织实施方式。

以宁波地区甬台温高速改扩建特许经营项目为例，在特许经营协议中设置的建设期绩效评价结果应用如下：

当建设期绩效评价结果≥85分时，视为满足绩效考核要求；

当85分＞建设期绩效评价结果≥75分时，以85分为基准，每下降1分，项目公司向实施机构或其指定机构支付批复概算万分之一的金额；

当75分＞建设期绩效评价结果≥60分时，项目公司向实施机构或其指定机构支付批复概算千分之二的金额；

当建设期绩效评价结果＜60分时，项目公司应予以整改并重新进行绩效评价（同时项目公司向实施机构支付批复概算千分之三的金额），如未整改或整改后绩效评价结果仍未达到60分的，实施机构有权与项目公司解除合同。

建设期绩效评价结果低于85分，项目公司应在当年12月31日前将按上述约定确定的金额支付给项目实施机构或其指定机构。项目公司拒不支付的，实施机构有权动用等额的建设期履约保证金。建设期履约保证金不足以支付考核扣减金额的，实施机构有权继续向项目公司追索。

当建设期绩效评价结果的部分指标未达到建设期绩效目标约定标准构成违约的，项目实施机构将按照特许权协议约定执行违约条款。

其建设期具体评价指标见表5-12，供参考使用。

二、运营评价

老机制下，政府方对收费公路PPP项目运营期的主动监管主要以每年一次的绩效评价工作为主，且不论是否有政府投资支持均要开展绩效考核，并结合绩效考核结果扣减项目公司收益。

新机制文件提到，要定期开展项目运营评价。新机制下特许经营项目中的运营评价主要基于特许经营协议的约定，对项目的实际建设运营情况进行分析，评价项目是否满足特许经营协议要求，是否按要求提供公共产品和公共服务。而绩效评价是指对财政支出的绩效评价，如项目使用了财政资金，则应"按照有关规定开展绩效评价"，绩效评价为运营评价的一部分。如项目未使用财政资金，则可以不开展绩效评价。从概念范畴来看，运营评价内涵更丰富，范围更广，角度及侧重与绩效评价存在差异。这就要求新机制下特许经营协议中要具体补充具体的运营监管相关约定，例如为了加强社会监督，推动特许经营者切实加强项目运营管理，认真履行特许经营协议，在协议文本中明确特许经营者应将项目每季度运营情况、经审计的年度财务报表等信息，通过适当方式向社会公开。

对于使用了财政资金作为政府投资支持的特许经营项目，具体实际绩效考核使用的三级指标需要结合公路工程项目实际来制定，表5-13是作者参与编制的宁波高速公路特许经营项目运营期绩效考核指标体系，供参考借鉴。

表 5-12

建设期绩效评价指标

序号	一级指标	二级指标	三级指标	指标解释	评价标准与评分方法
1	产出（50分）	建设工期（5分）	建设进度率（2分）	项目公司应向政府提交项目施工计划安排（包括总体计划和年度计划），且包括详细的实施方案与计划，施工计划安排以及预计的工期，有明确的阶段性目标控制点及相应的保证措施。 建设进度率＝（实际完成工程量/计划完成工程量）×100%	因不可抗力或不可归责于项目公司的原因导致工期延误，且经政府准予修订或更改实施工作计划的除外。 建设进度率＝100%（2分）； 建设进度率≤85%（0分）； 85%＜建设进度率＜100%（0-2分之间插值计算）。
2			工期准时性（2分）	评价项目建设期是否符合项目批文和《特许权协议》规定的期限	（1）项目建设工期未超过项目批文和《特许权协议》规定期限的，得2分； （2）项目建设工期超过了项目批文和《特许权协议》规定办理了延期手续且未超过延期期限的，得1分； （3）项目建设工期超过了项目批文和《特许权协议》规定期限，且未按照《特许权协议》规定办理延期手续的，每超出1个月扣减0.5分，直至扣减到0
3			征迁工作进度（1分）	评价项目征迁工作是否满足施工进度要求	根据项目实施计划，项目征迁工作满足每月开展1次，进度专项检查要求每季度开展1次，得1分，否则不得分
4		过程质量检查、验收情况（20分）	建设管理检查及时性（4分）	建设单位应定期组织开展质量、进度、合同履约、农民工工资、转分包等专项检查	（1）质量、进度专项检查要求每月开展1次，每次未开展扣1分。 （2）转分包、农民工工资、合同履约检查要求每季度开展1次，每次未开展扣1分
5			中间质量验收（4分）	评价项目是否通过质量验收评定标准。相关法律法规依据：《公路工程竣（交）工验收办法》（交通部令2004年第3号）、《公路工程竣（交）工验收实施细则》（交公路发〔2010〕65号）、《浙江省公路工程竣（交）工验收实施办法》（浙交〔2019〕184号）等	（1）验收质量分项工程合格率100%，验收质量评定得分90分及以上的，得4分。 （2）验收需返工并重新评定，重新评定结果90分及以上的得3分，重新评定后仍不合格的得0分

续上表

序号	一级指标	二级指标	三级指标	指标解释	评价标准与评分方法
6	产出（50分）	过程质量检查、验收情况（20分）	交通行业专项检查情况（4分）	通过加强项目日常建设管理，在省市高速公路建设行业中处于领先位置	（1）在省市交通行业部门组织的监督抽检中，每有一项原材料质量抽检不合格或结构物返工处理的，每项扣0.2分。被专项通报的，每项扣0.5分。本项扣完2分为止。 （2）在省市交通行业检查中，被行政处罚的，每次扣1分。本项扣完2分为止。
7			科技、工艺、工法创新（3分）	评价项目是否加强工艺工法创新，提高项目建设技术水平	（1）每年制订科技创新、工艺、工法创新计划，并完成科技创新、工艺、工法上报的，得2分。 （2）每次获批一项省部级以上工法，加0.5分。 （3）每次获批一项省部级以上工法，加0.2分。 （4）每次获批一项新型发明专利，加0.2分，每实用新型专利，加0.2分。 一项实用新型专利，加0.2分。 上述四项累计最高得3分
8			质量事故（5分）	评价项目是否发生质量事故	（1）建设期发生一般质量事故的，每次扣2分。 （2）项目建设期发生特别重大、重大、较大（严重）质量事故的，本项为0分
9		安全管理（10分）	建章立制和开展双控管理（2分）	评价项目公司是否落实安全生产责任制、制定安全生产管理制度、组织开展风险管控和隐患排查治理	（1）落实安全生产责任制、制订的，得1分，否则不得分。 （2）双控工作开展有成效，得1分，否则不得分。
10			安全事故发生次数（8分）	评价项目是否发生安全事故	（1）建设期发生一般安全事故的，每次扣2分。 （2）项目建设期发生特别重大、重大、较大（严重）安全事故的，得0分
11		投资完成情况（10分）	投资完成情况（10分）	评价项目公司建设期内是否按照特许权协议完成项目投资计划。根据特许权协议经批准调整项目投资计划的，以批准后的项目投资计划为准	（1）相比项目投资计划，按时完成年度投资计划的，得10分。 （2）相比项目投资计划，年度投资计划存在滞后的，得0分

续上表

序号	一级指标	二级指标	三级指标	指标解释	评价标准与评分方法
12	产出（50分）	标准规范的符合性（5分）	标准规范符合性（5分）	评价项目的建设是否符合《公路工程技术标准》《公路工程技术标准》，交通运输部及省级交通运输主管部门的相关要求	（1）项目建设符合《公路工程技术标准》，交通运输部及省级交通运输主管部门的相关要求的，得5分。（2）项目建设不符合《公路工程技术标准》，交通运输部及省级交通运输主管部门相关要求中某一项的，整改通过后可以整改，实施机构将责令项目公司予以整改，整改通过后的，得3分；否则，得0分。
13		社会影响（5分）	重大诉讼、公众舆情、群体性事件等（5分）	评价项目建设活动对公路沿线地区社会发展所产生的直接或间接的正负面影响情况。如重大诉讼、公众舆情、群体性事件，重大（大面积）停电、停气、停水或因施工措施不当产生扬尘、泥浆外泄、震动扰民等	（1）建设期内，项目公司未发生重大诉讼、且项目未发生重大诉讼、公众舆情、停水或停电等负面事件、重大（大面积）停电、停气、停水或因施工措施不当产生扬尘、泥浆外泄、震动扰民等等负面事项的，得5分。（2）建设期内，项目公司发生重大诉讼、停电、停气、停水或因施工措施不当产生扬尘、重大（大面积）停电、泥浆外泄、震动扰民等事项的，得0分。
14	效果（15分）	生态环境影响（6分）	水土保持（3分）	评价项目公司是否满足建设环境保护要求	（1）经实施单位检查并发出整改通知后仍整改不到位的，每发生一次扣1分位的，每发生一次扣1分。（2）若项目公司被水利部门处以水保处罚，每发生一次扣1.5分
15			环境保护（3分）		（1）经实施单位检查并发出整改通知后仍整改不到位的，每发生一次扣1分位的，每发生一次扣1分。（2）若项目公司被环境保护部门处以环保处罚，每发生一次扣1.5分

续上表

序号	一级指标	二级指标	三级指标	指标解释	评价标准与评分方法
16	效果（15分）	满意度（4分）	政府相关部门满意度（1分）	评价机构开展的满意情况调查得出的政府相关部门对项目公司建设期间相关工作的满意程度	（1）政府相关部门满意率≥90%，得1分。 （2）政府相关部门满意率＜80%，得0分。 （3）80%≤政府相关部门满意率＜90%，在0~1分之间插值计算得分
17			沿线居民满意度（3分）	评价机构开展的满意情况调查得出的沿线居民对项目公司建设期间相关工作的满意程度	（1）社会公众满意率≥90%，得3分。 （2）社会公众满意率＜80%，得0分。 （3）80%≤社会公众满意率＜90%，在0~3分之间插值计算得分
18	管理（35分）	组织管理（15分）	制度管理（3分）	评价项目公司是否建立了一套健全于公司建设管理的制度体系（包括计划、统计、技术、财务、物资材料、设备设施等在内的各项管理制度）	（1）项目公司制定了一套健全的建设管理制度及时报送给实施机构的，得3分。 （2）项目公司制定了一套健全的建设管理制度但未报送给实施机构的，得1.5分。 （3）项目公司未制定建设管理制度或制定的建设管理制度不够健全的，得0分
19			组织架构（3分）	评价项目公司组织架构是否健全	（1）项目公司组织架构健全，能满足项目日常运作需求，得3分。 （2）项目公司组织架构不健全，不能满足项目日常运作需求，得0分
20			人员配置（3分）	项目公司人员是否按特许经营招投标文件及特许权协议约定配置齐全，主要管理人员调整是否备政府批准同意	（1）人员配置齐全，主要管理人员调整按规定上报，得3分。 （2）人员配备不全，主要管理人员调整未按规定上报，得0分。
21			内部沟通机制（3分）	评价项目公司内部决策效率高低和满意度，决策流程的便捷性、内部沟通机制的完整性和有效性	（1）内部决策效率≥90%，得3分。 （2）内部决策效率＜80%，得0分。 （3）80%≤内部决策效率＜90%，在0~3分之间插值计算得分

续上表

序号	一级指标	二级指标	三级指标	指标解释	评价标准与评分方法
22	管理（35分）	组织管理（15分）	接受和配合监督情况（3分）	评价项目公司是否能够按照国家相关法律法规和《特许权协议》的规定，接受和配合政府部门的监督	（1）项目公司能够按照国家相关法律法规和《特许权协议》的规定，接受和配合项目实施机构和相关政府部门监督的，得3分。（2）项目公司未能按照国家相关法律法规和《特许权协议》的规定，接受和配合项目实施机构和相关政府部门监督的，得0分
23		资金管理（13分）	资金到位率（是否到位）（4分）	实际到位资本金和银行贷款与计划投入资本金和银行贷款的比率，用以反映和考核资金落实情况对项目实施的总体保障程度。资金到位率=（实际到位资本金和银行贷款）/（计划投入资本金和银行贷款）×100%	（1）资金到位率=100%，得4分。（2）资金到位率≤85%，得0分。（3）85%＜资金到位率＜100%，在0~4分之间插值法计算
24			到位及时率（是否按时到位）（4分）	及时到位资金与应到位资金的及时程度。到位及时率=（及时到位资金/应到位资金）×100%。及时到位资金：在不影响项目进度的情况下落实到位的项目资金。应到位资金：按照项目进度要求截止规定时点落实到位的项目资金	（1）到位及时率=100，得4分。（2）到位及时率≤85%，得0分。（3）85%＜到位及时率＜100%，在0~4分之间插值法计算
25			资金使用合规性（4分）	项目资金使用是否符合相关的财务管理制度规定，用以反映和考核项目资金的规范运行情况	（1）严格执行国家财经法规和财务管理制度等规定，得4分。（2）资金使用不规范、存在截留、挤占、挪用、虚列支出等情况得0分
26			资金支付及时性（1分）	评价项目公司是否及时、足额向承包人支付工程款，是否向政府在特许权协议约定由政府包干使用的各项费用	（1）及时、足额拨付各项费用的，得1分。（2）每出现一次未及时、足额拨付的，扣0.5分

续上表

序号	一级指标	二级指标	三级指标	指标解释	评价标准与评分方法
27			资料上报（2分）	评价项目公司是否按照特许权协议要求及时、完整的上报项目资料	每出现1次未及时提交或未提交数据不齐的，扣1分
28	管理（35分）	档案管理（5分）	建设资料归集完整性（2分）	按照规范要求做好建设期档案资料管理工作，根据部级、省级和市级行业主管部门的检查要求做好检查年度的内业资料汇总整理工作。综合评价项目建设相关资料的完整性、真实性以及归集整理的及时性	（1）项目建设相关资料完整，并能及时归集整理，得2分。（2）项目建设相关资料基本完整，并基本能及时归集整理，得1分。（3）项目建设相关资料不完整，并且不能及时归集整理，得0分
29			建设资料真实性（1分）		（1）项目建设相关资料真实有效，得1分。（2）项目建设相关资料基本真实有效，得0.5分。（3）项目建设相关资料存在明显错误，缺乏真实性，得0分。
30		信息公开（2分）	信息公开情况（2分）	项目公司是否依照《收费公路管理条例》等规定，及时上报信息公开系统等，公开披露项目相关信息，保障公众知情权，接受社会监督，并保证履行信息公开义务的及时性与准确性	（1）项目公司能够按照国家相关法律法规和《特许权协议》的规定，及时和准确地履行信息公开义务的，得2分。（2）项目公司未能按照国家相关法律法规和《特许权协议》的规定，及时和准确地履行信息公开义务的，得0分

宁波市高速公路特许经营项目运营期绩效评价指标体系及评价标准（参考）

表 5-13

一级指标	二级指标	序号	三级指标	三级指标权重	指标解释	评价标准与评分方法	数据来源
产出（80分）	项目运营（30分）	1	收费服务（5分）	5%	评价收费规范性，绿色通道、重大节假日小客车免费通行、专项保障任务等政策的落实情况，收费服务投诉情况等	（1）严格落实高速公路联网收费运行要求。保持收费管理系统和设施良好运行。高速公路联网收费运行未达到国家、省级规定施行。出现违反国家、省级要求的，乱罚款收费，乱收费、省级要求的，扣2分，得0分。（2）认真执行绿色通道、重大节假日小客车免费通行、专项保障任务等政策，出现相关政策落实不到位的，每次扣1分。（3）收费公示牌及引导标识清晰准确，收费人员统一着装和微笑服务规范，每发现一处未达到以上标准的，每次扣0.2分。（4）建立完善的投诉受理和处理机制，收费服务没有责投诉评查不实的，每次扣0.2分。	（1）特许经营协议；（2）相关专项检查资料；（3）投诉处理记录；（4）其他相关资料
		2	车道管理（4分）	4%	评价人工车道和ETC车道的充足率和与交通流量的适应性	（1）人工车道和ETC车道的数量应与收费路段的交通流量相适应，收费车道应按规定开足，配足收费人员，避免车辆拥挤、堵塞，因未开足收费车道而造成交费车辆严重堵塞的，每次扣1分。（2）收费车道等设备应保持良好运行，设备故障超过二日未进行报修的，每次扣0.5分	（1）特许经营协议；（2）相关专项检查资料；（3）其他相关资料

续上表

一级指标	二级指标	序号	三级指标	三级指标权重	指标解释	评价标准与评分方法	数据来源
产出（80分）	项目运营（30分）	3	所站管理（3分）	3%	评价高速公路收费站站容站貌情况	（1）收费站站容站貌干净整洁，办公区域、收费区域保持地净、墙面、窗明。收费广场有垃圾、积水，每发现三处有垃圾，每发现三处扣0.1分，绿化带有垃圾、每发现三处扣0.1分。 （2）及时做好收费站的监控设施、收费管理系统等设施设备的安装、升级、备份、测试工作。未及时做好相关设施设备更新维护工作，设备故障超过二日未进行报修的，每次扣0.5分，相关设施设备年度运转完好率低于95%的，扣2分。	（1）特许经营协议； （2）相关专项检查资料； （3）双方认定的设备设施清单； （4）其他相关资料
		4	服务区管理（5分）	5%	评价服务区综合服务质量情况、各级日常检查及考核情况	（1）按交通运输部《全国高速公路服务区服务质量等级评定办法（试行）》《交公路发〔2015〕29号》要求，各服务区在全国服务质量等级评定工作中均应达标。在考评各项考核批评中被通报批评的，每次扣2分。 （2）按《浙江省高速公路星级文明服务区创建管理办法》《浙交〔2012〕45号》要求，在全省高速公路服务区质量等级评定工作中应获得三星及以上等级。在省市级各项考核中未达标或在考评中被通报批评的，每次扣2分。 （3）服务区建设规范，停车、如厕、加油、餐饮、超市等配套功能完善，环境卫生良好，无垃圾、杂物、积水等，相关服务、安保工作人员配备充足，公共秩序良好。在专项检查中发现的服务区不整洁、硬件设施缺失损毁、标识不清晰、停车不规范，服务不到位等不符合上述要求的问题，每项扣0.1分	（1）特许经营协议； （2）服务区服务质量等级评定结果； （3）相关专项检查资料； （4）服务区管理台账； （5）其他相关资料

291

续上表

一级指标	二级指标	序号	三级指标	三级指标权重	指标解释	评价标准与评分方法	数据来源
产出（80分）	项目运营（30分）	5	通行保障（5分）	5%	评价高速公路通畅率和按相关规定落实关闭或通行情况	（1）制定完善的路网联勤机制，保持路网畅通。未建立路网联勤机制的，得0分。（2）遇有公路安全行驶的情形时，施工或发生交通事故等影响车辆正常行驶的情形时，应在现场设置安全防护设施，进行必要的示警，及时报告有关部门并协助疏导车辆。未及时示警、上报的，每次扣0.5分。（3）因公路严重损毁、恶劣气象条件、重大交通事故等原因严重影响车辆通行安全，关闭公路等应积极配合公安机关依法采取积极配合相关措施的，未及时采取相关措施配合交通管制措施的，每次扣2分，未及时将有关交通管制信息向通行车辆提示的，每次扣1分	（1）特许经营协议；（2）相关专项检查资料；（3）情报板记录；（4）其他相关资料
		6	超限运输管理（2分）	2%	评价超限运输车辆管理情况	（1）积极配合综合治超工作，按规定设置公路超限检测设施，加强重点路段、桥隧的监测。未按要求的设置超限检测设施设备的，每处扣0.5分。（2）严格执行入口计重检测和超限车辆管理，并将违法超限运输车辆信息及时报告相关管理部门。发现超限运输车辆未及时报告的，每次扣0.5分，因管理不到位造成超限车辆违规进入高速公路的，每次扣0.5分，由此引发交通安全事故的，得0分	（1）特许经营协议；（2）相关政策法规；（3）违法超限运输车辆信息记录；（4）其他相关资料

续上表

一级指标	二级指标	序号	三级指标	三级指标权重	指标解释	评价标准与评分方法	数据来源
产出 （80分）	项目运营 （30分）	7	路网运行监测及调度 （3分）	3%	评价路网监控及调度工作的执行情况，应急管理制度及执行情况	（1）全路段监控可视、可控，严格执行路网运行调度指令。对监控范围内事故及其他异常情况未及时发现并处理的，每次扣0.5分，未按要求执行路网调度指令的，每次扣1分。（2）严格执行路网应急指挥指令，按要求编制各类应急预案，并开展应急演练。相关制度不完善、应急指令执行不到位的，每次扣1分。	（1）特许经营协议；（2）监测和应急管理制度；（3）相关专项检查资料；（4）其他相关资料
		8	路网信息发布 （3分）	3%	评价路网运行信息发布、公路运行信息和保障信息报送等工作的及时性和准确性	及时发布路网信息，特别是施工、日常实时路况、突发应急事件，重大节假日路况信息等信息发布，做好公路运行信息和保障信息等报送工作，确保报送信息及时、准确。未及时发布路网信息的，每次扣0.5分，信息发布或报送错误的，每次扣0.5分，因信息不及时、不准确引起不良后果的，每次扣1分	（1）特许经营协议；（2）内业资料；（3）其他相关资料
	项目维护 （30分）	9	路况水平 （8分）	8%	评价高速公路PQI均值、优等率等情况	（1）$PQI \geq 94$，得4分；每下降0.1个点，扣0.2分。（2）优等路率99%以上的，得4分；每下降0.1个点，扣0.2分	（1）特许经营协议；（2）年度公路技术状况评定结果；（3）其他相关资料

续上表

一级指标	二级指标	序号	三级指标	三级指标权重	指标解释	评价标准与评分方法	数据来源
产出（80分）	项目维护（30分）	10	养护工程（8分）	8%	评价大中修工程、预防性养护、桥、隧、坡防护工程、技术状况专项工程	（1）按时报送年度养护工程计划和项目推进情况，完成年度养护工程目标；及时消除新发现次差路段，通车2年后每年大中修（含小于路段总里程的8%；预防性养护）里程至少不少于路段总里程的17%；加强工程监管，按规定做好招投标、信用管理、质量评定和交竣工验收并进行备案，达到以上标准的，得4分。定性未按要求的，每发现一处扣0.15分；定量每低于1个百分点扣0.5分。（2）除跨年度桥、隧、坡专项工程完成率达100%的得2分，每存在一个项目未完成的得0.4分。（3）根据当年度桥、隧、坡技术状况评定结果，1、2类桥、隧、坡比均在95%以上，得2分；每下降1个点，扣0.5分；存在4类、5类桥梁，4类隧道或4类边坡的不得分	（1）特许经营协议；（2）年度公路技术状况评定结果（依据省检测数据）；（3）年度实施计划；（4）其他相关资料
		11	小修保养（3分）	3%	评价日常保洁、路面日常养护、绿化及养护作业情况	路基养护到位、路面头脏乱车、病害处治及时、无桥头脏乱车；日常保洁到位、路容整洁，绿化管养宣林路段绿化覆盖率100%；养护作业布设规范、设施齐全、组织有序，无安全隐患。未做到以上要求目未按时整改到位的，每发现一处扣0.1分	（1）特许经营协议；（2）经常性及专项检查资料；（3）其他相关资料

续上表

一级指标	二级指标	序号	三级指标	三级指标权重	指标解释	评价标准与评分方法	数据来源
产出（80分）	项目维护（30分）	12	桥隧规范化管养（8分）	8%	评价桥隧规范化管养程度，是否符合上级行业管理部门工作要求	（1）严格执行桥隧管养十项制度要求，十项制度完善且执行到位的得4分，制度建立和执行不规范的每发现一处扣0.2分，缺少任意一项制度或任意一项制度未执行的不得分。（2）根据部省市级专项行动要求严格完成当年专项行动，按规定时间节点完成率达100%的得2分，未按时间节点完成的，每做市级通报一次扣0.5分，省部级通报一次不得分。（3）严格按规范要求进行各项例行检查，得2分，未按规范执行的发现一处扣0.5分	（1）特许经营协议；（2）内页资料；（3）经常性及专项检查资料；（4）其他相关资料
		13	路域环境管理（1分）	1%	评价路域环境管理的及时性、规范性	做好职责范围内的桥下空间管理，定期开展巡查，确保公路附属设施完好，及时清理路面整洁。未做到以上要求且未及时整改到位的，每发现一处扣0.1分。工作落实不到位，被市级业监管部门通报的，每次扣0.2分	（1）特许经营协议；（2）经常性及专项检查资料；（3）其他相关资料
		14	标志标线管理（1分）	1%	评价标志标线管理的及时性、规范性	标志标线设置合规、准确、清晰、完好，做到质量安全性能测评、维护，修复及时到位。未按要求的，每发现一处扣0.1分。工作落实不到位，被市级业监管部门通报且未在规定时间内整改到位的，每次扣0.2分	（1）特许经营协议；（2）经常性及专项检查资料；（3）其他相关资料

295

续上表

一级指标	二级指标	序号	三级指标	三级指标权重	指标解释	评价标准与评分方法	数据来源
产出（80分）	项目维护（30分）	15	涉路施工管理（1分）	1%	评价涉路施工管理的规范性	涉路施工做好事前审批，事中监管，无明显安全隐患，未按要求做的，得满分。未按要求做的，得0分	（1）特许经营协议；（2）内业资料；（3）相关专项检查资料；（4）其他相关资料
	安全保障（15分）	16	安全制度和应急措施（5分）	5%	评价安全管理落实情况，以及安全事故应急预案、定期组织救援演练、按照要求配备相关应急设备，以及对应急预案的执行情况	落实安全生产责任制，定期召开安全生产会议，按需进行安全培训，制订了生产安全事故应急预案，定期组织救援演练，并按照要求配备相关应急设备，对社会资本（社会资本）项目公司（社会资本）对应急预案执行有效的，得满分。 （1）未制定安全管理制度、安全生产操作规程等，未进行安全培训的，扣1分； （2）未制订了生产安全事故应急预案的，扣1分； （3）未定期组织救援演练的，扣1分； （4）未按照要求配备相关应急设备的，扣1分； （5）项目公司对应急预案有效执行的，一次未有效执行的，扣1分	（1）特许经营协议；（2）内业资料；（3）其他相关资料
		17	安全投入（2分）	2%	评价是否制定安全生产投入保障机制，编制安全生产费用资金使用预算，足额列支，提取安全生产费用；评价安全生产经费是否专款专用	制定安全生产投入保障机制，编制安全生产费用资金使用预算，足额列支，提取安全生产费用，安全生产费用专款专用的，得满分；每出现一处不符合要求的，扣0.5分	（1）特许经营协议；（2）资金使用台帐及相关凭证；（3）其他相关资料

296

续上表

一级指标	二级指标	序号	三级指标	三级指标权重	指标解释	评价标准与评分方法	数据来源
产出（80分）	安全保障（15分）	18	事故管理（8分）	8%	评价项目是否发生及事故安全（质量）事故管理情况	应严格执行相关法律法规及制度规范要求，不发生较大以上生产安全事故；发生事故后，及时进行事故现场处置，无瞒报、谎报、迟报，如实向有关部门报告，准确。本项不得发生。发生较大以上生产安全事故的，本项不得分；发生一般生产安全事故的，大项不得分；施工企业或经营单位负主责以上的（养护作业或经营期间发生较大以上交通事故的（养护施工企业或经营单位负主责以上的），扣3分；发现瞒报、谎报、经营单位负主责以上的，迟报的，每次扣1分，养护作业期间发生一般交通事故的（养护施工企业或经营单位负主责以上的），扣4分；发现瞒报、谎报、迟报，每次扣0.5分	（1）特许经营协议；（2）事故通报情况；（3）内业资料；（4）其他相关资料
	成本管控（5分）	19	成本控制管理（5分）	5%	评价项目运营维护的成本控制和成本管理情况	有明确的成本核算或计划管理办法、成本控制办法、运营维护相关的成本费用管理，有效控制与管理，能实现有效控制与管理，得满分；未达到以上要求的，每次扣1分	（1）运营养护相关文件；（2）运营养护成本费用台账；（3）其他相关资料
	经济影响（1分）	20	经济影响（1分）	1%	项目经济效益是否达到项目预期，综合考核项目实施对经济发展所带来的直接或间接的正面影响或负面影响	对经济发展带来直接或间接的正面影响的，得满分；有负面影响的，得0分	（1）特许经营协议；（2）上门访谈；（3）其他证明材料

297

续上表

一级指标	二级指标	序号	三级指标	三级指标权重	指标解释	评价标准与评分方法	数据来源
产出（80分）	生态环境影响（2分）	21	生态环境影响（2分）	2%	评价项目公司是否满足相关环境保护要求	若项目公司（社会资本）被环保监管部门、水利部门、海洋环境监管部门等处以环保处罚，每发生一次扣0.5分	（1）环保监督部门、水利部门及海洋环境监督管理部门等对项目公司（社会资本）的通报资料、行政处罚资料等；（2）其他证明材料
	社会影响（2分）	22	公众维稳情况（2分）	2%	评价项目运营期对公路沿线地区社会发展所产生的直接或间接的正负面影响情况。如重大诉讼、公众舆情与群体性事件等	运营期内，项目公司（社会资本）未发生重大诉讼、且项目未发生公众舆情、群体性事件（包括群体上访阻工、斗殴等影响较大的社会事件）等负面事项的，得满分；运营期内，项目公司（社会资本）发生过重大诉讼，或项目发生过公众舆情或群体性的社会事件（包括群体上访阻工、斗殴等影响较大的社会事件）等负面事项的，得0分	（1）特许经营协议；（2）上门访谈；（3）其他证明材料
	可持续性（2分）	23	沟通协商机制（1分）	1%	评价项目公司或社会资本是否建立沟通协商机制及沟通机制执行的有效性	项目公司能够建立有效的沟通机制，对运营期合同履行过程中的整改事项及日常配合进行积极响应的，得满分；项目公司未建立有效的沟通机制，对政府方的日常配合未进行积极响应，每发生一次，扣0.2分，扣完为止	（1）问卷调查；（2）现场访谈；（3）其他相关资料

续上表

一级指标	二级指标	序号	三级指标	三级指标权重	指标解释	评价标准与评分方法	数据来源
产出（80分）	可持续性（2分）	24	可持续运行情况（1分）	1%	评价项目在资产产设备运行、发展和运营管理、财务状况等方面的可持续性情况	项目资产产设备运行良好，发展和运营管理顺畅，财务状况良好不会发生资金链断裂风险，能保障稳定运行的，得满分；未达到以上标准的，每出现一处，扣0.5分	（1）特许经营协议；（2）项目公司访谈；（3）其他证明材料
	满意度（3分）	25	政府相关部门满意度（1分）	1%	评价机构开展的政府相关部门满意调查得出的政府相关部门对项目公司（社会资本）建设期间相关工作的满意程度	政府相关部门满意率≥85%，得满分；政府相关部门满意率＜70%，得0分；70%≤政府相关部门满意率＜85%，在0～1分之间插值计算得分	（1）调查问卷；（2）项目公司访谈；（3）其他证明材料
		26	社会公众满意度（2分）	2%	评价机构开展的社会公众满意调查得出的社会公众（包括但不限于驾驶员、游客等）对项目公司（社会资本）运营期间相关工作的满意程度	社会公众满意率≥85%，得满分；社会公众满意率＜70%，得0分；70%≤社会公众满意率＜85%，在0～2分之间插值计算得分	（1）调查问卷；（2）社会公众访谈；（3）其他证明材料
管理（10分）	组织管理（3分）	27	组织架构（1分）	1%	评价项目公司（社会资本）组织架构资本是否健全	项目公司（社会资本）组织架构健全，能满足项目日常运作需求，得满分；项目公司（社会资本）组织架构不健全，不能满足项目日常运作需求，得0分	（1）项目公司（社会资本）组织架构相关资料；（2）现场访谈；（3）其他相关资料

299

续上表

一级指标	二级指标	序号	三级指标	三级指标权重	指标解释	评价标准与评分方法	数据来源
管理（10分）	组织管理（3分）	28	文明创建风和作风建设（1分）	1%	评价项目公司（社会资本）是否服从省、市两级政府关于文明创建方面的专项行动，积极配合做好文明城市创建、城市大型活动等保障工作	未积极响应文明创建活动的，每次扣0.2分；在重要创建活动中有损城市形象的，每次扣0.2分；大型活动交通保障不力、产生不良影响的，每次扣0.2分；被上级主管部门或纪检监察部门点名通报的，发生1次扣0.2分	（1）特许经营协议；（2）相关专项检查资料；（3）其他证明材料
		29	绩效监控（1分）	1%	评价项目公司（社会资本）是否按照规范要求做好PPP项目绩效监控工作，对年度目标实现程度跟踪、监测和管理	项目公司（社会资本）按照规范要求对项目年度目标实现程度、目标保障措施、目标偏差和纠偏情况等进行有效跟踪、监测和管理的，得满分；绩效监控开展有效，目标纠偏措施及纠偏效果等不到位、不完善的，得0.5分；未开展绩效监控工作的，得0分	（1）特许经营协议；（2）绩效监控报告；（3）目标纠偏措施及纠偏效果等材料；（4）其他相关资料
	财务管理（2分）	30	财务管理制度健全性（1分）	1%	财务制度是否健全，用以反映和考核财务管理在制度对资金规范、安全运行的保障情况	财务管理制度健全有效，得满分；财务管理制度不健全、无法保障资金规范使用的，得0分	（1）项目公司财务管理制度；（2）上门访谈；（3）其他相关资料

续上表

一级指标	二级指标	序号	三级指标	三级指标权重	指标解释	评价标准与评分方法	数据来源
管理（10分）	财务管理（2分）	31	资金使用合规性（1分）	1%	评价项目资金使用是否符合相关规定、制度使用规范，以及项目资金的规范运行情况	严格执行国家财经法规和财务管理制度等规定的，得满分；资金使用不规范，存在截留、挤占、挪用、虚列支出等情况的，得0分	（1）财务管理制度； （2）审计报告； （3）检查实际使用情况； （4）其他相关资料
	制度管理（2分）	32	运营管理制度（1分）	1%	评价项目公司是否制定了规范化的养护、收费、安全管理制度，以及评价制定的养护、收费、安全管理制度是否有效落实	制定了规范化的养护、收费、安全管理制度，且养护、收费、安全管理制度得到有效落实的，得满分；未制定或制定的养护、收费、安全管理制度不合理的，得0分；对于管理制度未落实的，每次扣0.5分	（1）养护计划资料； （2）历史记录资料； （3）其他相关资料
		33	内控管理制度（1分）	1%	评价项目公司内控制度制定及执行情况	项目公司有健全的内控制度，规范内部管理，有效防范和管控风险，保证项目运营合法合规，促进各项工作高效有序推进，得满分；内控环节薄弱，风险控制不到位，影响项目运营效果的，得0分	（1）内控制度； （2）其他证明材料

续上表

一级指标	二级指标	序号	三级指标	三级指标权重	指标解释	评价标准与评分方法	数据来源
管理（10分）	档案管理（2分）	34	资料上报（1分）	1%	评价项目公司（社会资本）能否按照特许经营协议要求及时、完整的上报项目资料	应及时、完整的上报项目资料，如运营养护月度报告、运营各方信用评价资料，经审计的年度财务报告等。根据部省级、省级和市级行业主管部门的检查要求做好检查年度的内业资料汇总整理工作。项目资料按PPP合同约定未及时、完整上报的，得0.5分，未及时提交或数据不齐的，不符合要求的，得0分	（1）特许经营协议；（2）内业资料；（3）其他证明材料
		35	归档资料真实完整性（1分）	1%	评价项目公司（社会资本）按照档案规范要求做好运营期档案资料管理工作，根据部省级、省级和市级行业主管部门的检查要求做好检查年度的内业资料汇总整理工作。综合评价的完整性、真实性以及归集整理的及时性	按照规范要求做好运营期档案资料管理工作；项目运营相关资料真实、有效，并能及时归集整理，得满分；每发现一处项目运营相关资料不完整、明显错误、缺乏真实性或归档不齐及时现象的扣0.5分	（1）现场核实检查；（2）现场访谈；（3）其他相关资料
	信息公开（3分）	36	信息报送整改反馈（1分）	1%	评价相关工作落实整改情况	及时准确报送各类工作数据和信息（含上年度经审计的财务报告和项目运营成本说明材料等），对省、市养护和交通执法检查、季度巡查成本提到的问题，及时进行整改，并将整改结果书面反馈。对信访件、提案等及时反映的情况及时反馈，落实、整改，整改未落实，每事项扣0.5分	（1）特许经营协议；（2）内业资料；（3）其他证明材料

续上表

一级指标	二级指标	序号	三级指标	三级指标权重	指标解释	评价标准与评分方法	数据来源
管理（10分）	信息公开（3分）	37	桥隧管养信息公开（1分）	1%	按要求做到桥隧管养信息公开	未按照要求设置"一桥一牌"的，每一处扣1分；桥隧管养信息公开内容不符合要求的，每一处扣0.5分	（1）特许经营协议；（2）相关专项检查资料；（3）项目调研；（4）其他证明材料
		38	其他信息公开（1分）	1%	评价项目公司（社会资本）是否依照相关规定，及时上报信息公开系统、填报PPP综合信息平台等，公开披露项目相关信息，保障公众知情权、接受社会监督，并保证履行信息公开义务的及时性与准确性	项目公司（社会资本）能够按照国家相关法律法规和《特许经营协议》的规定，及时和准确地履行信息公开义务的，得满分；项目公司（社会资本）未能按照国家相关法律法规和《特许经营协议》的规定，及时和准确地履行信息公开义务的，得0分	（1）特许经营协议；（2）相关专项检查资料；（3）项目调研；（4）其他证明材料

注：各项三级指标评分以其设置的分值为限，扣完即止。

303

第十八节
项目运营管理机构设置及职责

一、运营管理机构

运营期的管理组织机构本着组织形态稳定、运行机制合理、职责分工明确、管理力度有效的原则设置，工作重点为公路养护、机电维护、安装管理，机构设置坚持"精简、合理、高效"的原则配置，统筹规划、综合考虑，采取全线集中监控、集中治理的方式，避免重复建设和资源浪费。

项目公司实行总经理负责制，通常情况在运营期下设多个管理部门，以调研项目为例分别为：运营管理部、养护管理部、安全管理部、综合事务部、收费管理部、运行巡查部，具体的组织机构图如图5-1所示。

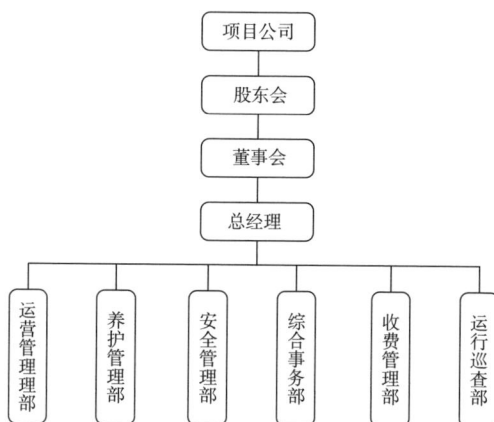

图 5-1　运营管理组织机构图

二、工作职责和内容

1.运营管理部

（1）严格贯彻执行国家政策和项目公司营运管理制度，并根据项目公司情况组织拟订相关实施细则和工作流程；

（2）负责高速公路路政管理、路产、路权管理工作，负责服务区监督管理工作，负责全线公路及机电养护、交通监控、联网收费稽查等工作，负责筹备与开通的指导、协调工作；

（3）负责道路救援业务的组织、监督、协调、投诉处理等管理工作；

（4）负责高速公路营运应急预案、突发事件管理等工作；

（5）负责做好项目公司经营业绩绩效考核工作；

（6）负责营运管理相关档案的收集、整理和归档工作；

（7）承办公司领导和上级有关部门交办的其他工作。

2.养护管理部

（1）负责贯彻执行国家、行业主管部门、省级政府及项目公司制定的关于高速公路养护的法律法规或管理制度，制定公司相应的各项养护管理办法和实施细则，并监督制度的落实；

（2）负责对项目公司的养护管理工作作出具体要求，并进行指导、检查、监督和考核，并制定具体的考核标准，对项目公司的养护工作进行定期考核，负责编制长远维护规划，制定详细的年度、季、月维护维修工作计划，为维护维修计划提供必要的依据；

（3）负责养护计划管理、养护安全与质量管理、服务区改造工程管理、养护应急管理、公路日常养护预防性养护、修复性养护（含大修、小修工程）、专项养护管理、防汛、抗冰保畅管理、涉路施工设计方案审查、道路改扩建（含收费站）工程管理、养护技术管理；

（4）负责养护档案及信息管理、综合统计管理等工作；

（5）承办公司领导和上级有关部门交办的其他工作。

3.安全管理部

（1）严格贯彻执行国家有关安全生产法律、法规、政策和项目公司安全生产管理制度，并组织拟订相关实施细则和安全操作流程；

（2）组织或者参与拟订项目公司生产安全事故应急救援预案，审核应急救援演练计划，参与应急救援演练；

（3）组织或者参与项目公司安全生产宣传、教育和培训，如实记录安全生产宣传、教育和培训情况；

（4）督促落实重大危险源的安全管理措施，督促落实安全生产整改措施，如实记录整改情况；

（5）制止和纠正违章指挥、强令冒险作业、违反操作规程的行为；

（6）发现有危及从业人员人身安全的紧急情况，指令从业人员暂停作业或者在采取必要的应急措施后撤离作业现场；

（7）组织安全生产考核，提出相关奖惩意见；

（8）承办公司领导和上级有关部门交办的其他工作。

4.综合事务部

（1）负责建立完善综合事务管理规章制度，并监督落实；

（2）负责公文管理，保障文件高效有序流转；

（3）负责文秘和经营班子会议、司务会议等重要会议的会务工作，并完成重要材料撰写，指导文秘工作；

（4）负责保密管理和印信管理，指导保密工作；

（5）负责组织协调项目公司的管理制度、基础资料、信息参考等资料汇编工作；

（6）负责档案管理，指导建设项目档案专项验收和档案规范管理工作；

（7）负责计算机网络基础设施和信息系统的运行维护，以及计算机信息的安全管理；

（8）负责公司的综治信访维稳工作；

（9）负责行政后勤保障服务，重大公务活动的组织协调；

（10）负责固定资产管理和车辆管理，维护办公设备的正常运转；

（11）承办公司领导和上级有关部门交办的其他工作。

5.收费管理部

（1）组织学习、宣传、贯彻党和国家的有关收费政策，建立健全员工岗位责任制和收费业务程序，对有关账簿、凭证、票证的使用管理进行业务指导和监督，发现问题并及时纠正；

（2）加强收费队伍思想建设、组织建设、作风建设和纪律建设，改进思想政治工作，开展精神文明建设活动；

（3）负责编制年度通行费征收计划，收费站经费支出计划，收费设施维护保养计划和更新改造计划，并分解下达收费任务；

（4）负责联网收费（含ETC等电子业务）、监控、通信等设施的安装维护及票证管理工作；

（5）负责外部的协调工作，如收费投诉的调查和处理；

（6）承办公司领导和上级有关部门交办的其他工作。

6.运行巡查部

（1）严格贯彻执行国家有关方针政策和项目公司的管理制度，组织或参与拟订关于项目路产巡查、运行巡查、应急救援的各项流程、预案和实施细则，并监督实施，按规范执行考核工作；

（2）巡查管理：参与协调并监督各路段执法协作及联勤联动工作的开展，负责协调、指导突发事件的运行指挥及处置管理，指导道路突发事件应急管理评估工作，监督路产巡查队伍的安全管理工作；

（3）运行信息管理：负责对所辖路段运行数据的分析、研判工作；负责部门的内、外宣传工作；根据事件等级组织、协调应急处置；监督各监控中心的标准化管理工作及信息、图像、报警、救援、咨询、投诉和应急指挥调度等管理执行工作；

（4）负责对巡查、救援工作相关资料的收集、分析和管理；负责对巡查、救援等业务资料进行保管、归档工作；

（5）承办公司领导和上级有关部门交办的其他工作。

第十九节
项目运营管理履约监管

新机制文件要求切实加强运营监管，主要体现在以下四个方面：

一是定期开展项目运营评价。项目实施机构应会同有关方面对项目运营情况进行监测分析，开展运营评价，评估潜在风险，建立约束机制，切实保障公共产品、公共服务的质量和效率。项目实施机构应将社会公众意见作为项目监测分析和运营评价的重要内容，加大公共监督力度，对于有政府财政资金支持的项目按照有关规定开展绩效评价。

二是惩戒违法违规和失信行为。如特许经营者存在违反法律法规和国家强制性标准，严重危害公共利益，造成重大质量、安全事故或突发环境事件等情形，有关方面应依法依规责令限期改正并予以处罚。对提供的公共产品、公共服务不满足特许经营协议约定标准的，特许经营者应按照协议约定承担违约责任。依法依规将项目相关方的失信信息纳入全国信用信息共享平台。

三是规范开展特许经营协议变更和项目移交等工作。在特许经营协议有效期内，如确需变更协议内容，协议当事人应在协商一致的基础上依法签订补充协议。特许经营期限届满或提前终止的，应按协议约定依法依规做好移交或退出工作，严禁以提前终止为由将特许经营转变为通过建设—移交（BT）模式变相举债；拟继续采取特许经营模式的，应按规定重新选择特许经营者，同等条件下可优先选择原特许经营者。特许经营期限内因改扩建等原因需重新选择特许经营者的，同等条件下可优先选择原特许经营者。对因特许经营协议引发的各类争议，鼓励通过友好协商解决，必要时可根据争议性质，依法依规申请仲裁、申请行政复议或提起行政、民事诉讼，妥善处理解决。

四是建立常态化信息披露机制。项目实施机构应将项目建设内容、特许经营中标结果、特许经营协议主要内容、公共产品和公共服务标准、运营考核结果等非涉密信息，依托全国投资项目在线审批监管平台，及时向社会公开。特许经营者应将项目每季度运营情况、经审计的年度财务报表等信息，通过适当方式向社会公开。

落后的管理模式和方法，将导致政府与社会资本合作建设期与运营期管理上的脱节，产生的负面影响直接导致高速公路的运营养护成本大大增加，严重影响收费公路作为社会公共服务产品的服务质量和效率，如以往发生过的石太高速公路、广汕高速公路塌陷的严重事故，不仅造成重大的经济损失，也造成了恶劣的社会影响，对政府的社会形象产生不小的负面效应。

特许经营项目合作期较长，贯穿于整个项目的建设期、运营养护期，运营评价作为特许经营项目实施过程中运营期的重要一环。在公路工程特许经营协议中，应合理设置绩效考核、违约罚则、临时接管、解除合同的相关条款，使其构成一个合理的有机整体，例如对绩效考核指标分数的设置，既要体现考核不达标的惩罚性，又不能使惩罚的数额过大，否则如果项目公司养护的成本远高于支付该项违约金的成本，那么项目公司将失去提高运营养护服务质量的积极性，索性直接支付违约金。

实务中基于合同关系，收费公路特许经营项目运营期的合作风险一方面在于社会资本合作人招标时预先设定的考核标准是否合理，另一方面在于项目建设质量。建设质量高，则后期运营养护费用投入相对较小，社会资本在建设期偷工减料降低建设成本，后期运营阶段将面临运营养护费用增加、难以达到考核标准的困境。

对于以上提到的运营管理风险，应对措施建议如下。

1.合理设置运营考核指标及考核标准

项目实施机构在设置绩效考核指标时应注意包含以下3个方面的基本内涵：

（1）运营考核与评价体系是对高速公路运营管理企业的量化管理。数字比文字更简明，更便于分析、整理和比较。实施量化管理，可以实现企业战略目标与运作的有效结合，强化企业对战略的有效控制，从而全面提高企业绩效。

（2）高速公路运营管理企业的运营考核与评价体系的一个重要特点是整个体

系相互补充、相互关联的各项指标所构成。这些指标既有各自独特的功能，能以其分析说明某一活动的某一特性，又与其他指标发生关系。

（3）运营考核与评价体系是一种综合评价，即需要运用综合评价的理论和方法。综合评价是对企业进行科学、客观、公正的全面评价。综合评价是决策的前提，而正确的决策要基于科学的综合评价。

2.合理设置运营期履约保证金制度

运营期履约保证金有效期应该覆盖项目整个运营期，运营保证金额度应该不少于一次公路大修费用。

3.特许经营协议中约定政府强制养护条款

强制养护条款有效防止了项目公司在运营期因养护管理不到位而导致的违约风险。即项目公司如未按照国家规定的技术规范和操作规程进行项目养护的，若公路技术状况指数（MQI）、路面养护质量指数（PQI）、路基养护状况指数（SCI5）、桥涵构造物养护状况指数（BCI）或沿线设施养护状况指数（TCI）低于特许经营协议约定的一定标准时，政府（项目实施机构）可通过另行招标形式选择施工单位对项目进行养护和维修，养护及维修的费用由项目公司承担。

此外，由于运营期提高服务标准或不可抗力等因素，以及对项目运营数据分析不足、运营管理差等原因，可能造成运营成本超出预算，无法达到预期经营目标。对此风险，一是在项目前期应充分做好项目的风险评估，锁定影响运营成本的相关因素；二是在项目谈判阶段，应确保价格调整、运营成本超支责任分配以及大中修费用等在合同中落实，明确调价周期、触发条件；三是在项目运营阶段，除了加强项目成本管理外，可考虑将专业性较强的运营工作委托专业单位负责；四是社会资本要考虑建立运营风险准备金机制。在项目前期即与政府方及相关合作方明确准备金来源、计提方式、比例及金额等具体内容，以平衡运营期资金状况及应对运营亏损风险；五是在特许经营协议中约定后期技术改造、改扩建的主体、成本分担机制。

案例1

贵州省某高速公路项目

项目于2017年实施，全长116km，总投资为178亿元，采用"PPP+BOT+政府补贴"模式。招标文件未对资本性支出及更新改造和追加投资支出进行约束，可能产生运营成本风险。经过合同谈判，最终签订的PPP项目合同约定：因政府方要求变更或修改运营服务要求而导致的运营成本或资本性支出的增加，由政府方负责承担。此外，还对更新改造和追加投资部分明确了项目公司有权得到补偿的条款：政府方在项目车流量达到设计饱和交通量时有权要求项目公司对项目进行扩建，扩建工程所需的资金筹措和建设实施均由项目公司负责，项目公司有权就增加的投资额得到相应补偿。合同中还明确了项目运营成本包括中小修及日常养护费用、大修费用、收费站的管理财务费用及隧道运营费，并针对上述费用约定了起始年金额，考虑到成本上升因素，运营成本按照每年2%的递增率逐年计算。

案例2

江西省某公路项目

项目于2019年实施，全长7.5km，总投资为4.9亿元，采用"PPP+政府付费"模式。PPP项目合同约定：在运营期内，项目公司应积极做好项目范围内各设施设备的运营维护及养护工作；在各子项目进入运营期5年内发生的大中修，经认定为项目公司责任的，由项目公司承担大中修责任且费用不计入政府付费范围内；在进入运营期5年后确需开展大中修工程建设的，双方中任意一方书面提出进行大中修时，另一方书面同意实施大中修后，政府方协助项目公司按照大中修流程申请资金，并按照主管部门的要求，依法开展大中修工程招投标工作，择优选定施工单位进行工程建设，大中修费用由政府方承担，经政府有关部门审核后依规支付。

第二十节
特许经营期各方违约责任

违约和提前终止条款是特许经营协议中的重要条款之一，通常会规定违约事件、终止事由以及终止后的处理机制等内容。在特许经营协议中，应明确约定可能导致协议终止的违约事件，这些违约事件通常是由于合同一方违反特许经营协议中的重大义务而引起的。

违约事件的发生并不一定直接导致特许经营协议终止。《民法典》第五百七十七条规定："当事人一方不履行合同义务或者履行合同义务不符合约定的，应当承担继续履行、采取补救措施或者赔偿损失等违约责任。"公路工程特许经营协议中的违约责任除涉及特许权授予事项外应属于民事责任，具有民事责任的一般属性，即财产责任性、补偿性和惩罚性。《中华人民共和国民法通则》（简称《民法通则》）、《合同法》及《民法典》有关违约责任承担方式的规定大致相同，主要包括强制履行、采取补救措施、赔偿损失、支付违约金等。

在特许经营协议中通常会规定通知和补救程序，即如果在特许经营协议履行过程中发生违约事件，未违约的合同相对方应及时通知违约方，并要求违约方在限期内进行补救，如违约方在该限期内仍无法补救的，则合同相对方有权终止特许经营协议。

在实践中，不同的特许经营协议对于违约事件的界定方式可能不同，通常包括概括式、列举式以及概括加列举式3种，其中概括加列举式在特许经营协议中更为常见。通过列举的方式可以更加明确构成违约事件的情形，从而避免双方在违约事件认定时产生争议。为此，在特许经营协议起草和谈判过程中，双方应对哪些事项构成违约事件进行认真判别，并尽可能地在特许经营协议中予以明确约定。

一、政府方违约事件

在约定政府方违约事件时，应谨慎考虑这些事件是否处于政府方能够控制的范围内并且属于项目中政府应当承担的风险。结合实务操作和政策法规，收费公路特许经营项目常见的政府方违约事件包括：

（1）因国家或公共利益的需要，政府方需征用项目；

（2）协议约定由政府方负责政策处理工作的，政府方未按协议约定完成相关工作；

（3）未按协议约定向项目公司提供政府投资支持资金或未按协议约定时间到位出资；

（4）重大调整，如在项目的施工图设计批准后，政府方就项目的技术标准、路线走向、主要控制点和建设规模等重要因素，向项目公司提出调整与变更，致使项目公司需要进行工程变更设计、重新采购主体设备，导致工程中途停建、缓建，使工程不能在预定日期完工的；

（5）违反协议约定转让特许经营协议项下义务；

（6）发生政府方可控的对项目设施或项目公司股份的征收或征用的（是指因政府方导致的或在政府方控制下的征收或征用，如非因政府方原因且不在政府方控制下的征收征用，则可以视为政治不可抗力）；

（7）其他违反特许经营协议项下义务，并导致项目公司无法履行合同的情形。

二、项目公司违约事件

在约定项目公司违约事件时，政府方通常希望列举的违约事件越多越好，最好能是敞口的列举，而项目公司则更倾向于明确的定义和有限的列举。需要强调的是，如果项目公司违约事件约定过多，不仅会影响项目公司参与特许经营项目的积极性，而且会增加项目的融资难度和成本，进而导致项目整体成本的增加。因此，在实践中，需要合理平衡双方的利益，原则上项目公司违约事件应当属于该项目项下项目公司应当承担的风险。

在实务中，特许经营协议中应写入项目公司违约事件包括但不限于：

（1）项目公司不愿或无力继续经营，或发生清算、不能支付到期债务、破产；

（2）项目公司为社会资本在项目实施过程中抽回、侵占和挪用项目资本金及其他建设资金；项目资本金及其余建设资金不能按计划分期足额到位，或者项目公司存在其他投融资违约行为，经项目实施机构责令限期改正后仍无效的；

（3）项目公司在施工招标及工程实施过程中，造成项目总投资超过批准的初步设计概算总投资；

（4）由于项目公司的过失，使项目施工不能在预计的交工日期内完成；

（5）项目交工验收或竣工验收确定的工程质量低于协议约定的质量目标；

（6）项目公司未按照国家规定的技术规范和操作规程进行项目养护的，或者虽已按规定进行养护但不能达到协议约定的运营养护目标的；

（7）项目公司未能按协议约定向甲方交纳或者未足额交纳履约担保；

（8）项目公司违反协议规定，转让协议或协议项下任何权利或义务，或其任何资产，或者违反协议约定改变项目公司内部的股权比例；

（9）项目公司利用项目进行欺诈等违法活动；

（10）项目公司未完全履行协议约定的移交义务；

（11）项目公司资金不及时拨付或支付给承包人的各项价款转移或用于其他工程；

（12）项目公司违反协议规定的其他主要义务。

三、预期违约与不安抗辩权

预期违约和不安抗辩权来源于《民法典》相关规定，《民法典》第五百七十八条规定："当事人一方明确表示或者以自己的行为表明不履行合同义务的，对方可以在履行期限届满前请求其承担违约责任。"第五百二十七条规定："应当先履行债务的当事人，有确切证据证明对方有下列情形之一的，可以中止履行：（一）经营状况严重恶化；（二）转移财产、抽逃资金，以逃避债务；（三）丧失商业信誉；（四）有丧失或者可能丧失履行债务能力的其他情形。当事人没有确切证据中止履行的，应当承担违约责任。"

特许经营协议履行期内，一方当事人明确表明其将不履行合同，或者通过其行为表明在合同履行期限到来前不履行合同，这就构成了预期违约，预期违约包括明示违约和默示违约两种。所谓明示违约，是指合同履行期限届满前，一方当事人无正当理由明确向对方当事人表示其将不履行合同；所谓默示违约，是指合同履行期限届满前，一方当事人有确凿的证据证明对方当事人在履行期限届满前，将违约或不能履行合同，而对方又不愿提供必要的履行担保的。

预期违约的救济手段在功能上可以区分为两种：一是防御性、一时性救济手段，即当事人中止或拒绝履行自己所负合同义务的权利，不安抗辩权属于此种救济；二是进攻性救济手段，包括履约担保请求权、期前合同解除权、期前损害赔偿请求权等，其中合同解除和损害赔偿为终局性救济手段。预期违约与不安抗辩权是根据不履约风险发生情形的不同，所设计出的不同救济手段及救济规则。

法院判例在实务中对行使不安抗辩权的举证责任要求比较严格，需要"有确切证据"支撑，否则会破坏特许经营协议的严肃性。无论是否有"确切"二字，这都是一个较为主观的标准。因此，在实务争议中应当注意适当从严把握此项证明标准，因为不安抗辩权的行使会导致合同权利义务发生颠覆性的变化，必须防止因标准过宽导致不安抗辩权的滥用，应当维护合同的稳定性和可履行性，不得轻易推翻合同、否定合同。

需要注意的两个问题是：

（1）并非只要出现本条所规定的情形就构成不安抗辩权的行使条件，应当注意审查所出现的情形是否达到足以使后履行一方丧失履行债务的能力。如后履行一方虽涉及多起诉讼，但败诉少于胜诉，或败诉风险较小，或败诉对其履行能力没有构成根本性否定，此时先履行一方不能行使不安抗辩权。例如，政府方可以提供确凿的证据证明项目公司濒临破产，出现重大资金链断裂情形将导致无法继续承担项目建设任务，则政府方可以请求适用《民法典》该项规定，继而行使自己的不安抗辩权甚至解除合同。值得注意的是，如果项目公司及时恢复了履约能力，比如社会资本股东方及时注资并提供了足够的履约担保以证明项目公司在未来具备继续履约的能力时，则不构成预期违约。

（2）先履行抗辩权与不安抗辩权对抗问题。先履行抗辩权与不安抗辩权均发生在特许经营协议约定的履行期到来之前，当两者产生对抗时，在法院审判实践中是注重先审查不安抗辩权是否成立，因为先履行一方往往是在其履行过程中发现对方存在不安事由，此时其履约行为尚未完成，当然存在部分履行、瑕疵履行或不完全履行等情形，若此时后履行方能以先履行抗辩权进行对抗，则不安抗辩权将会沦为虚设。若后履行方确实丧失履行能力，则其不能主张先履行抗辩权，亦不能以此对抗先履行方主张不安抗辩权。

案例

工 期 违 约

例如，某项目PPP项目公司未按合同约定时间开工建设，政府方根据PPP项目合同中对于工程开工日期及违约责任承担方式的约定，对项目公司处以每延迟一日30万元的违约金。项目公司收到处罚函后，以政府方未按特许经营协议约定时间完成征地拆迁工作，导致项目不具备开工条件为由提起反索赔。

司法实践中，关于工期的争议在建设工程施工合同纠纷中占有一定比重，对当事人权利义务影响较大。承包人未在约定工期内完成工程施工，应承担逾期竣工违约责任。确定工期除了要确认竣工日期，开工日期也是不可缺少的一环。

虽然特许经营协议中约定了开工日期，但在实践中，行政审批手续的复杂性、严格性与工程各方当事人的逐利性存在矛盾。承包人急于开始施工获利，但是工程取得建设用地或者拆迁存在困难，难免出现计划开工日无法开工的情形。有时项目公司为了节约时间，赶在开工令的开工日期之前要求承包人进场施工，有时因施工条件尚未具备而在约定的开工日期之后才开始实际施工。在司法实践中争议的问题主要有：开工令中载明的开工日期与承包人实际进场施工日期不一致，开工令中载明的开工日期是否是确定实际开工日期的唯一依据？即便监理人发出开工令，由于开工条件不具备，其上记载的开工日期能否作为实际开工日期？承包人实际进场施工时间能否作为开工日期？如果发包人或者监理未发出开工令，承包人实际进场时间不明如何认定开工日期？特许经营协议、施工合同、施工许可证、开工令、竣工验收报告可能记载不同的开工日期，如何认定开工日期等。

《最高人民法院关于审理建设工程施工合同纠纷案件适用法律问题的解释（一）》（法释〔2020〕25号）第八条规定："当事人对建设工程开工日期有争议的，人民法院应当分别按照以下情形予以认定：（一）开工日期为发包人或者监理人发出的开工通知载明的开工日期；开工通知发出后，尚不具备开工条件的，以开工条件具备的时间为开工日期，因承包人原因导致开工时间推迟的，以开工通知载明的时间为开工日期。（二）承包人经发包人同意已经实际进场施工的，以实际进场施工时间为开工日期。（三）发包人或者监理人未发出开工通知，亦无相关证据证明实际开工日期的，应当综合考虑开工报告、合同、施工许可证、竣工验收报告或者竣工验收备案表等载明的时间，并结合是否具备开工条件的事实，认定开工日期。"

在本案中，如双方当事人能够协商一致，应以双方确认的日期为实际开工日期。当双方对实际开工日期有争议时，应区分开工条件是否具备及开工条件不具备是否是项目公司原因分别处理。开工日期以开工令载明的开工日期为准，但是开工令发出后，尚不具备开工条件的，区分不同情况。如果非因项目公司或承包人原因（如因政府方原因或者客观原因）导致开工条件不具备，以开工条件具备时为开工日期；如果因项目公司或承包人原因导致开工时间推迟，以开工令载明的时间为开工日期。根据特许经营协议约定，项目征地拆迁工作由政府方负责且约定了土地交付时间，政府方未按特许经营协议约定完成征地拆迁工作直接导致了项目不具备开工条件，且项目公司已完成施工合同的签订，开工准备工作已做好，土地未交付构成了不具备开工条件的唯一原因，因此本案中政府方应根据特许经营协议约定承担未按时完成土地征迁工作的违约责任，此外，根据《最高人民法院关于审理建设工程施工合同纠纷案件适用法律问题的解释（一）》（法释〔2020〕25号）规定，本案中实际开工日期的认定不应以开工令上载明的时间为准，应是具备开工条件的时间。项目公司无须承担未在开工令载明的时间进场施工的违约责任。

这里顺便讲一下关于其他记载开工日期文件的证明力问题。以施工合同为例，关于发包人或者监理人未发出开工令，亦无相关证据证明实际开工日期，开工报告、合同、施工许可证、竣工验收报告或者竣工验收备案表对开工时间的证明力大小是否有顺序问题，实践情况较为复杂，不宜硬性规定证明力大小的顺序，而需结合个案事实及工程施工惯例进行认定。

开工报告记载的开工日期最接近实际开工时间。如果没有开工报告，施工合同中约定的开工时间可以作为参考。在欠缺开工令、开工报告等其他证据情况下，施工许可证可证明建设工程具备了开工条件，可以作为认定开工日期的证据。但在实践中存在先进行施工、后补办施工许可证的情况，对此应结合施工合同约定的工期、是否有顺延工期的情况发生等进行认定。如果依据施工许可证、竣工验收报告或者竣工验收备案表等记载的开工日期至竣工日期计算的工期与合同约定的工期相比，明显缩短，则其记载的开工日期未必属实。

第二十一节
特许经营协议解除的程序及财务安排

一、特许经营协议解除事由

在实务中，可以约定有下列情形之一的，特许经营协议可予以解除：

（1）发生不可抗力事件，导致合同不能履行或各方不能就协议变更达成一致；

（2）发生法律变更，各方不能就合协议更达成一致；

（3）合同一方严重违约，导致协议目的无法实现；

（4）乙方无力继续经营，或发生清算、不能支付到期债务、破产或其他类似情形；

（5）协议各方协商一致；

（6）项目因社会公共利益需要被依法征收；

（7）法律规定或协议各方约定的其他事由。

因项目公司严重违约、政府方可提出解除协议的事由包括：

（1）特许经营协议违约条款约定的项目公司发生重大违约事项可以解除合同的情形；

（2）由于项目公司的过失，导致项目施工停工时间超过90日或不能在约定的交工日期后6个月内完成。

（3）由于项目公司的原因，致使合同无法继续履行或合同目的无法实现，并且政府方提供了充足的证据证明两者之间的因果联系。

因政府方严重违约、项目公司可提出解除合同的事由包括：

（1）特许经营协议违约条款约定的政府方发生重大违约事项可以解除协议的情形；

（2）由于政府方的原因，致使协议无法继续履行或协议目的无法实现，并且项目公司提供了充足的证据证明两者之间的因果联系。

二、特许经营协议终止后的处理机制

在特许经营协议中，基于不同事由导致的终止，在终止后的处理上也会有所不同。一般来讲，通常会涉及回购义务和回购补偿两方面的事项。

（1）回购义务。

在特许经营项目终止后，政府可能并不一定希望全盘回购已经建成或者正在建设的项目设施。但如果政府方有权选择不回购该项目，对于项目公司而言可能是非常重大的风险。因为项目公司不仅将无法继续实施该项目并获得运营回报，甚至无法通过政府回购补偿收回前期投资。鉴于此，在特许经营协议中，对于回购的规定一般会比较谨慎。

在实践过程中，通常只有在项目公司违约导致项目终止的情形下，政府才不负有回购的义务，而是享有回购的选择权，即政府可以选择是否回购该项目。但是，对于一些涉及公共安全和公众利益的、需要保障持续供给的特许经营项目例如收费公路项目，也可能在特许经营协议中约定即使在项目公司违约导致项目终止的情形下，政府仍有回购的义务。

（2）回购补偿。

根据项目终止事由的不同，项目终止后的回购补偿范围也不相同，在具体项目中，双方应对补偿的金额进行合理的评估。为完善特许经营协议建设管理体系，健全社会资本的退出机制，建议项目实施机构根据有可能导致合同解除的多种原因分别提出具体的合同解除程序和财务安排。根据交通运输部《经营性公路建设项目投资人招标文件示范文本》，并结合以往项目经验，建议在特许经营协议中分别就政府原因导致协议解除、项目公司原因导致协议解除、不可抗力原因导致协议解除、政府征收项目导致解除协议等情况分别指定协议解除的程序和财务安排。合同解除的具体原因，有不同的合同解除程序和财务安排。原则上，对于因一方原因造成的合同解除，将考虑给予另一方合理补偿。现以杭甬复线宁波段一期工程为例（建设期4年，运营去25年，政府投资支持包括资本金注入和建设期补助），提出合同解除后的财务安排，供读者朋友参考研究。

1.项目公司原因导致特许经营协议解除

社会资本的建设期履约保证金或运营期履约保证金将由政府没收。

（1）在建设期解除协议的，政府将按如下方式收购：

①项目公司已完成项目资产金额，其认定由监理签认的合格工程量按照交通运输部《公路工程预算定额》和材料信息价（社会资本合作人招标开标当月）计算；

②政府收购价=项目公司已完成项目资产金额×60%+政府负责包干使用的费用的到账金额–政府在建设期的实际投入资金；

③社会资本投入的资本金不计利息；

④项目公司的债务由项目公司自行承担，政府不承担任何连带责任。

（2）在运营期解除协议的，政府将按如下方式收购：

①项目公司已完成项目资产金额，未完成竣工决算的，其认定由监理签认的合格工程量按照交通运输部《公路工程预算定额》和材料信息价（社会资本合作人招标开标当月）计算；已完成竣工决算的，按照竣工决算价格予以认定。

②未完成竣工决算的，政府收购价=项目公司已完成项目资产金额×80%×（25–已运营的年数）/25+政府负责包干使用的费用的到账金额–政府在建设期的实际投入资金；已完成竣工决算的，政府收购价=（项目公司已完成项目资产金

额–政府在建设期的实际投入资金）×（25–已运营的年数）/25×80%。

③社会资本投入的资本金不计利息。

④项目公司的债务由项目公司自行承担，政府不承担任何连带责任。

如果社会资本的建设期履约保证金或运营期履约保证金及本款约定的赔偿金仍无法弥补政府损失，政府有权继续向项目公司追索。

2.政府公司原因导致特许经营协议解除

政府按下述约定给予项目公司合理补偿。

（1）在建设期解除协议的，政府将按如下方式收购：

①项目公司已完成项目资产金额，其认定由监理签认的合格工程量按照交通运输部《公路工程预算定额》和材料信息价（社会资本合作人招标开标当月）计算；

②政府收购价=项目公司已完成项目资产金额×1.05+政府负责包干使用的费用的到账金额–政府在建设期的实际投入资金；

③社会资本投入的资本金不计利息；

④项目公司的债务由项目公司自行承担，政府不承担任何连带责任。

（2）在运营期解除协议的，政府将按如下方式收购：

①项目公司已完成项目资产金额，未完成竣工决算的，其认定由监理签认的合格工程量按照交通运输部《公路工程预算定额》和材料信息价（社会资本合作人招标开标当月）计算；已完成竣工决算的，按照竣工决算价格予以认定。

②未完成竣工决算的，政府收购价=项目公司已完成项目资产金额×（25–已运营的年数）/25×1.05+政府负责包干使用的费用的到账金额–政府在建设期的实际投入资金；已完成竣工决算的，政府收购价=（项目公司已完成项目资产金额–政府在建设期的实际投入资金）×（25–已运营的年数）/25×1.05。

③社会资本投入的资本金不计利息。

④项目公司的债务由项目公司自行承担，政府不承担任何连带责任。

3.不可抗力原因导致特许经营协议解除

因不可抗力导致协议解除的，由政府收回项目与相关资料等。因不可抗力造成的项目公司投资回报的损失，政府不予弥补。

（1）在建设期因不可抗力解除协议的，政府将按如下方式收购：

①项目公司已完成项目资产金额，其认定由监理签认的合格工程量按照交通运输部《公路工程预算定额》和材料信息价（社会资本合作人招标开标当月）计算；

②政府收购价=项目公司已完成项目资产金额+政府负责包干使用的费用的到账金额－政府在建设期的实际投入资金；

③社会资本投入的资本金不计利息；

④项目公司的债务由项目公司自行承担，政府不承担任何连带责任。

（2）在运营期因不可抗力解除协议的，政府将按如下方式收购：

①项目公司已完成项目资产金额，未完成竣工决算的，其认定由监理签认的合格工程量按照交通运输部《公路工程预算定额》和材料信息价（社会资本合作人招标开标当月）计算；已完成竣工决算的，按照竣工决算价格予以认定。

②未完成竣工决算的，政府收购价=项目公司已完成项目资产金额×（25－已运营的年数）/25+政府负责包干使用的费用的到账金额－政府在建设期的实际投入资金；已完成竣工决算的，政府收购价=（项目公司已完成项目资产金额－政府在建设期的实际投入资金）×（25－已运营的年数）/25。

③社会资本投入的资本金不计利息。

④项目公司的债务由项目公司自行承担，政府不承担任何连带责任。

4.政府征收项目导致特许经营协议解除

（1）在建设期项目被依法征收的，政府将按如下方式收购：

①项目公司已完成项目资产金额，其认定由监理签认的合格工程量按照交通运输部《公路工程预算定额》和材料信息价（社会资本合作人招标开标当月）计算；

②政府收购价=项目公司已完成项目资产金额+政府负责包干使用的费用的到账金额－政府在建设期的实际投入资金；

③社会资本投入的资本金不计利息；

④项目公司的债务由项目公司自行承担，政府不承担任何连带责任。

（2）在运营期项目被依法征收的，政府将按如下方式收购：

①项目公司已完成项目资产金额，未完成竣工决算的，其认定由监理签认的合格工程量按照交通运输部《公路工程预算定额》和材料信息价（社会资本合作人招标开标当月）计算；已完成竣工决算的，按照竣工决算价格予以认定。

②未完成竣工决算的，政府收购价=项目公司已完成项目资产金额×（25–已运营的年数）/25+政府负责包干使用的费用的到账金额–政府在建设期的实际投入资金；已完成竣工决算的，政府收购价=（项目公司已完成项目资产金额–政府在建设期的实际投入资金）×（25–已运营的年数）/25。

③社会资本投入的资本金不计利息。

④项目公司的债务由项目公司自行承担，政府不承担任何连带责任。

在G15沈海高速公路宁波姜山至西坞段改扩建工程特许经营项目（路线全长14.089km，投资估算金额约为64亿元）中，约定协议解除后的财务安排如下：乙方的建设期履约保证金或运营期履约保证金将被没收，同时，甲方和乙方将共同委托具有相应资质的评估机构根据乙方的投资额、剩余的特许经营期限及项目现状进行评估，政府有权按照以下收购价向乙方收购本项目，其余作为乙方对甲方的赔偿。在建设期收购本项目，收购价=项目评估价值的80%–特殊投资人到位资金；在运营期收购本项目，收购价=项目评估价值的80%–3亿元×（25–已运营的年数）/25。因乙方违反本协议约定而导致甲方一方终止协议的，甲方将在本协议终止之日无条件、无偿接管项目与相关资料等，有权无偿使用或许可与项目建设有关的第三人无偿使用与项目有关的知识产权，继续组织投资建设或经营。

如果乙方的建设期履约保证金或运营期履约保证金及本款约定的赔偿金仍无法弥补甲方损失的，甲方有权继续向乙方追索。

第二十二节
移交工作安排

一、移交前过渡期的衔接工作

对于收费公路特许经营项目，合作期结束前，项目公司需移交：

（1）项目及其附属设施；

（2）至少满足项目正常运营6个月所需要的设施、物品；

（3）与项目的建设、运营、管理和维护有关的文件、手册和记录；

（4）与项目有关的所有未到期的保险的受益；

（5）与项目运营和养护有关的所有技术和知识产权；

（6）所有与项目及其资产有关的乙方的其他权利。

在特许经营期满一定时间之前（一般至少6个月），项目实施机构应委托专业机构对项目的技术状况进行监测评估。经检测，符合核定的技术等级和标准，项目公司方可按照有关规定办理项目移交手续；不符合核定的技术等级和标准的，项目公司应当在约定的期限内进行养护维修直至达到要求。

二、移交标准和程序

项目实施机构在编制移交标准时应依据现行《公路技术状况评定标准》《公路桥梁技术状况评定标准》《公路养护技术规范》《公路桥涵养护规范》《公路隧道养护技术规范》《公路工程质量检验评定标准　第二册　机电工程》《工程建设标准危险房屋鉴定标准》以及地方相关标准规范性文件，提出对移交的公路工程技术状况的具体技术指标要求。移交程序参考如下：

（1）在特许经营期的最后5年内，涉及项目的对外投资、资产处置、资金调度等重大经营、财务决策应由项目合同双方共同商定。

（2）在特许经营期满至少12个月前，政府方（项目实施机构）应按《中华人民共和国审计法》等有关法律法规的规定对项目公司进行全面审计。

（3）在特许经营期满至少12个月前，双方应按合同约定联合检查项目的所有部分。

（4）在特许经营期满至少3个月前，项目公司应负责解除和清偿项目中的任何债务、留置权、抵押、质押及其他请求权（政府方同意保留的除外），做好移交项目的必要准备。

三、移交质量保证

公路工程特许经营协议一般约定特许经营期满后12个月作为项目移交保证期，相关要求如下：

（1）项目应符合项目合同的要求，处于良好的养护状态，确保政府方所支出的养护费用水平与项目公司在特许经营期的最后5年所提供的运营和服务所需年均费用相一致；

（2）符合项目合同所要求的所有安全和环境标准。

如项目未达到上述要求，项目公司应按政府方要求自费修复。若项目公司不履行义务和责任，则政府方可直接委托或通过招标形式选择施工单位对项目进行养护和维修，养护及维修的费用直接从项目公司的运营期履约保证金中扣除，不足的部分由项目公司支付。

案例

移交标准和程序

北京市某高速公路PPP项目：2017年实施，全长38km，投资总额121.62亿元，采用"使用者付费+可行性缺口补助"模式。招标PPP项目合同约定：在特许经营期满后，项目公司采取必要的措施和行动向政府方无偿转让：

（1）项目及其附属设施；

（2）至少满足项目正常运营6个月所需要的设施、物品；

（3）与项目的建设、运营、管理和维护有关的图纸、文件、手册、记录及有关档案；

（4）与项目有关的所有未到期的担保、保证和保险的受益；

（5）与项目的运营与养护有关的所有技术和知识产权；

（6）与项目及其资产有关的项目公司其他权利与利益。

在移交标准方面，合同描述如下：在特许经营期满6个月前，政府方与项目公司联合聘请具有相应资质的中介机构对项目技术状况进行检测并经公路工程质量监督机构认定；经检测服务水平应达到符合规定的技术等级和标准（其中包含对公路技术状况指数MQI≥92的要求）。

|第六章|

特许经营涉及的
法务问题

第一节
特许经营协议争议问题的法律适用性分析

一、收费公路特许经营协议属于行政协议还是民事合同

关于特许经营协议的性质，一向有不同意见，也是市场上的"律师专家"们很热衷讨论的问题，作者多次在PPP项目合同谈判的场合中遇到律师朋友们侃侃而谈特许经营协议的性质，似乎依据某一条法规解释就可以完全界定其行政协议的属性，然后根据《中华人民共和国行政诉讼法》（简称《行政诉讼法》）处理特许经营协议争议。对此，作者的理解是，对于特许经营协议性质的讨论应聚焦于具体实际问题。

目前市场上对特许经营协议的性质认识主要是两种：一种认为它属于"行政协议（合同）"，另一种认为它属于"民事合同"。2017年11月《最高人民法院关于审理行政协议案件若干问题的规定》（法释〔2019〕17号），实际上是把特许经营协议界定为上述两种性质都可能存在的两类："行政机关为了实现行政管理或者公共服务目标，与公民、法人或者其他组织协商订立的具有行政法上权利义务内容的协议，属于行政诉讼法第十二条第一款第十一项规定的行政协议。"其他的，则不属于行政协议。那么，某一具体的特许经营协议是属于最高人民法院界定出的上述两种性质中的哪一种？实践中难道都得去打官司，由法院经旷日持久的程序来最后认定？这显然是性价比极低的处理方式。

《最高人民法院关于审理行政协议案件若干问题的规定》（法释〔2019〕17号）第一条规定："行政机关为了实现行政管理或者公共服务目标，与公民、法人或者其他组织协商订立的具有行政法上权利义务内容的协议，属于行政诉讼法第十二条第一款第十一项规定的行政协议。"第二条规定："公民、法人或者

其他组织就下列行政协议提起行政诉讼的，人民法院应当依法受理：（一）政府特许经营协议；（二）土地、房屋等征收征用补偿协议；（三）矿业权等国有自然资源使用权出让协议；（四）政府投资的保障性住房的租赁、买卖等协议；（五）符合本规定第一条规定的政府与社会资本合作协议；（六）其他行政协议。"

此文件发布初期，网上曾掀起许多热评，甚至有网友以"关门、挖坑！"来评价最高法院这一司法解释对PPP项目的影响，但这种声音在网上很快消失了。在这个问题上作者和原财政部财政科学研究所所长贾康先生的观点是一致的。

《民法典》把合同表述为"平等主体的自然人、法人、其他组织之间设立、变更、终止民事权利义务的协议"，"监护等有关身份关系的协议，适用其他法律的规定"。因此，合同是一种协议，但协议不一定是合同。是合同，就必须适用规范双方"平等主体"身份关系的《民法典》。

合同当事人的法律地位平等，一方不得将自己的意志强加给另一方，合乎逻辑的同时规定了自愿签订、公平和诚实守信等原则。将法理与现实结合。

《行政诉讼法》和有关部门工作中如何界定与解释"行政协议"或工作中又如何提及"行政合同"，都只是措辞问题，现实生活中"理论联系实际"可认知的具体"行政协议"或"行政合同"，都可以说并不具备对"合同"做规范化实质性理解所应有的基本要素：

一是行政体系内，上下级之间其实绝无"合同"，形式上可有"商量"，实质上只有"指令"才是下级行为的依据。交通局作为项目实施机构对其下属事业单位安排工作，指令其完成特许经营协议的履约监管工作是不需签订委托监管协议的。

二是行政体系内同级间的协商、协调的相关文本，也不具备可作法律依据的"合同"性质，有纠纷时的解决机制，可来自上级机关。例如发改委、财政部门、交通运输部门对于特许经营交易结构和政府投资支持认识的不同导致的争议，也不是依据合同来界定，而是通过市政府会议予以协调决策。

三是一方为行政另一方为企业等非行政主体的"行政约定""行政协议"或所谓"行政合同"，是处理"官民关系"的一种文字依据，实质的作用是"备忘录"和行政治理的"告示""凭据"。中国现行工作语言所称的"行政合同"，必定不属于严格定义上《民法典》中的合同，因为其并不能改变理论分析上可阐明的这种行政方与非行政方不平等的法律主体地位与关系，无法对应和援引《民法典》。所以，应以"行政协议"为文书标准用语，在正式场合否定和排除"行政合同"这一用语，以利于减少模糊概念和紊乱认识。

四是以行政诉讼法覆盖的，只可能是"行政协议"，而不可能是"合同"与"行政合同"。此次司法解释实际上并没有澄清这个问题，仍留待后续条例予以解决。

如果非要讲概念，概括来说，特许经营协议从性质上是同时具备行政协议属性和民事合同属性的。具体要看争议问题涉及的合同条款，涉及政府对项目公司特许权授予的问题争议原则上应按行政协议考虑，涉及工程建设投资、建设、运营、养护、移交等具体合同履约的问题争议应按民事合同考虑。此次最新发布的《基础设施和公用事业特许经营管理办法》（2024年5月1日起施行）也明确了"特许经营者认为行政机关不依法订立、不依法履行、未按照约定履行或者违法变更、解除特许经营协议的，有陈述、申辩的权利，并可以依法申请行政复议或者提起行政诉讼。特许经营项目相关协议各方因协议约定的权利义务产生的民商事争议，可以依法申请仲裁或者提起民事诉讼"。

案例

PPP 项目合同争议属性

（1）PPP项目合同争议事项属于行政协议范畴，应当以行政诉讼起诉，以民事诉讼提起诉讼将会被驳回。

案例1：深圳某公司、某市市政管理处确认合同效力纠纷案［辽宁省朝阳市中级人民法院，案号：（2021）辽13民终932号］

法院认为，《最高人民法院关于审理行政协议案件若干问题的规定》第一条规定："行政机关为了实现行政管理或者公共服务目标，与公民、法人或者其他组织协商订立的具有行政法上的权利义务内容的协议，属于行政诉讼法第十二条第一款第十一项规定的行政协议。"第二条规定："公民、法人或者其他组织就下列行政协议提起行政诉讼的，人民法院应当依法受理：……（五）符合本规定第一条规定的政府与社会资本合作协议。"本案的PPP合同系某市市政管理处经市人民政府授权与上诉人通过招投标程序签订，该合同是某市人民政府为实现公共管理目标而订立的，其名称和内容均符合上述司法解释第二条第五项的规定，故该合同应属行政协议。上诉人对其效力提起的诉讼应属于人民法院行政诉讼的受理范围。一审法院以本案不属于人民法院民事诉讼受理范围为由裁定驳回上诉人的起诉，并无不当。

案例2：某公司、湖北荆门某经济开发区管理委员会未按约定履行行政协议案〔湖北省荆门市中级人民法院，案号：（2021）鄂08行终11号〕

法院认为，《最高人民法院关于审理行政协议案件若干问题的规定》第一条规定：行政机关为了实现行政管理或者公共服务目标，与公民、法人或者其他组织协商订立的具有行政法上权利义务内容的协议，属于行政诉讼法第十二条第一款第十一项规定的行政协议。第二条规定："公民法人或者其他组织就下列行政协议提起行政诉讼的，人民法院应当依法受理：……（五）符合本规定第一条规定的政府与社会资本合作协议；（六）其他行政协议。《行政诉讼法》第十二条第一款规定，人民法院受理公民、法人或者其他组织提起的下列诉讼：……（十一）认为行政机关不依法履行、未按照约定履行或者违法变更、解除政府特许经营协议、土地房屋征收补偿协议等协议的……"本案中，某管委会与该公司签订的《湖北荆门某经济开发区产城融合生态新城整体建设PPP项目合同》，符合行政协议的主要特征，属于行政协议。该公司主张某管委会未支付管理费违反合同约定，起诉请求某管委会支付项目管理费，属于行政案件受理范围。

案例3：某公司、某县投资促进局合同纠纷案〔安徽省黄山市中级人民法院，案号：（2020）皖10民终472号〕

法院认为，关于争议焦点一，行政机关为了实现行政管理或者公共服务目标，与公民、法人或者其他组织协商订立的具有行政法上权利义务内容的协议；

属于行政协议。案涉《黄山市龙徽项目协议书》系政府与社会资本合作协议，属于行政协议，一审法院认定为民事合同不当，应予纠正，但该认定对本案的处理并无影响。

案例4：某公司与某市住房和城乡建设局合同纠纷案[广元市利州区人民法院，案号：（2020）川0802民初2253号]

法院认为，本案的争议焦点首先为案涉纷争是否属于民事案件受理范围。根据《最高人民法院关于审理行政协议案件若干问题的规定》第一条之规定："行政机关为了实现行政管理或公共服务目标，与公民、法人或其他组织协商订立的具有行政法上权利义务内容的协议"；根据第二条之规定，"公民、法人或者其他组织就下列行政协议提起的行政诉讼的，人民法院应当依法受理：……（5）符合本规定第一条规定的政府与社会资本合作协议"。根据《最高人民法院关于审理行政协议案件若干问题的规定》第五条之规定，下列与行政协议有利害关系的公民、法人或者其他组织提起行政诉讼的，人民法院应当依法受理："参与招标、拍卖、挂牌等竞争性活动，认为行政机关应当依法与其订立行政协议但行政机关拒绝订立，或者认为行政机关与他人订立行政协议损害其合法权益的公民、法人或者其他组织。"本案中，某市人民政府授权被告某市住建局为"北二环东延线建设PPP项目（一期）"的采购人，负责该项目社会资本方采购工作。被告委托某市公共资源交易服务中心，采用公开招标方式确定该项目的社会资本方。原告与建信信托公司组成联合体，中标该案涉项目的道路、桥涵、排水、照明、交通及相关配套工程。由此可知，该案涉项目系PPP项目，即政府和社会资本合作，是公共基础设施中的一种项目运作模式。被告在PPP模式中兼具合作者和监管者双重法律地位，所主导的监督检查是法律上所规定的相关监管义务，其实质是行政行为。原、被告双方虽未对案涉项目签订协议，但双方已为签订协议而实际履行了前期相关义务。故本案应当属于行政诉讼范畴。

案例5：某公司、某县农业示范园区管理服务中心合同纠纷案[贵州省安顺市中级人民法院，案号：（2020）黔04民终1791号]

法院认为，依照《最高人民法院关于审理行政协议案件若干问题的规定》第一条"行政机关为了实现行政管理或者公共服务目标，与公民、法人或者其他组织协商订立的具有行政法上权利义务内容的协议，属于行政诉讼法第十二条第一款第十一项规定的行政协议"及第二条第一款第五项"公民、法人或者其他组织就下列行政协议提起行政诉讼的，人民法院应当依法受理：……（五）符合本规定第一条规定的政府与社会资本合作协议"的规定，《某县农业示范园区安顺天色生态园建设项目招商引资协议》属于行政协议，该公司主张前述招商引资协议无效，并以该招商引资协议为依据要求农业园区中心承担损害赔偿责任，不属于民事案件的受案范围，该公司可通过行政诉讼解决。

（2）PPP合同争议事项属于民事合同范畴，应当以民事诉讼起诉。

案例1： 某公司、四川省某水库建设管理局建设工程施工合同纠纷案［南江县人民法，案号：（2020）川1922民初100号］

法院认为，关于原告要求被告水库建设管理局在欠付该公司工程款的范围内承担支付义务的诉讼请求，被告与该公司签订《投资建设合同书》，采用投资建设-回购模式（即BT方式）进行建设，虽然在形式上是政府与社会资本合作，由社会资本垫支施工，但合同实质仍属于建设工程施工合同。关于被告是否属于项目发包人的问题，该公司作为投资人并未二次招标选定总承包人，而是自己作为总承包人与原告签订了劳务分包协议，该公司与被告之间的关系为工程总承包关系，被告应为项目发包人。

案例2： 重庆某公司与江口某公司、重庆某实业集团有限公司建设工程合同纠纷案［江口县人民法院，案号：（2020）黔0621民初1494号］

法院认为，原告与被告江口某公司签订的《贵州江口县旧城改造（PPP）建设工程施工合同》，未经过招、投标程序合同本身无效，且该合同履行的前提条件即江口县人民政府与被告重庆某实业集团有限公司、中核公司签订的《江口县旧城棚户区改造项目合作协议书》，已于2019年1月14日解除，原告与被告签订的《贵州江口县旧城改造（PPP）建设工程施工合同》已客观不能履行，综合以上因素，原告诉请被告退还10000000元保证金之诉请，根据《中华人民共和国合同法》（简称《合同法》）第五十八条"合同无效或者被撤销后，因该合同取得的财产，应当予以返还；不能返还或者没有必要返还的，应当折价补偿。有过错的一方应当赔偿对方因此所受到的损失，双方都有过错的，应当各自承担相应的责任"之规定，本院依法予以支持。

案例3：云南某学院、云南某公司建设工程施工合同纠纷案［云南省高级人民法院，案号：（2021）云民辖终4号］

法院认为，本案案涉《云南水利水电职业学院（筹）建设项目建设-转让（BT）总承包合同书》系根据《中华人民共和国合同法》《中华人民共和国建筑法》等有关法律规定，经过公开招投标程序，遵循平等、自愿、公平和诚实信用原则达成的协议，该合同性质属于建设工程施工合同，属于平等主体之间达成的民事权利义务关系，该BT合同书的标的及内容不具有行政法的权利义务关系，其性质并非行政协议。本案案涉工程位于云南省昆明市，诉讼标的额达到云南省昆明市中级人民法院受理范围。

二、公路特许经营项目适用法律及争议解决

在一般的商业合同中，合同各方可以选择合同的管辖法律（即准据法）。但在特许经营协议中，由于政府方是合同当事人之一，同时特许经营项目属于基础设施和公共服务领域，涉及社会公共利益，因此，在管辖法律的选择上应坚持属地原则，即在我国境内实施的特许经营的合同通常应适用我国法律，并按照我国法律进行解释。

由于公路项目涉及的参与方众多、利益关系复杂且项目期限较长，因此，收费公路特许经营协议中，应规定争议解决条款，就如何解决各方在合同签订后可能产生的合同纠纷以及争议期间的合同履约工作进行明确的约定。即使没有规定明确的争议解决条款也并不意味着各方对产生的纠纷不享有任何救济，但规定此类条款有助于明确纠纷解决的方式及程序。

公路特许经营协议争议解决条款中一般以仲裁或者诉讼作为最终的争议解决方式，并且通常会在最终争议解决方式前设置其他的争议解决机制，以期在无须

仲裁或者诉讼的情况下快速解决争议，或达成一个暂时具有约束力，但可在之后的仲裁或诉讼中重新审议的临时解决办法。

采用仲裁方式最终解决争议的项目，仲裁裁决是终局性的并对合同双方具有约束力。全部仲裁费用应由败诉方承担，或按仲裁委员会裁决的比例分担。需注意的是：

（1）在对争议进行友好协商或仲裁或诉讼时，除涉及争议的条款外，合同其余部分继续履行，拒不履行造成损害的应向对方承担赔偿责任；除法律规定或另有约定外，任何一方不得以发生争议为由，停止项目运营服务及项目运营支持服务，或采取其他影响公共利益的措施；不能确定与争议是否有关的条款或其他条款，在必须履行时，双方均应继续履行。本条前款约定不影响双方根据裁决调整已经进行的行为及后果。

（2）与合同的成立、生效、效力以及解除有关的争议，无论是友好协商期间，还是提请仲裁或诉讼期间，任何一方终止履行合同的，不影响对方根据裁决追究终止履行合同一方的民事责任。

（3）合同规定的争议解决条款在合同终止后继续有效。

公路特许经营项目争议解决方式通常需要双方根据项目的具体情况进行灵活选择。应考虑对抗性更低、更利于维护各方关系的争议解决方式。常见的争议解决方式包括以下几种。

1.友好协商

为争取尽快解决争议，在多数特许经营协议中，都会约定在发生争议后先由双方通过友好协商的方式解决纠纷。这样做的目的是防止双方在尝试通过协商解决争议之前直接启动正式的法律程序。诉讼和仲裁是非常耗时且昂贵的，而且一旦开始往往很难停止。在实践中，协商的具体约定方式包括：

（1）协商前置。即发生争议后，双方必须在一段特定期限内进行协商，在该期限届满前双方均不能提起进一步的法律程序。

（2）选择协商。即将协商作为一个可以选择的争议解决程序，无论是否已进入协商程序，各方均可在任何时候启动诉讼或仲裁等其他程序。

（3）协商委员会。即在合同中明确约定由政府方和项目公司的代表组成协商委员会，双方一旦发生争议，应当首先提交协商委员会协商解决。如果在约定时间内协商委员会无法就有关争议达成一致，则会进入下一阶段的争议解决程序。

2.专家裁决

借鉴专家证人制度，对于特许经营项目中涉及的专业性或技术性纠纷，也可以通过专家裁决的方式解决。

负责专家裁决的独立专家，可以由双方在特许经营协议中予以委任，也可以在产生争议之前共同指定。

专家裁决通常适用于对事实无异议、仅需要进行某些专业评估的情形，不适用于解决那些需要审查大量事实依据的纠纷，也不适用于解决纯粹的法律纠纷。

3.仲裁

仲裁是一种以双方书面合意进入仲裁程序为前提（即合同双方必须书面约定将争议提交仲裁）的替代诉讼的纠纷解决方式。一般而言，仲裁相较于诉讼，具有下列优点：

（1）仲裁程序更具灵活性，更尊重当事人的程序自主；

（2）仲裁程序更具专业性，当事人可以选择相关领域的专家作为仲裁员；

（3）仲裁程序更具保密性，除非双方协议可以公开仲裁，一般仲裁程序和仲裁结果均不会对外公开；

（4）仲裁程序一裁终局，有可能比诉讼程序更快捷、成本更低。

依照我国法律，仲裁裁决与民事判决一样，具有终局性和法律约束力。除基于法律明确规定的事由，法院不能对仲裁的裁决程序和裁决结果进行干预。

4.诉讼

在特许经营协议争议解决条款中，也可以选择诉讼作为最终的争议解决方式。需要特别注意的是，就特许经营协议中不涉及政府特许权授予相关条款产生的合同争议，应属于平等的民事主体之间的争议，应适用民事诉讼程序，而非行政复议、行政诉讼程序。这一点不应因政府方是特许经营协议的一方签约主体而有任何改变。

实践中，诉讼程序相较于仲裁程序时间更长，程序更复杂，比较正式且对立性更强，因此，项目双方在选择最终的争议解决程序时需要仔细考量。

关于诉讼管辖法院，合同的双方当事人可以在书面合同中协议选择被告住所地、合同履行地、合同签订地、原告住所地人民法院管辖，但不得违反本法对级别管辖和专属管辖的规定。特许经营协议在投资人招标阶段已经写入招标文件，项目实施机构考虑到后期争议解决处理的方便，通常会约定项目所在地或项目实施机构住所地人民法院管辖。

三、公路特许经营协议属于承揽合同还是建设工程合同

关于公路特许经营协议属于《民法典》合同编的哪一类典型合同，关系到合同争议时对应的民法条文及其释义是否适用的问题，《民法典》合同编第二分编对常见的19类典型合同做出了规定，法律界对公路特许经营协议属于"承揽合同"还是"建设工程合同"争论不一，我们片面去套用概念属性去定性公路特许经营协议到底属于"承揽合同"还是"建设工程合同"是不能解决问题的，首先建设工程合同本身就是一种特殊的承揽合同，它除了具有承揽合同的一般法律特征外，还具有以下特征。

1.合同主体须具有特殊资质

承揽合同中，法律对主体没有限制，定作人和承揽人既可以是自然人也可以是法人或非法人组织。但是由于建设工程合同的标的为建设工程项目，与国家利益和社会公共利益直接相关，法律对建设工程合同的主体提出了更严格的要求，必须是具有一定资质的法人，同时《建筑业企业资质管理规定》也作了相关规定。

2.合同具有计划性和程序性要求

公路工程建设合同有严格的程序要求。从立项到工可、初步设计、施工图设计、交工验收、试运营、竣工验收，需要经历一个很长的周期，工程各个阶段具有严密的程序要求，违反这一程序性要求将会在工程质量、施工安全等方面造成严重后果。因此，法律规定建设工程未经立项，不能订立勘察设计合同，没有

完成勘察设计工作也不能订立施工合同（设计施工总承包模式除外）。《公路工程建设项目招标投标管理办法》（交通运输部令2015年第24号）明确规定："公路工程建设项目履行项目审批或者核准手续后，方可开展勘察设计招标；初步设计文件批准后，方可开展施工监理、设计施工总承包招标；施工图设计文件批准后，方可开展施工招标。"

3.合同的签订及履行受到国家的监督管理

《公路法》《中华人民共和国城乡规划法》《招标投标法》以及行业管理部门的各项规章均对建设工程合同的签订及履行做出了明确的监管要求，在特许经营协议中也明确约定了项目公司应依法配合行业管理部门以及公安管理部门等的监督管理要求。

4.合同为要式合同

《民法典》第四百六十九条第一款规定："当事人订立合同，可以采用书面形式、口头形式或者其他形式。"合同当事人可以根据需要选择采用何种形式订立合同，但建设工程合同因其特殊性，《民法典》第七百八十九条规定应当采用书面形式。

实务中将特许经营协议理解为承揽合同没有问题，但不能据此认定特许经营协议完全不适用建设工程合同的相关《民法典》条文和解释。理由如下：

（1）虽然《民法典》合同编典型合同"建设工程合同"第七百八十八条规定了"建设工程合同是承包人进行工程建设，发包人支付价款的合同"，"建设工程合同包括工程勘察、设计、施工合同"，但并未明确特许经营协议不属于建设工程合同，同时第七百九十一条也讲到"发包人可以与总承包人订立建设工程合同，也可以分别与勘察人、设计人、施工人订立勘察、设计、施工承包合同"，"发包人不得将应当由一个承包人完成的建设工程支解成若干部分发包给数个承包人"。那么，对于承担了建设任务的项目公司和政府签订的特许经营协议来说，项目公司从建设施工角度也类似于"总承包人"，所以此类特许经营协议当然可以理解为建设工程合同的一种。

（2）特许经营协议完全符合上文提到的建设工程合同相比较承揽合同所独

有的法律特征。公路特许经营项目的项目公司必须是依法成立的具有独立法人资格的公司，组建项目公司的特许经营者股东一般经招标程序选择，且在招标阶段通常会明确其必须具备的相应资格条件。特许经营协议中对于项目法人主体的投资、建设、运营养护和移交行为均根据国家法律法规和行业管理规定做出了明确细化的约定。

因此，在处理特许经营协议争议时，针对具体问题也可以选择适用《民法典》合同编"建设工程合同"的条文和解释。

四、合同争议处置的法律、法规、规范性文件效力及适用

当面临一个合同争议问题时，很多初入咨询行业的从业者习惯于在诸多的法律法规中找到一条看似适用的法条，然后基于此条款表达自己的咨询意见，实务谈判中也有项目公司一方基于某一条部门规范性文件的说法提出对特许经营协议实质性条款做出突破的情况，这是咨询实务中最常遇到的错误做法。

没有一个合同争议问题是孤立存在的，比如项目公司提出项目延期必然会带来价格调差、费用补偿诉求，政府方注重对施工图设计进行把控必然会面临项目公司在建设阶段提出设计优化或新增费用诉求等。为了处理好一个合同争议问题而带来更多的履约风险和合同漏洞，显然是得不偿失的。对于一项争议问题，应尽量在已签订的合同闭环内解决，"合同之外"的法律、法规、规章条款以及行业管理的规范性文件的适用性要具体问题具体分析，"一千个人眼中有一千个哈姆雷特"，实务谈判中不应以个人理解为前提，而是应尽量从多个角度通过法律、法规、规章条款以及行业管理的规范性文件来支撑自己的观点，使逻辑链条紧密、令人信服，对于条文未针对争议问题提出具体要求时，还要从其立法本意和有关司法解释来展开支撑。

根据《中华人民共和国立法法》（中华人民共和国主席令第31号，简称《立法法》），法律法规的表现形式有法律、行政法规、地方性法规、自治条例和单行条例。

法律法规的纵向优先顺序为宪法、法律、行政法规、地方性法规、部门规章，但横向冲突可能是很多人比较疑惑的问题。对于横向冲突，我们可以先判定是否为同一机关制定的，然后按照表6-1中的原则判断其效力优先级。

横向冲突时的判断原则　　　　　　　　　　　　表 6-1

同一机关制定	新法与旧法冲突	按新法
	特别法与一般法冲突	按特别法
	新的一般与旧的特别冲突	谁指定谁裁决
不同机关制定	地方性法规与部门规章冲突	国务院认为应适用地方性法规的，由国务院裁决；国务院认为应适用部门规章的，提请全国人大常委会裁决
	不同部门规章发出冲突	国务院裁决
	部门规章与地方政府规章冲突	国务院裁决

表6-1的依据为《立法法》如下条款：

"第八十七条　宪法具有最高的法律效力，一切法律、行政法规、地方性法规、自治条例和单行条例、规章都不得同宪法相抵触。

"第八十八条　法律的效力高于行政法规、地方性法规、规章。

"行政法规的效力高于地方性法规、规章。

"第八十九条　地方性法规的效力高于本级和下级地方政府规章。"

以及：

"第九十二条　同一机关制定的法律、行政法规、地方性法规、自治条例和单行条例、规章，特别规定与一般规定不一致的，适用特别规定；新的规定与旧的规定不一致的，适用新的规定。

"第九十三条　法律、行政法规、地方性法规、自治条例和单行条例、规章不溯及既往，但为了更好地保护公民、法人和其他组织的权利和利益而作的特别规定除外。

"第九十四条　法律之间对同一事项的新的一般规定与旧的特别规定不一致，不能确定如何适用时，由全国人民代表大会常务委员会裁决。

"行政法规之间对同一事项的新的一般规定与旧的特别规定不一致，不能确定如何适用时，由国务院裁决。

"第九十五条　地方性法规、规章之间不一致时，由有关机关依照下列规定的权限作出裁决：

"（一）同一机关制定的新的一般规定与旧的特别规定不一致时，由制定机关裁决；

"（二）地方性法规与部门规章之间对同一事项的规定不一致，不能确定如何适用时，由国务院提出意见，国务院认为应当适用地方性法规的，应当决定在该地方适用地方性法规的规定；认为应当适用部门规章的，应当提请全国人民代表大会常务委员会裁决；

"（三）部门规章之间、部门规章与地方政府规章之间对同一事项的规定不一致时，由国务院裁决。

"根据授权制定的法规与法律规定不一致，不能确定如何适用时，由全国人民代表大会常务委员会裁决。"

我们在使用法律法规体系文件时，要注意分清其法律优先级和效力。规范性文件的效力是弱于合同条款的，但对于合同未尽事宜签订补充协议时，可以考虑以规范性文件要求作为双方当事人谈判的导向和基本原则。

案例

部门规范性文件与合同效力问题

某政府付费类公路PPP项目，因项目延期，项目公司根据财政部《关于规范政府和社会资本合作合同管理工作的通知》（财金〔2014〕156号，现已废止）中"在一些采用政府付费机制的项目（如电站项目）中，对于因发生政府方违约、政治不可抗力及其他政府方风险而导致项目在约定的开始运营日前无法完工或无法进行验收的，除了可以延迟开始运营日之外，还可以规定'视为已开始运营'，即政府应从原先约定的开始运营日起向项目公司付费"的表述，提出在项目未交工的情况下以PPP项目合同约定的计划交工日期视作运营期开始时间，并基于此要求政府方提前启动付费程序。

谈判结果如下：

项目《实施方案》《招标文件》《投标文件》《PPP项目合同》中关于特许经营期的约定明确，特许经营期分为建设期和运营期两个阶段，运营期为16年，且起始时间为"自交工日次日"。财政部《关于规范政府和社会资本合作合同管理工作的通知》（财金〔2014〕156号，现已废止）为部门规范性文件，其法律效力不足以对抗PPP项目合同，基于合同条款约定，本项目建设期应予以顺延，但运营期在交工后应仍按16年考虑，特许经营期应整体顺延。首期政府付费时间仍为项目进入运营期后的6个月内。

第二节
项目争议期间的合同履行

一、合同的全面履行原则

《民法典》第五百零九条规定："当事人应当按照约定全面履行自己的义务。当事人应当遵循诚信原则，根据合同的性质、目的和交易习惯履行通知、协助、保密等义务。当事人在履行合同过程中，应当避免浪费资源、污染环境和破坏生态。"

合同的履行，是指债务人依据合同约定和法律规定作出给付的行为。合同的履行是实现合同订立目的的基本途径。违约责任制度设立的宗旨和目的就是保证合同的履行，合同保全制度也是为了保障合同债权的实现，而合同的担保是促使合同履行、保障债权实现的法律制度。总之，合同的履行是合同关系从产生到消亡过程的中心环节，合同履行制度是整个合同制度中最核心的制度。

《民法典》第五百零九条规定了合同的全面履行原则。所谓全面，是完整、完备的意思。首先，合同全面履行原则主要是指合同当事人应当根据合同的约定履行义务，包括标的数量、质量、规格、价款、地点、期限、履行方式等。应先根据合同约定的义务确定当事人的履行义务。如果合同没有约定或者约定不明确，则按照法定的填补漏洞的方法作出履行也属于全面履行的范围。仅部分履行合同的行为都会构成合同义务的违反，都要承担违约责任。其次，全面履行是指对于债务人全部义务的履行，包括先合同义务、主给付义务、从给付义务、附随义务、不真正义务等，都要按法律规定或约定履行。最后，双方合同中的同时履行原则。同时履行是双务合同的当事人在合同无先后履行顺序的情况下所应承担的基本义务。根据《民法典》第五百二十五条的规定，当事人互负债务，没有先后履行顺序的，应当同时履行。这是全面履行原则在双务合同中的体现。该原则在域外立法例中也得到认可。在双务合同中，双方当事人互负义务，所以就产生了一个基本的但却是复杂的问题，即应该由哪方当事人先行履行？如果双方当事人没有对此做出明确的规定，则实践中履行顺序主要依据惯例而定。

概言之，全面履行原则是一项内容极为广泛、含义十分丰富的原则，由于合同履行是合同法的核心，所以全面履行原则也是合同履行中的首要原则。

鉴于收费公路特许经营项目涉及公共安全和公共利益，为保障项目的持续稳定运营，通常会在争议解决条款中明确规定，在发生争议期间，各方对于合同无争议部分应当继续履行，除法律规定或另有约定外，任何一方不得以发生争议为由停止项目运营。

二、临时接管

临时接管是政府方为保障特许经营项目的持续稳定运行，从履行公共管理职能的角度出发，对项目执行的情况和质量进行必要的监控，甚至在特定情形下，政府有可能临时接管项目。但通常来说，临时接管是在项目公司违反特许经营协议约定、导致影响公共产品和服务持续稳定安全供给或影响国家安全和重大公共利益的情况下，政府方紧急干预的一种手段。《传统基础设施领域实施政府和社会资本合作项目工作导则》（发改投资〔2016〕2231号）第二十条规定："在PPP项目合作期限内，如出现重大违约或者不可抗力导致项目运营持续恶化，危及公共安全或重大公共利益时，政府要及时采取应对措施，必要时可指定项目实施机构等临时接管项目，切实保障公共安全和重大公共利益，直至项目恢复正常运营。不能恢复正常运营的，要提前终止，并按PPP项目合同约定妥善做好后续工作。"可以说，在特许经营协议中的目标要求、收益回报机制、违约罚则、退出安排、应急和临时接管预案等均是基于责权利对等的前提下为实现合同顺利履约服务的。

政府方和项目公司应当共同制定预案，包括政府临时接管的触发条件、实施程序、接管范围和时间、接管期间各方的权利义务等。

启动临时接管后，有两种可能，一种是项目恢复正常经营，触发临时接管的条件消失后，政府方解除临时接管程序；另一种是项目提前终止，进入合同解除程序。

特许经营协议中应明确政府方有权根据预案临时接管项目，直至项目恢复正常经营或启动项目提前终止程序。政府方也可指定相关机构实施临时接管，因项目公司违约引起的临时接管项目所产生的一切费用，一般由项目公司承担，从其应获补偿中扣减。项目合同提前终止的，项目公司应当按照项目合同约定，以及有关法律、行政法规和规定办理有关设施、资料、档案等的性能测试、评估、移交、接管等手续。同时，在政府方临时接管前以项目公司名义所发生的一切债权、债务由项目公司承担。涉及原施工、监理、勘察设计、材料供应、运营养护单位要求继续履行合同的，政府方应与之协商一致后对原合同有关条款予以变更，变更后的施工、监理、勘察设计、材料供应、维护等合同继续履行。

三、因承包人原因导致施工合同无效的情况下，项目公司原因产生的停工窝工损失应否获赔

在项目公司与施工单位签订的施工合同中，如由于承包人资质、招标无效或其他原因导致合同无效，但项目履行的时候又因为项目公司原因导致停工，应如何处理？对此问题，司法实践中意见并不统一。解决该问题的关键是要正确界定损失与过错之间是否存在因果关系，无因果关系不应判定过错方承担赔偿责任。在实践中，因无效合同的履行而发生的财产损失后果，其原因可能是多方面的，哪些财产损失应当按照过错原则由过错方来承担、哪些又应当按照当事人各自在履行中的过错来直接确定民事责任承担，必须分析无效合同的订立和履行与损失后果之间是否存在因果关系。在合同被确认无效或者被撤销后，一般都会产生损害赔偿的责任，凡是因合同的无效或者被撤销而给对方当事人造成的损失，主观

上有故意或者过失的当事人都应当赔偿对方的财产损失。由此可见，这里的过错特指造成合同无效的过错，这里的损失特指无效合同造成的损失。

鉴于此，对于停工损失费的承担，必须先分清哪些损失是无效合同造成的，哪些损失与合同效力无关。对于因无效合同造成的损失，应当由造成合同无效的过错方承担，例如项目公司在招标过程中存在过错构成了《招标投标法》规定的中标无效情形。对于不是因无效合同造成的损失，基于诚信原则，应当由造成实际损失的过错方承担。因此，即使是由于承包人的过错造成施工合同无效，但承包人停工是由于项目公司的原因造成的，停工损失与合同效力无关，该责任就应当由造成实际损失的过错方即项目公司承担。

综上，因项目公司原因导致停工窝工的，项目公司应对承包人的损失承担责任，但承包人也不应该盲目放任停工状态的持续，而应及时采取补救措施减少停工时间，避免损失扩大，否则承包人须自行承担责任扩大的损失。

第三节
项目争议举证及鉴定

一、举证责任主体

举证责任，是指当事人对自己提出的主张有收集或提供证据的义务，并有运用该证据证明主张的案件事实成立或有利于自己主张的责任，否则，将承担其主张不能成立的风险。《民事诉讼法》第六十四条确立了民事诉讼采取"谁主张，谁举证"的诉讼规则，《最高人民法院关于适用〈中华人民共和国民事诉讼法〉的解释》和《最高人民法院关于民事诉讼证据的若干规定》进一步就举证责任的后果进行了规定，并明确了举证责任分配规则。对于建设工程施工合同被认定无效的，如项目公司就工程质量不合格、建设工程逾期等造成的实际损失向承包人主张赔偿，则项目公司应当负有举证责任，承包人如要减免赔偿责任，则承包人应当对相应事实承担举证责任。同理，如果承包人就停工、窝工等造成的实际损失向项目公司主张赔偿的，承包人应当承担相应的举证责任，如果项目公司抗辩要求减免或者不承担责任的，应当就其主张承担举证责任。政府和项目公司签订的特许经营协议也同样适用以上原则，也就是说，提出主张索赔的一方应当承担举证责任。

特许经营协议中，在按照合同约定时间开工情况下，实际竣工日期晚于约定竣工日期即可证明工程逾期，此时应由项目公司举证证明工期应予以顺延。项目公司仅证明政府方有变更设计、分包工程、未按期付费等行为尚未完成工期顺延的举证责任，政府方出具的工程予以顺延的书面文件是证明政府方同意顺延工期的直接证据。如果政府方未出具工期顺延文件，项目公司应举证证明其提出过延期申请，并且提供充分证据证明符合特许经营协议约定或者法律规定的延期事由。项目公司申请工程延期并不一定采取索赔意向书、索赔报告等固定形式，根据工程惯例，其他书面文件，如会议纪要、洽商记录、签证单或者联系单、进度计划修订说明等，只要其中包括对事件的描述且表明项目公司主张权利（工期延长或者额外付款）的内容，也可以证明项目公司向政府方提出过工程延期申请。

二、未按合同约定时间提请延期的举证

如果项目公司未在合同约定时间内提出工程延期申请，诉讼中主张工程延期，能否得到支持呢？在实务中，常有政府方以项目公司未在特许经营协议约定期限内提出过延期为由，拒绝其延期申请事项。根据意思自治原则，当事人约定的条款如果不违反国家法律、行政法规的强制性规定，自愿达成，各方应予以遵守，索赔期限是依据合同约定创设的权利失效期间。该约定有利于督促当事人及时主张工期顺延，以避免事后难以对工期顺延的事实进行认定。如果当事人在特许经营协议中约定，项目公司未在约定时间内提出工期顺延申请，视为工期不顺延，或者项目公司丧失要求顺延工期的权利，通常应该按照约定处理。项目公司未在约定期限内申请工期顺延，则视为工期不顺延。然而，项目公司未申请工

顺延的原因较为复杂，在有些情况下，尽管项目公司未在约定时间内提出工期顺延申请或者索赔，政府方对工期顺延仍然予以认可；在有些情况下，项目公司有证据证明其未申请工期顺延有合理理由且工期应予以顺延。故在遵循合同约定的情况下，仍需进一步审查政府方是否以实际行为变更了项目合同约定或者项目公司未申请工期顺延是否有合理抗辩，避免产生不公平的法律后果。

特许经营协议常常会发生变更，确定当事人的意思表示不仅应该看合同约定，还应看当事人的实际履行行为。虽然项目公司未按照约定申请工期顺延，但是如果政府方在相关会议纪要，往来函件、承诺函等文件中表明其同意工期顺延，应视为政府方与项目公司变更了特许经营协议的约定，不再坚持约定的索赔程序。另外，在项目公司对其未按照合同约定申请工期顺延予以合理解释（例如，在索赔期限内尚不能确定工期应予顺延的时间、政府方默许项目公司可在后续主张工期顺延等），此时也应该认定项目公司并未丧失主张工期顺延的权利。即如果其他证据能够形成证据链，证明工期应予以顺延，且项目公司对其未申请工期顺延有合理解释，实践中法院将综合相关证据进行认定，而不是对项目公司顺延工期的主张一概不予支持。也就是说，如果当事人仅约定提出工期顺延申请的期限，但是未明确约定未在约定时间内提出申请视为工期不顺延或者视为放弃权利，则不能直接认定项目公司未申请顺延工期的后果是丧失主张工期顺延权利。

三、抗辩与反诉

反诉是指被告向原告提出的、可以成为独立诉讼标的且能够系属于本诉审理法院的诉讼请求。反诉是民事诉讼中被告享有的诉讼权利，也是对抗原告诉讼请求，保护自己合法权益的诉讼手段，其性质是一种独立的请求权。

抗辩与反诉的区别，主要集中在法律性质、目的、提出时间、诉讼地位、法律效果、处理方式等方面。具体而言，反诉成立了一个新的诉讼法律关系，必须与本诉源于同一事实和同一法律关系，其目的是为抵消或者吞并原告的诉请请求或者使原告的诉讼请求失去意义；而抗辩则是被告针对原告的请求、事实、理由提出有利于己方的事实、证据和理由，以否定原告的主张、维护自身合法权益，也便于法院审明事实、分清是非。由此可知，反诉是一种独立的诉讼，而抗辩只是被告反驳原告诉讼请求的一种诉讼手段、防御方法。当然，反诉的独立性又是相对的，不是完全的，反诉对本诉具有一定的依赖性，反诉必须以本诉的提起为前提。

就反诉与抗辩的区别而言，对当事人影响最大的主要在于反诉案件受理费的缴纳和法院的处理方式不同。即对于反诉，被告必须交纳反诉案件受理费，法院必须依法对反诉请求做出明确裁判，而对于抗辩，被告不需要交纳诉讼费用，无论抗辩理由是否成立，法院都不需要对其另行做出裁判。例如，就被告提出"减少支付可用性付费"或"不予延期"的主张方式而言，如果以抗辩形式提出和以反诉形式提出均能达到同样的处理效果，则被告无疑会首选以抗辩形式提出。

司法实践中，准确判断抗辩还是反诉的参考标准，主要包括两方面：

（1）看被告的主张是否超越原告诉讼请求的范围。

（2）被告对原告是否具有独立的请求给付内容，特别是后者，是被告积极主张权利的体现，以此作为判断反诉的标准，更具有直观性，简单易操作。如果被告的主张超越了原告诉讼请求范围，且有独立的请求给付内容，则只能以反诉方式提出，必要时应向被告释明，被告坚持不提反诉的，应在判决中告知被告另行起诉或通过其他方式解决。如果被告的主张没有超过原告请求范围，也没有独立给付请求内容，则可以抗辩方式提出，二者应当综合考量。如原告向被告主张工程欠款，被告提出已经超付。显然，被告的主张虽然超过了原告的诉讼请求范围，但不具有独立的给付请求内容，故只能认定为是抗辩，该抗辩理由成立的话，法院会直接驳回原告索要工程欠款的请求，而不会判决原告向被告返还超付的工程款。如果被告主张要求原告返还超付的工程款，则被告的主张具有独立的给付请求内容，显然属于反诉，应按反诉处理。

实践中，对于被告的主张是属于反诉还是抗辩问题，不仅当事人之间有争议，一、二审法院之间可能也会观点不一，存在分歧。

如果一审认为是反诉，二审认为是抗辩的，则由于一审按照反诉处理，必然会收取反诉的诉讼费用，并对反诉请求进行认定和裁判（支持或者驳回该反诉请求）。此时，二审如果认为是抗辩的，则有可能存在两种处理结果：如果抗辩理由成立，则有可能会与反诉理由相同，此时，二审法院很可能会考虑到诉累和司法资源有限等问题，维持一审的裁判结果。当然，二审法院也有可能进行改判。

如果抗辩理由与反诉理由不一致，一般认为一审反诉不成立，则二审会发回重审或者改判，驳回反诉请求。

如果一审认为是抗辩，二审认为是反诉的，则处理方式较为简单。第一种处理方式，因为二审法院认为被告主张属于反诉，即相当于在二审程序中增加了反诉的请求。《最高人民法院关于适用〈中华人民共和国民事诉讼法〉的解释》第三百二十八条规定："在第二审程序中，原审原告增加独立的诉讼请求或者原审被告提出反诉的，第二审人民法院可以根据当事人自愿的原则就新增加的诉讼请求或者反诉进行调解；调解不成的，告知当事人另行起诉。"二审法院可以就反诉进行调解，调解不成的，告知当事人另行起诉。当然，如果二审法院将案件发回重审，则被告可以在重审一审中提起反诉。具体法律依据为《民事诉讼法》第一百四十三条的规定："原告增加诉讼请求，被告提出反诉，第三人提出与本案有关的诉讼请求，可以合并审理。"同时，《最高人民法院关于适用〈中华人民共和国民事诉讼法〉的解释》第二百五十一条规定："二审裁定撤销一审判决发回重审的案件，当事人申请变更、增加诉讼请求或者提出反诉，第三人提出与本案有关的诉讼请求的，依照《民事诉讼法》第一百四十条规定（2021年《民事诉讼法》修订后为第一百四十三条）处理。"

四、司法鉴定制度

公路工程质量问题和责任可能涉及施工单位、建设单位、设计单位、监理单位等。一旦出现质量问题，当事人可能各执一词，不愿承担责任。而认定工程质量缺陷本身及其责任人的问题又具有很强的技术性和专业性，需要委托有资质的鉴定部门进行鉴定，即有关工程质量的争议往往要通过专门机构的鉴定来确定是否存在质量问题。关于工程质量鉴定，《民事诉讼法》第七十六条规定："当事人可以就查明事实的专门性问题向人民法院申请鉴定。当事人申请鉴定的，由双方当事人协商确定具备资格的鉴定人；协商不成的，由人民法院指定。当事人未申请鉴定的，人民法院对专门性问题认为需要鉴定的，应当委托具备资格的鉴定人进行鉴定。"在诉讼中，通常是经人民法院委托的具有相应资质的机构。未进入诉讼的，当事人双方也可以协商确定交由相关质量检测机构对工程质量进行检测或鉴定。在公路工程实践中，一些当事人在签订特许经营协议时已经明确了项目建设质量标准、运营养护服务标准以及移交质量标准等，施工合同有时也对一旦出现质量争议时的专业鉴定单位作出明确约定，以便发生质量争议时能够及时妥善解决。

就诉讼中工程质量鉴定的具体程序来说，针对未交工工程，按照"谁主张，谁举证"的举证原则，政府方主张工程质量不合格的，应承担相应举证责任，诉讼时向人民法院提出工程质量鉴定申请。法院经审查准许后委托具有相应资质的鉴定机构，运用工程建设相关理论和技术、质量标准（包括国家规定的强制性标准和当事人合同约定的标准）对工程质量进行调查、勘验、检测、分析、判断并出具鉴定意见。通常情况下，鉴定机构进行工程质量鉴定大致包括以下程序：

（1）受理审查：鉴定机构根据委托人的具体鉴定要求，对鉴定事项进行初步审查，判断鉴定要求是否可行、能否实现等。

（2）确定委托：鉴定机构经审查确定受理后，由委托单位与鉴定机构签订委托合同或者委托书。

（3）成立鉴定专家组：参加鉴定专家组的人员应当具有相应鉴定资质。

（4）制定鉴定计划和方案：明确鉴定内容、范围、工作步骤、检测方案等。

（5）实地调查：鉴定机构组织鉴定人员实地查勘工程质量情况，审阅相关工程技术资料档案，并听取有关方面情况介绍，收集相关资料。

（6）工程实体检测：对于需要通过实体检测确定质量的工程，组织或委派相应检测机构对工程实体进行检测，出具检测报告。

（7）论证鉴定结果：依据工程实物质量查勘情况和检测报告数据，计算分析、研究论证工程质量是否合格并出具工程质量鉴定文件。

（8）签发鉴定文件：通知委托方工程质量鉴定结果，正式签发工程质量鉴定文件。

在实务中，当事人对工程质量提出异议起诉至法院，不申请工程质量鉴定，人民法院认为需要鉴定的，应当向其释明。经释明仍未申请鉴定，或虽申请鉴定但未支付鉴定费用或者拒不提供相关材料的，应当承担举证不能的法律后果。在一审诉讼中未申请鉴定，或虽申请鉴定但未支付鉴定费用或者拒不提供相关材料，在二审诉讼中申请鉴定，人民法院认为确有必要的，可以依照《民事诉讼法》第一百七十七条相关规定处理，即原判决认定基本事实不清的，裁定撤销原判决，发回原审人民法院重审，或者查清事实后改判。

对有关质量问题的鉴定往往需要一定的时间。质量问题作为顺延工期的理由，主要以工程质量是否合格作为判断标准。在施工合同中，如果工程质量是合格的，对于承包人来说，把工程质量的鉴定期间作为顺延工期期间是比较合理和公平的。反之，如果工程质量经鉴定为不合格的，工期不应顺延，承包人应承担逾期交工的违约责任。涉及隐蔽工程的验收问题，当发包方对隐蔽工程提出质量异议要求重新检验时，承包方应按要求进行剥露，并在检验后重新进行覆盖或修复。如果检验合格，发包方应承担由此发生的经济支出，赔偿承包方损失并相应顺延工期；如果检验不合格，则承包方承担所发生的费用，而且工期不能顺延。

并非所有争议都需要鉴定。从实务中看，建设工程鉴定时间长、成本高，对鉴定应当慎用：不鉴定可以查明事实的，就不应进行鉴定；对部分事实进行鉴定即可查明事实的，不应对全部事实进行鉴定。是否进行鉴定，应由人民法院决定，并非只要当事人申请鉴定，就一概许可。是否准许，人民法院通常结合"申请鉴定的事项与待证事项有无关联、鉴定的事项对证明待证事实有无意义"进行审查。需要说明的是，《民事诉讼法》第七十九条第二款规定，"当事人未申请鉴定，人民法院对专门性问题认为需要鉴定的，应当委托具备资格的鉴定人进行鉴定"，该款也使用了"人民法院认为需要鉴定"的表述，但是该款规定的是人民法院依职权委托鉴定的情形。因此，在当事人未提出鉴定申请而人民法院认为对专门性问题需要鉴定时，应首先向当事人释明，由当事人提出鉴定申请，只有在满足依职权调查收集证据的情形下，才依职权委托鉴定，这也体现了对当事人处分自己诉讼权利的尊重。

五、鉴定意见的质证与审核

根据《民事诉讼法》第七十一条规定，证据应当在法庭上出示，并由当事人互相质证。《最高人民法院关于适用〈中华人民共和国民事诉讼法〉的解释》第一百零三条第一款规定："证据应当在法庭上出示，由当事人互相质证。未经当事人质证的证据，不得作为认定案件事实的根据。"质证作为审查判断证据的重要方法之一，是民事诉讼中十分重要的环节。鉴定意见作为《民事诉讼法》规定的证据类型之一，也必须经过庭审质证，才能确定其证明效力。一般而言，由于鉴定人在有关专业领域相对于普通人占有智识上的优势地位，相较于其他证据，鉴定意见对某些专门性事项的判断和认定，具有更高的准确性和可靠性。但是，鉴定意见仅属于证据的一种类型，其证明力仍然需要由法官依法判断。

鉴定意见经质证后，人民法院在当事人所发表的质证意见的基础上，要进一步对鉴定意见的真实性、合法性、关联性作出审核认定。根据《最高人民法院关于民事诉讼证据的若干规定》第八十七条规定，法院可以从"是否原件，复印件是否与原件相符""与本案事实是否相关""形式、来源是否符合法律规定""内容是否真实""鉴定人与当事人有无利害关系"等方面进行审核认定，在上述审核认定的基础上，对鉴定意见有无证明力和证明力大小进行判断，从而确定其能否作为认定事实的根据。也就是说，鉴定意见本身只是证据之一种，法官应当运用审判权对鉴定意见进行审查，除审查鉴定意见的合法性外，还要审查其科学性、客观性与合理性，对于错误的鉴定意见应当予以纠正，而不能简单地依赖鉴定意见，更不能照搬鉴定意见的内容进行裁判。

由于鉴定意见是鉴定人在诉讼中凭借自身特殊的专业能力发现、解释案件事实和证据中涉及的专门性问题而形成的结论性意见，因此，人民法院向鉴定人移送的相关鉴定材料成为其分析、判断的基础。在民事诉讼中，当事人申请启动司法鉴定，需由审理案件的人民法院审查许可后进行，并只能由审理相关案件的人民法院作为委托人。当事人还负有提交与鉴定相关的证据材料的义务。作为委托人的人民法院，必须对移送司法鉴定的相关材料进行审核确保鉴定人所接收的鉴定材料已经经过真实性、完整性的确认。鉴定材料作为司法鉴定所根据的基础性信息源，在本质上也属于民事诉讼证据的范畴，也应当在法庭上出示并由当事人互相质证，未经质证的材料不能作为鉴定的根据，而根据未经质证的鉴定材料作出的鉴定意见亦不符合证据的要求。

为了确保鉴定意见的中立性和专业性，《最高人民法院关于民事诉讼证据的若干规定》第三十四条第一款规定："人民法院应当组织当事人对鉴定材料进行质证。未经质证的材料，不担作为鉴定的根据。"同时，为了更全面地搜集鉴定所需的相关材料和信息，该条文的第二款规定："经人民法院准许，鉴定人可以调取证据，勘验物证和现场、询问当事人或者证人。"在实践中，鉴定材料获取不规范的现象时有发生，经常出现鉴定人将自行调取的证据或者当事人的陈述直接作为鉴定材料使用，但未对这些调取的证据组织质证，亦未听取对方当事人的陈述，由此所做的鉴定意见，存在以下问题：

（1）未质证的材料作为鉴定材料动摇了鉴定意见作出的合法性基础。鉴定人根据未经当事人质证及人民法院认证的鉴定材料出具的鉴定意见，必将导致当事人提出异议，进而否认鉴定意见，鉴定意见的可采性将被大大降低，导致实践中不得不通过补充鉴定、重新鉴定的方式来补救或者改正。这不仅拖延了诉讼进程，浪费了大量的司法资源，增加了当事人的诉讼成本，也导致当事人对法院组织诉讼活动的能力和公正性提出质疑，配合程度大大降低。

（2）未认证真实性、完整性的材料作为鉴定材料降低了鉴定意见的准确性。实践中会出现一些法官为了避免在判决前提前就相关涉及专门性问题的证据材料进行认定，只向鉴定人移送双方当事人均未提出异议的鉴定材料，对于当事人提出异议的鉴定材料一律不移送的情形。这将导致鉴定材料的完整性、充分性不足，大大降低鉴定意见真实性和可靠性，妨碍人民法院对相关专门性问题的查明。

（3）法官对待移送鉴定人的鉴定材料不质证、不认证，也使得裁判者对于司法鉴定的相关基本原理、需求缺乏基本的了解，甚至推卸鉴定材料的采集责任，对于查明涉及专门性问题的相关事实十分不利。一方面在事实认定中过分依赖鉴定意见，另一方面自身对鉴定意见确实也缺乏必要的审查能力。

首先，人民法院应当组织双方当事人对未经质证的材料进行质证。其次，根据质证后的情况区分不同情形，如果经质证后认为该部分材料可以作为鉴定依据，该鉴定意见可以作为认定案件事实的根据；如果经质证后认为该部分材料不可以作为鉴定依据，则根据该材料作出的鉴定意见不能作为认定案件事实的根据。

六、约定以政府审计为结算依据的案件，能否申请工程造价鉴定

财政部门或审计部门对工程款的审核，是监控财政拨款与使用的行政措施，对民事合同当事人不具有法律约束力。但如果当事人明确约定以政府审核审计结果作为结算依据，应尊重当事人意思自治，一方当事人又申请工程造价鉴定的，不应准许。但是如果审核审计长期没有结果致使工程无法计算，或者审核审计结

果与工程实际情况不符或者与合同约定不符，当事人可否申请造价鉴定？实践中对此存有争议。作者认为，在审核审计长期没有结果的情形下，应当区分情况，如果查明政府部门确实无法进行审核审计的，应当允许通过司法鉴定的方式确定工程造价，解决当事人的纠纷。在审核审计结果与工程实际情况或者合同约定不符的情形下，比如，审计结果存在漏项的，或者采用了与合同约定不符的计价依据的，应当允许当事人就不符部分另行通过司法鉴定确定造价，但申请鉴定的一方当事人应当举证证明不符情形的存在。

七、专家证人制度

《最高人民法院关于民事诉讼证据的若干规定》第八十四条规定："审判人员可以对有专门知识的人进行询问。经法庭准许，当事人可以对有专门知识的人进行询问，当事人各自申请的有专门知识的人可以就案件中的有关问题进行对质。"该规定确立了民事诉讼中的专家证人制度，是对我国民事诉讼法中的有关证据制度规定的重大突破。专家证人制度的确立，无疑为人民法院对一些涉及科学技术问题或专业性很强的案件的审理提供了一种全新的方式，也为专业的咨询工程师在工程项目争议解决上提供了用武之地。

《民事诉讼法》和《最高人民法院关于适用〈中华人民共和国民事诉讼法〉的解释》也都提及了"有专门知识的人"还可以"对案件事实所涉及的专业问题提出意见"，且"当事人各自申请的具有专门知识的人可以就案件中的有关问题进行对质"。虽然这些条款都是作为"质证鉴定意见"的补充，但在司法实践尤其是工程纠纷司法实践中却成了委托专家证人所希望达到的主要目的，因此专家证人全程参与整个司法过程并对全过程中出现的多个专业问题提出意见，成为目前专家证人（或者专家辅助人）参与司法过程的主流方式。例如，在工程纠纷中，其绝大部分都会表现为工程价款纠纷相关的问题，而专业律师有可能在招投标相关规定、工程造价、公路行业建设管理规定、公路行业惯例等一系列专业问题上知之甚少，缺乏技术相关的知识基础，很难在司法过程中清晰论述并证实委托人的诉求，也很难对公路行业专业问题提出合理质证，因此，越来越多的当事人在遇到工程纠纷时，除聘请专业的律师团队外，还会聘请的专业的工程咨询公司提供专家证人予以全程服务，提供专业意见。

作者参与多个公路项目的争议处理后也发现，专业咨询师在项目前期策划和履约阶段的争议处置中承担着越来越重要的角色。职业律师要懂工程，专业咨询师要熟悉法律，这样才能让自身的工作变得更有价值。

第四节
合同无效情形分析

法律作为民事主体行为的准则，并不是立法者随意而为之，而是社会物质经济条件中各项成功规则的具体体现。法律行为的效力不是仅来源于当事人的合意，或仅来源于法律的规定，而是二者的统一。因此，民事行为成立后，并非一定都能够产生预期的效果，民法基于合理性选择，只赋予那些至少在当事人资格、内容以及自主决定性方面符合一定标准的民事行为以积极的意义，能够确定地发生预期的法律效果，即法律行为生效。依据《民法典》第一百四十三条的规定，民事法律行为成立以后，还需满足主体具有行为能力，意思表示真实，不违反法律、行政法规的强制性规定和不违背公序良俗等一般生效要件。《民法典》第五百零二条规定亦特别明确，"依法"成立的合同，自成立时生效，但是法律另有规定或者当事人另有约定的除外。由此可见，在我国民法的语境下，违反法律、行政法规的强制性规定，一方面是民事法律行为缺乏一般生效要件的体现，另一方面是合同无效的具体原因。

法律规范分为任意性规范与强制性规范，凡是关系国家一般利益、社会秩序、市场秩序、市场交易安全及直接关系第三人利益的事项，法律设强制性规定，以排斥当事人意思自由。1986年发布的《中华人民共和国民法通则》（简称《民法通则》）第五十八条第五项规定，违反法律或者社会公共利益的民事行为无效。

一、常见施工合同无效的14种情形

合同的有效性是合同纠纷中的基本问题，人民法院判决合同争议的首要问题也是确定合同的效力。以下是我们梳理的导致施工合同无效的14种情形及依据。虽然其界定的是施工合同无效情形，但其体现的司法解释逻辑在判定特许经营协议的有效性方面也具有适用性，需结合实际问题来具体界定，尤其是涉及招投标程序而导致的无效情形。

1.承包人未取得建筑业企业资质的

相关规定包括：

《公路法》第二十四条规定："承担公路建设项目的可行性研究单位、勘察设计单位、施工单位和工程监理单位，必须持有国家规定的资质证书。"

《最高人民法院关于审理建设工程施工合同纠纷案件适用法律问题的解释（一）》（法释〔2020〕25号，简称新《司法解释一》）第一条规定："建设工程施工合同具有下列情形之一的，应当依据民法典第一百五十三条第一款的规定，认定无效：承包人未取得建筑业企业资质或者超越资质等级的。"

依据《民法典》第一百四十三条的规定，民事法律行为成立以后，还需满足主体具有行为能力，意思表示真实，不违反法律和行政法规的强制性规定，和不违反公序良俗等一般生效条件。《民法典》第五百零二条规定也特别明确，依法成立的合同自成立时生效，但是法律另有规定或者当事人另有约定的除外。

在我国民法的语境下，违反法律、行政法规的强制性规定，一方面是民事法律行为缺乏一般生效要件的体现，另一方面是合同无效的具体原因，我们在处理具体合同争议问题时要加以区分。

2.承包人超越资质等级的

相关规定包括：

新《司法解释一》第一条规定，建设工程施工合同具有下列情形之一的，应当依据《民法典》第一百五十三条第一款的规定，认定无效：承包人未取得建筑业企业资质或者超越资质等级的（注：承包人在建设工程竣工前取得相应资质等级，合同有效）。

新《司法解释一》第四条规定，承包人超越资质等级许可的业务范围签订建设工程施工合同，在建设工程竣工前取得相应资质等级，当事人请求按照无效合同处理的，人民法院不予支持。

值得注意的是，实践中有一种诡辩的观点认为，对于承包人并没有取得任何资质，而只是超越资质等级订立的建设工程施工合同不应认定为无效。其理由主要是施工企业为了争取提高资质等级，提升自己的施工能力，经常要承揽超越其资质等级的工程，以充实其业绩，提升其提高资质等级申请获得批准的可能性。根据最高人民法院民事审判第一庭的解释意见，因为建筑业企业资质管理制度的目的在于严格施工市场的准入条件，以保障工程质量，任何对施工企业承揽工程必须与其资质等级相一致要求的放宽，都会给工程质量带来隐患，与《公路法》的立法目的相抵触，况且依据《公路法》及《建筑业企业资质管理规定》的相关规定，在施工企业的资质等级审批中，施工企业是否承揽并完成超越资质等级的工程，并非提升其资质等级的条件，即便在实践中超越资质承揽工程的做法普遍存在，也不能成为司法机关认定合同效力的依据。

3.没有资质的实际施工人借用有资质的建筑施工企业名义的

相关规定包括：

新《司法解释一》第一条规定，建设工程施工合同具有下列情形之一的，应当依据《民法典》第一百五十三条第一款的规定，认定无效：没有资质的实际施工人借用有资质的建筑施工企业名义的。

依据《建筑业企业资质管理规定》的相关规定，取得建筑业企业资质证书的企业，还应当在保持资产、主要人员技术装备等方面满足相应建筑业企业资质标准要求的条件，但维持一定的建筑业企业资质仍需要花费大量的人力与物力，故借用有资质的建筑施工企业名义对外承揽工程，成为建筑市场实践中的一种普遍现象，这类行为规避建筑业企业资质管理制度，扰乱建筑市场正常秩序，极大程度上影响了建设工程的质量。因此在新《司法解释一》中明确，没有资质的实际施工人借用有资质的建筑施工企业名义承揽工程的合同无效。

值得注意的是，首先新《司法解释一》中的"实际施工人"并非法律层面上的概念。对于实际施工人的界定，理论界和实务界一直存在争议。根据最高人民法院民事审判第一庭的解释理解，综合新《司法解释一》相关条文对实际施工人概念的使用情况，所谓的"实际施工人"，需以"名义施工人"的存在为前提，因此将借用资质订立施工合同、转包以及违法分包合同中实际完成工程建设的三类主体，认定为实际施工人，更加符合规范内部统一性的要求。其次，鉴于市场在建筑业企业资质等级制度实践中的诸多问题，以及我国资质等级管理制度的改革趋势，越来越多的人认为，对于实际施工人借用资质订立建设工程施工合同的效力不能一概而论。例如，有人认为，在挂靠施工的情况下，挂靠人以被挂靠人名义对外签订建设施工合同的效力，应依据发包人是否善意，在签订建设工程施工合同时，是否明确挂靠事实来作出认定。也有人认为，借用资质行为在实践中的表现非常丰富，基于地方保护等理由，高资质等级企业借用低资质等级企业资质，或者同资质企业互相借用资质承揽工程的现象并不鲜见，在借用资质的实际施工人本身具有相应资质足以确保工程质量和施工安全的情形下，不应仅以当事人实施了借用资质的行为来否定施工合同的效力。

4.必须进行招标而未招标的

相关规定包括：

《招标投标法》第三条规定，在境内进行下列工程建设项目包括项目的勘察、设计、施工、监理以及与工程建设有关的重要设备、材料等的采购，必须进行招标：（1）大型基础设施、公用事业等关系社会公共利益、公众安全的项目；（2）全部或者部分使用国有资金投资或者国家融资的项目；（3）使用国际组织或者外国政府贷款、援助资金的项目。

新《司法解释一》第一条规定："建设工程施工合同具有下列情形之一的，应当依据民法典第一百五十三条第一款的规定，认定无效：（一）建设工程必须进行招标而未招标或者中标无效的。"

经国务院批准，于2018年3月27日公布，自2018年6月1日起施行《必须招标的工程项目规定》（国家发改委2018年第16号令），自实施之日起，原《工程建设项目招标范围和规模标准规定》（2000年4月4日国务院批准，2000年5月1日国家发展计划委员会发布）同时废止。

《必须招标的工程项目规定》（国家发改委2018年第16号令）如下：

"第一条　为了确定必须招标的工程项目，规范招标投标活动，提高工作效率、降低企业成本、预防腐败，根据《中华人民共和国招标投标法》第三条的规定，制定本规定。

"第二条　全部或者部分使用国有资金投资或者国家融资的项目包括：（一）使用预算资金200万元人民币以上，并且该资金占投资额10%以上的项目；（二）使用国有企业事业单位资金，并且该资金占控股或者主导地位的项目。

"第三条　使用国际组织或者外国政府贷款、援助资金的项目包括：（一）使用世界银行、亚洲开发银行等国际组织贷款、援助资金的项目；（二）使用外国政府及其机构贷款、援助资金的项目。

"第四条　不属于本规定第二条、第三条规定情形的大型基础设施、公用事业等关系社会公共利益、公众安全的项目，必须招标的具体范围由国务院发展改革部门会同国务院有关部门按照确有必要、严格限定的原则制订，报国务院批准。

"第五条　本规定第二条至第四条规定范围内的项目，其勘察、设计、施工、监理以及与工程建设有关的重要设备、材料等的采购达到下列标准之一的，必须招标：（一）施工单项合同估算价在400万元人民币以上；（二）重要设备、材料等货物的采购，单项合同估算价在200万元人民币以上；（三）勘察、设计、监理等服务的采购，单项合同估算价在100万元人民币以上。同一项目中可以合并进行的勘察、设计、施工、监理以及与工程建设有关的重要设备、材料等的采购，合同估算价合计达到前款规定标准的，必须招标。

"第六条　本规定自2018年6月1日起施行。"

据此，发包人未履行招标手续直接与承包人订立施工合同的，或者是招标人隐瞒工程建设规模、建设条件、投资、建筑材料来源等真实情况来降低标准，不进行招投标的，均属于上述规定中的"必须进行招标而未招标"的情形，双方订立的建设工程施工合同应当认定为无效。这里值得注意，根据《招标投标法实施条例》（2019年修订）第九条："除招标投标法第六十六条规定的可以不进行招标的特殊情况外，有下列情形之一的，可以不进行招标：（一）需要采用不可替代的专利或者专有技术；（二）采购人依法能够自行建设、生产或者提供；

（三）已通过招标方式选定的特许经营项目投资人依法能够自行建设、生产或者提供；（四）需要向原中标人采购工程、货物或者服务，否则将影响施工或者功能配套要求；（五）国家规定的其他特殊情形。招标人为适用前款规定弄虚作假的，属于招标投标法第四条规定的规避招标。"理论上，收费公路项目中的特许经营者如果是通过公开招标方式选择，且具有实施项目施工任务的资质和能力，则可以不通过招投标而直接签订施工合同。

5.招标代理机构与招标人、投标人串通，影响中标结果的

相关规定包括：

新《司法解释一》第一条规定，建设工程施工合同具有下列情形之一的，应当依据《民法典》第一百五十三条第一款的规定，认定无效：建设工程必须进行招标而未招标或者中标无效的。

结合《招标投标法》（2017年修正）和《招标投标法实施条例》（2019年修订）相关条款，中标无效的具体情形如下：招标代理机构违反本法规定，泄露应当保密的与招标投标活动有关的情况和资料的，或者与招标人、投标人串通损害国家利益、社会公共利益或者他人合法权益，并且该行为影响中标结果的，中标无效。

6.招标人透露招标投标情况，或者泄露标底，影响中标结果的

相关规定包括：

新《司法解释一》第一条规定，建设工程施工合同具有下列情形之一的，应当依据《民法典》第一百五十三条第一款的规定，认定无效：建设工程必须进行招标而未招标或者中标无效的。

结合《招标投标法》（2017年修正）和《招标投标法实施条例》（2019年修订）相关条款，中标无效的具体情形如下：依法必须进行招标的项目的招标人向他人透露已获取招标文件的潜在投标人的名称、数量或者可能影响公平竞争的有关招标投标的其他情况的，或者泄露标底，并且该行为影响中标结果的，中标无效。

7.投标人相互串通投标或者与招标人串通投标，投标人行贿谋取中标的

相关规定包括：

新《司法解释一》第一条规定，建设工程施工合同具有下列情形之一的，应当依据《民法典》第一百五十三条第一款的规定，认定无效：建设工程必须进行招标而未招标或者中标无效的。

结合《招标投标法》（2017年修正）和《招标投标法实施条例》（2019年修订）相关条款，中标无效的具体情形如下：投标人相互串通投标或者与招标人串通投标的，投标人以向招标人或者评标委员会成员行贿的手段谋取中标的，中标无效。

对于串标行为的认定与责任，本书前文已有所论述。

8. 投标人以他人名义投标或者弄虚作假，骗取中标的

相关规定包括：

新《司法解释一》第一条规定，建设工程施工合同具有下列情形之一的，应当依据《民法典》第一百五十三条第一款的规定，认定无效：建设工程必须进行招标而未招标或者中标无效的。

结合《招标投标法》（2017年修正）和《招标投标法实施条例》（2019年修订）相关条款，中标无效的具体情形如下：投标人以他人名义投标或者以其他方式弄虚作假，骗取中标的，中标无效。

9. 招标人与投标人就投标价格、投标方案等实质性内容进行谈判，影响中标结果的

相关规定包括：

新《司法解释一》第一条规定，建设工程施工合同具有下列情形之一的，应当依据《民法典》第一百五十三条第一款的规定，认定无效：建设工程必须进行招标而未招标或者中标无效的。

结合《招标投标法》（2017年修正）和《招标投标法实施条例》（2019年修订）相关条款，中标无效的具体情形如下：依法必须进行招标的项目，招标人违反本法规定，与投标人就投标价格、投标方案等实质性内容进行谈判，并且该行为影响中标结果的，中标无效。

10.招标人在评标委员会依法推荐的中标候选人以外确定中标人或自行确定中标人的

相关规定包括：

新《司法解释一》第一条规定，建设工程施工合同具有下列情形之一的，应当依据《民法典》第一百五十三条第一款的规定，认定无效：建设工程必须进行招标而未招标或者中标无效的。

结合《招标投标法》（2017年修正）和《招标投标法实施条例》（2019年修订）相关条款，中标无效的具体情形如下：招标人在评标委员会依法推荐的中标候选人以外确定中标人的，依法必须进行招标的项目在所有投标被评标委员会否决后自行确定中标人的，中标无效。

11.承包人转包的

相关规定包括：

《民法典》第七百九十一条第二款规定，承包人不得将其承包的全部建设工程转包给第三人或者将其承包的全部建设工程支解以后以分包的名义分别转包给第三人。

新《司法解释一》第一条第二款规定，承包人因转包、违法分包建设工程与他人签订的建设工程施工合同，应当依据《民法典》第一百五十三条第一款及第七百九十一条第二款、第三款的规定，认定无效。

《住房和城乡建设部关于印发建筑工程施工发包与承包违法行为认定查处管理办法的通知》（建市规〔2019〕1号）第七条规定，本办法所称转包，是指承包单位承包工程后，不履行合同约定的责任和义务，将其承包的全部工程或者将其承包的全部工程肢解后以分包的名义分别转给其他单位或个人施工的行为。

《住房和城乡建设部关于印发建筑工程施工发包与承包违法行为认定查处管理办法的通知》（建市规〔2019〕1号）第八条规定，存在下列情形之一的，应当认定为转包，但有证据证明属于挂靠或者其他违法行为的除外：

（1）承包单位将其承包的全部工程转给其他单位（包括母公司承接建筑工程后将所承接工程交由具有独立法人资格的子公司施工的情形）或个人施工的；

（2）承包单位将其承包的全部工程肢解以后，以分包的名义分别转给其他单位或个人施工的；

（3）施工总承包单位或专业承包单位未派驻项目负责人、技术负责人、质量管理负责人、安全管理负责人等主要管理人员，或派驻的项目负责人、技术负责人、质量管理负责人、安全管理负责人中一人及以上与施工单位没有订立劳动合同且没有建立劳动工资和社会养老保险关系，或派驻的项目负责人未对该工程的施工活动进行组织管理，又不能进行合理解释并提供相应证明的；

（4）合同约定由承包单位负责采购的主要建筑材料、构配件及工程设备或租赁的施工机械设备，由其他单位或个人采购、租赁，或施工单位不能提供有关采购、租赁合同及发票等证明，又不能进行合理解释并提供相应证明的；

（5）专业作业承包人承包的范围是承包单位承包的全部工程，专业作业承包人计取的是除上缴给承包单位"管理费"之外的全部工程价款的；

（6）承包单位通过采取合作、联营、个人承包等形式或名义，直接或变相将其承包的全部工程转给其他单位或个人施工的；

（7）专业工程的发包单位不是该工程的施工总承包或专业承包单位的，但建设单位依约作为发包单位的除外；

（8）专业作业的发包单位不是该工程承包单位的；

（9）施工合同主体之间没有工程款收付关系，或者承包单位收到款项后又将款项转拨给其他单位和个人，又不能进行合理解释并提供材料证明的。两个以上的单位组成联合体承包工程，在联合体分工协议中约定或者在项目实际实施过程中，联合体一方不进行施工也未对施工活动进行组织管理的，并且向联合体其他方收取管理费或者其他类似费用的，视为联合体一方将承包的工程转包给联合体其他方。

（注：具有劳务作业法定资质的承包人与总承包人、分包人签订的劳务分包合同有效。）

新《司法解释一》第五条规定，具有劳务作业法定资质的承包人与总承包人、分包人签订的劳务分包合同，当事人请求确认无效的，人民法院依法不予支持。

《建筑业企业资质标准》规定，"取得劳务资质的企业可以承接具有施工总承包资质或专业承包资质的企业分包的劳务作业。"因此，劳务分包属于合法分包，本条是对劳务分包合法性的确认。

12.承包人违法分包的

相关规定包括：

《公路工程施工分包管理办法》第十七条规定："禁止违法分包公路工程。有下列情形之一的，属于违法分包：（一）承包人未在施工现场设立项目管理机构和派驻相应人员对分包工程的施工活动实施有效管理的；（二）承包人将工程分包给不具备相应资格的企业或者个人的；（三）分包人以他人名义承揽分包工程的；（四）承包人将合同文件中明确不得分包的专项工程进行分包的；（五）承包人未与分包人依法签订分包合同或者分包合同未遵循承包合同的各项原则，不满足承包合同中相应要求的；（六）分包合同未报发包人备案的；（七）分包人将分包工程再进行分包的；（八）法律、法规规定的其他违法分包行为。"

13.另行变相降低工程价款签订合同的

相关规定包括：

新《司法解释一》第二条第二款规定，招标人和中标人在中标合同之外就明显高于市场价格购买承建房产、无偿建设住房配套设施、让利、向建设单位捐赠财物等另行签订合同，变相降低工程价款，一方当事人以该合同背离中标合同实质性内容为由请求确认无效的，人民法院应予支持。

14.未取得建设工程规划审批手续的

相关规定包括：

《中华人民共和国城乡规划法》第四十条第一款规定，在城市、镇规划区内进行建筑物、构筑物、道路、管线和其他工程建设的，建设单位或者个人应当向城市、县人民政府城乡规划主管部门或者省、自治区、直辖市人民政府确定的镇人民政府申请办理建设工程规划许可证。

新《司法解释一》第三条规定，当事人以发包人未取得建设工程规划许可证等规划审批手续为由，请求确认建设工程施工合同无效的，人民法院应予支持，但发包人在起诉前取得建设工程规划许可证等规划审批手续的除外。

二、关于合同违法无效的认定

关于违反强制性规定的合同效力，在我国经历了一个较为复杂的发展过程。1981年制定的《经济合同法》第7条第1款第1项将"违反法律和国家政策、计划"作为认定合同无效的依据，这就导致大量合同因违法而被认定无效。1986年制定的《民法通则》第58条第1款第5项虽未再规定违反国家政策、计划导致合同无效，但规定"违反法律或者社会公共利益"的民事行为无效。由于《经济合同法》和《民法通则》所称"法律"是指广义上的法律，既包括全国人大及其常委会制定的法律，也包括国务院制定的行政法规，还包括国务院组成机构或者有立法权的地方政府制定的行政规章以及有立法权的地方人大及其常委会制定的地方性法规，甚至包括其他的规范性文件，这就导致合同无效的比率仍然很高，严重影响交易的安全性。为此，1999年制定的《合同法》第52条第5项将认定合同因违法无效限制在"违反法律、行政法规的强制性规定"。但即使如此，因我国在从计划经济过渡到市场经济的过程中，法律、行政法规的强制性规定仍然很多，合同因违法而被认定无效的情况仍然比较普遍。为此，原《合同法司法解释（二）》（现已废止）第14条进一步将导致合同无效的强制性规定限制在"效力性强制规定"，《民商事合同指导意见》亦明确要求区分"效力性强制规定"与"管理性强制规定"。2017年制定的《民法总则》第153条第1款虽未采"效力性强制性规定"的概念，但与《合同法》第52条第5项不同的是，该款在规定民事法律行为因违反法律、行政法规的强制性规定无效的同时，增加了一个但书，明确规定"该强制性规定不导致该民事法律行为无效的除外"。《民法典》继受了这一规定。

无论是《合同法司法解释（二）》采用"效力性强制性规定"的表述，还是《民法典》对违法无效作出例外规定，都旨在表达合同即使违反法律、行政法规的强制性规定，也并不必然导致无效。当然，如此一来，也就面临实践中如何认定效力性强制性规定或者如何理解例外规定的难题。《民商审判会议纪要》在对《民法总则》第153条第1款进行解释时，就是在区分效力性强制性规定与管理性强制性规定的基础上再就二者在实践中的认定分别作出规定。最高院认为，在认定违反强制性规定是否导致合同无效时，必然涉及价值判断和利益衡量，尤其是要考虑当事人违反法律、行政法规的强制性规定，究竟是仅需承担公法上的责任就可以实现该强制性规定的目的，还是也有必要通过否定合同效力来实现该强制性规定的目的。为此，《最高人民法院关于适用〈中华人民共和国民法典〉合同编通则若干问题的解释》第16条第1款在总结司法经验的基础上，确定了违反强制性规定不导致合同无效的几种情形。

一是强制性规定虽然旨在维护社会公共秩序，但是合同的实际履行对社会公共秩序造成的影响显著轻微，认定合同无效将导致案件的处理结果有失公平公正。显然，这是比例原则在民法上的具体运用，也与《刑法》第13条关于"情节显著轻微危害不大的，不认为是犯罪"的规定具有内在的一致性，行为在情节显著轻微危害不大的情况下可以不认为构成犯罪，自然也可以认为不影响合同效力。

二是强制性规定旨在维护政府的税收、土地出让金等国家利益或者其他民事主体的合法利益而非合同当事人的民事权益，认定合同有效不会影响该规范目的的实现。

三是强制性规定旨在要求当事人一方加强风险控制、内部管理等，对方无能力或者无义务审查合同是否违反强制性规定，认定合同无效将使其承担不利后果。例如，银行违反《商业银行法》第39条规定的资产负债比例发放贷款，因该规定旨在要求银行加强内部管理和风险控制，借款人无从获知银行是否违反该规定，自然不应仅因银行违反该规定就认定合同无效，否则借款人的交易安全将无法获得有效保障；此外，如果担保人借口银行存在违法行为主张借贷合同无效，进而主张担保合同无效，也与该条的规范目的格格不入。

四是当事人一方虽然在合同订立时违反强制性规定，但是在合同订立后已经具备补正违反强制性规定的条件却违背诚信原则不予补正。

五是法律、司法解释规定的其他情形。这是一个兜底性的规定，主要包括以下三种情形。其一，法律、司法解释明确规定违反强制性规定不影响合同效力。例如，当事人订立房屋租赁合同后，未依法办理备案登记，依据《民法典》第706条的规定，不应影响房屋租赁合同的效力。其二，当事人虽然违反强制性规定，但人民法院还要结合其他法律规定对行为性质进行认定，再在此基础上认定合同效力。例如，当事人违反《民法典》第399条关于有些财产不得抵押的规定，就需要根据具体情形结合其他法律的规定判断行为究竟是无权处分还是违反法律、行政法规的强制性规定。再据此认定合同效力。其三，如果强制性规定旨在规范合同的履行行为。则合同原则上不因违反该规定而无效，除非法律、司法解释另有规定或者合同的履行必然导致违反强制性规定。例如，当事人违反《民法典》第612条关于出卖人权利瑕疵担保义务的规定、第617条关于出卖人违反质量瑕疵担保义务的规定或者第716条关于承租人未经出租人同意转租的规定都不应影响合同效力。

需要注意的是，如果法律、行政法规的强制性规定旨在规制合同订立后的履行行为，当事人以合同违反强制性规定为由请求认定合同无效的，人民法院不予支持，除非合同的履行必然导致违反强制性规定或者法律、司法解释另有规定。此外，在上述例外情形下，尽管合同可能不因违反强制性规定而无效，但毕竟行为违反强制性规定，且一旦认定合同有效，当事人就有可能从违法行为获得利益。虽然《民法总则》施行后，通过没收违法所得等民事制裁措施解决当事人从违法行为中获利的途径已经不再存在，但这并不意味着司法应放任这种结果的发生。最高院认为，在民商事审判中，尽管人民法院只能依据民事法律处理当事人之间的权利义务关系，但如果发现当事人的违法行为未经处理，就应当向有关行政管理部门提出司法建议；当事人的行为涉嫌犯罪的，也应当将案件线索移送刑事侦查机关。面对错综复杂的法律关系，只有坚持能动司法，充分发挥民事、行政以及刑事审判在制裁违法行为方面的功能，使三者互为补充，形成合力，才能实现既公平公正解决当事人之间的纠纷又惩治违法行为的双重效果。

三、合同不成立与合同无效的区分

《民法典》第502条规定："依法成立的合同，自成立时生效，但是法律另有规定或者当事人另有约定的除外。依照法律、行政法规的规定，合同应当办理批准等手续的，依照其规定……"可见，在我国民法上，合同成立与合同生效是两个既有联系又有区别的概念：一方面，合同生效须以合同成立为前提，如果合同不成立，自然也就谈不上生效；另一方面，合同成立却不一定生效，合同发生效力，不仅要"依法"成立，而且须不存在"法律另有规定或者当事人另有约定"的情形，包括不存在法律、行政法规规定合同须经批准这一情形。显然，《民法典》第502条所称"依法"成立，系指合同具备《民法典》第143条规定的有效条件，而第502条所称"法律另有规定或者当事人另有约定"，则应指法律为合同生效另外规定了条件或者当事人为合同生效另外约定了条件，当然也包括法律、行政法规规定合同须经批准才能生效。考虑到"依法"是所有合同生效都必须具备的条件，《民法典》第143条规定的法律行为必须具备的有效条件（有效要件）也被称为一般生效要件，而在法律另外规定的生效条件或者当事人另外约定的条件，因仅在特殊情形下存在，可以被称为特别生效要件。二者的区别在于，合同欠缺有效要件（一般生效要件），将导致合同无效、可撤销或者效力待定，而合同欠缺特别生效要件，则将导致合同不生效。就此而言，合同无效、可撤销或者效力待定，都是与合同有效相对应的概念，但合同不生效，则是指合同有效但却未生效的状态。以须经批准的合同为例，在合同得到批准前，可能已经"依法"成立，因而对当事人产生了"法律约束力"（《民法典》第465条第2款），当事人不仅不能擅自变更或者解除合同（《民法典》第136条第2款），且还须履行报批义务（《民法典》第502条），但却不能发生当事人追求的法律效力，即任何一方当事人不能请求对方履行合同约定的主要义务。可见，我国民法不仅区分合同的成立要件和合同的生效要件，并且将合同的生效要件进一步区分为有效要件（一般生效要件）和特殊生效要件，从而为准确认定须经批准合同的效力以及附生效条件、附期限的合同的效力等提供了法律基础。

第五节
缔约过失责任风险的法律分析

一、缔约过失责任风险

收费公路特许经营项目在特许经营者招标时，招标文件载明的数据和附带的资料可能直接影响特许经营者的成本收益测算和投资决策,其准确与否可能会给政府方在履约期间形成缔约过失风险。

《民法典》第五百条规定:"当事人在订立合同过程中有下列情形之一,造成对方损失的,应当承担赔偿责任:(一)假借订立合同,恶意进行磋商;(二)故意隐瞒与订立合同有关的重要事实或者提供虚假情况;(三)有其他违背诚信原则的行为。"

在实务中,常有将缔约过失责任和违约责任混淆的情形。事实上缔约过失责任与违约责任有较为明显的区别。缔约过失责任是违反法定的先合同义务应承担的民事责任,而违约责任是违反约定的合同义务应承担的民事责任,先合同义务是当事人在缔约阶段,按照诚信原则应承担的协助、通知、保护、忠实等义务。《民法典》第五百条具体列明了违反先合同的两种情形:一是假借订立合同,恶意进行磋商;二是故意隐瞒与订立合同有关的重要事实或者提供虚假情况。"与订立合同有关的重要事实或情况"指对相对人订约意愿、如何约定条款有重大影响的事实和情况,个案中应根据具体的合同加以判断。缔约过失责任以行为人有过错为构成要件,而违约责任以无过错为原则,缔约过失责任与合同的成立和生效没有必然联系,多数情况下是在合同成立并生效之前,而违约责任的承担以合同的成立且生效为前提条件。

对于缔约过失责任的审判实践中,"四要件说"是当前主流观点,即缔约过失责任的成立须具备下列条件:

(1)缔约人在缔约过程中违反先合同义务;

(2)缔约相对方受损害;

(3)违反先合同义务与损害有因果关系;

(4)违反先合同义务方存在过错。

《民法典》第五百条规定比较充分地体现了这4个要件。"在订立合同中有下列情形之一"系要件一的内容,"造成对方损失的"系要件二和要件三的内容,"假借"订立合同"恶意"进行磋商、"故意隐瞒"与订立合同有关的重要事实或者提供虚假情况、有其他"违背诚信原则的行为"则体现了过错的要求。缔约过失责任制度,其最核心部分在于缔约方在缔约过程中违反先合同义务。因此,认定缔约过失是否成立的关键就在于认定缔约方是否在缔约过程中存在违反先合同义务的行为。

二、承担缔约过失责任的方式

民事责任是民事主体违反民事义务所应承担的法律后果。特许经营协议一方当事人违反先合同义务，造成对方损失的，应当承担赔偿责任。按照《民法典》第一百七十九条的规定，承担民事责任的主要方式包括停止侵害、继续履行、排除妨碍等11种方式，但并不意味着排除了其他民事责任。《最高人民法院关于适用〈中华人民共和国民法典〉合同编通则若干问题的解释》第十二条规定："合同依法成立后，负有报批义务的当事人不履行报批义务或者履行报批义务不符合合同的约定或者法律、行政法规的规定，对方请求其继续履行报批义务的，人民法院应予支持；对方主张解除合同并请求其承担违反报批义务的赔偿责任的，人民法院应予支持。

"人民法院判决当事人一方履行报批义务后，其仍不履行，对方主张解除合同并参照违反合同的违约责任请求其承担赔偿责任的，人民法院应予支持。

"合同获得批准前，当事人一方起诉请求对方履行合同约定的主要义务，经释明后拒绝变更诉讼请求的，人民法院应当判决驳回其诉讼请求，但是不影响其另行提起诉讼。

"负有报批义务的当事人已经办理申请批准等手续或者已经履行生效判决确定的报批义务，批准机关决定不予批准，对方请求其承担赔偿责任的，人民法院不予支持。但是，因迟延履行报批义务等可归责于当事人的原因导致合同未获批准，对方请求赔偿因此受到的损失的，人民法院应当依据民法典第一百五十七条的规定处理。"

实务中对缔约过失责任承担的争议还常常涉及赔偿范围，缔约过失责任是行为人对对方信赖利益损失承担的责任。对信赖利益的赔偿是否以履行利益为限，人们有不同的认识。一种观点认为，信赖利益损害，可以区别为所受损害与所失利益。所受损害可包括：为签订合同而合理支出的交通费、鉴定费、咨询费、勘察设计费、利息等。所失利益主要指丧失与第三人另订合同的机会所产生的损失，例如特许经营协议中未签订的施工合同中包含的施工利润。一般情形下，信赖利益小于履行利益，故一般情况下，对信赖利益的赔偿应以履行利益为限。但也有特殊情况，例如招标人在招标活动中违反保密义务致使投标人的商业机密泄露，导致投标人造成巨大商业损失造成的损害，可能远超履行利益的损害。此时还以履行利益为限，就无法填补受害人的损失。在审判实务中，《民商审判会议纪要》第三十二条规定，合同不成立、无效或被撤销的情况下，当事人所承担的缔约过失责任不应超过合同履行利益。对该条文的解读则进一步明确：①信赖利益损失限于直接损失，一般不包括因此错失的机会损失等间接损失，否则，信赖利益损失就可能会漫无边际，不当加重当事人的责任；②不能参照合同约定来确定信赖利益的范围；③信赖利益不得超过履行利益；④信赖利益损失属于财产损失，不包括人身损害或精神损害，当事人在缔约过程中遭受的人身或精神损害，应当根据侵权责任法的相关规定提出请求，而不能基于缔约过失责任提出。

案例

PPP 项目实际工程量与招标文件工程量存在偏差时，应如何认定政府方和社会资本方责任

1.案情简介

2017年9月，A市管委会发布A市某废弃矿地综合治理PPP项目社会资本采购招标文件。招标文件包括投标邀请公告、投标须知前附表、投标须知正文、PPP项目合同及项目资料。投标须知正文约定："采购人向投标人提供的有关现场的资料和数据，是采购人现有的能使投标人利用的资料；采购人对投标人由此而作出的推论、理解和结论概不负责；采购人向其介绍工程场地和相关环境的有关情况，投标人依据采购人介绍情况作出的判断和决策，由投标人自行负责。投标人须对工程现场充分踏勘，熟悉施工现场及周围的地形、地貌、水文、地质、交通道路等情况，以获得一切影响投标报价的直接资料；中标后不得以不完全了解现场情况为由而提出追加费用或延长工期等要求。"

而后，B联合体对A市某废弃矿地综合治理PPP项目进行投标。2017年10月，

A市管委会向B联合体送达成交通知书，确认B联合体为中标人。2017年12月，A市管委会与S公司（B联合体设立的项目公司）签订《A市某废弃矿地综合治理PPP项目合同》，其中约定本项目招标阶段发布的工程量清单及招标控制价，土石方工程采用固定总价承包。

在施工过程中，施工单位C公司于2017年12月向A市管委会提交《土石方总量复核及偏差分析报告》，载明C公司委托第三方测绘机构对土石方总量进行复核。与招标文件中测算的工程量相比，开挖方量增加283万m³，回填方量减少36万m³。2018年1月，政府方招标前聘请的第三方测绘机构D公司出具《关于A市某废弃矿地综合治理PPP工程土石方总量复核情况说明》，载明D公司出具的报告与C公司的复核报告的差异主要是由两单位的认识不一、采用方法和标准不同造成，无原则性错误；相对而言，C公司的复核报告所算土石方量更接近实际，承认存在误差；但之前的报告只用于招投标参考依据，不能指导施工，后续施工需编制专项设计。

后续A市管委会另行委托其他单位对项目开挖量与回填量的实际情况进行估算，认为土石方实际开挖方量、回填量与招标文件中的工程量存有偏差。此外，工程量出现偏差后，S公司仍继续对A市某废弃矿地综合治理PPP项目工程进行施工，该工程于2019年8月通过竣工验收。

之后S公司与A市兴管委会就土石方工程变更工程量多次协商未果，S公司向法院提起诉讼，请求：确认A市某废弃矿地综合治理PPP项目工程招标文件中的土石方工程量清单存在偏差，并按照实际工程量调整偏差。

法院经审理后认为主要焦点在于S公司是否可要求确认调整工程量偏差。法院认为，S公司请求确认并调整工程量偏差没有法律和合同依据，而后作出判决，驳回S公司的诉讼请求。

2. 裁判观点

关于S公司是否有权确认和调整工程量偏差的问题，主要裁判观点如下：

A市某区废弃矿地综合治理工程系A市管委会使用国有资金投资的项目，根据《招标投标法》第三条第一款第（二）项规定："在中华人民共和国境内进行下列工程建设项目包括项目的勘察、设计、施工、监理以及与工程建设有关的重要设备、材料等的采购，必须进行招标：（一）大型基础设施、公用事业等关系社会公共利益、公众安全的项目；（二）全部或者部分使用国有资金投资或者国家融资的项目……"本案所涉PPP项目属于必须进行招标的情形。在本案中，A市管委会对案涉项目招标，在招标文件中对各项内容进行约定，B联合体投标后被确定中标，后组建S公司与A市管委会签订PPP项目合同，并完成施工。S公司要求确认招标文件中土石方工程量清单存在偏差，并认为该偏差会导致其额外巨额支出。根据查明的事实，A市管委会在招标文件中投标须知正文第6.4条和第6.5条约定招标人对投标人依据招标人提供的现场资料和数据作出的推论、理解和结论概不负责，投标人中标后不得以不完全了解现场情况为由而提出追加费用或延长工期等要求。因招投标文件虽然不是合同，但却是签订书面合同内容的重要依据，对招标人和投标人都有约束力。A市管委会在招标文件中对土石方工程量清单进行约定，B联合体在投标前现场踏勘中应进行仔细核对。同时，A市管委会按照《招标投标法》第二十四条规定的"招标人应当确定投标人编制投标文件所需要的合理时间；但是，依法必须进行招标的项目，自招标文件开始发出之日起至投标人提交投标文件截止之日止，最短不得少于二十日"，给予B联合体编制投标文件所需要的合理时间，S公司在签订合同并施工完成后要求重新确认招标文件中土石方工程量清单存在偏差没有法律和合同依据。

第六节
未批先建相关法律问题分析

收费公路特许经营项目与传统项目决策程序相比较，前期准备阶段往往耗费时间较长，加上地方政府往往为了完成本年度投资目标，就会出现在尚未完成有关批复的情况下项目公司迫于政府方压力先行实施的情况，这会带来一些问题：一方面建设项目未获得完整批复，尚不具备开工建设条件，监理单位不能下达开工令，政府方也不好发文督促开工，往往是相关领导口头授意尽快开工；另一方面项目公司明知开工手续不全，但碍于领导压力不得不开工，还要面临清单预算尚未批复、后期结算面临争议的不利局面。这就好比一根扁担两头颤。

一、未批先建的责任认定

收费公路特许经营项目，考虑到有的项目收益水平不足，一般来说政府方会以资本金注入或建设期补助的方式参与项目投资，进而进入项目公司股东会来行使政府方对重大质量、安全等问题的一票否决权来保证项目建设和运营服务质量。根据《政府投资条例》（中华人民共和国国务院令第712号）第二条："本条例所称政府投资，是指在中国境内使用预算安排的资金进行固定资产投资建设活动，包括新建、扩建、改建、技术改造等。"政府以资本金注入方式或建设期补助的资金如果是财政预算资金，则该项目应遵照《政府投资条例》有关规定执行。《政府投资条例》第二十条明确规定："政府投资项目开工建设，应当符合本条例和有关法律、行政法规规定的建设条件；不符合规定的建设条件的，不得开工建设。国务院规定应当审批开工报告的重大政府投资项目，按照规定办理开工报告审批手续后方可开工建设。""未批先建"违法行为的追诉期根据《中华人民共和国行政处罚法》（2021年修订）第三十六条规定，违法行为在二年内未被发现的，不再给予行政处罚；涉及公民生命健康安全、金融安全且有危害后果的，上述期限延长至5年，法律另有规定的除外。"未批先建"违法行为的行政处罚追溯期限从违法行为发生之日起计算；违法行为有连续或者继续状态的，从行为终了之日起计算。但注意，根据《关于建设项目"未批先建"违法行为法律适用问题的意见》（环政法函〔2018〕31号）规定，建设项目违反环保设施"三同时"验收制度投入生产或者使用期间，由于违反环保设施"三同时"验收制度的违法行为一直处于连续或者继续状态，因此，即使"未批先建"违法行为已超过2年行政处罚追溯期限，环保部门仍可以对违反环保设施"三同时"验收制度的违法行为依法作出处罚，不受"未批先建"违法行为行政处罚追溯期限的影响。

同时，不论项目公司还是政府方责任人均应承担"未批先建"的法律责任。

相关法律责任的依据如下：

《政府投资条例》第三十二条规定："有下列情形之一的，责令改正，对负有责任的领导人员和直接责任人员依法给予处分：（一）超越审批权限审批政府投资项目；（二）对不符合规定的政府投资项目予以批准；（三）未按照规定核定或者调整政府投资项目的投资概算；（四）为不符合规定的项目安排投资补助、贷款贴息等政府投资资金；（五）履行政府投资管理职责中其他玩忽职守、滥用职权、徇私舞弊的情形。"

《政府投资条例》第三十四条规定："项目单位有下列情形之一的，责令改正，根据具体情况，暂停、停止拨付资金或者收回已拨付的资金，暂停或者停止建设活动，对负有责任的领导人员和直接责任人员依法给予处分：（一）未经批准或者不符合规定的建设条件开工建设政府投资项目；（二）弄虚作假骗取政府投资项目审批或者投资补助、贷款贴息等政府投资资金；（三）未经批准变更政府投资项目的建设地点或者对建设规模、建设内容等作较大变更；（四）擅自增加投资概算；（五）要求施工单位对政府投资项目垫资建设；（六）无正当理由不实施或者不按照建设工期实施已批准的政府投资项目。"

《中华人民共和国环境影响评价法》（2018年修正）第三十一条规定："建设单位未依法报批建设项目环境影响报告书、报告表，或者未依照本法第二十四条的规定重新报批或者报请重新审核环境影响报告书、报告表，擅自开工建设的，由县级以上生态环境主管部门责令停止建设，根据违法情节和危害后果，处建设项目总投资额百分之一以上百分之五以下的罚款，并可以责令恢复原状；对建设单位直接负责的主管人员和其他直接责任人员，依法给予行政处分。建设项目环境影响报告书、报告表未经批准或者未经原审批部门重新审核同意，建设单位擅自开工建设的，依照前款的规定处罚、处分。"

《刑法》第三百九十七条第一款规定："国家机关工作人员滥用职权或者玩忽职守、致使公共财产、国家和人民利益遭受重大损失的，处三年以下有期徒刑或者拘役；情节特别严重的，处三年以上七年以下有期徒刑。"

二、工程量计价方式及争议处理原则

未批先建的情况下，很多时候会带来后期的争议问题，包括工程量的签认和新增工程单价的认定等。我国工程造价计价模式主要有工程定额计价和工程量清单计价两种方法，目前处于并行适用阶段。

1.定额计价法

公路工程施工定额是指在正常施工生产条件下，完成一定计量单位产品的人工、材料、机械和资金消费的规定额度。定额计价法的特点可以归纳为一个字"套"，即套定额。工程造价从业人员根据工程图纸计算出工程量，然后套定额单价，求得直接费，再以直接费为基数，套用有关定额取费费率，计算各项费用、利润、税金，求得工程造价。2018年，交通运输部以行业推荐性标准形式发布了《公路工程预算定额》，作为建设单位编制施工图预算的依据和编制工程概算定额（指标）的基础，《公路工程预算定额》适用于公路基本建设新建、改扩建工程。一般项目所在地和项目业主也会编制一些补充定额。

2.工程量清单计价法

工程量清单是建设工程的分部分项工程项目、措施项目、其他项目和税金的名称和相应数量等的明细清单。实行工程量清单计价模式是工程造价管理领域的一项重大变革。从本质上讲，工程量清单计价模式是一种与市场经济相适应，允许施工单位自主报价、通过市场竞争确定价格，与国际惯例接轨的计价模式，有利于在公开、公正、公平的竞争环境中合理确定工程造价，提高投资效益。

公路工程的工程量清单是根据招标文件中包括的有合同约束力的工程量清单计量规则、图纸以及有关工程量清单的国家标准、行业标准、合同条款中约定的其他规则编制。约定计量规则中没有的子目，其工程量按照有合同约束力的图纸所标示尺寸的理论净量计算。在公路项目中，如果政府方做到了施工图设计深度，往往在特许经营者招标时便是基于施工图预算和工程量清单测算了社会资本合作人的建安成本投入，并以此作为设定最高投标限价的指标因素，公路项目中工程量清单并不是独立的，工程量清单应与合同条款、工程量清单计量规则、技术规范及图纸等一起阅读和理解，互相解释。工程量清单中所列工程量的变动，丝毫不会降低或影响合同条款的效力，也不免除承包人按规定的标准进行施工和修复缺陷的责任。

对于项目公司采用招标方式确定施工单位的，根据《公路工程建设项目招标投标管理办法》（交通运输部令2015年第24号）规定："对依法必须进行招标的公路工程建设项目，招标人应当根据交通运输部制定的标准文本，结合招标项目具体特点和实际需要，编制资格预审文件和招标文件。"即采用《公路工程标准施工招标文件》（2018年版）编制施工招标文件，工程量清单各章是按第八章"工程量清单计量规则"、第七章"技术规范"的相应章次编号的，因此，工程量清单中各章的工程子目的范围与计量等应与"工程量清单计量规则""技术规范"相应章节的范围、计量与支付条款结合起来理解或解释。

为了在司法实践中体现行业规范，结合当前我国公路建设市场上基本采用工程量清单计价方式，下面就以工程量清单作为确定工程量依据的前提下，当事人就工程量计算发生争议时，如何计算工程量问题来讲解。主要涉及以下几个方面的内容：

（1）对于工程量的种类、范围和计算方法，合同中有明确约定的，按照合同约定进行计算和确认。

（2）在合同履行过程中。发生工程设计变更的，以双方当事人之间达成的补充协议、会议纪要工程变更单、工程对账签证等书面文件形式作为载体的证据，都可以作为结算工程量并进而作为合同的依据。

（3）如果当事人对工程量的多少存有争议，又没有签证等书面文件，在项目公司能够证明政府方同意其组织施工时，其他非书面的旨在证明工程量的证据，在经过举证、质证等程序后足以证明该证据所证明的实际工程量事实的真实性、合法性和关联性的情况下，在一定条件下也可以作为计算工程量的依据。

上述原则同样适用于项目公司与施工单位签订的施工合同中对于新增工程量争议的情况。

三、工程量计算依据

签证是工程量发生争议时确定工程量的基本依据。作为行业标准，交通运输部制定的公路工程施工合同格式文本中，工程量清单是施工合同组成部分的重要文件之一。工程量清单中的工程量计算规则应按有关国家标准、行业标准的规定，并在合同中约定执行。

签证的本质是发承包人或其代理人就施工过程中涉及的影响双方当事人权利义务的责任事件所作的补充协议。住建部发布的《工程造价术语标准》（GB/T 50875—2013）中将"现场签证"定义为"发包人现场代表（或其授权的监理人、工程造价咨询人）与承包人现场代表就施工过程中涉及的责任事件所作的签认证明。"交通运输部制定的施工标准合同格式文本中并未对签证做出特别定义，而是通过合同中对各项进度付款、变更、索赔等具体事项的程序约定进行了说明，"签证"的行为表述多通过"监理人出具进度付款证书""监理人批准""监理人的正式指示""监理人的变更指示""发包人同意"等表述方式体现，为方便起见，本书统一采用"签证"的表述。特许经营项目中签证的构成要件少应包括以下3项：

（1）签证的主体为政府方和项目公司，其他主体签发的有关文件不属于工程签证，也就是说项目公司与施工单位之间的施工合同中的签证文件不一定对特许经营协议具有约束力；

（2）工程签证的性质为政府方和项目公司之间达成的补充协议，其成立并生效应满足《民法典》对一般合同成立并生效的要件条件；

（3）工程签证的内容是项目实施过程中涉及的影响当事人权利义务的责任事件，包括新增工程范围、变更费用、工期调整等核心要素。

虽然签证内容有可能构成《招标投标法》第四十六条规定的"背离实质性内容"的情况，但因为我国签证金额在合同总造价中的占比在3%以下，对双方当事人的主要合同权利义务产生的影响有限，而且签证是基于维护合同双方当事人权利义务的公平对价，符合《民法典》关于合同订立和生效的原则性规定，所以签证内容不会构成"背离实质性内容"，也不会对签证效力产生影响。如《江苏省高级人民法院建设工程施工合同案件审判指南》中规定，法官应从签证的内容来判断当事人是否通过签证改变了合同中的约定，如果签证中涉及工程量或对某些项目计价方式的确定与合同约定不符，可以认为是对合同的变更，法官应根据变更的签证对当事人之间的争议进行认定。在特许经营协议中，对于该部分工程量的争议问题也可适用以上原则。

在特许经营协议履行期间，双方当事人根据签证、补充协议、备忘录、函件以及经过确认的会议纪要等书面文件形式作为载体的证据，都可以作为调整特许经营协议的依据。

实践中，特许经营协议中发生工程量的变化争议，绝大多数情况下是因为工程设计变更，虽然也有一部分是因为项目公司自身施工组织原因，或者因为自身原因需要返工造成的工程量增加，但这两部分所占的比例较小，而且只要政府方根据特许经营协议约定认定其属于项目公司原因导致的费用增加，不予认可该部分费用，就不属于工程量争议的问题之列。通常建议特许经营协议中约定：

（1）对于政府相关部门已经预审或批准的项目初步设计的路线走向、设计标准和工程规模，项目公司不得擅自修改，也不能通过降低结构安全系数或其他途径试图缩减投资规模。项目投资概算应以政府相关部门批准的初步设计概算金额为准，项目公司不得恶意超概算。

（2）项目公司在施工图批准后，为完善设计、提高工程质量、加快工程进度等目的，可对已经政府相关部门批准的设计方案进行适当的修改。较大及以上设计变更应通过项目实施机构审查；一般变更由项目公司在完成审批后要报项目实施机构备案。

项目公司对已经由政府相关部门批准的设计方案进行的修改并就修改部分承担全部责任，设计变更应符合相关技术标准和设计规范要求，并按照交通运输主管部门颁发的设计变更管理办法履行审批手续。对于较大及以上设计变更，修改后的设计文件必须提交给政府相关部门审查批准。

四、未提供签证证明文件时，工程量应如何认定

项目建设过程中，出于规划或政策处理等原因，政府方在特许经营协议中通常保有修改设计方案的权利，但同时需对政府方原因导致的变更计价做出原则性约定，以避免日后出现争议。例如交通运输部经营性公路投资人特许经营协议和我们提供的特许经营协议示范文本中均有如下类似约定：在交工日前的任何时候，甲方有权对已经政府相关部门批准的设计方案在不改变设计标准、建设规模、使用功能、主要控制点、互通立交数量等前提下进行适当的修改，甲方负责提出变更方案。由于上述原因导致建设费用增加金额未超过批复概算总投资一定比例（通常为2%）的，由项目公司承担，超过批复概算总投资一定比例以外的部

分由政府承担。

但是在司法实践中，由于签证的取得可能存在现实困难或障碍，如果项目公司通过提供其他证据，可以证明项目公司增加了工程实施内容，且该增量是政府方要求或者因政府方原因导致的，那么就涉及政府方承担相应部分费用的问题，人民法院可以按照项目公司提供的其他证据认定实际发生的工作内容。举证责任问题素有"民事诉讼的脊梁"之称，其在民事诉讼中的地位和作用非常重要。在司法实践中，公路工程的项目公司受交易地位所限，完整的签证保全存在实际困难，工程变更的证据在表现形式上往往较为简单和随意，这就要求项目公司通过组建专业的合同部门或聘请专业的第三方咨询机构及时收集、整理相关证据、建立台账、闭合证据链，人民法院在查明案件事实时也应充分审查当事人提供的证据，不能简单地将签证文件作为工程变更计量的唯一证据。

关于当事人的举证责任，《民事诉讼法》第六十四条第一款规定，当事人对自己提出的主张，有责任提供证据。《最高人民法院关于适用〈中华人民共和国民事诉讼法〉的解释》第九十条规定，当事人对自己提出的诉讼请求所依据的事实或者反驳对方诉讼请求所依据的事实，应当提供证据加以证明，但法律另有规定的除外。在作出判决前当事人未能提供证据或者证据不足以证明其事实主张的，由负有举证证明责任的当事人承担不利的后果。《民事诉讼法》第九十一条规定，人民法院应当依照下列原则确定举证证明责任的承担，但法律另有规定的除外：（1）主张法律关系存在的当事人，应当对产生该法律关系的基本事实承担举证证明责任；（2）主张法律关系变更、消灭或者权利受到妨害的当事人，应当对该法律关系变更、消灭或者权利受到妨害的基本事实承担举证证明责任。

具体到收费公路特许经营项目合同纠纷案件中，在工程变更或工程量发生争议时，举证责任分配原则是：对于工程实施范围或工程量发生增加的事实，项目公司应承担举证责任，即如果项目公司未能提供实际发生工程实施范围或工程量变化的证据，只是提出要求按增加工作内容获得补偿的，在诉讼中不会得到人民法院的支持；反之，对于工程实施范围或工程量减少的事实，政府方应承担举证责任，即政府方认为项目公司实际施工的工程量少于合同或者合同附件中列明的工程量清单数量的，应当承担举证责任。

　　项目公司未能提供签证文件，但能够提供其他证据证明政府方同意其实施，如何确认工程量？作者认为，项目公司作为主张工程量变更（主要是增加）的一方当事人，应当承担结果意义上的举证责任（即不能证明其主张时，承担相应不利后果），并在行为意义上的举证责任分担中，负有提供证据证明其主张的责任。《最高人民法院关于适用〈中华人民共和国民事诉讼法〉的解释》第一百零五条规定，人民法院应当按照法定程序，全面、客观地审核证据，依照法律规定，运用逻辑推理和日常生活经验法则，对证据有无证明力和证明力大小进行判断，并公开判断的理由和结果。在项目公司提供初步证据后，人民法院要结合证据形式、证据内容等判断，行为意义上的举证责任是否发生移转，即政府方是否应提供证据予以否认，如果政府方提供证据可以反驳项目公司证据的，项目公司还需进一步进行举证。最后法官可以综合双方提供证据情况判断，项目公司所主张的经政府方要求或同意的工程增量事实是否真实存在。《最高人民法院关于审理建设工程施工合同纠纷案件适用法律问题的解释（一）》（法释〔2020〕25号，简称新《司法解释一》）中对于施工合同中的工程量争议也是同样的处理思路，地方高院亦有类似规定。例如，《北京市高级人民法院关于审理建设工程施工合同纠纷案件若干疑难问题的解答》第十三条第二款规定："当事人就已完工程的工程量存在争议的，应当根据双方在撤场交接时签订的会议纪要、交接记录以及监理材料、后续施工资料等文件予以确定；不能确定的，应根据工程撤场时未能办理交接及工程未能完工的原因等因素合理分配举证责任。"又如，《浙江省高级人民法院民事审判第一庭关于审理建设工程施工合同纠纷案件若干疑难问题的解答》第十条规定："双方当事人在建设工程施工过程中形成的补充协议、会议纪要、工程联系单、工程变更单、工程对账签证以及其他往来函件、记录等书面证据，可以作为工程量计算和认定工程价款的依据。"

　　需要注意的是，项目公司所举出的证据原则上应当是书面文件等书证，但在政府方自己认可（比如在诉讼中自认）的涉及工程量变化事实的情形，也可以作为认定工程量变化的依据之一。

第七节
项目公司与施工单位工程质量责任认定

一、项目法人责任制

《关于实行建设项目法人责任制的暂行规定》《中共中央　国务院关于深化投融资体制改革的意见》（中发〔2016〕18号）及《工程项目建设管理单位管理暂行办法》等文件均要求贯彻落实国家项目法人责任制要求，《公路建设监督管理办法》（中华人民共和国交通运输部令2021年第11号）再次明确了公路建设项目应当按照国家有关规定实行工程建设领域4项基本制度，即项目法人责任制度、招标投标制度、工程监理制度和合同管理制度。项目法人责任制指由项目法人对项目的策划、资金筹措、建设实施、生产经营、债务偿还和资产的保值增值，实行全过程负责。《关于实行建设项目法人责任制的暂行规定》规定：凡应实行项目法人责任制而没有实行的建设项目，投资计划主管部门不予批准开工，也不予安排年度投资计划。因此，特许经营项目的项目公司作为项目法人应对项目的建设质量负责。

公路建设项目法人由项目出资人和项目建设管理法人组成。项目出资人依法履行出资人职责；项目建设管理法人是经依法设立或认定，具有注册法人资格的企、事业单位，负责公路项目的建设管理，承担工程质量、安全、进度、投资控制等法定责任。

公路建设项目应实行项目法人责任制。根据交通运输部的要求，对于目前由地方政府或交通运输主管部门直接负责建设管理的国省干线公路、农村公路项目，应按照政企分开、政事分开、监管与执行分开的原则，逐步过渡到由公路管理机构履行项目建设管理法人职责，或通过代建方式由专业化的项目管理单位负责建设。

按照项目投资性质，政府作为出资人的，应依法确定企业或事业单位作为建设管理法人；企业作为出资人的，应组建项目建设管理法人。项目建设管理法人应具备与项目建设管理相适应的管理能力，并承担项目建设管理职能及相应的法律责任。当项目建设管理法人不具备相应的项目建设管理能力时，应委托符合项目建设管理要求的代建单位进行建设管理，并依法承担各自相应的法律责任。

收费公路特许经营项目不论是特许经营者全资成立项目公司或是与政府方组建项目公司，项目公司都应是工程项目的项目法人，有时候政府为尽快开展项目前期工作，会先行开展征地拆迁等政策处理工作，待特许经营者招标确定后再将已完成的项目前期工作移交给新组建的项目公司。《传统基础设施领域实施政府和社会资本合作项目工作导则》（发改投资〔2016〕2231号）规定："PPP项目法人选择确定后，如与审批、核准、备案时的项目法人不一致，应按照有关规定依法办理项目法人变更手续。"《收费公路政府和社会资本合作操作指南》（交办财审〔2017〕173号）也规定："收费公路PPP项目法人确定后，如与审批或核准时的项目法人不一致，由项目实施机构或交通运输主管部门组织协调按照有关规定依法办理项目法人变更手续。"当然，实践中也有约定中标特许经营者以增资扩股形式进入原有项目公司的方式。但为了便于分清前期工作界面和法人主体责任，避免后续出现责任主体不明导致争议的情况出现，还是不推荐增资扩股进入原有项目公司的做法。

二、项目公司与施工单位之间的质量责任划分

公路特许经营项目中政府方将项目的建设任务交给项目公司，项目公司无论是确定由具有相应施工资质和能力的中标特许经营者自行承担施工任务，还是另行招标选择施工单位，均不影响项目公司的项目法人主体地位，在特许经营协议中，项目公司应向政府方就工程实施的质量问题承担建设管理主体责任。

那么，在项目公司作为发包人与承包人签订的施工合同中，工程质量缺陷带来的相应责任如何划分呢？根据新《司法解释一》以及我国民法中的过错责任原则，我们列举常见的3种项目公司承担过错责任的情形。

1.项目公司提供的设计文件有缺陷

《民法典》第五百九十三条规定："当事人一方因第三人的原因造成违约的，应当依法向对方承担违约责任。当事人一方和第三人之间的纠纷，依照法律规定或者按照约定处理。"承包人因设计导致的工程质量问题向项目公司承担责任，但承包人可另行与设计人主张。但若项目公司是与设计人签订设计合同的甲方，根据《民法典》第八百条规定："勘察、设计的质量不符合要求或者未按照期限提交勘察、设计文件拖延工期，造成发包人损失的，勘查人、设计人应当继续完善勘察、设计，减收或者免收勘察、设计费并赔偿损失。"项目公司可另行向设计人主张，但在处理与承包人纠纷时，因设计缺陷导致工程质量缺陷，该部分责任应视为项目公司对承包人的过错，可以相应减少承包人向项目公司承担的赔偿责任。

对于项目公司负责施工图设计的项目，设计人会根据时间进度向项目公司提供不同的设计文件，最终向项目公司出具的施工图设计文件方可作为承包人施工的依据。如果项目公司向承包人提供的设计有缺陷，有可能是设计人向项目公司出具的施工图设计存在缺陷，该情况导致工程质量缺陷时，项目公司应在处理与承包人之间纠纷时承担过错责任。当然，即使设计人提供的施工图设计不存在问题，项目公司收到设计人提交的施工图设计，也可能会自行对设计文件修改，承包人根据该修改后的设计文件施工，该修改后的设计可能存在问题，进一步导致工程出现质量问题，此时项目公司应承担变更设计文件出现工程质量缺陷的后果。《建设工程勘察设计管理条例》第二十八条第一款规定："建设单位、施工单位、监理单位不得修改建设工程勘察、设计文件；确需修改建设工程勘察、设计文件的，应当由原建设工程勘察、设计单位修改。经原建设工程勘察、设计单位书面同意，建设单位也可以委托其他具有相应资质的建设工程勘察、设计单位修改。修改单位对修改的勘察、设计文件承担相应责任。"项目公司不得擅自变更建设工程设计，应按照规定程序由原建设工程设计单位或者其他具有相应资质的建设工程设计单位负责修改。若未按照上述程序进行，项目公司自行修改，项目公司应对修改的设计文件承担相应责任，同时也对因变更设计导致的工程质量缺陷承担过错责任。

2.项目公司提供或者指定购买的材料、设备不符合强制性标准

为确保建设工程质量合格，不仅需要有资质的专业承包人进行施工，而且施工过程中使用的材料、设备也必须符合强制性标准。实践中，项目公司与承包人可就上述材料约定高于强制性标准的材料，承包人未使用符合约定标准的材料进行施工，构成违约，但不一定造成工程质量不合格。但如果承包人使用不符合强制性标准的材料、设备进行施工，不仅应承担违约责任，还得承担工程修复责任，甚至如修复不合格便无法向项目公司主张相应的工程款项。

《建设工程勘察设计管理条例》第二十七条第一款规定："设计文件中选用的材料、构配件、设备，应当注明其规格、型号、性能等技术指标，其质量要求必须符合国家规定的标准。"确定具体类型的材料、设备后，项目公司可与承包人就材料、设备的提供方进行约定，既可能约定由项目公司另行招标提供，也可能约定由承包人提供。

《公路水运工程质量监督管理规定》（2017年8月29日经第14次部务会议通过）第十四条规定："施工单位应当严格按照工程设计图纸、施工技术标准和合同约定施工，对原材料、混合料、构配件、工程实体、机电设备等进行检验；按规定施行班组自检、工序交接检、专职质检员检验的质量控制程序；对分项工程、分部工程和单位工程进行质量自评。检验或者自评不合格的，不得进入下道工序或者投入使用。"项目公司自行提供材料时也应按照规定提供合格的材料和设备。如客观上提供不合格的材料、设备，承包人检验后向项目公司指出该问题时，项目公司亦不得向承包人明示或者暗示使用不合格的材料和设备。即使承包人使用检验不合格或者未进行检验的不合格材料和设备，亦不能免除项目公司作为发包人的责任。

《民法典》第七百九十三条规定了建设工程质量合格是承包人工程款请求权成立的前提条件。若因项目公司提供材料不合格等原因造成工程质量不合格，承包人无法向项目公司主张工程款，但亦可向项目公司主张损失赔偿。同时，《民法典》第八百零三条规定："发包人未按照约定的时间和要求提供原材料、设备、场地、资金、技术资料的，承包人可以顺延工程日期，并有权请求赔偿停工、窝工等损失。"如项目公司提供或者指定的材料和设备不合格，在施工过程中亦可能导致工程停工等情况出现，不仅会使施工人有权顺延工期，还需要向施工人赔偿停工、窝工等损失，更是要在工程质量出现问题时继续承担责任。

为确保材料和设备等合格，项目公司应按照一定流程向承包人提供，但《民法典》等法律、法规并未进行规定具体流程，需要在特许经营协议中具体约定。此外，按照《公路水运工程质量监督管理规定》（2017年8月29日经第14次部务会议通过）规定，交通运输主管部门或者其委托的建设工程质量监督机构应当制定年度工程质量监督检查计划，确定检查内容、方式、频次以及有关要求等。监督检查的内容主要包括：从业单位对工程质量法律、法规的执行情况；从业单位对公路水运工程建设强制性标准的执行情况；从业单位质量责任落实及质量保证体系运行情况；主要工程材料、构配件的质量情况；主体结构工程实体质量等情况。

3.直接指定分包人分包专业工程

分包是指承包人或者项目公司将部分专业工程交由承包人以外的人进行，其中根据是否合法，又分为专业分包和违法分包。

在实践中，分包工程既可以由承包人分包给第三人完成，也可以由项目公司直接分包给第三人完成，甚至在施工合同中也可以约定由第三人负责分包工程。承包人既可以自行完成施工工程，也可以在遵守一定条件下，将工程项目中部分劳务工程或者自己不擅长的专业工程项目分包给其他人完成，这既有利于发挥专业优势，也有利于提高施工效率。但无论是承包人分包还是项目公司指定分包，都并非毫无限制。《公路工程施工分包管理办法》（交通运输部2017年修订）第九条规定："承包人可以将适合专业化队伍施工的专项工程分包给具有相应资格的单位。不得分包的专项工程，发包人应当在招标文件中予以明确。分包人不得将承接的分包工程再进行分包。"第十四条规定："承包人应当建立健全相关分包管理制度和台账，对分包工程的质量、安全、进度和分包人的行为等实施全过程管理，按照本办法规定和合同约定对分包工程的实施向发包人负责，并承担赔偿责任。分包合同不免除承包合同中规定的承包人的责任或者义务。"第十五条规定："分包人应当依据分包合同的约定，组织分包工程的施工，并对分包工程的质量、安全和进度等实施有效控制。分包人对其分包的工程向承包人负责，并就所分包的工程向发包人承担连带责任。"

工程分包后产生质量问题,根据分包主体的不同,会产生不同的责任主体,即承包人或者项目公司也会承担相应责任,但不免除应由分包人承担的责任。如承包人将工程分包给他人完成,因分包人造成的工程质量问题,除分包人承担责任外,承包人亦应向项目公司承担责任。承包人可在向项目公司承担责任后,再行向分包人追偿。如项目公司指定分包人施工,该分包人施工造成的质量问题,项目公司相对承包人应承担责任,无法追究承包人责任,但不影响项目公司追究分包人的责任。

三、项目公司与承包人混合过错的具体情形

项目公司对工程质量缺陷有过错时,参考承包人施工规范,可以确定几个可能出现承包人与项目公司混合过错的情形。

(1)项目公司明示或者暗示承包人使用不合格的材料、设备,承包人明知该情形,没有及时提出意见或者建议或者拒绝建设单位要求,继续施工。

(2)涉及工程主体和承重结构变动的专项工程,项目公司在施工前没有委托原设计单位或者具有相应资质等级的设计单位提出设计方案,直接要求承包人进行施工的,承包人明知该情形仍擅自变动设计结构,继续施工。

(3)项目公司擅自变更工程设计图纸和施工技术标准,或者发现设计文件和图纸有过错的,承包人未及时向项目公司提出意见和建议,或者没有拒绝项目公司的不合理要求,继续施工。

(4)项目公司明示或者暗示施工单位违反工程建设强制性标准,降低工程质量,承包人为承揽工程,未予拒绝,仍继续施工。

(5)按合同约定,项目公司提供材料、设备,承包人未经检验或者检验不合格,仍继续使用施工的。

如工程出现多处质量问题,系基于项目公司或者承包人过错,相应处理即可。但如同一质量问题,经工程质量鉴定确定,有项目公司、承包人原因。在鉴定机构明确原因并就原因力发表意见后,应引导项目公司、承包人就是否存在原因及原因力大小发表意见,确保就过错程度给予有效区分,并争取双方均予以认可。在司法实践判例上,如无法有效区分过错程度,且双方也未给予充分的证据

佐证或者具有说服力的说法，可认定双方承担同等过错。

四、施工现场管理

收费公路特许经营项目应当符合质量管理、安全运营等有关法律、行政法规规定的建设条件和建设标准。这就要求政府（项目实施机构）必须建立健全质量管理体系，实施项目全生命周期的安全和质量管理，保证项目实施质量。

政府和项目公司签订特许经营协议时即明确项目建设的进度、质量、安全及管理要求，但具体的施工现场管理应在项目公司与承包人的施工合同中做出细化要求。结合国家相关文件、规范要求和实操经验，作者提出以下相关条款建议。

1.现场工程进度管理

项目实施机构应督促承包人应在签订施工合同协议书后，编制详细的施工进度计划和施工方案说明报送监理人。经监理人批准的施工进度计划即为合同进度计划，是控制合同工程进度的依据。

合同进度计划需按照关键线路网络图和主要工作横道图两种形式分别编绘，并应包括每月预计完成的工作量和形象进度。

不论何种原因造成工程的实际进度与合同进度计划不符时，承包人可以在实际进度发生滞后的当月25日前向监理人提交修订合同进度计划的申请报告，并附有关措施和相关资料，报监理人审批，确保政府对项目的建设进度不失控。

2.现场施工质量管理

项目实施机构对现场建设工程质量管理进行监管，项目实施机构在实际施工现场的监管工作中需着重落实以下6个方面的管理工作，同时督促监理单位做好工程隐蔽部位覆盖前的检查：

（1）承包人应在施工场地设置专门的质量检查机构，配备专职质量检查人员，建立完善的质量检查制度。向项目实施机构提交工程质量保证措施文件，包括质量检查机构的组织和岗位责任、质检人员的组成、质量检查程序和实施细则等，报送监理人审批。

（2）承包人应加强对施工人员的质量教育和技术培训，定期考核施工人员的劳动技能，严格执行规范和操作规程。

（3）承包人必须遵守国家有关法律、法规和规章，严格执行公路工程强制性技术标准、各类技术规范及规程，全面履行工程合同义务，依法对公路工程质量负责。

（4）承包人应加强质量监控，确保规范规定的检验、抽检频率，现场质检的原始资料必须真实、准确、可靠，不得追记，接受质量检查时必须出示原始资料。

（5）承包人必须完善检验手段，根据技术规范的规定配齐检测和试验仪器、仪表，并应及时校正，确保其精度；根据合同要求加强工地试验室的管理；加强标准计量基础工作和材料检验工作，不得违规计量，不合格材料严禁用于本工程。

（6）承包人驻工程现场机构应在现场驻地和重要的分部、分项工程施工现场设置明显的工程质量责任登记表公示牌。工程质量验收按技术规范及《公路工程质量检验评定标准》执行。

3.现场安全管理

政府（项目实施机构）应严抓施工现场安全管理工作，一方面对项目合同的责任主体项目公司做好监管工作，另一方面需要加强督导项目公司对承包人落实施工安全责任。

落实项目公司的现场安全责任需要明确其如下责任：

（1）项目公司主要负责人是建设工程安全管理的总责任人，其他负责人根据各自的职责对建设工程的安全负责。

（2）项目公司须严格履行建设程序，根据建设工程的特点和技术要求，选择具有相应资质的勘察、设计、施工、监理等单位，并依照有关法律、法规、规章的规定和相关工程技术标准的要求，分别签订合同，明确双方的权利义务以及安全要求。

（3）项目公司须严格执行安全生产和运营法律、法规、规章和工程建设强制性标准，不得对咨询、勘察、设计、施工、监理、试验检测、安全评价、材料供应等单位提出不符合工程安全生产和运营法律、法规和工程建设强制性标准规定的要求，不得随意压缩合同约定的工期。

（4）项目公司在编制建设工程招标文件时，依法对施工单位的安全生产条件、安全生产信用情况、安全生产的保障措施等提出明确要求，并单列安全生产费用项目清单，总额不得低于工程造价的1.5%。

（5）工程开工前，项目公司应当结合工程实际编制项目"平安工地"创建计划和目标；在工程实施过程中，应当组织施工、监理单位开展"平安工地"达标考核。

（6）项目公司须建立健全安全生产和运营责任制度和安全生产和运营管理体系，设置安全生产和运营管理机构或者配备专职安全生产和运营管理人员；项目公司须组织施工现场日常检查、定期排查、组织开展事故隐患排查治理工作，并对发现的问题及时作出处理。

（7）工程实施过程中，项目公司须保证工程安全设施与主体工程同时设计、同时施工、同时投入使用。

（8）项目公司须按照基本建设程序的要求，在办理施工许可或者开工报告报备手续前30日，向相应的监管部门办理工程安全生产和运营监督手续，并提交相关材料。

（9）工程实施过程中，项目公司须每月向监管部门报送交通建设工程安全生产情况月报表。

（10）工程开工前，项目公司须对建设过程中可能存在的重大安全风险进行评估。项目公司须对设计单位提交的工程安全风险评估报告和施工单位提交的专项施工安全风险评估报告进行评审或复评估。工程交工验收前，项目公司须对施工、监理单位的安全生产情况进行评价。

（11）项目公司应督促有关单位落实做好工程及施工程使用的设施、设备的检查、维护、保养及质量技术状况的检查。

（12）项目公司应组织审查设计单位提交的施工现场及毗邻区域内供水、排水、供电、供气、供热、化工管线、通信、广播电视，特别是海底电缆、供水、供油管道以及化工区危化品管廊等地上地下管线资料，气象和水文观测资料及周边涉及施工安全风险的位置资料相关信息，及时地提供给施工及各有关单位；根据相关技术标准和相关部门要求，组织设计阶段相关交叉工程的安全论证，采取必要的技术防护措施，确保施工和人民财产生命安全。

（13）项目公司应建立健全安全生产和运营管理台账。

（14）项目公司须针对工程项目特点制定生产安全事故应急预案、"三防"应急预案等，定期组织救援演练；发生生产安全事故，立即启动事故应急预案，组织力量抢救，保护好事故现场，按规定及时向监管部门报告和配合事故调查、分析、处理。

（15）项目公司应按合同约定履行安全职责，授权监理人按合同约定的安全工作内容监督、检查承包人安全工作的实施，组织承包人和有关单位进行安全检查。

（16）项目公司应对其现场机构雇佣的全部人员的工伤事故承担责任，但由于承包人原因造成项目公司人员工伤的，应由承包人承担责任。

落实承包人的现场安全责任需要明确其如下责任：

（1）承包人从事建设工程活动，须具备国家规定及合同要求的注册资本、专业技术人员、技术装备和安全生产和运营条件，依法取得相应等级的资质证书、安全生产许可证，并在其资质等级许可的范围内承揽工程。

（2）承包人的主要负责人依法对本单位安全生产和运营全面负责；其他负责人根据各自的职责对本单位的安全生产和运营负责。承包人须建立健全安全生产和运营责任制度、安全生产和运营教育培训制度、安全生产技术交底等制度，制定安全生产和运营规章和操作规程等，保证本单位安全生产和运营条件所需资金的投入，对所承担的建设工程进行定期和专项安全检查，并做好安全检查记录。承包人的主要负责人、项目负责人、专职安全生产和运营管理人员必须依照《公路水运工程安全生产监督管理办法》的有关规定取得安全生产考核合格证书，方可参加建设工程投标及施工。

（3）承包人的项目负责人依法对项目的安全生产和运营负责，落实安全生产和运营各项制度，确保安全生产和运营费用的有效使用，并根据工程特点组织制定安全施工措施，消除事故隐患，及时、如实报告生产安全事故。

（4）承包人应按《公路水运工程安全生产监督管理办法》规定的数量和资质条件配备专职安全管理人员，设置安全生产管理机构，设置安全部长，其中土建施工承包人须配置专职安全副经理，其他工程项目承包人按工程造价2亿元以上设专职安全副经理。专职安全生产管理人员负责对施工安全生产状况进行现场监督检查，并做好检查记录；发现事故隐患时，须及时向项目负责人和承包人安全生产管理机构报告；对违章指挥、违章操作和违反劳动纪律的，应当立即制止。

（5）依据《公路水运工程安全生产监督管理办法》《公路水运工程施工安全标准化指南》《关于印发〈企业安全生产费用提取和使用管理办法〉的通知》（财企〔2012〕16号）等文件的要求，安全生产费用费率应满足上述文件要求，并列出项目《安全费用使用清单》。安全生产费用指企业按照规定标准提取在成本中列支，专门用于完善和改进企业或者项目安全生产条件的资金。安全费用按照"企业提取、政府监管、确保需要、规范使用"的原则进行管理。如果项目公司认为承包人采取的安全生产措施不能满足工程需要，则项目公司可自行实施，由此发生的费用在安全生产费中扣减。因采取合同未约定的特殊防护措施增加的费用，由监理人商定或确定。

（6）承包人工程开工前，须委托具备安全评价资质的第三方对该合同段的建设工程进行施工安全风险评估，并编制施工安全风险评估报告，根据风险特点在施工组织设计中完善安全技术措施和施工现场临时用电方案等；施工过程中对存在较大施工安全风险的分项或节点工程也须委托具备安全评价资质的第三方进行专项的施工安全风险评估，并编制专项施工安全风险评估报告，落实安全技术措施。对危险性较大的工程，施工单位应当单独编制安全专项施工方案，附安全验算结果，并经其技术负责人审核确认；对其中超过一定规模的危险性较大的工程，应当组织专家论证。安全专项施工方案实施前，须经监理单位审查确认；其中超过一定规模的危险性较大的工程，还须经项目公司审查确认。

（7）工程开工前，承包人须结合工程实际和具体工程内容编制合同段"平安工地"达标创建实施方案，并报监理、项目公司备案，工程实施过程中，及时开展达标考核，做好动态检查记录。承包人须结合工程实际和具体工程内容编制合同段的事故隐患排查治理实施方案、安全生产和运营标准化管理实施方案等，并报监理单位、项目公司审核，工程实施过程中，及时开展达标考核，做好动态检查记录。

（8）承包人须在施工现场、临时用房及项目驻地建立消防安全生产责任制度，确定消防安全责任人，制定用火、用电、使用易燃易爆材料等各项消防管理制度和操作规程，设置消防通道，配备相应的消防设施和灭火器材。

（9）承包人的垂直运输机械作业、起重机械作业、施工船舶作业、爆破作业、电工作业、焊接与热切割作业、高处作业等国家规定的特种设备作业人员和特种作业人员，必须按照国家规定经过专门的安全作业培训，并取得资格证书后，方可上岗作业。

承包人须建立特种设备作业人员和特种作业人员名册，并随时更新，人员资格证书应保存于现场，随时备查。

（10）承包人须将施工现场的办公、生活区与作业区分开设置，并保持安全距离；办公、生活区的选址应当符合安全性要求。职工的膳食、饮水、休息场所、医疗救助设施等应当符合卫生标准。施工现场临时搭建的建筑物及其他设施须符合安全使用要求。施工现场使用的装配式活动房屋应当具有生产（制造）许可证、产品合格证。

（11）承包人对可能因建设工程施工遭受损害的毗邻建筑物、构筑物和地下管线，特别是海底电缆、供水、供油管道以及化工区危化品管廊等，应当采取专项防护措施，确保施工和人民财产生命安全。承包人应当遵守有关环境保护法律、法规的规定，在施工现场采取措施，防止或者减少粉尘、废气、废水、固体废物、噪声、振动和施工照明对人和环境的危害和污染。

（12）承包人须为施工人员提供符合国家相关安全、卫生标准的生产环境、作业条件、机械设备和安全防护用具，对用于施工的机械设备及安全防护用具，施工单位须在进入施工现场前对其生产许可证、产品合格证和有关法定单位的检验检测合格证明进行查验，不得使用不合格产品。

（13）承包人在使用施工起重机械和整体提升式脚手架、滑模爬模、架桥机等自行式架设设施前，须组织有关单位进行验收，或者委托具有相应资质的检验检测机构进行验收，使用承租的机械设备和施工机具及配件的，由承租单位、出租单位和安装单位共同进行验收，验收合格的方可使用。施工起重机械、架桥机等特种设备在投入使用前须向特种设备安全监督管理部门登记。

（14）承包人须定期对机械设备及安全防护用具等进行维修保养，保障其完好、有效并建立相应的资料档案；承包人还应在使用中对各类机械设备及安全防护用具进行定期自检，或委托有关法定单位进行检验检测，检验不合格或按照国家有关规定应当报废的，不得使用。

（15）作业人员有权对施工现场的作业条件、作业程序和作业方式中存在的安全问题提出批评、检举和控告，有权拒绝违章指挥和强令冒险作业。在施工中发生可能危及人身安全的紧急情况时，作业人员有权立即停止作业或者在采取必要的应急措施后撤离危险区域。

（16）作业人员应当遵守安全施工的工程建设强制性标准、规章制度，正确使用安全防护用具、机械设备等。

（17）两个及以上施工单位在同一作业区域内进行施工，可能危及对方生产安全的，须签订安全生产和运营管理协议，明确各自的安全生产和运营管理职责和应当采取的安全措施，并指定专职安全生产和运营管理人员进行安全检查与协调。

（18）承包人须接受项目公司、监理单位及监督机构对其安全生产和运营的监督检查，对于整改意见要立即予以落实整改。对于因施工单位严重违章操作，被责令停工的，承包人必须在规定的期限内完成整改工作，发生的损失自行承担。

（19）承包人须建立健全施工安全管理台账，并对施工现场的安全技术资料建立档案，并确定专人管理；安全技术资料应当真实、完整、齐全。

（20）承包人须为从业人员缴纳工伤保险费用，为施工现场的人员办理意外伤害保险，支付意外伤害保险费。

（21）承包人应建立安全生产和运营动态监控和预警预报体系，每月进行一次安全生产和运营风险分析，发现事故征兆，应当立即发布预警信息，落实防范和应急处置措施。

（22）承包人须针对合同段施工特点制定生产安全事故应急预案，经本单位安全和技术部门审查，技术负责人审核确认、监理工程师批准，并报项目公司备案后实施，并定期组织应急救援演练。发生生产安全事故，须立即向建设单位、监理单位、本单位的上级管理单位和事故发生地监管部门报告，启动事故应急预案，组织力量抢救，保护好事故现场。

（23）承包人做好驻地、施工工地消防、交通等安全管理，负责跨海、跨江、跨路等特大型桥梁交通安全管理工作。

（24）承包人应根据省交通运输厅相关规定要求，对工程项目安装支架结构安全监控系统，落实好相关工作。

（25）承包人应根据《交通运输部关于高速公路施工标准化技术指南》要求落实好工程施工安全标准化、工程质量安全智能管理系统等各项工作。

第八节
不可抗力与情势变更适用性法律分析

一、不可抗力的定义及法律后果

不可抗力条款是特许经营协议中一个重要的免责条款，用于明确一些双方均不能控制又均无过错的事件的范围和后果，通常包括不可抗力的定义和种类以及不可抗力的法律后果两部分内容。

1.不可抗力的定义和种类

在项目实践中，关于不可抗力并没有统一的定义，通常情况下，合同方在确定不可抗力的定义和范围时会参照项目所在国关于不可抗力的法律规定以及项目的风险分配方案。

《中华人民共和国民法典》第一百八十条规定："因不可抗力不能履行民事义务的，不承担民事责任。法律另有规定的，依照其规定。不可抗力是不能预见、不能避免且不能克服的客观情况。"在实践中，合同中有时会约定只有不可抗力事件发生且其效果持续一定期间以上足以影响合同的正常履行，才构成合同约定的不可抗力。

常见的不可抗力界定方式包括概括式、列举式和概括加列举式3种。

单纯的概括式定义过于笼统，容易引起合同执行过程中的争议；而单纯列举式的无法穷尽，容易有所遗漏。鉴此，多数特许经营协议采用的是概述加列举式，即先对不可抗力进行概括的定义，再列举具体的不可抗力情形，最后再加一个兜底的表述。例如，"本合同所称的不可抗力，是指合同一方无法预见、控制，且经合理努力仍无法避免或克服的、导致其无法履行合同项下义务的情形，包括但不限于：台风、地震、洪水等自然灾害；战争、罢工、骚乱等社会异常现象；征收征用等政府行为；双方不能合理预见和控制的任何其他情形"。

《公路工程标准施工招标文件》（2018年版）中的通用合同条款部分将不可抗力定义为"承包人和发包人在订立合同时不可预见，在工程施工过程中不可避免发生并不能克服的自然灾害和社会性突发事件，如地震、海啸、瘟疫、水灾、骚乱、暴动、战争和专用合同条款约定的其他情形"，在专用合同条款部分又进一步细化为："不可抗力是指承包人和发包人在订立合同时不可预见，在工程施工过程中不可避免发生并不能克服的自然灾害和社会性突发事件。包括但不限于：（1）地震、海啸、火山爆发、泥石流、暴雨（雪）、台风、龙卷风、水灾等自然灾害；（2）战争、骚乱、暴动，但纯属承包人或其分包人派遣与雇用的人员由于本合同工程施工原因引起者除外；（3）核反应、辐射或放射性污染；（4）空中飞行物体坠落或非发包人或承包人责任造成的爆炸、火灾；（5）瘟疫；（6）项目专用合同条款约定的其他情形。"

《政府和社会资本合作（PPP）项目选择社会资本方招标文件示范文本（公路项目）》（2019年版）将不可抗力定义为："协议各方不能预见、不能避免且不能克服的客观情况，包括但不限于：（1）雷电、地震、火山爆发、滑坡、泥石流、暴雨（雪）、水灾、海啸、台风、龙卷风、天文潮、风暴潮、旱灾等自然灾害；（2）流行病、瘟疫、化学或放射性污染、核辐射污染；（3）战争行为、武装冲突、外敌入侵、封锁、戒严或军事力量的动用、暴乱或恐怖行为；（4）全国性、地区性、城市性或行业性罢工，但项目公司或承包人的人员骚乱或罢工除外；（5）考古或文物保护等。"

鉴于特许经营协议的签约主体一方为政府，其所控制风险的范围和能力与一般的签约主体不同，因此在实践中一些特许经营协议会将不可抗力事件分为政

396

治不可抗力和自然不可抗力，并对不同类型不可抗力事件的法律后果进行区别处理。

政治不可抗力事件通常包括非因签约政府方原因导致的，且不在其控制下的征收征用、法律变更（即"政府不可控的法律变更"）、未获审批等政府行为引起的不可抗力事件。

在项目实践中，考虑到政府方作为特许经营协议的签约主体，对于上述不可抗力事件具有一定的影响能力，因此在一些特许经营协议中，将此类政治不可抗力事件归为政府方应承担的风险，并约定如下的法律后果：

（1）发生政治不可抗力事件，项目公司有权要求延长工期、获得额外补偿或延长项目合作期限；

（2）如因政治不可抗力事件导致项目提前终止，项目公司还可获得比其他不可抗力事件更多的回购补偿，甚至可能包括利润损失。

自然不可抗力主要是指台风、冰雹、地震、海啸、洪水、火山爆发、山体滑坡等自然灾害；有时也可包括战争、武装冲突、罢工、骚乱、暴动、疫情等社会异常事件。这类不可抗力则通常按照一般不可抗力的法律后果处理。

2.不可抗力的法律后果

在特许经营协议中，除政治不可抗力外，一般不可抗力的法律后果通常包括：

（1）免于履行。

如在特许经营协议履行过程中，发生不可抗力并导致一方完全或部分无法履行其合同义务，根据不可抗力的影响可全部或部分免除该方在合同项下的相应义务。

（2）延长期限。

如果不可抗力发生在建设期或运营期，则项目公司有权根据该不可抗力的影响期间申请延长建设期或运营期。

（3）当事人可主张免除全部或部分责任。

《民法典》第一百八十条第一款规定："因不可抗力不能履行民事义务的，不承担民事责任。法律另有规定的，依照其规定。"

《民法典》第五百九十条规定："因不可抗力不能履行合同的，根据不可抗力的影响，部分或者全部免除责任，但是法律另有规定的除外……当事人迟延履行后发生不可抗力的，不能免除责任。"

根据上述规定，不可抗力属于法定免责事由，在认定为不可抗力的情形下，由此导致不能履行合同的，根据合同全部无法履行、合同部分无法履行、合同无法如期履行等不同情况，当事人可主张免除全部或部分责任。但主张免除责任的当事人须对不可抗力与合同不能履行之间的因果关系进行举证，受影响的一方仅在不可抗力造成影响的范围内免责。

一般来讲，事件认定为不可抗力最直接的法律后果是当事人可主张工期的顺延，相关判例也对这类主张予以支持。

（4）费用补偿。

对于不可抗力发生所产生的额外费用，原则上由各方自行承担，政府不会给予项目公司额外的费用补偿。

（5）解除合同。

《民法典》第五百六十三条规定："有下列情形之一的，当事人可以解除合同：（一）因不可抗力致使不能实现合同目的……"

根据上述规定，在认定为不可抗力的情形下，由此导致合同目的不能实现的，当事人享有法定解除权。但行使解除权一方当事人须对不可抗力与合同目的不能实现之间的因果关系进行举证。在新冠肺炎疫情中，在该事件被认定为不可抗力事件前提下，合同当事人还需举证证明"因不可抗力不能履行合同"或"因不可抗力致使合同目的不能实现"，方可援引相关的法定免责制度和法定解除权，例如建设工程合同中施工当地是否因疫情导致全面停工造成合同无法如期履行。

如果当事人在签订合同时已经就不可抗力事件的责任分担和损害赔偿进行了约定，则当事人可根据双方在合同中的具体约定执行。

二、特许经营协议中不可抗力情形下合同当事人的应对措施

《民法典》第五百九十条规定："当事人一方因不可抗力不能履行合同的，根据不可抗力的影响，部分或者全部免除责任，但是法律另有规定的除外。因不

可抗力不能履行合同的，应当及时通知对方，以减轻可能给对方造成的损失，并应当在合理期限内提供证明。当事人迟延履行后发生不可抗力的，不免除其违约责任。"

《民法典》第五百九十一条第一款规定："当事人一方违约后，对方应当采取适当措施防止损失的扩大；没有采取适当措施致使损失扩大的，不得就扩大的损失请求赔偿。"

根据上述规定，在不可抗力情形下，受影响的合同当事人应注意采取以下应对措施：

（1）注意收集和保留其免于履行合同义务的范围或导致合同目的不能实现的相关证据，如收集政府针对疫情的行政管理措施等，并说明该措施对其履行合同不能造成的具体影响以及免责的具体范围。

（2）采取适当措施减免损失的进一步扩大，并将其应对该事件的采取的具体措施的费用投入等及时通知对方。

（3）如果合同有具体的责任分担的条款，当事人可按照合同条款的约定进行责任的分担，视具体情况主张工期顺延或者费用的赔偿。双方可通过签订会议纪要或者补充协议将不可抗力造成合同履行义务的减免、期限的顺延、损失赔偿、应对措施方案等予以明确，从而更好地保障合同后续能够顺利履行。

（4）如不可抗力造成合同目的不能实现，可考虑要求解除合同。

三、情势变更适用条件

标段内公路建设项目的施工期一般在四年左右，期间可能会发生材料价格波动、项目实施范围的调整以及政策变动等情况影响特许权协议或施工合同的履行，实务中很多施工方和投资方希望利用情势变更制度来重新调整合同交易结构或价款。情势变更制度源于《民法典》第五百三十三条之规定："合同成立后，合同的基础条件发生了当事人在订立合同时无法预见的、不属于商业风险的重大变化，继续履行合同对于当事人一方明显不公平的，受不利影响的当事人可以与对方重新协商；在合理期限内协商不成的，当事人可以请求人民法院或者仲裁机构变更或者解除合同。人民法院或者仲裁机构应当结合案件的实际情况，根据公平原则变更或者解除合同。"2023年12月，《最高人民法院关于适用〈中华人民共和国民法典〉合同编通则若干问题的解释》第三十二条对情势变更制度的适用作出了进一步规定："合同成立后，因政策调整或者市场供求关系异常变动等原因导致价格发生当事人在订立合同时无法预见的、不属于商业风险的涨跌，继续履行合同对于当事人一方明显不公平的，人民法院应当认定合同的基础条件发生了民法典第五百三十三条第一款规定的'重大变化'。但是，合同涉及市场属性活跃、长期以来价格波动较大的大宗商品以及股票、期货等风险投资型金融产品的除外。

"合同的基础条件发生了民法典第五百三十三条第一款规定的重大变化，当事人请求变更合同的，人民法院不得解除合同；当事人一方请求变更合同，对方请求解除合同的，或者当事人一方请求解除合同，对方请求变更合同的，人民法院应当结合案件的实际情况，根据公平原则判决变更或者解除合同。

"人民法院依据民法典第五百三十三条的规定判决变更或者解除合同的，应当综合考虑合同基础条件发生重大变化的时间、当事人重新协商的情况以及因合同变更或者解除给当事人造成的损失等因素，在判项中明确合同变更或者解除的时间。

"当事人事先约定排除民法典第五百三十三条适用的，人民法院应当认定该约定无效。"

《民法典》第五百三十三条规定："合同成立后，合同的基础条件发生了当事人在订立合同时无法预见的、不属于商业风险的重大变化，继续履行合同对于当事人一方明显不公平的，受不利影响的当事人可以与对方重新协商；在合理期限内协商不成的，当事人可以请求人民法院或者仲裁机构变更或者解除合同。人民法院或者仲裁机构应当结合案件的实际情况，根据公平原则变更或者解除合同。"

情势变更原则是指在合同成立后，订立合同的基础条件发生了当事人在订立合同时无法预见的、不属于商业风险的重大变化，仍然维持合同效力履行合同对于当事人一方明显不公平的情势，受不利影响的当事人可以请求对方重新协商，变更或解除合同并免除责任的合同效力规则。

实务中常见项目公司以材料价格上涨过快、工程变更等理由套用情势变更条款，在合同领域，对情事变更原则的适用条件是相当严格的，应当具备以下5个条件。

（1）应有情势变更的事实。该要件是适用情势变更制度的首要条件。

一是"情势"，是指合同赖以订立的客观基础事实即"合同的基础条件"。在性质上，"情势"必须是客观的、具体的事实。当事人主观认识错误不属于客观情势变更。

二是强调的情势是作为合同订立基础条件的客观情况。如果与合同订立无关的客观情况发生变更，不足以影响当事人之间的合同权利义务关系，则不适用情势变更制度。

三是"变更"，是指"合同的基础条件"发生了当事人在订立合同时无法预见的、不属于商业风险的重大变化。关于是否为属于情势变更的"重大变化"，判断标准有两个：一是继续履行合同是否对一方当事人明显不公平；二是是否为商业风险，如果能归入商业风险范畴，则不属于情势变更（详见下文关于情势变更与商业风险区别的论述）。

《民法典》第五百三十三条并未将不可抗力排除在外，发生不可抗力，也存在适用情势变更制度的情形。

（2）情势变更的事实应发生在合同成立之后、合同义务履行完毕之前。此为适用该制度的时间要件。

此处的合同成立，应指合同已生效，否则，合同无可履行性，无须谈及继续履行问题。一般而言，如果情势变更的事实发生在合同订立前，则其应作为合同订立的基础事实，当事人在此基础上设定权利和义务，不允许事后调整，只能令明知当事人自担风险，这样规定并不违反公平原则。如此，不存在适用《民法典》第五百三十三条规定的问题。如果情势变更的事实发生在合同义务履行完毕后，则该客观情势的变化并不影响合同的履行，不会导致当事人之间权利失衡，故无须法律介入进行调整。这里的履行完毕之前，是指依照约定的或者法定的履行期限履行完毕之前。如果由于一方履行迟延，在迟延期间发生了情势变更，则不适用情势变更制度。

（3）当事人在订立合同时无法预见。此为不可预见要件。关于该要件的理解，应注意如果当事人在订立合同时已预见到情势会有变更但仍订立合同，则表明其自愿承担情势变更的风险，或者其已经在合同权利义务安排中考虑了情势变更的因素，故不适用情势变更制度。

（4）发生情势变更且有不可归责性，此为不可归责要件。即情势变更的发生不可归责于合同主体。合同的双方或一方当事人不能干扰或自己主动创造一些情势变更以期适用该制度。如果可归责于当事人，则应由其承担风险或违约责任，而不适用情势变更制度。1993年，最高人民法院《全国经济审判工作座谈会纪要》即指出："由于不可归责于当事人双方的原因，作为合同基础的客观情况发生了非当事人所能预见的根本性变化，以致按原合同履行显失公平的，可以根据当事人的申请，按情势变更的原则变更或解除合同。"

（5）继续履行合同对于当事人一方明显不公平，此为适用情势变更制度的核心要件。情势变更涉及合同实质公平问题。发生情势变更以后，若继续履行原合同约定的义务，将导致当事人之间的利益明显失衡，对受损方显失公平，如不依法进行调整，将违背公平原则。

关于该要件的理解，应注意以下几点：

一是关于"显失公平"的判断标准，应达到双方的权利义务明显违反公平、等价有偿原则的标准。如果仅为某种程度的背离，对双方当事人之间的利益关系影响甚微，则不属于显失公平。司法实践中，应根据个案情况、结合所涉交易领域、当时的社会环境等因素进行综合把握，综合进行判断。有学者认为，显失公平应按照理性人的看法加以判断，包括履行特别困难、债权人受领严重不足、履行对债权人无利益。

二是显失公平的后果，必须由法律行为当事人承担，如果情势变更引起的显失公平后果由第三人承担，则不适用情势变更制度。

三是判断是否显失公平应以债务人履行债务的时间为准。

四是情势变更与显失公平结果的发生须有相当的因果关系。

应予明确的是，上述要件构成缺一不可，若虽具备不可预见性的要件，但客观情势发生的变化并未导致继续履行合同产生明显不公平的法律后果的，也不能适用情势变更制度。

四、情势变更法律效力

情势变更原则适用的法律效力是：

（1）当事人重新协商，即再协商，再协商达成协议的，按照协商达成的协议确定双方当事人的权利义务关系；

（2）再协商达不成协议的，可以变更或解除合同并免除当事人责任。人民法院或者仲裁机构应当结合案件的实际情况，根据公平原则确定变更或者解除合同。

情势变更原则发生两次效力。第一次效力是维持原法律关系，只变更某些内容，多用于履行困难的情况，变更方式包括增减给付、延期或分期给付、变更给付标的或者拒绝先为给付。第一次效力不足以消除显失公平的结果时，发生第二次效力，是采取消灭原法律关系的方法以恢复公平，表现为终止合同、解除合同、免除责任或者拒绝履行。

五、实务中情势变更常见情形

情势变更主要表现为自然灾害、政府行为、社会事件。根据相关司法解释，具体判断是否构成情势变更，作者认为应以是否导致合同基础丧失、是否致使合同目的落空、是否造成对价关系障碍为判断标准。在司法实务中，人民法院对工程建设合同纠纷适用情势变更的条件相对苛刻，这里作者列举几种情形，供大家借鉴并思考。

1.疫情及其防控措施

2020年，新冠肺炎疫情在世界范围内暴发。我国采取了一系列疫情防控措施，包括停工、停产、交通出行管制等。国内多地在建PPP项目均受疫情严重影响。关于疫情以及相应防控措施的性质，2020年2月10日，全国人大常委会法工委发言人、研究室主任臧铁伟在就疫情防控有关法律问题答记者问时指出："当前我国发生了新型冠状病毒感染肺炎疫情这一突发公共卫生事件。为了保护公众健康，政府也采取了相应情防控措施。对于因此不能履行合同的当事人来说，属于不能预见、不能避免并不能克服的不可抗力。"最高人民法院发布的《关于依法妥善审理涉新冠肺炎疫情民事案件若干问题的指导意见（一）》将其作为情势变更事由进行了规定，该意见规定："疫情或者疫情防控措施仅导致合同履行困难的，当事人可以重新协商；能够继续履行的，人民法院应当切实加强调解工作，积极引导当事人继续履行。当事人以合同履行困难为由请求解除合同的，人民法院不予支持。继续履行合同对于当事人一方明显不公平，其请求变更合同履行期限、履行方式、价款数额等的，人民法院应当结合案件实际情况决定是否支持。合同依法变更后，当事人仍然主张部分或者全部免除责任的，人民法院不予支持。因疫情或者疫情防控措施导致合同目的不能实现，当事人请求解除合同的，人民法院应予支持。"最高人民法院发布的《关于依法妥善审理涉新冠肺炎疫情民事案件若干问题的指导意见（二）》也同样将其作为一种情势变更事由进行了规定，即"买卖合同能够继续履行，但疫情或者疫情防控措施导致人工、原材料、物流等履约成本显著增加，或者导致产品大幅降价，继续履行合同对一方当事人明显不公平，受不利影响的当事人请求调整价款的，人民法院应当结合案件的实际情况，根据公平原则调整价款。疫情或者疫情防控措施导致出卖人不能按照约定的期限交货，或者导致买受人不能按照约定的期限付款，当事人请求变更履行期限的，人民法院应当结合案件的实际情况，根据公平原则变更履行期限。已经通过调整价款、变更履行期限等方式变更合同，当事人请求对方承担违约责任的，人民法院不予支持。"

2.价格异常涨落

如果价格异常涨落超出了当事人订立合同时的预见能力，且不属于商业风险，导致了显失公平后果，则其也为情势变更事由。最为典型的例证就是最高人民法院作出的法函〔1992〕27号答复所涉案件中所涉价格异常涨落情形。该答复载明："就本案购销煤气表散件合同而言，在合同履行过程中，由于发生了当事人无法预见和防止的情势变更，即生产煤气表的主要原材料铝锭的价格，由签订合同时国家定价为4400~4600元/t，上调到16000元/t，铝外壳的价格也相应由每套23.085元上调到41元，如要求重庆检测仪表厂仍按原合同约定的价格供给煤气表散件，显失公平。对于双方由此而产生的纠纷，你院可依照《中华人民共和国经济合同法》第二十七条第一款第四项之规定，根据本案实际情况，酌情予以公平合理地解决。"

3.政策变化或法律规范变化

最高人民法院在1986年4月14日发布的《关于审理农村承包合同纠纷案件若

干问题的意见》（已废止）中指出，在承包合同中，如果由于国家政策、价格调整，致使当事人的收益情况发生较大变化的，允许变更或解除承包合同。该规定虽未明确其是对情势变更制度的规定，但其实质是根据情势变更制度的法理进行的规定。此外，房屋限购、限贷等政策、法律规范变化也是一种情势变更事由。近年来，在审判实践中，因涉限购、限贷等政策变化或法规变化，当事人诉请解除房屋买卖合同等的纠纷并不少见。

4.政府行为

如因政府规划调整、变化，导致继续履行对一方明显不公平的，该政府行为也为情势变更事由。有学者还对德国法律中的"情势"进行了总结，主要为以下几类：

（1）货币贬值。在以货币作为履行标的的长期双务合同中，货币贬值是一种影响当事人权益平衡关系的常见类型。

（2）法律变动与行政行为。法律变动通常为当事人所不能预见，往往会构成履行不能或情势变更，主要包括征收和税法的变动。

（3）灾难。天灾人祸大多不能预见、不能避免、不能克服，但是能否成为"情势"，还要看其与合同的关联程度。

（4）其他经济因素的变化。这里的经济环境包括影响民事主体生产和经营的各种客观因素，如成本增加和技术发展。技术的发展也可以导致合同标的贬值。比如双方签订了一个长期的电报发送合同，而随着通信技术的发展，这样的合同对原告已不再有价值。法院认定构成情势变更，原告可解除合同。

六、情势变更与商业风险的区别

在近年来作者亲历的公路工程PPP项目谈判中，遇到较多项目公司以疫情带来的材料价格变动、地材涨价过快、政府方征地拆迁延误等原因提出适用情势变更，进而提出调整合同交易结构、增加政府方付费或补贴金额的诉求，但最终都没有胜诉，根本原因就是没有准确理解情势变更与商业风险的区别。

商业风险不是一个严格的法律概念，学者们对其定义不一。商业风险与情势变更均为客观情势发生变化，两者在发生原因和表现形式等方面存在相同性或近似性，但两者存在本质不同，主要表现在以下几个方面。

1.是否具有可预见性不同

在适用情势变更制度的情形，客观情势发生变更不具有可预见性。商业风险具有可预见性。商业风险是从事商业活动的固有风险，作为合同基础的客观情况的变化未达到异常的程度，并非当事人不可预见、不能承受。一般的市场供求变化、价格涨落等属于此类。如果当事人从事的商业行为本身便具有高风险性，价格的波动正是当事人的研究对象及利润来源，那么相关交易中的频繁、较大幅度的价格涨落即属于商业风险，具有可预见性和可承受性，如股票买卖、期货投机等行为。

2.两者对合同履行的影响程度不同

情势变更是指订立合同时的客观情况发生了重大变化，达到异常的程度，如果继续履行合同，将导致显失公平的后果。商业风险是在商业活动过程中，交易双方应当承担的由于市场变化所带来的合理的、正常的可能损失，作为合同基础的客观情况的变化未达到异常的程度。

3.两者的法律后果不同

情势变更导致当事人权益失衡，故根据公平原则，法律规定了当事人的再协商义务以及请求变更或者解除合同权利。商业风险是与市场交易行为相伴而生的。作为市场活动主体，应具有相应的风险识别、防控和承受能力，在其基于自主意志从事商品交易活动、享有收益权的同时，也应承担相应风险的责任。例如PPP项目中的利率变动风险，风险自负是市场主体从事交易时必须遵循的一项基本准则。因商业风险是市场交易的固有风险，当事人在缔结合同时应当预见到该风险并将其作为设定权利义务的基础，故发生商业风险后，由当事人承担该风险责任并不会产生不公平的后果。

在司法实务中，关于如何区分商业风险和情势变更，最高人民法院在2009年7月发布的《民商事合同指导意见》曾进行了阐释，其中指出，前者是从事商业活动的固有风险，后者则不是市场系统固有的风险。具体来说，需综合考量风险的类型和程度、正常人的合理预期、风险的防范和控制、交易性质以及市场情况等因素，在个案中做出识别。

　　因此，建议特许经营协议双方应加强此类事件的风险管理，对于不可抗力，双方可在合同中事先约定不可抗力事件发生后具体的责任分担和损失赔偿；对于情势变更，双方可在合同中事先约定双方当事人应该承担的风险范围，约定合同价格和合同履行方式的前提条件，并约定相应的变更条款，如果该前提条件发生变化，则当事人可根据变更条款对合同价格和合同履行方式进行变更，避免履行合同出现显失公平的现象，从而保证合同能够顺利履行。

参 考 文 献

［1］最高人民法院民法典贯彻实施工作领导小组.中华人民共和国民法典合同编理解与适用［M］.北京:人民法院出版社,2020.

［2］国家发展和改革委员会法规司,国务院法制办公室财金司,监察部执法检查司.中华人民共和国招标投标法实施条例释义［M］.北京:中国计划出版社,2012.

［3］最高人民法院民事审判第一庭.最高人民法院新建设工程施工合同司法解释（一）理解与适用［M］.北京:人民法院出版社,2021.